Das Verwaltungsrecht in der SBZ/DDR
bis zur Verwaltungsneugliederung im Jahr 1952

Rechtshistorische Reihe

Band 433

Peter Lang
Frankfurt am Main · Berlin · Bern · Bruxelles · New York · Oxford · Wien

Elisabeth Otto

Das Verwaltungsrecht in der SBZ/DDR bis zur Verwaltungsneugliederung im Jahr 1952

Peter Lang
Internationaler Verlag der Wissenschaften

Bibliografische Information der Deutschen Nationalbibliothek
Die Deutsche Nationalbibliothek verzeichnet diese Publikation in der Deutschen Nationalbibliografie; detaillierte bibliografische Daten sind im Internet über http://dnb.d-nb.de abrufbar.

Zugl.: Jena, Univ., Diss., 2011

Die vorliegende Arbeit wurde von
Prof. Dr. Gerhard Lingelbach
zur Aufnahme in die Reihe empfohlen.

Umschlagabbildung:
Justitia. Allegorie der Gerechtigkeit.
Druck aus dem 17. Jahrhundert.

Gedruckt auf alterungsbeständigem,
säurefreiem Papier.

27
ISSN 0344-290X
ISBN 978-3-631-62212-4

www.peterlang.de

Meinen Söhnen

Vorwort

Die vorliegende Arbeit wurde von der Rechtswissenschaftlichen Fakultät der Friedrich-Schiller-Universität Jena im Juli 2011 als Dissertation angenommen.

Mein besonderer Dank gilt Herrn Professor Dr. Gerhard Lingelbach, für die Anregung zu diesem spannenden, vielschichtigen Thema, seine wissenschaftliche und freundliche Betreuung während der Anfertigung dieser Arbeit sowie die hervorragenden Arbeitsbedingungen. Ich danke ihm ganz herzlich für das Vertrauen in meine Arbeit und sein Verständnis.
Ihm und in gleichem Maße Frau Professor Dr. Martina Haedrich möchte ich zudem für die sorgfältige Begutachtung meiner Arbeit danken. Des Weiteren danke ich Herrn Professor Dr. Christoph Ohler, der ebenfalls der Promotionskommission angehörte.

Bei den Mitarbeiterinnen und Mitarbeitern des Thüringischen Hauptstaatsarchivs Weimar bedanke ich mich für ihre fachliche Unterstützung und stete Hilfsbereitschaft.

Ein ganz herzliches Dankeschön gilt all den Freunden, die durch ihre Ermutigungen und Anregungen zum Gelingen dieser Arbeit beigetragen haben. Georg Pester danke ich ganz besonders für die professionellen Fotografien des Gerichtsgebäudes. Danken möchte ich weiterhin den Kolleginnen vom Lehrstuhl für Bürgerliches Recht und Deutsche Staats- und Rechtsgeschichte für die nette Zusammenarbeit und das freundliche, hilfsbereite und entspannte Arbeitsklima.

Nicht zuletzt möchte ich mich bei meiner Familie, allen voran meinem Mann und meinen Söhnen, ganz herzlich dafür bedanken, dass sie mich jederzeit unterstützen und auf meinem Weg begleiten. Meinem Großvater gebührt zudem ein besonderer Dank für das unermüdliche Korrekturlesen.

Jena, im Dezember 2011 Elisabeth Otto

Inhaltsverzeichnis

I. Einleitung

> „Aber was wären alle äußeren Umstände des Verfahrens und der Zuständigkeit ohne die nötigen rechtsstaatlichen Garantien, ohne den wahren rechtsstaatlichen Geist […]. Viele verkünden […] mit beredeten Worten den Rechtsstaat. Er steht und fällt aber mit rechtsstaatlicher Tat und Gesinnung.“[1]
>
> *Hellmuth Loening*
> (Präsident des Thüringischen Oberverwaltungsgerichts)

Ein Rechtsstaat ist nicht nur ein Staat, in dem das positive Recht fortentwickelt und unter Vermeidung von jeglicher Willkür geschützt wird, sondern darüber hinaus ein Staat, in dem auch die Verwaltungsbehörden an das Recht gebunden sind, in dem Eingriffe in die subjektiven Rechte des Bürgers seitens der Verwaltung nur aufgrund spezieller Ermächtigungen durch den Gesetzgeber erfolgen dürfen. Vollendet ist das Rechtsstaatsprinzip erst dann, wenn die Einhaltung der vorstehenden Merkmale durch eine unabhängige Verwaltungsgerichtsbarkeit überprüft wird.[2]

Bereits während des Nationalsozialismus setzte eine schrittweise Aushöhlung des gerichtlichen Verwaltungsrechtsschutzes ein.

Durch den „Erlaß des Führers und Reichskanzlers über die Vereinfachung der Verwaltung“ vom 28. August 1939[3] wurde die Verwaltungsrechtsprechung unter dem Vorwand der Verteidigung von Volk und Reich erheblich eingeschränkt. Er ersetzte generell die verwaltungsgerichtliche Klage durch die Beschwerde und stellte es im einzelnen Fall in das Ermessen der Verwaltungsbehörde, stattdessen das verwaltungsgerichtliche Verfahren zuzulassen.[4] Daneben wurde es den Instanzengerichten überlassen, nach ihrem Ermessen ein Rechtsmittel zu gestatten oder nicht.[5] Durch § 1 der „Zweiten Verordnung über die Vereinfachung der Verwaltung“ vom 6. November 1939[6] wurden die Verwaltungsgerichte auf Stadt- und Kreisebene aufgehoben und ihre Zuständigkeiten auf die Verwaltungsbehörden überführt.

---

1 Hellmuth Loening, Ansprache zur Wiedereröffnung des Thüringischen Oberverwaltungsgerichts in Jena, AöR, 74. Jgg., 1948, S. 45 - 51 (47 f.).

2 Hans Peters, Lehrbuch der Verwaltung, S. 71.

3 RGBl. I, 1939, S. 1535 - 1537; dazu Zweite Verordnung über die Vereinfachung der Verwaltung vom 6. November 1939, RGBl. I, 1939, S. 2168 f..

4 IV. (2) des Erlasses des Führers und Reichskanzlers über die Vereinfachung der Verwaltung vom 28. August 1939, RGBl. I, 1939, S. 1535 - 1537 (1536).

5 IV. (3) des Erlasses des Führers und Reichskanzlers über die Vereinfachung der Verwaltung vom 28. August 1939, RGBl. I, 1939, S. 1535 - 1537 (1536).

6 RGBl. I, 1939, S. 2168 f..

Das Reichsverwaltungsgericht, dessen Errichtung die Weimarer Reichsverfassung in Art. 107[7], 31, 166 gefordert hatte, ist durch Erlass Hitlers am 3. April 1941 formell geschaffen worden.[8] Tatsächlich sollte dadurch aber nicht die Vorgabe der Weimarer Reichsverfassung erfüllt werden. Das Reichsverwaltungsgericht sollte vielmehr eine neue Judikatur einleiten, in der die bisherige Rechtsprechung der obersten Länderverwaltungsgerichte nicht mehr bindend war.[9] Aus diesem Grund mussten höchste Gerichte, wie das Preußische Oberverwaltungsgericht, durch diesen Erlass ihre Tätigkeit am 30. April 1941 einstellen. Sie wurden in dem neu geschaffenen Reichsverwaltungsgericht organisatorisch zusammengefasst.[10] Die richterliche Unabhängigkeit wurde durch § 7 des Führer-Erlasses vom 3. April 1941 beschnitten, nach welchem die Mitglieder des Reichsverwaltungsgerichts ihre Stimme „nach der von nationalsozialistischer Weltanschauung getragenen Rechtsauslegung abzugeben" hatten.[11]

Die schrittweise Verfälschung des Grundgedankens der Verwaltungsgerichtsbarkeit war eine Konsequenz der Ideologie des Nationalsozialismus. Eine Kontrolle staatlichen Handelns durch unabhängige Verwaltungsgerichte widersprach dem Führerprinzip, dem alleinigen Entscheidungsanspruch des Führers. Zudem wurde der Schutz subjektiver-öffentlicher Rechte gegen den Staat aufgrund des Vorrangs des Gemeinschaftsgedankens abgelehnt. „Nicht Sicherung des Einzelnen, sondern Sicherung und Gestaltung der Lebensordnung der Gemeinschaft sei Sinn und Zweck des Verwaltungsrechtsschutzes, der daher kein lückenloser Rechtsschutz sein könne, weil er sonst die Staatsautorität gefährde."[12] Diese Beweggründe sollten sich auch nach 1945 in der konträren Ideologie der sowjetischen Besatzungszone unter den Begriffen Identitätsdogma, Volkssouveränität, Parteilichkeit der Rechtsprechung wieder finden.

Die verwaltungsgerichtliche Rechtsprechung wurde während der Zeit des Nationalsozialismus zwar nicht formell aufgehoben, jedoch erfuhr die richterli-

---

7 „Im Reiche und in den Ländern müssen nach Massgabe der Gesetze Verwaltungsgerichte zum Schutze der einzelnen gegen Anordnungen und Verordnungen der Verwaltungsbehörden bestehen."

8 Erlaß des Führers und Reichskanzlers über die Errichtung des Reichsverwaltungsgerichts vom 3. April 1941, RGBl. I, 1941, S. 201 f..

9 Walter Scheerbarth, Das Schicksal der Verwaltungsgerichtsbarkeit unter dem Nationalsozialismus, DÖV, 16. Jgg., 1963, S. 729 - 732 (732).

10 Erlaß des Führers und Reichskanzlers über die Errichtung des Reichsverwaltungsgerichts vom 3. April 1941, RGBl. I, 1941, S. 201 f., Erste Durchführungsverordnung vom 29. April 1941, RGBl. I, 1941, S. 224 - 226.

11 Erlaß des Führers und Reichskanzlers über die Errichtung des Reichsverwaltungsgerichts vom 3. April 1941, RGBl. I, 1941, S. 201 f..

12 Walter Scheerbarth, Das Schicksal der Verwaltungsgerichtsbarkeit unter dem Nationalsozialismus, DÖV, 16. Jgg., 1963, S. 729 - 732 (730).

che Unabhängigkeit wesentliche Einschränkungen. Schließlich stellte man 1944 die Gewährung eines subjektiven Rechtsschutzes gegen Verwaltungsmaßnahmen ein.[13]

Das Reich hatte beim Zusammenbruch der nationalsozialistischen Herrschaft kein allgemeines Verwaltungsverfahrensgesetz hinterlassen. Verwaltungsverfahrensrechtliche Normierungen gab es nur für einzelne selbstständige Rechtsgebiete, beispielsweise das Abgabenrecht[14] und das Sozialversicherungsrecht[15]. Daneben existierten Verwaltungsverfahrensgesetze in einigen deutschen Ländern, wie zum Beispiel in Baden, Preußen und Thüringen.[16]

Mit der Besetzung Deutschlands mussten die einzelnen Verwaltungsgerichte zunächst ihre Tätigkeit auf Anordnung der Besatzungsmacht gemäß dem Gesetz Nr. 2 der Militärregierung[17] vollständig einstellen. Das Gesetz ging dabei von einer vorläufigen Enthebung der Verwaltungsgerichte aus. Dies bezog sich auch auf das Reichsverwaltungsgericht, welches „in dem besetzten Gebiet bis auf weiteres keine Amtsgewalt über Gerichte noch sonst irgendeine Befugnis" haben sollte.[18] Zugleich war dieser Anordnung der Militärregierung das Bestreben einer Wiedereinsetzung des Verwaltungsgerichtssystems mit dem Reichsverwaltungsgericht an der Spitze zu entnehmen. Diese Absicht wurde offiziell erst mit dem Erlass des Kontrollratsgesetzes Nr. 36 am 10. Oktober 1946[19] fallen gelassen. Neben der Errichtung von Verwaltungsgerichten in den einzelnen Besatzungszonen schrieb es die Aufhebung der Verordnung bezüglich der Gründung des Reichsverwaltungsgerichts vom 3. April 1941 vor.

An diese Situation knüpfte die Entwicklung des Verwaltungsrechtssystems in der sowjetischen Besatzungszone und in Folge davon in der Deutschen Demokratischen Republik (DDR) an. Die vorliegende Arbeit versucht den Prozess

13 Georg-Christoph von Unruh, Verwaltungsgerichtsbarkeit, in: Kurt G. A. Jeserich / Hans Pohl / Georg-Christoph von Unruh, Deutsche Verwaltungsgeschichte, Bd. 5, S. 1178 - 1196 (1178).

14 Reichsabgabenordnung vom 13. Dezember 1919, RGBl. I, 1919, S. 1993 - 2100.

15 Reichsversicherungsordnung vom 19. Juli 1911, RGBl. I, 1911, S. 509 - 838.

16 Carl Hermann Ule, Gesetzlichkeit in der Verwaltung durch Verwaltungsverfahren und gerichtliche Kontrolle in der DDR, DVBl., 100. Jgg., 1985, S. 1029 - 1041 (1030).

17 Ernst Friesenhahn, Justiz und Verwaltungsrechtsschutz, in: Zentraljustizamt für die Britische Zone, Justiz und Verfassung, S. 103 - 131 (115).

18 Das Reichsgericht und das Reichsverwaltungsgericht „have until further notice no authority over any Court or otherwise in the occupied territory". Hans Schneider, Die Verwaltungsgerichtsbarkeit in Berlin, AöR, 74. Jgg., 1948, S. 239 - 253 (239).

19 Für Thüringen veröffentlicht in: Regierungsblatt für das Land Thüringen, Teil III: Gesetze und Befehle des Alliierten Kontrollrats und Befehle der Sowjet-Militär-Administration, 1946, S. 87.

nach dem Ende des Zweiten Weltkrieges von den Vorbehalten der Machthaber über die Wiederherstellung eines Verwaltungsrechtssystems bis hin zur Beseitigung der Verwaltungsgerichtsbarkeit im Jahre 1952 nachzuzeichnen. Diesbezüglich soll nicht nur die historische Entwicklung von Verwaltungsgerichtsbarkeit und Verwaltungsgesetzgebung dargelegt, sondern es sollen darüber hinausgehend auch die dahinter stehenden ideologischen und politischen Zusammenhänge und Interessen erörtert werden.

Die Entwicklung des Verwaltungsrechtssystems war in diesem Zeitraum durch eine zunehmende Abhängigkeit von den politischen Machthabern gekennzeichnet. Die Interessen der sowjetischen Besatzungsmacht und der Sozialistischen Einheitspartei Deutschlands (SED) am Verwaltungsrechtsschutz richtete sich an deren politischen Zielen aus.

Während die Sowjetische Militäradministration der Reorganisation des Verwaltungsrechtssystems ursprünglich distanziert und zurückhaltend gegenüberstand, nahm die SED eine ablehnende Haltung gegenüber der Verwaltungsgerichtsbarkeit ein. Beide duldeten dennoch die Wiedereinführung des Verwaltungsrechtssystems, unter anderem im Interesse der möglichen Einheit Deutschlands und des außenpolitischen Ansehens der sowjetischen Besatzungszone. Nachdem die Wiedervereinigung Deutschlands unrealistisch wurde, sollte das Verwaltungsrecht ein Instrumentarium für die gesellschaftlichen und politischen Umwälzungen sein. Das bürgerliche Rechtsdenken, wie es in Deutschland insbesondere auch in der Vorstellung der politischen Neutralität von Verwaltung und den originären Rechten der Bürger gegenüber der Verwaltung seinen Ausdruck gefunden hatte, sollte überwunden werden.[20]

Für die Herausarbeitung der hinter dieser Entwicklung stehenden Gründe war es unerlässlich, sich mit der Rechtsprechung der Verwaltungsgerichte auseinander zu setzen. Besondere Beachtung fanden dabei die Verwaltungsgerichte Thüringens – das Oberverwaltungsgericht und das Landesverwaltungsgericht, beide in Jena –, welche die Entwicklung des Verwaltungsrechtsschutzes in der sowjetischen Besatzungszone beziehungsweise DDR nachhaltig beeinflussten. Während die Rechtsprechung des Oberverwaltungsgerichts das Land Thüringen als eine „Oase der Verwaltungsgerichtsbarkeit“[21] erschienen ließ, galt das Landesverwaltungsgericht von vornherein als Mittel zur effektiven Durchsetzung der Politik der SED. Inwieweit das Tätigwerden der Gerichte dieser Einschätzung tatsächlich entsprach und damit die Unvereinbarkeit verwaltungsgerichtli-

---

20 Bundesministerium für innerdeutsche Beziehungen, DDR Handbuch, Bd. 2: M - Z, S. 1435.

21 Ernst Meyer, Die Entwicklung der Verwaltungsgerichtsbarkeit in der Ostzone, DVBl., 65. Jgg., 1950, S. 561 - 564 (561).

chen Schutzes mit den politischen Interessen der SED offenbarte, soll eine zentrale Fragestellung dieser Dissertation sein.

Eine interessante aber auch fragwürdige Rolle kam in diesem Zusammenhang Dr. Friedrich Bloch zu. Dieser wurde als Mitglied der SED zum ersten Präsidenten des als Hilfsmittel zur Durchsetzung deren Politik errichteten Landesverwaltungsgerichts ernannt. Die damit verbundenen Erwartungen konnte Bloch aufgrund seiner fehlenden politischen Überzeugung nicht erfüllen.

Einen weiteren Schwerpunkt dieser wissenschaftlichen Untersuchung soll die Reflektion des sukzessiven Abbaus des Verwaltungsrechtsschutzes in Literatur und Wissenschaft bilden. Bereits 1946 erschienen in juristischen Zeitschriften erste Artikel, in denen sich gegen einen uneingeschränkten Verwaltungsrechtsschutz ausgesprochen wurde. Demgegenüber gab es auch nach der Abschaffung der Verwaltungsgerichte 1952 einige wenige Autoren, welche öffentlich eine Verwaltungsgerichtsbarkeit im Sinne des bürgerlichen Rechtsverständnisses forderten.

Der Gegenstand, mit dem sich die vorliegende Arbeit auseinandersetzt, erforderte es, umfangreiches wissenschaftliches und historisches Material heranzuziehen. Dieses bestand zum einen aus einer überschaubaren Zahl von Beiträgen, die sich mit der Geschichte des Verwaltungsrechts der DDR beschäftigten. Andererseits war die Verfasserin angewiesen, auf eine Vielzahl von Protokollen, Berichten, Schreiben und gerichtlichen Entscheidungen jener Zeit zurückzugreifen, um eine sachliche und umfassende Bewertung der verwaltungsrechtlichen Entwicklung von 1945 bis 1952 vorzunehmen. Dabei stützte sie sich auf die Archivmaterialien des Thüringer Hauptstaatsarchivs in Weimar. Die umfangreichen Aktenbestände des Thüringer Landtags, des Thüringischen Ministerium des Inneren, des Thüringischen Ministeriums der Justiz, des Thüringischen Ministerpräsidenten und des Thüringischen Oberverwaltungsgerichts wurden gesichtet, beurteilt und ausgewertet. Für die Untersuchung der Hintergründe des Konflikts zwischen Rechtsprechung auf der einen sowie Verwaltung und Politik auf der anderen Seite dienten im Wesentlichen jene Akten des Thüringer Hauptstaatsarchivs, welche Schriftwechsel zu den Thüringer Verwaltungsgerichten beinhalteten.

Allen voran waren es die Quellen aus der Zeit des geteilten Deutschlands, die einer besonders aufmerksamen Erschließung bedurften, da darin häufig aufgrund politischer Zwänge die eigentlichen Aussagen nur in verschleierter Form wiedergegeben worden.

In einem im Jahre 2007 veröffentlichten Werk, wurde festgestellt, dass „die geringen Aufbearbeitungsaktivitäten zur Geschichte der DDR-Rechtswissenschaft

(25 Titel) durchaus verwundern, wenn man sich deren Bedeutung für das Funktionieren des DDR-Systems verdeutlicht"[22]. Diese Dissertation soll einen Beitrag zu eben dieser Aufarbeitung, insbesondere hinsichtlich des Verwaltungsrechts, im Kontext der geschichtlichen, rechtswissenschaftlichen und politischen Situation, leisten. Dabei wird deutlich, dass „Rechtsstaat" und „Demokratie" – Prinzipien, welche auch die Staatsmacht der sowjetischen Besatzungszone beziehungsweise der DDR für sich in Anspruch nahmen – ohne effektiven und unabhängigen Verwaltungsrechtsschutz inhaltleere Wortgebilde sind.

> „Entscheidend für die Demokratie ist die demokratische Kontrolle der Regierung von unten. [...] Dies bedeutet auch die Unabhängigkeit der Richter und die Einrichtung von Verwaltungsgerichten, vor denen der Bürger gegen behördliche Willkür Klage erheben kann. Demokratie bedeutet eben, daß das Regieren schwerer und das Regiertwerden leichter gemacht wird. Beides ist sehr nützlich."[23]
>
> *Robert Havemann*
> (deutscher Chemiker, Widerstandkämpfer im Nationalsozialismus, Regimekritiker in der DDR)

---

22 Peer Pasternack, Hochschule in der DDR als Gegenstand von Forschung und Erinnerung, in: Uwe Hoßfeld / Tobias Kaiser / Heinz Mestrup, Hochschule im Sozialismus, Bd. 2, S. 2255 - 2267 (2261).

23 Zitat von Robert Havemann aus einem Artikel, der während des „Prager Frühlings" am 21. Mai 1968 in der Prager Illustrierten „Svet v Obrazech" veröffentlicht wurde; deutsche Fassung in: Deutschland Archiv, 1. Jgg., 1968, S. 328 - 330 (330).

II. Bemühungen um eine zoneneinheitliche Verwaltungsgerichtsbarkeit

Befehl Nr. 49 der Sowjetischen Militäradministration in Deutschland vom 4. September 1945[24] bestimmte den Wiederaufbau der deutschen Justiz in der sowjetischen Besatzungszone. Danach war das Gerichtssystem entsprechend der vor dem 1. Januar 1933 geltenden Gesetzgebung zu reorganisieren. Dies bedeutete die Wiedereinführung des Gerichtsverfassungsgesetzes, welches nur die Zivil- und Strafgerichtsbarkeit umfasste.[25]

Mit Gesetz Nr. 4 vom 30. Oktober 1945[26] beschloss der Alliierte Kontrollrat, dass „die Umgestaltung der deutschen Gerichte [...] übereinstimmend mit dem Gerichtsverfassungsgesetz vom 27. Januar 1877 in der Fassung vom 22. März 1924 erfolgen" sollte[27]. Die damit bereits zum Ausdruck kommende Beschränkung der Zuständigkeit der deutschen Gerichte auf Zivil- und Strafsachen, wurde in Art. 3 des Kontrollratsgesetzes Nr. 4 noch einmal ausdrücklich festgelegt.

Eine Überprüfung von Verwaltungsakten durch Gerichte oder sogar eine eigenständige Verwaltungsgerichtsbarkeit wurde seit dem Ende des Zweiten Weltkrieges bis dato nicht normativ geregelt.

1. Die normativen Festlegungen der Verwaltungsgerichtsbarkeit

a) Gesetz Nr. 36 des Alliierten Kontrollrates

Am 10. Oktober 1946 fand auch die Verwaltungsgerichtsbarkeit einen normativen Niederschlag. Das Kontrollratsgesetz Nr. 36 über Verwaltungsgerichte[28] bestimmte in Artikel I, dass in den einzelnen Zonen und in Berlin Verwaltungs-

---

24 Günter Albrecht, Dokumente zur Staatsordnung der Deutschen Demokratischen Republik, Bd. 2, S. 79 f..

25 Werner Schulz, Die Rechtsprechung des Obersten Gerichts der Sowjetzone zur Zulässigkeit des Rechtsweges bei Verwaltungsakten, JOR, Bd. V (1964), S. 83 - 98 (83).

26 Für Thüringen veröffentlicht in: Regierungsblatt für das Land Thüringen, Teil III: Gesetze und Befehle des Alliierten Kontrollrats und Befehle der Sowjet-Militär-Administration, 1946, S. 4 f..

27 Art. 1 S. 1 des Gesetzes Nr. 4 des Kontrollrats vom 30. Oktober 1945.

28 Für Thüringen veröffentlicht in: Regierungsblatt für das Land Thüringen, Teil III: Gesetze und Befehle des Alliierten Kontrollrats und Befehle der Sowjet-Militär-Administration, 1946, S. 87.

gerichte zur Entscheidung von Verwaltungssachen wieder zu errichten seien. Den gesamten Regelungskomplex der Ausgestaltung der Gerichtsverfassung sowie der Zuständigkeits- und Verfahrensvorschriften überließen die Alliierten den Zonenbefehlshabern beziehungsweise in Berlin der Alliierten Kommandantur.[29] Diese wurden zugleich ermächtigt, Ausführungsverordnungen zu erlassen.[30] Abschließend wurden durch Art. 5 des Kontrollratsgesetzes folgende Bestimmungen über die Verwaltungsgerichtsbarkeit aus der NS-Zeit aufgehoben: Erlaß des Führers und Reichskanzlers über die Vereinfachung der Verwaltung vom 28. August 1939[31], Zweite Verordnung über die Vereinfachung der Verwaltung vom 6. November 1939[32], Erlaß des Führers und Reichskanzlers über die Errichtung des Reichsverwaltungsgerichts vom 3. April 1941[33].

Die sehr allgemeinen Aussagen des Kontrollratsgesetzes waren dem Umstand geschuldet, dass ein Kontrollratsgesetz nur mit Zustimmung aller Besatzungsmächte erlassen werden durfte. Einer Einigung auf präzise Vorgaben standen aber die divergierenden politischen Ziele und Rechtsauffassungen der Besatzungsmächte entgegen.[34] Daneben befürchtete die Sowjetische Militäradministration in Deutschland, dass die Einrichtung der Verwaltungsgerichtsbarkeit zu einer Abmilderung der disziplinarischen Verantwortlichkeit der Hoheitsträger gegenüber ihren Organen führen könnte.[35] So schrieb der Chef der Rechtsabteilung der Sowjetischen Militäradministration, Karassew, am 14. November 1945 an den Präsidenten der Deutschen Justizverwaltung Dr. Eugen Schiffer[36]:

---

29 Art. 2 des Kontrollratsgesetzes vom 10. Oktober 1946; für Thüringen veröffentlicht in: Regierungsblatt für das Land Thüringen, Teil III: Gesetze und Befehle des Alliierten Kontrollrats und Befehle der Sowjet-Militär-Administration, 1946, S. 87.

30 Art. 4 des Kontrollratsgesetzes vom 10. Oktober 1946; für Thüringen veröffentlicht in: Regierungsblatt für das Land Thüringen, Teil III: Gesetze und Befehle des Alliierten Kontrollrats und Befehle der Sowjet-Militär-Administration, 1946, S. 87.

31 RGBl. I, 1939, S. 1535 - 1537.

32 RGBl. I, 1939, S. 2168 f..

33 RGBl. I, 1941, S. 201 f..

34 Joachim Hoeck, Verwaltung, Verwaltungsrecht und Verwaltungsrechtsschutz in der Deutschen Demokratischen Republik, S. 81.

35 Joachim Hoeck, ebenda, S. 83.

36 Dr. Eugen Schiffer (1860 - 1954): Amtsrichter, Obergerichtsrat, Oberverwaltungsgerichtsrat, Abgeordneter des Preußischen Landtages, Reichstagsabgeordneter, Reichsminister der Finanzen und der Justiz, Gesandter der Weimarer Republik; nach 1945 Mitbegründer der Liberaldemokratischen Partei; 1945 - 1948 Präsident der DJV; Helmut Anders, Die Demokratisierung der Justiz, in: Akademie der Wissenschaften der DDR, Jahrbuch für Geschichte, Bd. 9 (1973), S. 385 - 438 (391).

„Was die Ausarbeitung von Gesetzesentwürfen anbetrifft, so wäre es wünschenswert, wenn die Rechtsabteilung der sowjetischen Militäradministration rechtzeitig über die grundlegenden Bestimmungen dieser Gesetze informiert würde, damit es möglich ist, volle Klarheit und Übereinstimmung zu erzielen. Insbesondere beachten Sie, inwieweit die Wiedereinrichtung von Verwaltungsgerichten wirklich zweckmäßig erscheint, und ob dies nicht zu einer Abschwächung der Verantwortung der Beamten gegenüber den von ihnen begangenen Rechtsverstößen führt.“[37]

Vor diesem Hintergrund nahm die sowjetische Administration eine distanzierte und zögerliche Haltung zur Frage der Verwaltungsgerichtsbarkeit ein und blockierte die Bemühungen des Rechtsdirektorats[38] mit der Begründung, die Wiedereröffnung der Verwaltungsgerichtsbarkeit habe für sie keine Priorität.[39]

Weitere Probleme resultierten daraus, dass die deutsche Entwicklung des Verwaltungsrechts und der Verwaltungsgerichtsbarkeit in den Ländern uneinheitlich verlaufen war und 14 verschiedene Systeme auf diesem Gebiet hervorgebracht hatte. Es bestand Einigkeit darüber, dass der Unterschiedlichkeit des deutschen Verwaltungsrechts durch die Zubilligung eines großzügigen Spielraums bei der Berücksichtigung lokaler Verhältnisse Rechnung getragen werden solle. Auch war unumstritten, dass die Zonenbefehlshaber das Recht hätten, lokales Recht aufzuheben.[40] Hiermit war vorgezeichnet, dass die Vorgaben des Kontrollrates zu einem Verwaltungsgerichtsgesetz sich auf den kleinsten gemeinsamen Nenner beschränken würden.

b) Der Einfluss des Kontrollratsgesetze Nr. 36 in den westlichen Besatzungszonen

Bereits vor dem Erlass des Kontrollratsgesetzes Nr. 36 war der verwaltungsgerichtliche Rechtsschutz Gegenstand von Anordnungen und Gesetzen in den drei westlichen Besatzungszonen.

Die französische Besatzungsmacht ließ durch Verfügung Nr. 76 vom 23. Juli 1946 die Verwaltungsgerichtsbarkeit in den Ländern ihrer Zone wieder zu. In

37 Joachim Hoeck, Verwaltung, Verwaltungsrecht und Verwaltungsrechtsschutz in der Deutschen Demokratischen Republik, S. 83, Fn. 7.

38 Das Rechtsdirektorat war eines von zwölf Direktorien, welche als Mitarbeiterstab dem Koordinierungsausschuss zur Vorbereitung der Sitzungen des Alliierten Kontrollrates unterstanden. Das Leitungsgremium wurde von vier Direktoren geführt, die sich regelmäßig abwechselten.

39 Matthias Etzel, Die Aufhebung von nationalsozialistischen Gesetzen durch den Alliierten Kontrollrat (1945 - 1948), S. 103.

40 Matthias Etzel, ebenda, S. 104.

den folgenden Jahren wurden für die einzelnen Gebietsteile Verwaltungsgerichtsgesetze erlassen.[41]

In der amerikanischen Besatzungszone ergingen bereits im Laufe des Jahres 1946 inhaltlich im Wesentlichen gleichlautende Gesetze über die Verwaltungsgerichtsbarkeit.[42]

Ebenso ergingen in den Ländern der britischen Besatzungszone im Frühjahr und Sommer 1946 Bestimmungen über die Wiederaufnahme der Tätigkeit der Verwaltungsgerichte.[43] Durch die Verordnungen Nr. 141 vom 1. April 1948 und Nr. 165 vom 15. September 1948 wurde eine einheitliche Regelung der Verwaltungsgerichtsbarkeit geschaffen.

Als das Kontrollratsgesetz Nr. 36 am 10. Oktober 1946 erlassen wurde, war mithin in den meisten Ländern der westlichen Besatzungszonen die Verwaltungsgerichtsbarkeit wieder hergestellt. Maßgeblichen Einfluss konnte dieses Gesetz daher nicht mehr entfalten.

Seit 1951 bestanden in den Ländern der Bundesrepublik Deutschland 31 Verwaltungsgerichte. Gegen deren Entscheidungen konnte bei den Oberverwaltungsgerichten Berufung eingelegt werden.[44] Das Bundesverwaltungsgericht wurde durch Gesetz vom 23. September 1952 in Berlin als Revisionsinstanz errichtet. Am 1. April 1960 trat die Verwaltungsgerichtsordnung in Kraft.

---

41 Baden: Landesverordnung über den Aufbau der Verwaltungsgerichtsbarkeit vom 30. März 1947; Rheinpfalz: Landesverordnung über Vereinfachungsmaßnahmen auf dem Gebiet der Verwaltungsgerichtsbarkeit vom 18. März 1947; Südwürttemberg-Hohenzollern: Rechtsanordnung über die Verwaltungsrechtspflege vom 19. August 1946; Georg-Christoph von Unruh, Verwaltungsgerichtsbarkeit, in: Kurt G. A. Jeserich / Hans Pohl / Georg-Christoph von Unruh, Deutsche Verwaltungsgeschichte, Bd. 5, S. 1178 - 1196 (1180); Ulrich von Dassel, Die neue Verwaltungsgerichtsbarkeit, NJ, 2. Jgg., 1948, S. 27 - 31 (28 f.).

42 Bayern: Gesetz Nr. 39 über die Verwaltungsgerichtsbarkeit vom 25. September 1946; Bremen: Gesetz über die Verwaltungsgerichtsbarkeit vom 1. Februar 1946; Hessen: Gesetz über die Verwaltungsgerichtsbarkeit vom 31. Oktober 1946; Württemberg-Baden: Gesetz Nr. 110 über die Verwaltungsgerichtsbarkeit vom 16. Oktober 1946; Georg-Christoph von Unruh, Verwaltungsgerichtsbarkeit, in: Kurt G. A. Jeserich / Hans Pohl / Georg-Christoph von Unruh, Deutsche Verwaltungsgeschichte, Bd. 5, S. 1178 - 1196 (1179); Ulrich von Dassel, Die neue Verwaltungsgerichtsbarkeit, NJ, 2. Jgg., 1948, S. 27 - 31 (30).

43 Ulrich von Dassel, Die neue Verwaltungsgerichtsbarkeit, NJ, 2. Jgg., 1948, S. 27 - 31 (29).

44 Georg-Christoph von Unruh, Verwaltungsgerichtsbarkeit, in: Kurt G. A. Jeserich / Hans Pohl / Georg-Christoph von Unruh, Deutsche Verwaltungsgeschichte, Bd. 5, S. 1178 - 1196 (1187).

c) Die Entwicklungen um die gesetzliche Verankerung der Verwaltungsgerichtsbarkeit in der sowjetischen Besatzungszone

Während in den westlichen Besatzungszonen bereits vor der Verkündung des Kontrollratsgesetzes Nr. 36 Bemühungen zur Reorganisation der Verwaltungsgerichtsbarkeit einsetzten, traten in der sowjetischen Besatzungszone auch nach dem 10. Oktober 1946 die Vorbehalte gegenüber einem uneingeschränkten gerichtlichen Verwaltungsrechtsschutz hervor.

Das Kontrollratsgesetz Nr. 36 verpflichtete die Machthaber in der sowjetischen Besatzungszone zwar ein Verwaltungsgerichtssystem zu konstituieren. Bei dessen Ausgestaltung unterlag die Sowjetische Militäradministration in Deutschland gleichwohl weder inhaltlichen noch zeitlichen Vorgaben.

In der sowjetischen Besatzungszone wurde dem ungeachtet schon im Vorfeld des Kontrollratsgesetzes offenbar, dass die gerichtliche Überprüfung von Verwaltungsakten in bestimmten Bereichen nicht erwünscht war. Dies kam beispielsweise in der Verordnung des Landes Sachsen vom 14. März 1946 über die Geltendmachung von Ansprüchen aus Maßnahmen der öffentlichen Gewalt[45] zum Ausdruck. Danach war für Ansprüche auf Rückgabe von Gegenständen oder auf Schadensersatz aus Maßnahmen, die von Behörden oder Gemeinden oder Gemeindeverbänden in Ausübung öffentlichen Gewalt getroffen worden sind, der Rechtsweg ausgeschlossen (§ 1). Eine ähnliche Bestimmung enthielt die Sächsische Verordnung zur Durchführung des Gesetzes vom 30. Juni 1946 über die Übergabe von Betrieben von Kriegs- und Naziverbrechern in das Eigentum des Volkes vom 18. Juli 1946. Auch hier war der Rechtsweg grundsätzlich ausgeschlossen.[46]

Aber auch unmittelbar nach Erlass des Kontrollratsgesetzes wurde in verschiedenen Gesetzen die Verwaltungsgerichtsbarkeit explizit ausgeschlossen. Hierfür steht beispielsweise das Thüringer Gesetz zur Sicherung des durch die Bodenreform geschaffenen Eigentums an Grund und Boden vom 31. Oktober 1946[47] sowie das Gesetz betreffend Maßnahmen gegen Nazismus und Militarismus vom 20. November 1946[48]. In beiden wurde normiert, dass die dort auf-

45 GVBl. Sachsen, 1946, S. 133.

46 § 11 der Verordnung, GVBl. Sachsen, 1946, S. 425.

47 Regierungsblatt für das Land Thüringen, Teil I: Gesetzsammlung, 1946, S. 156.

48 Regierungsblatt für das Land Thüringen, Teil I: Gesetzsammlung, 1947, S. 11.

geführten Maßnahmen „nicht einer Anfechtung im Rechtswege oder im Verwaltungsverfahren unterliegen“.[49]

All diese Bestimmungen sollten verhindern, „daß trotz des unbedingten Vorrangs der großen Aufbauaufgaben vor allen individuellen Belangen, angesichts des erst in der Entwicklung begriffenen antifaschistisch-demokratischen Rechtsbewusstseins [...] durch Prozesse [...] die Festigung der antifaschistisch-demokratischen Ordnung gehemmt würde“[50].

Der sowjetischen Führung war daher auch nicht allzu viel daran gelegen, das Kontrollratsgesetz schnell und möglichst umfassend in Wirkung zu setzen.[51] Erst am 8. Juli 1947 erließ sie den Befehl Nr. 173, indem sie die Länder der sowjetischen Besatzungszone anwies, die Verwaltungsgerichtsbarkeit wiederherzustellen.[52]

aa) Vorschläge eines zoneneinheitlichen Verwaltungsgerichtsgesetzes durch die Deutsche Justizverwaltung

Es gab grundsätzlich zwei Wege, das Kontrollratsgesetz umzusetzen: Entweder schuf man eine zoneneinheitliche Regelung, oder man überließ den Aufbau einer Verwaltungsgerichtsbarkeit den Ländern und Provinzen[53].[54] Anfangs legte sich die sowjetische Administration diesbezüglich ebenso wenig fest wie bei der Frage, ob eine Reorganisation oder eine Neuerrichtung die zweckmäßigere Lösung sei.[55] Dabei schien der Wortlaut des Artikel 1 des Kontrollratsgesetzes Nr. 36 auf eine „Wiedererrichtung“ der Verwaltungsgerichte abzuzielen:

---

49 In Sachsen-Anhalt erging mit der „Verordnung über die Geltendmachung von Ansprüchen aus Maßnahmen der öffentlichen Gewalt in der Provinz Sachsen vom 25. Oktober 1946“ (GBl. Sachsen-Anhalt, 1946, S. 503) ein inhaltlich entsprechendes Gesetz.

50 Herbert Kröger, Zur Frage der Zulässigkeit des ordentlichen Zivilrechtswegs, NJ, 6. Jgg., 1952, S. 255 - 260 (258).

51 Max Fechner bemerkte auf der Sitzung des Ausschusses für Rechtsfragen beim SED-ZS im Juni1947: „Mir ist bekannt, daß die Russen ursprünglich an die Verwaltungsgerichtsbarkeit nicht heranwollten. Dann zeigte sich der Einfluß von der anderen Seite, von der Zentralverwaltung und von Dr. Schiffer [...].“ Heike Amos, Justizverwaltung in der SBZ / DDR, S. 188, Fn. 819.

52 Wortlaut des Befehls in: Joachim Hoeck, Verwaltung, Verwaltungsrecht und Verwaltungsrechtsschutz in der Deutschen Demokratischen Republik, S. 120.

53 Die Länder Brandenburg, Mecklenburg und Sachsen-Anhalt waren bis 1947 die Provinz Mark Brandenburg, die Provinz Mecklenburg und die Provinz Sachsen bzw. Sachsen-Anhalt.

54 Ernst Meyer, Die Entwicklung der Verwaltungsgerichtsbarkeit in der Ostzone, DVBl., 65. Jgg., 1950, S. 561 - 564 (561 f.).

55 Joachim Hoeck, Verwaltung, Verwaltungsrecht und Verwaltungsrechtsschutz in der Deutschen Demokratischen Republik, S. 88.

„Zur Entscheidung von Verwaltungssachen werden Verwaltungsgerichte in den einzelnen Zonen und in Berlin wieder errichtet."[56]

Zunächst schien die Sowjetische Militäradministration in Deutschland eine zoneneinheitliche Ausgestaltung des verwaltungsgerichtlichen Rechtsschutzes zu präferieren. Am 5. November 1946 beauftragte sie die inzwischen geschaffene Deutsche Justizverwaltung der sowjetischen Besatzungszone, deren Chef der ehemalige Reichsminister Dr. Eugen Schiffer war[57], zwei Konzeptionen für ein zoneneinheitliches Verwaltungsgerichtswesen zu erarbeiten[58]. Der eine Entwurf sollte die Einordnung der Verwaltungsgerichte in das ordentliche Gerichtswesen vorsehen[59], während der andere von dem Aufbau selbständiger Verwaltungsgerichte ausgehen sollte[60]. Der Präsident der Deutschen Justizverwaltung Schiffer versuchte bei der Ausarbeitung der Entwürfe, die ihm weitgehend mustergültig erscheinende thüringische Landesverwaltungsordnung[61] durchzusetzen. Mit ihrer beispielgebenden Generalklausel zur Anfechtung aller Verfügungen sollte sie als Vorbild für eine zoneneinheitliche Regelung im Rahmen der Besprechung bei der Deutschen Justizverwaltung mit den Vertretern der Landes- und Provinzialverwaltungen am 28. November 1946 dienen.[62] Die Entwürfe[63], die Ende

56 Kontrollratsgesetz vom 10. Oktober 1946; für Thüringen veröffentlicht in: Regierungsblatt für das Land Thüringen, Teil III: Gesetze und Befehle des Alliierten Kontrollrats und Befehle der Sowjet-Militär-Administration, 1946, S. 87.

57 Protokoll über die DJV-Besprechung mit Vertretern der Landes- und Provinzialverwaltungen vom 28. November 1946, ThHStAW, OVG Jena, B X Nr. 8.

58 Schreiben Schiffers an den Präsidenten des Landes Thüringen – Landesamt für Justiz, ThHStAW, OVG Jena, B X Nr. 8.

59 Diese Regelung widerspricht indes dem Kontrollratsgesetz Nr. 36, welches von der „Wiedererrichtung" der Verwaltungsgerichte spricht. Unter dem Begriff „Verwaltungsgerichte" waren in Deutschland von jeher nur selbständige Verwaltungsgerichte zu verstehen; vgl. ThHStAW, OVG Jena, B X Nr. 8.

60 Schreiben Schiffers an den Präsidenten des Landes Thüringen – Landesamt für Justiz, Protokoll über die DJV-Besprechung mit Vertretern der Landes- und Provinzialverwaltungen vom 28. November 1946, ThHStAW, OVG Jena, B X Nr. 8.

61 Landesverwaltungsordnung für Thüringen vom 10. Juni 1926, Gesetzsammlung für Thüringen, 1926, S. 177 - 213; Gesetz zur Anpassung der Landesverwaltungsordnung an den neuen Staatsaufbau des Landes Thüringen vom 26. November 1945, Regierungsblatt für das Land Thüringen, Teil I: Gesetzsammlung, 1946, S. 53 - 57.

62 Dies lässt sich daraus schließen, dass bei den meisten Regelungspunkten die Diskussion damit eröffnet wurde, dass der thüringische OVG-Präsident Loening die Regelung der thüringischen LVO vorstellte und anschließend deren jeweilige Übertragbarkeit auf die Gesamtzone diskutiert wurde. Zudem betonte Vizepräsident Kleikamp von der Deutschen Justizverwaltung im Anschluss an den Vortrag Loenings, „dass er das thüringische System, nämlich nur eine verwaltungsgerichtliche Instanz [...], die Anfech-

1946 / Anfang 1947 ausgearbeitet wurden, basierten schließlich auf einer eingeschränkten Generalklausel.[64] Durch die Gleichstellung der Verwaltungsrichter mit den Richtern der ordentlichen Gerichtsbarkeit, die sich im Entwurf I aus der Ausübung der Verwaltungsgerichtsbarkeit durch die ordentlichen Gerichte ergab und in Entwurf II explizit festgeschrieben wurde (§ 3 Abs. 1), war sowohl die sachliche als auch die persönliche Unabhängigkeit in der Verwaltungsrechtsprechung vorgesehen.

bb) Steuerung des Gesetzgebungsverfahrens durch die deutschen Kommunisten

(1) Ablehnung der Entwürfe der Deutschen Justizverwaltung durch einen Gegenentwurf der Sowjetischen Militäradministration in Deutschland

Schiffer übergab die Entwürfe der Deutschen Justizverwaltung am 12. Februar 1947 der Sowjetischen Militäradministration in Deutschland. Im April 1947 legte diese ihre eigenen „Bestimmungen über die deutschen Verwaltungsgerichte der sowjetisch besetzten Zone“[65] vor. Die darin enthaltenen Regelungen können nur als Ablehnung der in den Entwürfen der Deutschen Justizverwaltung niedergelegten rechtsstaatlichen Prinzipien verstanden werden.

Entgegen den Entwürfen der Deutschen Justizverwaltung normierte diese Ausarbeitung hinsichtlich der Eröffnung des Rechtsweges ein strenges Enumerationsprinzip. Ferner enthielten die Bestimmungen der Sowjetischen Militäradministration in Ziffer 9 die – gegen den mehrheitlichen Wunsch der Ländervertreter mühsam aus den Vorschlägen der Deutschen Justizverwaltung herausgehaltene – Möglichkeit des Ausschlusses des Rechtsweges durch das Mittel des „Regierungsakts“. Gemäß Ziffer 12 der Bestimmungen sollte der Verwaltungs-

---

tungsklage als Schlussklage und die Generalklausel mit den in der thüringischen Gesetzgebung enthaltenen Einschränkungen, als die beste Lösung der ganzen Angelegenheit“ ansehe; Bericht Loenings vom 30. November 1946 über die DJV-Besprechung mit Vertretern der Landes- und Provinzialverwaltungen vom 28. November 1946, ThHStAW, OVG Jena, B X Nr. 8.

63 Entwurf I bestimmte in § 1, dass die Verwaltungsgerichtsbarkeit durch die ordentlichen Gerichte ausgeübt werde; Entwurf II sah in § 1 eine unabhängige, nur dem Gesetz unterworfene Verwaltungsgerichtsbarkeit vor; ThHStAW, OVG Jena, B X Nr. 8.

64 Entwurf I: § 4; Entwurf II: § 7. Nach beiden Entwürfen konnte eine Anfechtungsklage nur erhoben werden, wenn subjektive Rechte durch den Verwaltungsakt verletzt wurden (Entwurf I: § 6, Entwurf II: § 9) und soweit es sich nicht um eine Ermessensentscheidung der Behörde handelte (Entwurf I: § 7, Entwurf II: § 10). ThHStAW, OVG Jena, B X Nr. 8.

65 Joachim Hoeck, Verwaltung, Verwaltungsrecht und Verwaltungsrechtsschutz in der Deutschen Demokratischen Republik, S. 112.

rechtsweg hinsichtlich der Anfechtung von vor dem Befehl liegenden Verwaltungsakten grundsätzlich ausgeschlossen sein. Die in den Vorschlägen der Deutschen Justizverwaltung vorgesehene Befugnis der Landesregierungen, den Rechtsweg durch ausdrückliche Einwilligung zu eröffnen, wurde gestrichen.[66] Ziffer 5 Abs. 1 i.V.m. Ziffer 3 der „Bestimmungen“ sah schließlich vor, dass alle Richter von den Landtagen der Provinzen und Länder auf 3 Jahre gewählt werden sollten. Die persönliche Unabhängigkeit, für die sich die Entwürfe der Deutschen Justizverwaltung aussprachen, wurde damit zurückgenommen.

> „Die Berufsrichter werden aus der Zahl der demokratischen Kräfte gewählt, die die Befähigung zum Richteramt oder (die Fähigkeit) zum höheren Verwaltungs(dienst) besitzen.
>
> Falls die genannten Personen zum Zeitpunkt ihrer Wahl durch den Landtag zu Richtern des Verwaltungsgerichtes die Richterfähigkeit noch nicht besitzen, so erlangen sie diese mit dem Zeitpunkt ihrer Wahl.
>
> [...]
>
> Richter des Verwaltungsgerichts, die durch Verstoß gegen die demokratischen Grundsätze oder durch Missbrauch ihrer Dienstellung sich das Vertrauen nicht würdig erwiesen haben, können vom Landtag abberufen werden.“[67]

Für die Ablehnung der Vorschläge der Deutschen Justizverwaltung gab es verschiedene Gründe.

Während der Bearbeitungen der Entwürfe der Deutschen Justizverwaltung durch die Sowjetische Militäradministration Deutschlands verschärften sich die Spannungen zwischen den Siegermächten[68], so dass die Chancen für eine interalliierte Einigung über Gesamtdeutschland schwanden und damit auch der Gedanke an die deutsche Wirtschafts- und Rechtseinheit in weite Ferne rückte.

Im Laufe der Zeit wurden zudem aus der sowjetischen Besatzungszone vermehrt Stimmen gegen die Verstärkung des verwaltungsgerichtlichen Rechtsschutzes laut. Die neuaufgebaute Verwaltung befürchtete eine Lähmung ihrer Initiative und Einbuße an Autorität durch eine juristische Bevormundung.[69]

---

66 Joachim Hoeck, ebenda, S. 113 ff..

67 Joachim Hoeck, ebenda, S. 115.

68 Vom 10. März bis zum 24. April fand die Moskauer Außenministerkonferenz statt, die in ihren Kernpunkten von weitgehender Uneinigkeit geprägt war. Einen weiteren Höhepunkt fand die Konfrontation unter den Siegermächten am 12. März in den „Truman – Doktrin“ (Ankündigung die sowjetische Expansionspolitik einzudämmen).

69 Ernst Meyer, Die Entwicklung der Verwaltungsgerichtsbarkeit in der Ostzone, DVBl., 65. Jgg., 1950, S. 561 - 564 (562).

Auch die Prävalenz einiger Länderinstitutionen stand einer zoneneinheitlichen Regelung im Weg.[70]

Schließlich verzichtete die Sowjetische Militäradministration in Deutschland auf die eigenverantwortliche Umsetzung des Kontrollratsgesetzes Nr. 36 und entschied sich für die zweite Möglichkeit, den Aufbau einer Verwaltungsgerichtsbarkeit den Ländern und Provinzen zu überlassen, womit die Entwürfe der Deutschen Justizverwaltung endgültig gegenstandslos geworden waren.

(2) Initiative der SED bei der Wiedereinführung der Verwaltungsgerichtsbarkeit auf Länderebene

Mit dem Erlass des Befehls Nr. 173 des Obersten Chefs der Sowjetischen Militäradministration in Deutschland, setzte diese am 8. Juli 1947 ihre Entscheidung in die Tat um.

> „Gemäß dem Gesetz Nr. 36 des Kontrollrates ‚über Administrativgerichte' befehle ich:
>
> 1. Dem Ministerpräsidenten der Regierungen der Provinz Mecklenburg, der Provinz Brandenburg, der Provinz Sachsen und des Landes Sachsen, die Ausarbeitung der Gesetzesprojekte über Wiederherstellung und Reorganisation der Administrativgerichte zu gewährleisten und sie dem Landtag zur Prüfung vorzustellen.
> 2. Festzusetzen, dass die Administrativgerichte in genannten Ländern und Provinzen ihre Tätigkeit nicht später als am 1. Oktober 1947 beginnen müssen.
> 3. Die Kontrolle der Erfüllung dieses Befehls den Verwaltungen der SMA der zuständigen Länder und Provinzen aufzuerlegen."[71]

---

70 Der Präsident des thüringischen Oberverwaltungsgerichts Hellmuth Loening, wollte eine umfassende gesetzliche Regelung für die Gesamtzone vermeiden und stattdessen lediglich eine Rahmenbestimmung, die nur die wichtigsten Grundsätze enthielt, zugrunde legen. Hinsichtlich der Einzelausgestaltung sollte den Ländern und Provinzen weitgehende Freiheit eingeräumt werden. Hintergrund war, dass die Landesregierung in Thüringen bestrebt war, das durch die Landesverwaltungsordnung verbürgte hohe Niveau des Verwaltungsrechtsschutzes wirksam zu sichern. Das Kontrollratsgesetz schien wegen seiner inhaltlichen Unbestimmtheit den hohen Standard des subjektiv-öffentlichen Rechtsschutzes in Thüringen zu gefährden. Bericht Loenings an das Landesamt für Justiz vom 28. Oktober 1946, Schreiben Loenings an die DJV vom 21. November 1946, ThHStAW, OVG Jena, B X Nr. 8. Der thüringische Vorschlag, die bevorstehende Ausführungsverordnung zum Kontrollratsgesetz Nr. 36 lediglich als Rahmenbestimmung zu erlassen, wurde von Reichsminister Dr. Schiffer als nicht durchführbar bezeichnet, weil er von der SMAD den Auftrag erhalten habe, einen umfassenden Entwurf vorzulegen, der das ganze Verwaltungsgerichtsverfahren regele. Bericht Loenings vom 30. November 1946 über die Justizländerkonferenz, ThHStAW, OVG Jena, B X Nr. 8.

Mit diesem Befehl kam zweierlei zum Ausdruck. Zum einen machte die Sowjetische Militäradministration in Deutschland von der ihr durch das Kontrollratsgesetz Nr. 36 erteilten Ermächtigung, ihrerseits die Verwaltungsgerichtsbarkeit zu regeln, keinen Gebrauch, sondern beließ es bei allgemeinen Formulierungen und räumte den Ländern ihrer Besatzungszone insoweit ein weitgehendes Selbstbestimmungsrecht ein.[72] Ferner richtete sich der Befehl, die Verwaltungsgerichtsbarkeit wiederherzustellen, nur an die vier Länder der Zone, in denen noch keine neue gesetzliche Regelung der Verwaltungsgerichtsbarkeit bestand, somit aber nicht an Thüringen. Hier sah die Sowjetische Militäradministration Deutschlands das Kontrollratsgesetz Nr. 36 bereits umgesetzt, da die Verwaltungsgerichtsbarkeit schon gesetzlich geregelt war und das Oberverwaltungsgericht seine Tätigkeit aufgenommen hatte.[73]

Die Initiative war somit formell auf die Landesebene verlagert worden. Indes war die SED bestrebt ihre Vormachtstellung in den Landtagen zu nutzen, um annähernd übereinstimmende Regelungen in den Ländern hervorzubringen, die ihren gesellschaftlichen Wandel stützten.[74]

Diesbezüglich stellte die SED klar, dass sie nicht aus eigenen rechtsstaatlichen Erwägungen auf die Wiedereinführung der Verwaltungsgerichtsbarkeit drängte, sondern lediglich aufgrund des Befehls Nr. 173 ihren Gesetzentwurf verfasst habe.[75] Aus ihrer Sicht waren Verwaltungsgerichte „im Rahmen der herrschenden Neuordnung und umfassenden demokratischen Kontrolle in unseren Verwaltungsorganen überflüssig" und wirkten „wie die Reste eines vergangenen Obrigkeitsstaates inmitten einer neuen Welt".[76] Die SED sah mit dem in der demokratischen Gemeinde- und Kreisordnung niedergelegtem Prinzip der demokratischen Selbstverwaltung im weitesten Sinne den Rechtsschutz der Bürger garantiert.[77] Dessen ungeachtet fürchtete auch die SED bei einer Ablehnung

71 Joachim Hoeck, Verwaltung, Verwaltungsrecht und Verwaltungsrechtsschutz in der Deutschen Demokratischen Republik, S. 120.

72 Hellmuth Loening, Kampf um den Rechtsstaat in Thüringen, AöR, 75. Jgg., 1949, S. 56 - 102 (57 f.).

73 Vermerk betreffend Besprechung bei der Deutschen Justizverwaltung, ThHStAW, Ministerium der Justiz, Akte 331.

74 Joachim Hoeck, Verwaltung, Verwaltungsrecht und Verwaltungsrechtsschutz in der Deutschen Demokratischen Republik, S. 120.

75 Protokoll der 5. Sitzung des Rechtspolitischen Ausschusses beim Landesvorstand der SED Thüringen am 23. November 1946 in Weimar, ThHStAW, Ministerium des Inneren, Akte 276, Blatt 34 - 45.

76 Sächsischer Landtag, 29. Sitzung am 30. Oktober 1947, Akten und Verhandlungen des Sächsischen Landtages, 1946 - 1952, Bd. I.1, S. 619 - 660 (646).

77 Sächsischer Landtag, 29. Sitzung, ebenda.

der Verwaltungsgerichtsbarkeit, „insbesondere in der westlichen Presse, [...] den Ruf, diktatorischer, absolutistischer, polizeistaatlicher Tendenzen“[78].

Bereits im November 1946 legte die Justizabteilung beim Zentralsekretariat der SED einen „Entwurf zur Ausführungsverordnung des Kontrollratsgesetzes Nr. 36 über Verwaltungsgerichte“ vor.[79] Dieser wurde von der Berliner SED-Zentrale am 1. September 1947 den Landesvorständen der SED übermittelt, mit der Anweisung, diesen Entwurf in Vereinbarung mit dem „Block der antifaschistisch-demokratischen Parteien“ zu beschließen.[80] Die Ausarbeitung des Zentralkomitees entsprach im Wesentlichen den von der Sowjetischen Militäradministration Deutschlands erarbeiteten „Bestimmungen über die Verwaltungsgerichte in der SBZ“.[81] Deren Vorgaben entsprechend, sah der Entwurf die Wahl (§ 3 Abs. 1 S. 1) und Absetzbarkeit der Richter durch den Landtag (§ 3 Abs. 2) sowie die Eröffnung des Rechtsweges nach dem Enumerationsprinzip (§ 7 Abs. 1) vor.[82] Diese Entscheidung wurde damit begründet, dass „dieses sogenannte Aktionsprinzip oder das Enomerationsverfahren im Gegensatz zu der sogenannten Generalklausel ein wichtiger Regulator ist, damit die Verwaltungsbehörden nicht etwa durch Störenfriede, feindliche Elemente in ihrer Tätigkeit behindert werden“[83]. Im Hinblick auf den Rechtswegausschluss gab der Entwurf des Zentralsekretariats der SED sowohl dem Landtag als auch der Landesregierung das Recht, eine Verfügung zum Regierungsakt zu erklären (§ 10 Abs. 1). Überdies waren Klagen, die Maßnahmen nach 1945 zum Gegenstand hatten, als unbegründet zurückzuweisen (§ 11). Der verbleibende Verwaltungsrechtsschutz sollte schließlich durch selbstständige Gerichte gewährt werden.[84]

d) Die Bedeutung des Kontrollratsgesetzes Nr. 36 für die Verwaltungsgerichtsbarkeit

Faktisch kam dem Gesetz nur eine geringe Wirkung in der Entwicklung der Verwaltungsgerichtswesen zu. In vielen Ländern war zum Zeitpunkt seines Er-

---

78 Stellungnahme der SED-Abteilung Justiz zur Verwaltungsgerichtsbarkeit vom 26. November 1946; abgedruckt in: Heike Amos, Justizverwaltung in der SBZ / DDR, S. 189.

79 Petra Weber, Justiz und Diktatur, S. 73.

80 Heike Amos, Justizverwaltung in der SBZ / DDR, S. 192.

81 Joachim Hoeck, Verwaltung, Verwaltungsrecht und Verwaltungsrechtsschutz in der Deutschen Demokratischen Republik, S. 121.

82 Joachim Hoeck, ebenda, S. 122.

83 Sächsischer Landtag, 29. Sitzung am 30. Oktober 1947, Akten und Verhandlungen des Sächsischen Landtages, 1946 - 1952, Bd. I.1, S. 619 - 660 (647).

84 Joachim Hoeck, Verwaltung, Verwaltungsrecht und Verwaltungsrechtsschutz in der Deutschen Demokratischen Republik, S. 121 - 123.

lasses die Verwaltungsgerichtsbarkeit bereits wieder hergestellt worden. Nach deren Struktur richtete sich dann auch der Norminhalt der zu erlassenden Verwaltungsgerichtsgesetze. Das Kontrollratsgesetz Nr. 36 stand diesen Regelungen aufgrund seiner minimalen Anforderungen nicht entgegen.

Indes wird vor allem durch das Tätigwerden des von den vier Oberbefehlshabern der Besatzungsmächte gebildeten Kontrollrates als des für die gesamtdeutschen Angelegenheiten zuständigen Gesetzgebers[85] deutlich, dass die Verwaltungsrechtspflege im gesamten deutschen Gebiet eine gewisse, wenn auch minimale Einheitlichkeit aufweisen sollte. Des Weiteren zeigt die Wahl des Kontrollratsgesetzes als das in der Normenhierarchie am höchsten angesiedelte Instrument, den besonderen Stellenwert, den alle Besatzungsmächte dem Neuaufbau einer Verwaltungsgerichtsbarkeit in Deutschland beimaßen. Das Einstimmigkeitserfordernis[86] beim Gesetzeserlass verpflichtete zudem auch die Sowjetunion, sich mit Nachdruck für die Wiedereinrichtung einzusetzen.

Schließlich entstand erst infolge des Kontrollratsgesetzes Nr. 36 die Bereitschaft der SED die Existenz von Verwaltungsgerichten verfassungsrechtlich zu normieren.[87] Vor den Auseinandersetzungen um die Umsetzung des Gesetzes wurde die Verwaltungsgerichtsbarkeit nicht in den Verfassungsberatungen und Verfassungsentwürfen der SED berücksichtigt.[88]

Dennoch konnte das Kontrollratsgesetz Nr. 36 der mit seinem Zustandekommen verbundenen Erwartung einer maßgebenden Beeinflussung der Verwaltungsgerichtsbarkeit insgesamt nicht gerecht werden.

e) Verwaltungsrecht in der Verfassung der DDR von 1949

Die Gesamtkonstruktion der Verwaltungsgerichtsbarkeit war in der Verfassung unter dem Abschnitt der Rechtspflege, Art. 126 – 138, geregelt. Damit traf der Verfassungsgeber die Entscheidung, dass die Verwaltungsgerichtsbarkeit ein Bestandteil der Justiz sein sollte.

---

85 Feststellung der Siegermächte über das Kontrollverfahren in Deutschland vom 5. Juni 1945, in: Klaus-Jörg Ruhl, Neubeginn und Restauration, S. 86.

86 Feststellung der Siegermächte über das Kontrollverfahren in Deutschland, ebenda.

87 Protokoll der 5. Sitzung des Rechtspolitischen Ausschusses beim Landesvorstand der SED Thüringen am 23. November 1946 in Weimar, ThHStAW, Ministerium des Inneren, Akte 276, Blatt 34 - 45 (37).

88 Thomas Heil, Die Verwaltungsgerichtsbarkeit in Thüringen 1945 - 1952, S. 75.

Eine Art. 19 IV GG entsprechende Bestimmung für die gesamte Rechtsordnung enthielt die Verfassung der DDR vom 7. Oktober 1949 nicht. Dennoch sah diese in Art. 138[89] eine Verwaltungsgerichtsbarkeit noch vor.

> „(1) Dem Schutz der Bürger gegen rechtswidrige Maßnahmen der Verwaltung dienen die Kontrolle durch die Volksvertretungen und die Verwaltungsgerichtsbarkeit.
> (2) Aufbau und Zuständigkeit der Verwaltungsgerichte werden durch Gesetz geregelt.
> (3) Für die Mitglieder der Verwaltungsgerichte gelten die Grundsätze über die Wahl und Abberufung der Richter der ordentlichen Gerichtsbarkeit entsprechend."

Wenn Wolfgang Bernet[90] zurückschauend über diese Normierung urteilte:

> „Unter der Voraussetzung, dass die Verfassung der DDR vom 7. Oktober 1949 Realität geworden wäre, hätte mit der Verwaltungsgerichtsbarkeit ein wesentliches Element von Rechtsstaatlichkeit geschaffen werden können."[91]

stellt sich die Frage, inwieweit mit der Verfassung und ihren Bestimmungen tatsächlich rechtsstaatlichen Erfordernissen nachgekommen werden sollte. So erscheint die im Nachhinein abgegebene Bewertung Bernets aufgrund der zum Zeitpunkt der Verfassungsgebung bereits bestehenden Begrenzung des Verwaltungsrechtsschutzes auf tatsächlicher Ebene ebenso wie durch dessen inhaltliche Einschränkungen in Art. 138 abwegig.

Die in Art. 127 der Verfassung von 1949 formal garantierte richterliche Unabhängigkeit wurde bezüglich der Verwaltungsgerichtsbarkeit durch Art. 138 begrenzt. Die in Art. 131, 132 der Verfassung niedergelegten Grundsätze über Wahl und Abberufung der Richter der ordentlichen Gerichtsbarkeit waren auf die Mitglieder der Verwaltungsgerichte entsprechend anwendbar (Art. 138 Abs. 3). Damit wurden Wahlen durch den Landtag für alle Verwaltungsrichter vorgeschrieben. Dieser Absatz bestätigte folglich die Wahl- und Abberufungsbestimmungen der Verwaltungsgerichtsgesetze der Länder[92], während er die diesbe-

---

89 Verfassung der Deutschen Demokratischen Republik vom 7. Oktober 1949, GBl. DDR, 1949, S. 5 - 16.

90 Wolfgang Bernet (geb. 1941): seit 1964 Assistent am Institut für Staatsrecht der Universität Jena.

91 Wolfgang Bernet, Das Problem der Gerichtsbarkeit über Verwaltungssachen in der Entwicklung der DDR, DÖV, 43. Jgg., 1990, S. 409 - 417 (410).

92 Brandenburg: § 4 Abs. 1 S. 1 Gesetz über die Verwaltungsgerichtsbarkeit vom 12. Oktober 1947 (Verwaltungsgerichtsgesetz) i.V.m. Anlage, GVBl. Brandenburg I, 1947, S. 27 - 30; Mecklenburg: § 3 Abs. 1 S. 1 Gesetz über die Verwaltungsgerichts-

züglichen Bestimmungen der Länderverfassungen, in denen bspw. nur die Wahl des Präsidenten der obersten Gerichte verlangt wurde, änderte[93].

Art. 138 Abs. 1 deutet auf eine der – zumindest formell[94] – einschneidenden Besonderheiten der Verwaltungsgerichtsbarkeitsregelung in der sowjetischen Besatzungszone hin: Die Zweigleisigkeit der Rechtskontrolle der Verwaltung, durch Gerichte und Volksvertretungen, wobei die Kontrolle durch die Volksvertretungen Vorrang hatte. In der bürgerlichen Demokratie kann die parlamentarische Kontrolle die Anrufung der Verwaltungsgerichte nicht ausschließen. Dies würde gegen den Gewaltenteilungsgrundsatz verstoßen. Demgegenüber war der Vorrang der parlamentarischen Kontrolle in der DDR – der auch in dem Wortlaut des Art. 138 Abs. 1. niedergelegt ist – die notwendige Konsequenz aus der Aufkündigung der Gewaltenteilung. Der Volksvertretung oblag als oberstem Organ die Ausübung der gesamten Staatsgewalt; dazu gehörten auch die Bestimmung der Grundsätze der Verwaltung sowie die Verwaltungskontrolle.

Schließlich sah die Verfassung in Art. 138 Abs. 2 die Regelung von Aufbau und Zuständigkeit der Verwaltungsgerichte durch Gesetz vor, sie hatte demnach eine gesamtstaatliche Regelung durch die Volkskammer im Auge. Ein entsprechendes Gesetz über die Verwaltungsgerichtsbarkeit wurde von der Volkskammer allerdings nie erlassen.

Insofern hätte die positive Einschätzung Bernets gegebenenfalls Art. 138 Abs. 1 der DDR-Verfassung rechtfertigen können, in dem von einem Verwaltungsrechtsschutz gegen „Maßnahmen" der Verwaltung die Rede ist. Dies könnte als bewusste begriffliche Erweiterung gegenüber den in den Länderverfassungen gewährten Schutz gegen „Anordnungen und Verfügungen"[95] gewollt gewe-

---

barkeit im Lande Mecklenburg vom 18. September 1947 (Verwaltungsgerichtsgesetz), RegBl. Mecklenburg, 1947, S. 250 - 252; Sachsen: § 3 Abs. 1 S. 1, 2 Gesetz über die Verwaltungsgerichtsbarkeit vom 30. Oktober 1947 (Verwaltungsgerichtsgesetz), GVBl. Sachsen, 1947, S. 509 - 511; Thüringen: § 3 Abs. 1 S. 1, 2 Gesetz über die Verwaltungsgerichtsbarkeit vom 7. Oktober 1948 (Verwaltungsgerichtsgesetz), Regierungsblatt für das Land Thüringen, Teil I: Gesetzsammlung, 1948, S. 103 - 105.

93 Art. 42 Abs. 1 der Verfassung für die Mark Brandenburg vom 6. Februar 1947, GVBl. Brandenburg I, 1947, S. 45 - 49; Art. 64 Abs. 4 der Verfassung des Landes Mecklenburg vom 16. Januar 1947, RegBl. Mecklenburg, 1947, S. 1 - 8; Art. 62 Abs. 2 S. 1 der Verfassung des Landes Sachsen vom 28. Februar 1947, GVBl. Sachsen, 1947, S. 103 - 108; Art. 64 Abs. 3 der Verfassung der Provinz Sachsen-Anhalt vom 10. Januar 1947, GBl. Sachsen-Anhalt, 1947, S. 9 - 15.

94 Praktisch erreichte die Rechtsprechung des Landtags in Thüringen nicht den erwarteten Umfang.

95 Art. 43 der Verfassung für die Mark Brandenburg vom 6. Februar 1947; Art. 68 der Verfassung des Landes Mecklenburg vom 16. Januar 1947; Art. 67 der Verfassung des Landes Sachsen vom 28. Februar 1947; Art. 67 der Verfassung der Provinz Sachsen-

sen sein. § 194 der Landesverwaltungsordnung Thüringens[96] definiert den Begriff „Verfügungen“ als „Entschließungen jeder Art (Beschlüsse, Bescheide, Entscheidungen, Anordnungen usw.)“. Es ist davon auszugehen, dass auch der Begriff „Maßnahmen“ nicht mehr umfassen sollte, da die in § 194 Landesverwaltungsordnung Thüringen genannten Äußerungsformen, die typischen Handlungen der Verwaltung gegenüber dem einzelnen sind. Zudem wäre es widersinnig gewesen, wenn trotz der faktischen Verminderung des Verwaltungsrechtsschutzes – insbesondere auf Länderebene –, der Bereich der zu schützenden Handlungen erweitert würde.

Es stellt sich die Frage, warum die DDR-Verfassung vom 7. Oktober 1949 trotz der bestehenden Vorbehalte eine Verwaltungsgerichtsbarkeit vorsah?

Die Verfassung sollte dem Anspruch an eine gesamtdeutsche Verfassung genügen, so dass auch den bestehenden Verhältnissen in den übrigen drei Besatzungszonen Rechnung getragen werden musste. Um den mit der Verfassung verbundenem Ziel der Wiedervereinigung Deutschlands nicht im Wege zu stehen, musste außenpolitisch das demokratische Ansehen der sowjetischen Besatzungszone bekräftigt werden. Blockpolitisch machte die Rücksichtnahme auf die damals noch bestehenden bürgerlichen Parteien die verfassungsrechtliche Regelung der Verwaltungsgerichtsbarkeit unumgänglich.[97]

Die Bestimmungen des Art. 138 der Verfassung wurden trotz der weiteren Entwicklung nicht abgeändert und bestanden bis zum Inkrafttreten der Verfassung vom 6. April 1968 fort. Gemäß Art. 126 der Verfassung wurde am 8. Dezember 1949 der Oberste Gerichtshof der DDR errichtet. Es entstanden Zivil- und Straf-, aber keine Verwaltungssenate. Ein oberstes Verwaltungsgericht wurde nicht errichtet.[98] Die darin offenbarte Verweigerung des Gebots zur Schaffung einer Verwaltungsgerichtsbarkeit für die gesamte DDR wie auch die dann erfolgte Beseitigung der Verwaltungsgerichte auf Länderebene stellten einen Bruch der Verfassung dar.

Anhalt vom 10. Januar 1947; Art. 49 der Verfassung des Landes Thüringen vom 20. Dezember 1946, Regierungsblatt für das Land Thüringen, Teil I: Gesetzsammlung, 1947, S. 1 - 8.

96 LVO 1926, Gesetzsammlung für Thüringen, 1926, S. 177 - 213.

97 Carl Hermann Ule, Gesetzlichkeit in der Verwaltung durch Verwaltungsverfahren und gerichtliche Kontrolle in der DDR, DVBl., 100. Jgg., 1985, S. 1029 - 1041 (1036).

98 GBl. DDR, 1949, S. 111 f..

2. Die Bedeutung des gerichtlichen Verwaltungsrechtsschutzes in der sowjetischen Besatzungszone / Deutschen Demokratischen Republik

a) Entwurf einer Verfassung für Gesamtdeutschland

Am 22. September 1946 veröffentlichte der Parteivorstand der SED „Die Grundrechte des deutschen Volkes“[99]. Von der SED wurden diese als Reaktion auf die Entstehung der Länderverfassungen in den westlichen Besatzungszonen und als Bemühung der SED um die Wiederherstellung der Einheit Deutschlands präsentiert.[100] Detaillierte Ausführungen zur Organisation der Justiz enthielt das Dokument nicht.

Die in den „Grundrechten des deutschen Volkes“ enthaltenen Vorstellungen der SED wurden durch den „Entwurf einer Verfassung für die Deutsche Demokratische Republik“[101] vom 14. November 1946 konkretisiert. Bereits in diesem Vorschlag machte die SED die von ihr als wesentlich angesehenen verfassungspolitischen Grundprinzipien deutlich. Dies waren die Herausstellung der Volkssouveränität verbunden mit der Ablehnung der Gewaltenteilung und die Sicherung der in der sowjetischen Besatzungszone seit 1945 eingeleiteten Reformen, besonders der Enteignungen und der Bodenreform[102].

Dieser Verfassungsentwurf wies dem Parlament eine herausragende Stellung zu, indem er es als „das höchste Staatsorgan der Republik“[103] bezeichnete. Während die „Grundrechte“ das Kontrollrecht des Parlaments auf die Verwaltung begrenzten[104], wurde dieses in dem darauf folgenden Vorschlag der SED über alle Regierungsmaßnahmen, Staatshandlungen und die Rechtsprechung ausgedehnt[105]. Damit bekräftigte die SED schon Ende 1946 ihre Ablehnung der Gewaltentrennung sowie die Rolle des Parlaments als alleinigen Träger der Staatsgewalt.

Die SED wiederholte in ihrem Verfassungsentwurf die bereits in den „Grundrechten“[106] aufgestellte Forderung, dass „die Rechtsprechung nach Maß-

99 Dokumente der Sozialistischen Einheitspartei Deutschlands, S. 85 - 91.

100 Dokumente der Sozialistischen Einheitspartei Deutschlands, S. 85 f..

101 Dokumente der Sozialistischen Einheitspartei Deutschlands, S. 108 - 129.

102 Art. 21, 23 des Entwurfs einer Verfassung für die Deutsche Demokratische Republik.

103 Art. 40 Abs. 1 des Entwurfs einer Verfassung für die Deutsche Demokratische Republik.

104 Punkt 3 Abs. 2 der Grundrechte des deutschen Volkes.

105 Art. 40 Abs. 2 S. 2 des Entwurfs einer Verfassung für die Deutsche Demokratische Republik.

106 Punkt 18 Abs. 1 der Grundrechte des deutschen Volkes.

gabe der Gesetze im Sinne sozialer Gerechtigkeit ausgeübt wird“[107]. Dies sollte die Richter veranlassen, das formale Recht im Sinne des Gebots der sozialen Gerechtigkeit anzupassen. Im sächsischen Landtag formulierte ein Abgeordneter der SED dies wie folgt:

> „Dort, wo das formale Recht im Widerspruch steht zu diesem Gebot der sozialen Gerechtigkeit, da hat der Richter von sich aus die notwendigen Korrekturen, die aus unserer heutigen Auffassung über soziale Gerechtigkeit entstehen, vorzunehmen.“[108]

Es bleibt fraglich, ob darin bereits ein Einfallstor für eine SED-freundliche Rechtsprechung zu sehen ist. Zu erwähnen ist in diesem Zusammenhang jedoch, dass die heutigen Verfassungen sowohl auf Bundes- als auch auf Landesebene eine solche Bestimmung nicht enthalten.

Der Grundsatz, dass die Richter in ihrer Rechtsprechung unabhängig und nur dem Gesetz unterworfen sind, wurde in Art. 91 des Vorschlags aufgenommen. Eine Beschränkung dieses Ansinnens auf die sachliche Unabhängigkeit, wie es die SED in der weiteren Entwicklung noch häufiger herauslesen wollte, ist aus der Formulierung dieser Norm nicht zu entnehmen. Demgegenüber sah die Verfassungskonzeption der SED vor, dass sich die Richter als Angestellte im öffentlichen Dienst jederzeit des Vertrauens des Volkes und seiner Vertretungen würdig erweisen müssen.[109] Vorbehalte gegen eine persönliche Unabhängigkeit der Richter waren dadurch dem Verfassungsentwurf immanent.

Die Wahlmöglichkeit des Parlaments erstreckte sich nach dem Dokument auf die Mitglieder des höchsten Gerichts der Republik und den höchsten Staatsanwalt der Republik.[110]

Die SED bestimmte schließlich in Art. 94 des Republikentwurfs unter der Überschrift Rechtspflege:

> „Dem Schutz der Bürger gegen widerrechtliche Anordnungen und Verfügungen der Verwaltungen dient die Verwaltungsgerichtsbarkeit.“

Zudem enthielt das Dokument einen breit angelegten Grundrechtskatalog mit allgemeinen Freiheitsrechten.

---

107 Art. 88 des Entwurfs einer Verfassung für die Deutsche Demokratische Republik.

108 Sächsischer Landtag, 3. Sitzung am 13. Dezember 1946, Akten und Verhandlungen des Sächsischen Landtages, 1946 - 1952, Bd. I.1, S. 15 - 26 (19); Landtag des Landes Mecklenburg, 4. Vollsitzung am 14. Januar 1947, Akten und Verhandlungen des Landtags von Mecklenburg Vorpommern, 1946 - 1952, Bd. I 1, Sp. 107 - 162 (113); Gerhard Braas, Die Entstehung der Länderverfassungen, S. 191.

109 Art. 5 des Entwurfs einer Verfassung für die Deutsche Demokratische Republik.

110 Art. 92 des Entwurfs einer Verfassung für die Deutsche Demokratische Republik.

Dieser Verfassungsvorschlag wurde zur Grundlage der weiteren verfassungspolitischen Tätigkeit der SED. Während der Entwurf in der Öffentlichkeit ausschließlich als zukünftige gesamtdeutsche Verfassung propagiert wurde, diente er darüber hinaus innerparteilich als Grundlage für die Verfassungspolitik in den Ländern der sowjetischen Besatzungszone. Dies wurde nicht publik gemacht, da die SED ihrem verkündeten Konzept der Schaffung einer Republikverfassung und ihrer massiven Kritik an der Länderverfassungsentwicklung in den Westzonen nicht offen entgegenwirken wollte. Die SED stimmte ihre Länderentwürfe mit den Festlegungen des Republikentwurfs ab.[111]

b) Entwürfe zu den Verfassungen der Länder

Den Beratungen zu den Länderverfassungen lagen drei unterschiedliche Verfassungsentwürfe zugrunde, die von der SED seit Mitte 1946 erarbeitet wurden.[112] Dem ging eine interfraktionelle Übereinkunft voraus, wonach die Verfassungen der Länder und Provinzen der Ostzone aufeinander abgestimmt werden sollten.[113]

Am 20. und 21. November 1946 wurde beim Zentralsekretariat der SED eine als „Entwurf zu einer Landesordnung" beziehungsweise als „Entwurf der Landesordnung" bezeichnete Mustervorlage fertig gestellt und daraufhin den Landes- und Provinzialvorständen zugeleitet. Auch in dieser verfolgte die SED die Vorstellungen, dass die Staatsgewalt vom Volke ausgehen und folglich auch der jeweilige Landtag die gesamte Kontrolle über die Verwaltung des Landes ausüben sollte. Die Reorganisation der Verwaltungsgerichtsbarkeit wurde hingegen nicht thematisiert. Dieser „Entwurf der Landesordnung" ist in keinem der fünf Länderparlamente zum Antrag erhoben worden.[114]

Daher wurde dieser zu einem Landesverfassungsentwurf weiterentwickelt, welcher dann als erster „Entwurf einer Verfassung für das Land [...]"[115] den Landtagsfraktionen zugeleitet und in den fünf Ländern der sowjetischen Besatzungszone zu den beginnenden parlamentarischen Verhandlungen im November / Dezember eingebracht wurde.[116]

---

111 Gerhard Braas, Die Entstehung der Länderverfassungen, S. 53.

112 Gerhard Braas, ebenda, S. 56.

113 Bericht des Rechtsausschusses über die Beratung einer Verfassung, Thüringer Landtag, Vierte Sitzung am 19. Dezember 1946, Akten und Verhandlungen des Thüringer Landtages, 1946 - 1952, Bd. I.1, S. 1 - 35 (8).

114 Gerhard Braas, Die Entstehung der Länderverfassungen, S. 61 ff..

115 Erster Landesverfassungsentwurf der SED, in: Gerhard Braas, Die Entstehung der Länderverfassungen, S. 427 - 436.

116 Gerhard Braas, Die Entstehung der Länderverfassungen, S. 56.

Im Dezember 1946 wurde ein revidierter zweiter „Entwurf einer Verfassung für das Land [...]“[117] in den parlamentarischen Beratungen aller fünf Länder und Provinzen vorgelegt. Dieser enthielt im Unterschied zu dem ersten Landesverfassungsentwurf der SED einen Grundrechtskatalog als selbstständigen Abschnitt und erwies sich nun schon als ein vollständiges Konzept für eine Verfassung.[118]

Der zweite Vorschlag stimmte in den wesentlichen Aussagen mit dem Republikentwurf der SED überein. So wurde dem Grundsatz der Ablehnung der Gewaltentrennung durch die Einordnung des Landtags als „das höchste demokratische Organ des Landes“ [119] entsprochen, dem neben einem Kontrollrecht über alle Regierungsmaßnahmen und über die gesamte Verwaltung auch ein solches über die Rechtsprechung zustehen sollte[120]. Diese Befugnis bezog sich nach dem ersten Landesverfassungsentwurf – entsprechend den „Grundrechten des deutschen Volkes“ – nur auf die Verwaltung.[121] Wie in dem Republikentwurf forderte die SED auch in beiden Landesverfassungsentwürfen, dass „die Rechtsprechung nach Maßgabe der Gesetze im Sinne sozialer Gerechtigkeit ausgeübt wird“[122]. Dieser Vorschlag der SED wurde in alle Verfassungen der Länder aufgenommen.[123]

Ebenso gewährleisteten beide SED-Landesvorschläge zwar die sachliche Unabhängigkeit der Richter[124]; zu der persönlichen Unabhängigkeit der Richter bezogen weder die Vorlagen noch die späteren Länderverfassungen eine klare Stellung, obwohl die bürgerlichen Parteien in einigen Ländern Vorstöße unter-

---

117 Zweiter Landesverfassungsentwurfs der SED, in: Gerhard Braas, Die Entstehung der Länderverfassungen, S. 436 - 448.

118 Gerhard Braas, Die Entstehung der Länderverfassungen, S. 68.

119 Art. 22 S. 1 des Zweiten Landesverfassungsentwurfs der SED.

120 Art. 22 S. 3 des Zweiten Landesverfassungsentwurfs der SED.

121 Art. 7 Abs. 2 des Ersten Landesverfassungsentwurfs der SED.

122 Art. 43 des Ersten Landesverfassungsentwurfs der SED; Art. 65 des Zweiten Landesverfassungsentwurfs der SED.

123 Art. 38 der Verfassung für die Mark Brandenburg vom 6. Februar 1947, GVBl. Brandenburg I, 1947, S. 45 - 49; Art. 61 der Verfassung des Landes Mecklenburg vom 16. Januar 1947, RegBl. Mecklenburg, 1947, S. 1 - 8; Art. 61 der Verfassung des Landes Sachsen vom 28. Februar 1947, GVBl. Sachsen, 1947, S. 103 - 108; Art. 61 der Verfassung der Provinz Sachsen-Anhalt vom 10. Januar 1947, GBl. Sachsen-Anhalt, 1947, S. 9 - 15; Art. 44 der Verfassung des Landes Thüringen vom 20. Dezember 1946, Regierungsblatt für das Land Thüringen, Teil I: Gesetzsammlung, 1947, S. 1 - 8.

124 Art. 46 Abs. 1 des Ersten Landesverfassungsentwurfs der SED; Art. 68 Abs. 1 S. 1 des Zweiten Landesverfassungsentwurfs der SED.

nommen hatten, die Ernennung der Richter auf Lebenszeit in den Verfassungen zu verankern.[125]

Die Wahlmöglichkeit des Landtages erstreckte sich nach den Landesverfassungsentwürfen der SED lediglich auf die Person des Präsidenten des Oberlandesgerichts und des Generalstaatsanwalts.[126] Dieser Vorschlag wurde in den Länderverfassungen uneinheitlich umgesetzt. Während einige Gesetze diesen ohne Veränderungen übernahmen[127], haben andere Länderverfassungen darüber hinausgehend die Wahl auf den Präsidenten ihres Oberverwaltungsgerichts ausgedehnt.[128] Dies ging auf die Initiative der CDU zurück[129], welche nicht in allen Ländern Erfolg hatte[130]. In Thüringen wurde durch das Erfordernis der Zustimmung des Landtages zu der Ernennung aller Mitglieder der obersten Gerichte[131] der Entwurf der SED am weitreichendsten erweitert. Mit diesen Normierungen über den Einfluss der Landtage auf die Besetzung der höchsten Richterämter wurde wiederum dem Grundsatz der Volkssouveränität entsprochen.

Die SED bestimmte in beiden Landesverfassungsentwürfen in dem Abschnitt Rechtspflege, dass eine Verwaltungsgerichtsbarkeit zum Schutze der Bürger bestehen müsse.[132] Sie trug damit der Verpflichtung aus dem Kontrollratsgesetz Nr. 36 Rechnung. Während der erste Vorschlag Verwaltungsrechtsschutz „gegen Anordnungen und Verfügungen der Verwaltungsbehörden“ vorsah, unterwarf der zweite Entwurf die Verwaltungsgerichtsbarkeit der Ein-

---

125 In Brandenburg lehnte die LDP den auf Grundlage des SED-Entwurfs eingebrachten Artikel ab. Sie beantragte, dass die Richter „ihr Amt nach dem Gesetz auf Lebenszeit“ ausüben sollten und eine Entfernung aus dem Amt „nur auf Grund der im Gesetz enthaltenen Bestimmungen erfolgen“ können soll; Landtag des Landes Brandenburg, 5. Sitzung am 31. Januar 1947, Akten und Verhandlungen des Landtags der Mark Brandenburg, 1946 - 1952, Bd. I, S. 39 - 66 (44); Gerhard Braas, Die Entstehung der Länderverfassungen, S. 198.

126 Art. 46 Abs. 2 des Ersten Landesverfassungsentwurfs der SED; Art. 68 Abs. 2 des Zweiten Landesverfassungsentwurfs der SED.

127 Art. 42 Abs. 1 der Verfassung für die Mark Brandenburg vom 6. Februar 1947; Art. 64 Abs. 3 der Verfassung der Provinz Sachsen-Anhalt vom 10. Januar 1947.

128 Art. 64 Abs. 4 der Verfassung des Landes Mecklenburg vom 16. Januar 1947; Art. 62 Abs. 2 S. 1 der Verfassung des Landes Sachsen vom 28. Februar 1947.

129 Vgl. für die Länder Mecklenburg, Brandenburg und Sachsen, Gerhard Braas, Die Entstehung der Länderverfassungen, S. 198 f..

130 In Brandenburg wurde der Vorschlag eines Abgeordneten, auch den Oberverwaltungsgerichtspräsidenten vom Landtag wählen zu lassen, bereits während der CDU-Fraktionssitzung abgelehnt; Gerhard Braas, Die Entstehung der Länderverfassungen, S. 198.

131 Art. 47 Abs. 2 der Verfassung des Landes Thüringen vom 20. Dezember 1946.

132 Art. 49 des Ersten Landesverfassungsentwurfs der SED; Art. 71 des Zweiten Landesverfassungsentwurfs der SED.

schränkung, dass sich der Bürger nur „gegen widerrechtliche Anordnungen und Verfügungen der Verwaltungen" wenden konnte. Dieser Vorbehalt wurde nicht in die Verfassungen der Länder Brandenburg, Sachsen-Anhalt und Thüringen übernommen.[133]

Zeitgleich wie die SED erarbeitete auch die CDU einen zentralen Musterentwurf zu den Verfassungen der Länder der sowjetischen Besatzungszone. Während sowohl in dem „vorläufigen Entwurf" vom 5. Dezember 1946[134] als auch in dem einen Tag später fertig gestellten „endgültigen Entwurf"[135] die Verwaltungsgerichtsbarkeit keine Erwähnung fand, wurde durch einen Nachtrag vom 20. Dezember 1946 ein Abschnitt „Die Gewaltenteilung" mit folgender Bestimmung eingefügt:

> Artikel z
> „Die richterliche Gewalt liegt in der Hand unabhängiger Richter.
> Die Gerichte sind bei der Rechtsprechung nur dem Gesetz, insbesondere keinen Anweisungen der Verwaltungsbehörden, unterworfen.
> [...]
> Die Nachprüfung von Verwaltungsakten geschieht durch unabhängige Verwaltungsgerichte, für deren Rechtsprechung die Grundsätze des Absatz 1 gelten."[136]

Dieser Artikel wurde – soweit erkennbar – in keinem Landtag bei den Verfassungsberatungen als Alternative gegenüber den SED-Entwürfen beraten.[137]

Die hiermit verbundene Entwicklung macht zugleich deutlich, dass nicht nur die SED zur Verwirklichung der Volkssouveränität und der dadurch entstehenden Ablehnung der Gewaltenteilung beigetragen hat.

---

133 Art. 43 der Verfassung für die Mark Brandenburg vom 6. Februar 1947; Art. 67 der Verfassung der Provinz Sachsen-Anhalt vom 10. Januar 1947; Art. 49 der Verfassung des Landes Thüringen vom 20. Dezember 1946.

134 Vorläufiger Landesverfassungsentwurf der CDU, in: Gerhard Braas, Die Entstehung der Länderverfassungen, S. 457 - 465.

135 Endgültiger Landesverfassungsentwurf der CDU, in: Gerhard Braas, Die Entstehung der Länderverfassungen, S. 466 - 473.

136 Nachtrag zum zentralen Musterentwurf der CDU, in: Gerhard Braas, Die Entstehung der Länderverfassungen, S. 474.

137 Gerhard Braas, Die Entstehung der Länderverfassungen, S. 196.

c) Der Einfluss der SED auf die Funktion und die Stellung des Verwaltungsrechts

Anfänglich blieb mit der Verkündung des Zentralkomitees der Kommunistischen Partei Deutschlands vom 11. Juni 1945 seine Vorstellungen den Neuaufbau Deutschlands betreffend, der Weg zu einem Rechtsstaat offen.

> „Wir sind der Auffassung, daß der Weg, Deutschland das Sowjetsystem aufzuzwingen, falsch wäre [...]. Wir sind vielmehr der Auffassung, daß die entscheidenden Interessen des deutschen Volkes [...] einen anderen Weg vorschreiben, und zwar den Weg der Aufrichtung eines antifaschistischen, demokratischen Regimes, einer parlamentarisch-demokratischen Republik mit allen demokratischen Rechten und Freiheiten für das Volk."[138]

Der nach der Zulassung weiterer Parteien entstandene „Block der antifaschistisch-demokratischen Parteien" konkretisierte in seinem Gründungsaufruf vom 14. Juli 1945 diesen Appell, indem er darin die „Herstellung voller Rechtssicherheit auf der Grundlage eines demokratischen Rechtsstaates" versicherte.[139] Vom Rechtsstaatsbegriff ausgehend hätte dies die strikte Bejahung der Gewaltentrennung, in welcher die Gesetzesbindung der Verwaltung durch unabhängige Gerichte gewährleistet wird, bedeuten müssen.

Hingegen wurden diese Erwartungen bereits auf einer Juristenbesprechung beim Zentralsekretariat der SED am 3./4. August 1946 zunichte gemacht. Es erfolgte hier die Bekanntgabe der Grundsätze der SED zur Erneuerung der Justiz. Darin war erstmals ausdrücklich die angestrebte Rechtserneuerung in den Zusammenhang mit der Neugestaltung von Gesellschaft und Staat gerückt. Es wurde konstatiert, dass die Aufgabe der Justiz, die neue demokratische Ordnung zu entwickeln und zu schützen, von allen Justizorganen verlangt, die politischen, sozialen und wirtschaftlichen Grundlagen dieser Ordnung anzuerkennen und als leitende Rechtsprinzipen zu begreifen.[140] Die Justiz zu instrumentalisieren war erklärtes Ziel. Das beinhaltet, dass der Richter die neu entstandene demokratische Ordnung zur Grundlage seiner Rechtsprechung macht.[141] Dies wiederum

138 Aufruf des Zentralkomitees der Kommunistischen Partei Deutschlands, in: Klaus-Jörg Ruhl, Neubeginn und Restauration, S. 183.

139 Karl-Heinz Schöneburg, Geschichte des Staates und des Rechts der DDR, Dokumente 1945 - 1949, S. 58 f..

140 ThHStAW, Ministerpräsident, Film 151, Akte 1863, Aufnahme 183, 184.

141 Reinhold Schäfermeyer, Grundsätze zur Rechtserneuerung, in: Max Fechner, Beiträge zur Demokratisierung der Justiz, S. 311 - 324 (317).

sah Reinhold Schäfermeyer[142] nur durch politisch engagierte Juristen gewährleistet.[143]

Ob und inwieweit der Verwaltungsrechtsprechung im Rahmen der gesellschaftlichen Umwälzung eine gesonderte Funktion zukommen sollte, war im Sommer 1946 noch nicht abzusehen.

Die 5. Sitzung des Rechtspolitischen Ausschusses beim Landesvorstand der SED Thüringen im November 1946 widerspiegelte die unterschiedlichen Auffassungen zur Bedeutung und Ausgestaltung der Verwaltungsgerichtsbarkeit innerhalb der SED. Deutlich kam zum Ausdruck, dass die Existenz einer Verwaltungsgerichtsbarkeit nicht dem Interesse des Zentralkomitees der SED entsprach. Sie befasste sich nur damit, weil sie aufgrund des Kontrollratsgesetzes Nr. 36 dazu verpflichtet war.[144] Der Vertreter des Zentralsekretariats der SED, Götz Berger[145], sah in einer Verwaltungsrechtsprechung die Gefahr, dass „diese juristische, nach rückwärts gerichtete Denkweise auf Verwaltungsmassnahmen angewandt wird und dadurch die Verwaltungsmassnahmen hemmt“[146].

> „Wir können wohl sagen, dass die Verwaltung heute im wesentlichen nach unseren Gesichtspunkten, nach den Erfordernissen einer fortschrittlichen Demokratie geleitet wird, während das bei der Justiz absolut noch nicht der Fall ist. Aber selbst wenn es der Fall wäre, die Richter und selbst die Juristen, die aus dem höheren Verwaltungsdienst hervorgegangen sind, denken in gewisser Weise konservativ. Ihre Anschau-

---

142 Reinhold Schäfermeyer (1913 - 1967): SED-Mitglied; 1946 - 1949 stellvertretender Leiter der Abteilung Justiz beim Zentralsekretariat der SED, Oktober 1949 Mitarbeit im Ministerium für Justiz und Ausschluss aus der SED wegen „Fragebogenfälschung“; Flucht in die Westzone; Helmut Müller-Enbergs / Jan Wielgohs / Dieter Hoffmann / Andreas Herbst, Wer war wer in der DDR?, Bd. 2, S. 863.

143 Reinhold Schäfermeyer, Grundsätze zur Rechtserneuerung, in: Max Fechner, Beiträge zur Demokratisierung der Justiz, S. 311 - 324 (318).

144 Protokoll der 5. Sitzung des Rechtspolitischen Ausschusses beim Landesvorstand der SED Thüringen am 23. November 1946 in Weimar, ThHStAW, Ministerium des Inneren, Akte 276, Blatt 34 - 45.

145 Götz Berger (1905 - 1996): 1946 - 1950 Mitarbeit in der Abteilung Justiz beim ZS der SED; 1950 - 1951 Dozent an der Deutschen Verwaltungsakademie Forst-Zinna; 1951 - 1957 Oberrichter in der Berliner Justiz; ab 1958 Rechtsanwalt in Berlin; 1959 Mitarbeit im Sekretariat Ulbrichts beim ZK der SED; im Zusammenhang mit der Übernahme der Verteidigung von Robert Havemann und dem Eintreten gegen die Ausbürgerung Wolf Biermanns 1976 Zulassung als Rechtsanwalt entzogen; im November 1989 rehabilitiert; http://www.chronikderwende.de/_/lexikon/biografien/biographie_jsp/key=berger_g%25f6tz.html.

146 Protokoll der 5. Sitzung des Rechtspolitischen Ausschusses beim Landesvorstand der SED Thüringen am 23. November 1946 in Weimar, ThHStAW, Ministerium des Inneren, Akte 276, Blatt 35.

ung geht darauf zu urteilen, was ist gewesen, ist das, was gewesen ist, mit den Gesetzen die überkommen sind, vereinbar. [...] Der Verwaltungsbeamte aber schaut in die Zukunft und sagt, Was ist notwendig, was muss geschehen, um gewissen Notwendigkeiten des gesellschaftlichen Lebens gerecht zu werden."[147]

Um dies zu umgehen, war es das erklärte Ziel des Zentralsekretariats „den Einfluss der Verwaltungsgerichtsbarkeit so klein wie möglich zu gestalten"[148]. Das Verwaltungsgericht sollte „so weit ausgeschaltet werden, wie es noch mit der Existenz eines Verwaltungsgerichts vereinbar ist"[149]. Der Gefahr einer „zu großen Machtbefugnis" des Verwaltungsgerichts sollte durch die Einführung der Enumerationsmethode mit einem sehr engem Katalog sowie der Wahl der Richter durch den Landtag entgegengewirkt werden.[150]

Den Interessen der SED hätte eine ausschließliche Kontrolle der Verwaltung „auf dem verwaltungsmässigen, nämlich demokratisch-parlamentarischem Wege" weit mehr entsprochen. Dies wurde aber aus parteipolitischen Erwägungen abgelehnt und die „Attrappe" eines Verwaltungsgerichts angestrebt, dessen Kontrolle jedoch hinter der durch parlamentarische Instanzen zurückzutreten hatte.[151] Götz Berger erklärte dazu:

„Wenn es ein Parlamentsausschuss ist, ist es kein Gericht mehr. Und dann würde uns von bürgerlicher Seite gesagt, ihr übertragt also hier schließlich die Justiz, eine Sparte der Justiz, dem Parlament, damit wird die Justiz den Launen des Parlaments ausgesetzt, damit ist die Kontrolle der Verwaltung nicht mehr gewährleistet. Weil wir diese Vorwürfe vermeiden wollen, müssen wir nach aussen diesen Vorwürfen begegnen und müssen der Verwaltungsgerichtsbarkeit ein Gerichtsgesicht geben."[152]

Die Vertreter der Thüringer SED standen dieser prinzipiell ablehnenden Haltung des Zentralsekretariats der SED kritisch gegenüber. Sie hielten die Verwaltungsgerichtsbarkeit für eine unabdingbare Voraussetzung des Rechtsstaates.[153]

---

147 Protokoll der 5. Sitzung des Rechtspolitischen Ausschusses, ebenda.

148 Protokoll der 5. Sitzung des Rechtspolitischen Ausschusses, ebenda.

149 Protokoll der 5. Sitzung des Rechtspolitischen Ausschusses, ebenda. Paradox erscheint dabei die Stellungnahme Bergers zu der Frage, ob eine Sache zum Regierungsakt erklärt werden soll, „wenn das Verfahren schon schwebt". Berger empfand dies „als Widerspruch zum Wesen der Rechtsprechung. [...] Das ist das, wogegen sich überhaupt die Verwaltungsgerichtsbarkeit wendet. Das ist Kabinettsjustiz." Protokoll der 5. Sitzung des Rechtspolitischen Ausschusses, ebenda, Blatt 44.

150 Protokoll der 5. Sitzung des Rechtspolitischen Ausschusses, ebenda, Blatt 35, 36.

151 Protokoll der 5. Sitzung des Rechtspolitischen Ausschusses, ebenda, Blatt 35, 38, 39.

152 Protokoll der 5. Sitzung des Rechtspolitischen Ausschusses, ebenda, Blatt 35.

153 Protokoll der 5. Sitzung des Rechtspolitischen Ausschusses, ebenda, Blatt 37, 38.

Der an der Jenaer Universität tätige Martin Drath[154] fürchtete zudem, dass das Ansehen der SED durch die vom Zentralsekretariat angestrebten Regelungen nachhaltig beeinträchtigt werden könnte.[155]

> „Die Sache wird vor den Landtag kommen und dort wird dann gesagt, die SED ist es, die den Bürger ausziehen will, die alles wegnehmen will. [...] die Attrappe, wenn Sie sie machen, wird sich als eine Nicht-Attrappe, nämlich als ein verflucht harter Bumerang gegen unsere Schädel erweisen."[156]

Diese Bedenken wurden von Götz Berger nicht geteilt. Er sah einen ausreichenden Schutz der Bürger durch die Partei und das Parlament gewährleistet. Die Beseitigung von Missständen durch die Gerichte verstand Berger als „äußersten Notbehelf".[157] Dieses „Querschießen" sollte auf dem entscheidenden Gebiet der Verwaltungsgerichtsbarkeit soweit wie möglich verhindert werden.[158]

Der Unmut der Thüringer SED-Mitglieder richtete sich gegen die Besetzung des Oberverwaltungsgerichts, die nach ihrer Auffassung nicht im fortschrittlichen Sinn arbeitete, sondern bremsend auf die Verwaltung wirkte.[159]

> „Nicht die Institution ist es, die wir anfeinden, sondern lediglich die Menschen, die diese Institution bilden. Die Institution der Verwaltungsgerichtsbarkeit ist zweifellos gut. Es ist zweifellos in jedem demokratischen Staat erforderlich, dass die Verwaltung irgendwie unparteiisch und gerecht kontrolliert wird. [...] Es ist nur wichtig die richtigen Menschen zu finden."[160]

---

154 Hermann Martin Drath (1902 - 1976): SED-Mitglied; seit 1945 an der Friedrich-Schiller-Universität Jena tätig; nach seiner Habilitation wurde Drath 1946 außerordentlicher Professor für Staats-, Verwaltungs- und Arbeitsrecht in Jena; 1947 Mitglied des Rechtspolitischen Ausschusses beim ZK der SED; Drath wirkte an der thüringischen Verfassung sowie an der Gesetzgebung des Landes mit und war Mitglied des Verfassungsprüfungsausschusses; 1948 musste Drath wegen drohender politischer Verfolgung die Ostzone verlassen; Sebastian Lasch, Bürgerliche Wissenschaft und demokratische Politik. Martin Drath und Wolfgang Abendroth an der Universität Jena, in: Uwe Hoßfeld / Tobias Kaiser / Heinz Mestrup, Hochschule im Sozialismus, Bd. 2, S. 1993 - 2018 (1996 ff.).

155 Protokoll der 5. Sitzung des Rechtspolitischen Ausschusses beim Landesvorstand der SED Thüringen am 23. November 1946 in Weimar, ThHStAW, Ministerium des Inneren, Akte 276, Blatt 38, 41.

156 Protokoll der 5. Sitzung des Rechtspolitischen Ausschusses, ebenda, Blatt 41.

157 Protokoll der 5. Sitzung des Rechtspolitischen Ausschusses, ebenda, Blatt 41.

158 Protokoll der 5. Sitzung des Rechtspolitischen Ausschusses, ebenda, Blatt 37.

159 Protokoll der 5. Sitzung des Rechtspolitischen Ausschusses, ebenda, Blatt 37, 38.

160 Protokoll der 5. Sitzung des Rechtspolitischen Ausschusses, ebenda, Blatt 37.

Der Widerspruch, der den Aussagen aller Teilnehmer der Thüringer SED bei der 5. Sitzung des Rechtspolitischen Ausschusses beim Landesvorstand der SED Thüringen anhaftete, wurde in der Stellungnahme von Martin Drath offenbar. Er sprach von der Notwendigkeit einer Verwaltungsgerichtsbarkeit „um Übergriffe und Missbräuche der Verwaltungsinstanzen von irgend einer objektiven Instanz überprüfen zu können“[161]. Dabei forderte er aber von den Oberverwaltungsgerichtsräten „kein unmittelbares Aktivsein, sondern nur Verständnis für diese [Behörden-]Aktivität“[162].

Abweichend von den Vorstellungen des Zentralsekretariats der SED wollten die SED-Vertreter Thüringens an der Generalklausel festhalten; allerdings mit Ausschluss des Verwaltungsrechtsschutzes für „bestimmte politische Aktivgebiete“ und der Möglichkeit der weiteren Einschränkung durch den Landtag.[163] Und auch sie forderten die Abhängigkeit der Richterschaft vom Parlament.[164]

Die im August 1946 im Rahmen der Juristenbesprechung proklamierte Forderung wurde in den „Grundsätzen zur Rechtserneuerung“[165] nahezu inhaltsgleich den Konferenzteilnehmern der 1. Juristenkonferenz der SED am 1./2. März 1947 in Berlin von der Abteilung Justiz beim Zentralsekretariat der SED unterbreitet.[166]

Bereits in seiner einleitenden Rede bestimmte Walter Ulbricht, Mitglied des Zentralsekretariats und stellvertretender Vorsitzender der SED, ausgehend von den Länderverfassungen, die Bedeutung und die Aufgabe der Justiz mit den Worten: „Wir sagen offen, daß die Justiz ein Teil der demokratischen Staatsordnung ist und die Aufgabe hat, diese zu schützen [...]“[167]. Die Aufgabe jedes Juristen sei es, „an der Entwicklung und Festigung dieser volksdemokratischen Ordnung mitzuwirken“.[168] Die Justiz sollte sich in den Dienst des Volkes stellen und die vom Parlament als Vertretung des Volkes erlassenen Gesetze als unmit-

---

161 Protokoll der 5. Sitzung des Rechtspolitischen Ausschusses, ebenda, Blatt 38.

162 Protokoll der 5. Sitzung des Rechtspolitischen Ausschusses, ebenda, Blatt 38.

163 Protokoll der 5. Sitzung des Rechtspolitischen Ausschusses, ebenda, Blatt 39, 40, 41.

164 Protokoll der 5. Sitzung des Rechtspolitischen Ausschusses, ebenda, Blatt 39.

165 Max Fechner, Beiträge zur Demokratisierung der Justiz, S. 325 - 327.

166 Die vom Rechtspolitischen Beirat erarbeiteten und vom Zentralsekretariat der SED im März 1948 gebilligten „Grundsätze zur Rechtserneuerung“ waren Arbeitsrichtlinien sowohl für die Ausarbeitung der Verfassung für eine deutsche demokratische Republik als auch für die weitere Demokratisierung der Justiz; Helmut Anders, Die Demokratisierung der Justiz, in: Akademie der Wissenschaften der DDR, Jahrbuch für Geschichte, Bd. 9 (1973), S. 385 - 438 (425).

167 Walter Ulbricht, Für eine demokratische Justiz, in: Zur Geschichte der deutschen Arbeiterbewegung, Bd. 3, S. 106 - 109 (107).

168 Walter Ulbricht, ebenda, S. 106.

telbar bindend anerkennen.[169] Ulbricht betonte, dass an die neuen, „fortschrittlichen, demokratischen Gesetze […] nicht mit dem alten Geist der formalen Jurisprudenz herangegangen werden“ dürfe.[170] Vielmehr erforderten die neuen Aufgaben „die sinngemäße demokratische Anwendung der früheren Gesetzesbestimmungen“.[171] Allen Versuchen, gestützt auf formaljuristische Auffassungen, das alte Recht gegen das neue demokratische Recht auszuspielen, müsse begegnet werden.[172]

Eine weitere Forderung der „Grundsätze“ berührte das Problem der Gewaltenteilung. Um die Unterordnung der Justiz unter die Volksvertretung zu erreichen, wurde in dem Dokument die Wahl der höchsten Justizorgane durch die Volksvertretungen und die Unterstellung der Justiz unter die Kontrolle der Volksvertretung verlangt.[173] Schäfermeyer formulierte die darin zum Ausdruck kommende Absicht unmissverständlich.

> „Die Justiz ist ein Organ der Volksvertretung, das neben der Volksvertretung zu keiner eigenständigen Willensbildung berufen ist, sondern den Willen der Volksvertretung durchzuführen hat.“[174]

Auch Karl Polak[175] stellte in den von Max Fechner[176] herausgegebenen „Beiträgen zur Demokratisierung der Justiz“ – welche die Ergebnisse der 1. Juristen-

---

169 Walter Ulbricht, ebenda, S. 106.

170 Walter Ulbricht, ebenda, S. 107.

171 Walter Ulbricht, ebenda, S. 108.

172 Walter Ulbricht, ebenda, S. 108.

173 Max Fechner, Beiträge zur Demokratisierung der Justiz, S. 325 - 327.

174 Reinhold Schäfermeyer, Grundsätze zur Rechtserneuerung, in: Max Fechner, Beiträge zur Demokratisierung der Justiz, S. 311 - 324 (319).

175 Karl Polak (1905 - 1963): SED-Mitglied; 1946 - 1948 Leiter der Abteilung Justizfragen beim Parteivorstand der SED; 1947 Vorsitzender des Rechtspolitischen Ausschusses beim ZK der SED; 1948 - 1949 an der Ausarbeitung der DDR-Verfassung beteiligt; 1948 - 1952 Professor an der Universität Leipzig für Staatslehre, Staats- und Völkerrecht; Volkmar Schöneburg, Gesetzlichkeit und Parteilichkeit, Utopie kreativ, 1997, S. 148 - 157 (148).

176 Max Fechner (1892 - 1973): 1946 Mitglied des Parteivorstandes und Stellvertretender Vorsitzender der SED; 1948 - 1949 Präsident der Deutschen Zentralverwaltung für Justiz sowie Mitglied des Präsidiums des Deutschen Volksrats; von Oktober 1949 - Juli 1953 Justizminister der DDR; 1950 - 1953 Mitglied des ZK der SED; 1953 Parteiausschluss und Inhaftierung wegen „staatsfeindlicher Tätigkeit“, da er nach dem 17. Juni öffentlich für das Streikrecht eingetreten war; 1955 Verurteilung zu 8 Jahren Zuchthaus; 1956 vorzeitige Entlassung; 1958 Rehabilitierung und Wiederherstellung der Parteimitgliedschaft; Thomas Heil, Die Verwaltungsgerichtsbarkeit in Thüringen 1945 - 1952, Biographischer Anhang.

konferenz verbreiten sollten – heraus, dass das Recht nichts anderes sein könne als die Staatsmacht, die es erlässt. Es habe neben der Staatsmacht kein selbständiges Wesen und könnte dem Staat nicht entgegengestellt werden. Vielmehr sei das Recht nur Mittel und Funktion dieser Macht. Niemals könne es als Maßstab an die Staatsmacht angelegt werden.[177]

Damit hatte die SED „dem Recht die Aufgabe zugewiesen, als Hebel der antifaschistisch-demokratischen Umwälzung zu wirken“[178]. Die während der 1. Juristenkonferenz der SED getroffenen rechtspolitischen Festlegungen sollten fortan die Reorganisation der Verwaltungsgerichtsbarkeit prägen.

Am 21. und 22. Juni 1947 beriet der Rechtspolitische Ausschuss beim Zentralsekretariat der SED über Fragen der Gesetzgebung und Rechtsentwicklung. Dabei befasste er sich u.a. mit der Verwaltungsgerichtsbarkeit und dem Ausschluss des Rechtswegs für Verwaltungsakte.[179] Zukunftsweisende Festlegungen wurden bei dieser Beratung nicht getroffen.

Am 11. und 12. Juni 1948 fand eine zentrale Konferenz in Berlin statt, auf welcher Maßnahmen zur weiteren Demokratisierung der Justiz beraten wurden.

Dabei kam die Forderung auf, die Absetzbarkeit der Richter gesetzlich zu regeln. An die Berliner Konferenz schlossen sich entsprechende Beratungen mit den gleichen Themen und den gleichen Referenten in allen Ländern der sowjetischen Besatzungszone von Juni bis August an.[180]

Die Thüringer Juristenkonferenz, an der ca. 400 Juristen teilnahmen, fand am 30. Juni und 1. Juli 1948 im Hotel „Russischer Hof“ in Weimar statt.[181] Es kam noch einmal zu der Diskussion über die Stellung des Richters, insbesondere über das Verhältnis von richterlicher Unabhängigkeit, Unabsetzbarkeit und Unversetzbarkeit.[182] Im Anschluss daran wurde eine Entschließung verlesen, in der die Absetzbarkeit der Richter sowie deren politische Schulung gefordert wurde. Die Richter sollten erkennen, „daß jeder Richterspruch auch eine politische Tat

---

177 Karl Polak, Rechtsstaat und Demokratie, in: Max Fechner, Beiträge zur Demokratisierung der Justiz, S. 59 - 80 (78).

178 Autorenkollektiv unter der Leitung von Hilde Benjamin, Zur Geschichte der Rechtspflege der DDR 1945 - 1949, S. 143.

179 Autorenkollektiv unter der Leitung von Hilde Benjamin, ebenda, S. 146 f..

180 Helmut Anders, Die Demokratisierung der Justiz, in: Akademie der Wissenschaften der DDR, Jahrbuch für Geschichte, Bd. 9 (1973), S. 385 - 438 (427); Helmut Anders, Die Demokratisierung der Justiz beim Aufbau der antifaschistisch-demokratischen Ordnung auf dem Gebiet der DDR (1945 bis 1949), S. 180; Hilde Benjamin, Zehn Jahre demokratische Justiz, StuR, 4. Jgg., 1955, S. 349 - 368 (361).

181 Petra Weber, Justiz und Diktatur, S. 140.

182 Hilde Benjamin, Zehn Jahre demokratische Justiz, StuR, 4. Jgg., 1955, S. 349 - 368 (362).

ist“[183]. Nur so konnten sie zur Erfüllung der in der Resolution als „lebenswichtig“ bezeichneten Aufgaben, allen voran der Sicherung der Boden- und Industriereform sowie der Durchführung des Wirtschaftsplanes, beitragen. Die Resolution löste bei den anwesenden Richtern und Staatsanwälten Empörung aus; trotzdem wurde diese Entschließung mit nur sechzehn offenen Gegenstimmen angenommen. Der Präsident des Oberlandesgerichts, Barth, erklärte in einem Rundschreiben an alle Gerichte vom 6. Juli 1948 die Einhaltung der in der Resolution verkündeten Leitlinien zur Pflicht für jeden Richter. Die Richter hatten sich den Grundsatz zu eigen zu machen, dass „der Schutz des Volkseigentums und der Schutz des Wirtschaftsplans weit vor dem Schutz der privaten Sphäre, also des privaten Eigentums und Vermögens, rangierte“[184]. Der in Thüringen gefasste Beschluss wurde zum Vorbild für die in den übrigen Ländern der sowjetischen Besatzungszone auf den Juristenkonferenzen ebenfalls zur Diskussion gestellten Resolutionen.[185] Eine von staatlichen Interessen unabhängige Verwaltungsrechtsprechung war spätestens zu diesem Zeitpunkt nicht mehr systemkonform.

Auf der Konferenz über Fragen der Staats- und Rechtswissenschaft in Leipzig am 15. und 16. Dezember 1951 wurde die „Ausmerzung aller imperialistischen Rechtsanschauungen, die die strikte Anwendung der Gesetzlichkeit unmöglich machen“, als Aufgabe an die Rechtswissenschaft gestellt.[186] Ein gerichtliches Vorgehen gegen Verwaltungsmaßnahmen, das die bestrittenen Prinzipien der Gewaltenteilung und des Interessengegensatzes zwischen Staat und Bürger widerspiegelt, konnte nur als „imperialistische Anschauung“ verstanden werden.

Anfangs der Fünfzigerjahre keimte dann noch einmal der Versuch auf, in Erfüllung der Verfassung der Verwaltungsgerichtsbarkeit im sozialistischen Wirtschafts- und Staatsgefüge eine besondere Stellung zukommen zu lassen.

---

183 Entschließung der Juristenkonferenz des Landes Thüringen zur weiteren Demokratisierung des Justizwesens in der sowjetischen Besatzungszone Deutschlands vom 8. Juli 1948, in: Ministerium für Auswärtige Angelegenheiten der DDR / Ministerium für Auswärtige Angelegenheiten der UdSSR, Um ein antifaschistisch-demokratisches Deutschland, S. 678 - 681.

184 Rundschreiben Nr. 68/48 des OLG-Präsidenten vom 6. Juli 1948, ThHStAW, Ministerium der Justiz, Akte 513.

185 Petra Weber, Justiz und Diktatur, S. 141.

186 Karl Polak, Bericht über die theoretische Konferenz über Fragen der Staats- und Rechtswissenschaft in Leipzig am 15. und 16. Dezember 1951, NJ, 6. Jgg., 1952, S. 7 - 13 (10).

1951 wurde von Herbert Kröger[187] ein Vorschlag zur Systematisierung des Verwaltungsrechts der DDR gemacht und dabei angeregt, die Verwaltungsgerichtsbarkeit und ihre Funktion im Rahmen des demokratischen Kontrollsystems neben der administrativen Kontrolle innerhalb des Verwaltungsapparates, der staatlichen Kontrolle sowie der Volkskontrolle darzustellen.[188]

Noch zu Beginn des Jahres 1952 wies der Präsident des Oberlandesgerichts Potsdam Dr. Martin Löwenthal auf die gem. Art. 138 Abs. 2 der DDR-Verfassung vom 7. Oktober 1949 durch Gesetz zu regelnde Zuständigkeit der Verwaltungsgerichte hin.[189]

Herbert Kröger betonte in dem selben Jahr, dass Art. 138 der DDR-Verfassung gem. Art. 144 dieser Verfassung unmittelbar geltendes Recht war.[190]

3. Zwischenfazit

Für die erste Zeit des Bestehens der Besatzungszonen konnte den Machthabern in der sowjetischen Besatzungszone weder der Vorwurf der Verweigerung verwaltungsrechtlichen Schutzes gemacht werden, noch taten sie sich durch dessen konsequentes Vorantreiben hervor. Sowohl die Sowjetische Militäradministration Deutschlands als auch die SED standen der Reorganisation der Verwaltungsgerichtsbarkeit aus den unterschiedlichsten Gründen mit Zurückhaltung gegenüber.

Durch den Erlass des Kontrollratsgesetzes Nr. 36 und die Anstrengungen der Deutschen Justizverwaltung schien zunächst eine an den Rechtsstaatsprinzipien ausgerichtete zoneneinheitliche Regelung des Verwaltungsrechtsschutzes noch greifbar.

Diesen Erwartungen wurde jedoch bald durch die offenkundig werdenden abweichenden Vorstellungen von Sowjetischer Militäradministration und SED

187 Herbert Kröger (1913 - 1989): SED-Mitglied; 1948 - 1951 Professor und Dekan an der Deutschen Verwaltungsakademie in Forst-Zinna; 1951 - 1953 Professor für Staatsrecht; 1953 - 1964 Dozent bzw. Rektor der Deutschen Akademie für Staats- und Rechtswissenschaften „Walter Ulbricht" in Potsdam-Babelsberg; Helmut Müller-Enbergs / Jan Wielgohs / Dieter Hoffmann / Andreas Herbst, Wer war wer in der DDR?, Bd. 1, S. 561.

188 Herbert Kröger, Zur Systematisierung des Verwaltungsrechts in der antifaschistisch-demokratischen Ordnung, NJ, 5. Jgg., 1951, S. 347 - 350 (350).

189 Martin Löwenthal, Zur Frage der Zulässigkeit des ordentlichen Rechtsweges, NJ, 6. Jgg., 1952, S. 70 f. (71); Martin Löwenthal war Präsident des brandenburgischen Oberlandesgerichts.

190 Herbert Kröger, Zur Frage der Zulässigkeit des ordentlichen Zivilrechtswegs, NJ, 6. Jgg., 1952, S. 255 - 260 (256).

eine Absage erteilt. In sämtlichen Gesetzesentwürfen und Beratungen zur zukünftigen Justizpolitik wurden Bestimmungen zur Instrumentalisierung des Gerichtswesens zum Zwecke der Sowjetisierung ihrer Besatzungszone getroffen. Der Gewährleistung subjektiv-öffentlicher Rechte konnte dabei nur eine untergeordnete Bedeutung zukommen.

III. Die Verwaltungsgerichtsbarkeit im Lande Thüringen

> „Der demokratischen Regierung dieses Landes (Thüringen) gebührt der Ruhm, alsbald nach dem Zusammenbruch des nationalsozialistischen Staates aus eigener Einsicht und kraft eigener Verantwortung den Rechtsschutz des Staatsbürgers auf dem Gebiet des öffentlichen Rechts sichergestellt und innerhalb ihrer örtlichen Zuständigkeit das Fundament dessen gelegt zu haben, was wir als den modernen Rechtsstaat bezeichnen.“[191]

In dem Zitat kommt die Vorreiter- und Vorbildstellung der thüringischen Verwaltungsgerichtsbarkeit auf Verfassungs-, Gesetzes- und Rechtsprechungsebene zum Ausdruck. Allerdings ist es auch in Thüringen im Laufe der Zeit zu immer stärkeren Einschränkungen des verwaltungsgerichtlichen Rechtsschutzes gekommen. Inwieweit dies allein auf das Drängen der SED zurückzuführen ist, oder ob bereits in den Gesetzen, insbesondere in der Thüringer Verfassung des Jahres 1946, die Grundlage für eine Verminderung des Verwaltungsrechtsschutzes geschaffen wurde, soll in den folgenden Ausführungen zu klären versucht werden. Dabei wird auch auf die Bedeutung des Oberverwaltungsgerichts Thüringens eingegangen und hinterfragt, ob dies durch eine andere – im Sinne der SED – Rechtsprechung zum Erhalt der Verwaltungsgerichtsbarkeit hätte beitragen können.

1. Die gesetzlichen Grundlagen der Verwaltungsgerichtsbarkeit und ihre darin deutlich werdende Aushöhlung

a) Die Verfassung des Landes Thüringen

Die Verfassung des Landes Thüringen vom 20. Dezember 1946 sicherte den Bürgern in Art. 49 S. 1 Schutz gegen Anordnungen und Verfügungen der Verwaltungsorgane durch eine Verwaltungsgerichtsbarkeit zu.

> „Dem Schutze der Bürger gegen Anordnungen und Verfügungen der Verwaltungsorgane dient die Verwaltungsgerichtsbarkeit. Das Nähere regeln die Gesetze.“

191 Ulrich von Dassel, Die neue Verwaltungsgerichtsbarkeit, NJ, 2. Jgg., 1948, S. 27 - 31 (27).

Dabei sollte den Verwaltungsgerichten wohl auch die Möglichkeit der Überprüfung der sachlichen Richtigkeit von Verwaltungsmaßnahmen offen stehen, da die thüringische Verfassung im Gegensatz zu den Verfassungen von Sachsen und von Mecklenburg[192] eine Beschränkung des Aufgabenbereichs der Verwaltungsgerichtsbarkeit auf den Schutz gegen „widerrechtliche" Anordnungen und Verfügungen der Verwaltung nicht kannte.[193]

Durch den in der Thüringer Verfassung getroffenen Vorbehalt, wonach das Nähere Gesetze regeln würden (Art. 49 S. 2), wurde aber parallel dazu die Möglichkeit geschaffen, die Verwaltungsgerichtsbarkeit für bestimmte Gebiete auszuschließen oder zu beschränken.[194] Dies galt nach Auffassung Karl Schultes[195] für Gesetze, die das Verwaltungsstreitverfahren ausdrücklich ausschlossen, für Durchführungsverordnungen, die unter Mitwirkung eines Landtagsausschusses geschlossen worden waren, für die vom Parlament aufgestellten Verwaltungsgrundsätze sowie für die zu Regierungsakten erklärten Verwaltungsverfügungen.[196] Auf dieser Grundlage ergingen das Gesetz zur Sicherung des durch die Bodenreform geschaffenen Eigentums an Grund und Boden vom 31. Oktober 1946[197] sowie das Gesetz betreffend Maßnahmen gegen Nazismus und Milita-

192 Art. 68 der Verfassung des Landes Mecklenburg vom 16. Januar 1947, RegBl. Mecklenburg, 1947, S. 1 - 8; Art. 67 der Verfassung des Landes Sachsen vom 28. Februar 1947, GVBl. Sachsen, 1947, S. 103 - 108.

193 Karl Schultes, Der Aufbau der Länderverfassungen in der sowjetischen Besatzungszone, S. 30; Wolfgang Abendroth, Vergleich über die Justiz in den Länderverfassungen der amerikanischen und der sowjetischen Besatzungszone, NJ, 1. Jgg., 1947, S. 112 - 116 (114). Dem Abänderungsantrag der SED, den Rechtsschutz nur auf „widerrechtliche" Verfügungen zu erstrecken, um damit das „Querulantentum einzuschränken", widersprachen LDP und CDU, da hierdurch „der beabsichtigte Rechtsschutz in grossem Masse eingeschränkt würde". Die Betroffenen hätten sich bei dieser Fassung des Artikels gegen materielle Ungerechtigkeiten der Verwaltungsverfügungen nicht wehren können. Verhandlungen des Rechts- und Verfassungsausschusses über den Antrag der SED „Entwurf einer Landesverfassung" vom 10./11. Dezember 1946, ThHStAW, Thüringer Landtag, Film 25, Akte 248, Aufnahme 212, 213.

194 Karl Schultes, ebenda.

195 Karl Schultes (1909 - 1982): SED-Mitglied, 1946 Ministerialdirektor und stellvertretender Landesdirektor im Landesamt für Justiz bzw. stellvertretender Justizminister Thüringens, Leiter der Gesetzgebungsabteilung beim Ministerium der Justiz; 1950 Lehrauftrag für öffentliches Recht an der Universität Jena; 1950 Parteiausschlussverfahren und Übersiedlung in Westzone; Thomas Heil, Die Verwaltungsgerichtsbarkeit in Thüringen 1945 - 1952, Biographischer Anhang.

196 Gerhard Braas, Die Entstehung der Länderverfassungen, S. 203.

197 Regierungsblatt für das Land Thüringen, Teil I: Gesetzsammlung, 1946, S. 156.

rismus vom 20. November 1946[198], welche beide eine Anfechtung im Verwaltungsstreitverfahren ablehnten.

Nach Art. 47 Abs. 1 der Thüringer Verfassung waren die Richter in ihrer Rechtsprechung unabhängig und nur dem Gesetz unterworfen. Die SED vertrat die Auffassung, dass dieser Absatz nur die sachliche Unabhängigkeit der Richter beinhalte, während die Frage der persönlichen Unabhängigkeit, d.h. die lebenslängliche Anstellung und Absetzbarkeit, offen bleiben sollte.[199]

Art. 47 Abs. 1 spricht indes nur von der Unabhängigkeit der Richterschaft. Eine Begrenzung auf das sachliche Element kann diesem, auch durch die von der SED eingeforderte Beschränkung der Unabhängigkeit der Richter auf „ihre Rechtsprechung"[200], nicht entnommen werden. Der Begriff der Unabhängigkeit – ob nun der Unabhängigkeit schlechthin oder der Unabhängigkeit der Rechtsprechung – erschöpft sich nach dem Wortlaut des Verfassungsartikels nicht darin, dass dem Richter im Einzelfall vor seiner Entscheidung keine Vorgaben von seiner vorgesetzten Behörde bezüglich seines Urteils gemacht werden dürfen – sachliche Unabhängigkeit. Die Unabhängigkeit des Richters – nur von dieser spricht Art. 47 Abs. 1 – erfordert vielmehr, dass er wegen seines Richterspruches nicht mit nachträglichen Beeinträchtigungen, wie einer Entlassung oder einer erfolglosen Wiederwahl zu rechnen hat. Diese Auslegung entspricht auch dem damaligen Verständnis von CDU und LDP.[201] Diese sahen die unabhängige, nur dem Gesetz unterworfene Rechtsprechung als selbstverständliche, unabdingbare Voraussetzung des demokratischen Rechtsstaates an.[202] Vertreter bei-

---

198 Regierungsblatt für das Land Thüringen, Teil I: Gesetzsammlung, 1947, S. 11.

199 Karl Schultes, Die Entstehung der Verfassung des Landes Thüringen vom 20. Dezember 1946, ThHStAW, Ministerpräsident, Film 151, Akte 1864, Aufnahme 16; ThHStAW, Thüringer Landtag, Film 17, Akte 189, Aufnahme 187; Gutachten Draths vom 31. Mai 1947, ThHStAW, Ministerium der Justiz, Akte 635.

200 Karl Schultes, Die Entstehung der Verfassung des Landes Thüringen vom 20. Dezember 1946, ThHStAW, Ministerpräsident, Film 151, Akte 1864, Aufnahme 16.

201 Karl Magen, Thüringer Landtag, 42. Sitzung am 4. Juni 1948, Akten und Verhandlungen des Thüringer Landtages, 1946 - 1952, Bd. I.2, S. 1161 - 1195 (1193); Beurteilung der Verfassungsmäßigkeit des Gesetzes über die Verwaltungsgerichtsbarkeit durch den 2. Vizepräsidenten des Thüringer Landtages, Walther Rücker, vom 21. Oktober 1948, ThHStAW, Thüringer Landtag, Film 17, Akte 189, Aufnahme 138.

202 Dies unterstrichen der Justizminister und LDP-Abgeordnete Helmut Külz sowie Karl Magen, Vizepräsident des OLG Gera und Abgeordneter der CDU, im Namen ihrer Fraktionen in einer Debatte um „Entwicklung und Stand der Rechtspflege im Lande Thüringen" im Oktober / November 1947 im Thüringer Landtag. Thüringer Landtag, 27. Sitzung am 10. Oktober 1947, Akten und Verhandlungen des Thüringer Landtages, 1946 - 1952, Bd. I.2, S. 647 - 676 (651); Thüringer Landtag, 29. Sitzung am 6. No-

der Parteien betonten noch in der Aussprache zu dem Verfassungsentwurf der SED vom 15./16. Dezember 1946, „daß sie unbedingt an dem Grundsatz der Unabhängigkeit der Gerichte festhalten und daß diese Unabhängigkeit auch zweifelsfrei gewährleistet werden müßte“[203]. Legt man die oben genannte Begriffsbestimmung zugrunde, enthält bereits Art. 47 Abs. 1 die Garantie der persönlichen Unabhängigkeit. Die SED umging diese, indem sie dem Verfassungsartikel eine ihren Interessen – nur eine sachliche Freiheit zu gewähren – entsprechende Interpretation zugrunde legte. Damit hatte die SED einen ersten Grundstein für eine politisch ausgerichtete Verwaltungsrechtsprechung gelegt.

Die persönliche Unabhängigkeit der Richterschaft wurde gleichwohl durch das Gerichtsverfassungsgesetz gewährleistet, auf welches in Art. 47 Abs. 3 der Verfassung explizit verwiesen wurde. Danach wurden Richter auf Lebenszeit ernannt und waren nur durch Gerichtsentscheidung absetzbar (§§ 6, 8 Gerichtsverfassungsgesetz).

Inwieweit die Normierungen des Gerichtsverfassungsgesetzes als Verfassungsrecht anzusehen waren und dadurch die Gesetzgebung bezüglich der persönlichen Stellung der Richter an verfassungsrechtliche Schranken banden, geht indes aus der Verfassung nicht hervor und war in der Folgezeit nicht unumstritten. Dabei argumentierten – insbesondere beim Erlass des Verwaltungsgerichtsgesetzes – zahlreiche Institutionen für eine Einstufung des Gerichtsverfassungsgesetzes als thüringisches Verfassungsrecht[204], um eine Politisierung der Richterschaft zu vermeiden.

Helmut Külz[205] verwies auf den Wortlaut des Art. 47 Abs. 3 der Verfassung, der bestimmte, „daß die nähere Regelung der richterlichen Stellung durch ein besonderes Richtergesetz nur zu erfolgen hat, soweit nicht das Gerichtsverfas-

---

vember 1947, Akten und Verhandlungen des Thüringer Landtages, 1946 - 1952, Bd. I.2, S. 709 - 753 (714).

203 Verhandlungen des Rechts- und Verfassungsausschusses über den Antrag der SED „Entwurf einer Landesverfassung“ vom 15./16. Dezember 1946, ThHStAW, Thüringer Landtag, Film 25, Akte 248, Aufnahme 237.

204 Karl Magen, Thüringer Landtag, 42. Sitzung am 4. Juni 1948, Akten und Verhandlungen des Thüringer Landtages, 1946 - 1952, Bd. I.2, S. 1161 - 1195 (1193); Beurteilung der Verfassungsmäßigkeit des Gesetzes über die Verwaltungsgerichtsbarkeit durch den 2. Vizepräsidenten des Thüringer Landtages, Walther Rücker, vom 21. Oktober 1948, ThHStAW, Thüringer Landtag, Film 17, Akte 189, Aufnahme 138, 139; Äußerung der Verwaltungsrechtsräte, in: Hellmuth Loening, Kampf um den Rechtsstaat in Thüringen, AöR, 75. Jgg., 1949, S. 56 - 102 (88).

205 Helmut Külz (1903 - 1985): LDP-Mitglied; 1946 thüringischer Landesdirektor bzw. thüringischer Minister für Justiz; 1948 Rücktritt und Übersiedlung in die Westzone; Thomas Heil, Die Verwaltungsgerichtsbarkeit in Thüringen 1945 - 1952, Biographischer Anhang.

sungsgesetz Bestimmungen enthält'"[206]. Durch diese Bezugnahme des Art. 47 Abs. 3 der Verfassung auf das Gerichtsverfassungsgesetz, sah Külz das Gesetzeswerk selbst und die darin enthaltenen Bestimmungen „als verfassungsmäßig bekräftigt und gewährleistet" an.[207]

> „Durch diese Bezugnahme auf die Bestimmungen des GVG sind dem vorgesehenen Richtergesetz zweifelsfrei bestimmte Schranken gesetzt, zu denen auch die Bindung an §§ 6 und 8 GVG [...] gehört."[208]

Demgegenüber vertrat der Universitätsdozent Dr. Wolfgang Abendroth[209] die Ansicht, dass der Verweis in der Verfassung des Landes Thüringen auf das Gerichtsverfassungsgesetz dieses nicht zu thüringischem Verfassungsrecht erhebt. Nach seinem Dafürhalten konnte der Art. 47 Abs. 3 der Verfassung seinem Wortlaut nach nicht das Recht des Gesetzgebers einschränken, das Gerichtsverfassungsgesetz abzuändern.[210]

Der Präsident des Thüringischen Oberverwaltungsgerichts Dr. Hellmuth Loening hielt dem entgegen, dass die von Abendroth angestrebte Übergangsregelung einer anderen Formulierung bedurft hätte, wie etwa: „Bis zum Erlass eines besonderen Richtergesetzes gilt das GVG".[211]

Das Präsidium des Thüringer Landtags, welches nach Art. 37 Abs. 2 der Verfassung von 1946 für die Feststellung der Verfassungsmäßigkeit von Gesetzen zuständig war, beendete diesen Streit, indem es erklärte, dass das Gerichtsverfassungsgesetz nicht zum Bestandteil der Thüringer Verfassung erhoben worden sei.[212] Damit wurden nun einfachgesetzliche Regelungen zur persönli-

---

206 Helmut Külz, Zur Stellung des Richters in der Landesverfassung Thüringens, NJ, 1. Jgg., 1947, S. 187.

207 Helmut Külz, ebenda.

208 Helmut Külz, ebenda.

209 Wolfgang Abendroth (1906 - 1985): 1947 Regierungsrat im Justizministeriums Brandenburgs und Dozent an der Universität Halle; 1947 - 1948 Oberjustizrat in Berlin und außerordentlicher Professor in Leipzig; 1948 ordentlicher Professor für öffentliches Recht und akademischer OVG-Rat in Jena; Dezember 1948 Übersiedlung in Westzone; Thomas Heil, Die Verwaltungsgerichtsbarkeit in Thüringen 1945 - 1952, Biographischer Anhang.

210 Wolfgang Abendroth, Zur Stellung des Richters in der Landesverfassung Thüringens, NJ, 1. Jgg., 1947, S. 187. Diese Entgegnung Abendroths stimmte mit seinem im Thüringer Landtag am 7. Oktober 1948 von Eyermann vorgetragenen „Gutachten" überein; Thüringer Landtag, 48. Sitzung am 7. Oktober 1948, Akten und Verhandlungen des Thüringer Landtages, 1946 - 1952, Bd. I.3, S. 1321 - 1350 (1346).

211 Gutachten Loenings vom 19. Januar 1948, ThHStAW, OVG Jena, B IV Nr. 2.

212 ThHStAW, Thüringer Landtag, Film 17, Akte 189, Aufnahme 134, 135.

chen Stellung der Richter, wie in § 3 des Verwaltungsgerichtsgesetzes von 1948, als verfassungsgemäß angesehen.

Bei den Diskussionen um den „Verfassungsrang" des Gerichtsverfassungsgesetzes bleibt jedoch eine Regelung der thüringischen Verfassung unberücksichtigt, durch welche die persönliche Unabhängigkeit der Rechtsprechung von vornherein erheblich eingeschränkt werden konnte. Art. 47 Abs. 2 knüpfte die Ernennung der Mitglieder der obersten Gerichte an die Zustimmung des Landtages. Damit hob sich die Verfassung Thüringens von den anderen Länderverfassungen in der sowjetischen Besatzungszone ab, welche lediglich die Wahl der Präsidenten der obersten Gerichte festschrieben[213].

Anlass für diese abweichende Regelung war ein Abänderungsantrag der CDU zu dem SED-Landesverfassungsentwurf, wonach die Ernennung aller Mitglieder der obersten Gerichte von der vorherigen Zustimmung des Landtages abhängig sein sollte.[214] Die Ernennung der Berufsrichter sollte dann auf Lebenszeit erfolgen. Sie sollten „wider ihren Willen nur kraft richterlicher Entscheidung und nur aus den Gründen und unter den Formen, welche die Gesetze bestimmen, dauernd oder zeitweise ihres Amtes enthoben oder [...] versetzt werden" können.[215] Die SED beantragte daraufhin, sämtliche Richter des Oberlandesgerichts und des Oberverwaltungsgerichts vom Landtag auf Vorschlag der Landesregierung auf die Dauer von 3 Jahren wählen zu lassen.[216] Die darauf folgende interfraktionelle Einigung brachte die – wie Karl Schultes sie bezeichnete – „nicht sehr glücklich"[217] gewählte Formulierung des Art. 47 Abs. 2 Thüringer

---

213 Art. 42 Abs. 1 der Verfassung für die Mark Brandenburg vom 6. Februar 1947, GVBl. Brandenburg I, 1947, S. 45 - 49; Art. 64 Abs. 4 der Verfassung des Landes Mecklenburg vom 16. Januar 1947, RegBl. Mecklenburg, 1947, S. 1 - 8; Art. 62 Abs. 2 S. 1 der Verfassung des Landes Sachsen vom 28. Februar 1947, GVBl. Sachsen, 1947, S. 103 - 108; Art. 64 Abs. 3 der Verfassung der Provinz Sachsen-Anhalt vom 10. Januar 1947, GBl. Sachsen-Anhalt, 1947, S. 9 - 15.

214 Die CDU lehnte eine „Ausnahmebehandlung" der Präsidenten der obersten Gerichte ab. Sie forderte, dass „wenn man für die Auswahl der an der Rechtsprechung der obersten Gerichtshöfe massgebend beteiligten Personen besondere Vorschriften erlassen wollte, man sie auf alle Mitglieder dieser Gerichtshöfe erstrecken müsste". Verhandlungen des Rechts- und Verfassungsausschusses über den Antrag der SED „Entwurf einer Landesverfassung" vom 10./11. Dezember 1946, ThHStAW, Thüringer Landtag, Film 25, Akte 248, Aufnahme 212.

215 Verhandlungen des Rechts- und Verfassungsausschusses über den Antrag der SED „Entwurf einer Landesverfassung" vom 15./16. Dezember 1946, ThHStAW, Thüringer Landtag, Film 25, Akte 248, Aufnahme 236.

216 Karl Schultes, Die Entstehung der Verfassung des Landes Thüringen vom 20. Dezember 1946, ThHStAW, Ministerpräsident, Film 151, Akte 1864, Aufnahme 16.

217 Gerhard Braas, Die Entstehung der Länderverfassungen, S. 197.

Verfassung hervor. Dieser wurde ohne weitere Bedenken einstimmig verabschiedet.[218] Damit hatte die SED, über die in ihren Landesverfassungsentwürfen vorgeschriebene Wahl des Präsidenten des Oberlandesgerichts[219] hinaus, eine parlamentarische Legitimation aller Mitglieder der obersten Gerichte, mithin auch des Oberverwaltungsgerichts, durchsetzen können. Diese Entwicklung ist ein weiterer Beleg dafür, dass die bürgerlichen Parteien an der Einschränkung der unabhängigen Verwaltungsgerichtsbarkeit mitwirkten.

Durch das Zustimmungserfordernis des Art. 47 Abs. 2 konnte der Landtag die Richterauswahl beeinflussen und lediglich in die Ernennung von Richtern einwilligen, die seinen Entscheidungen gegenüber gewogen waren. Die Einwilligung zu allen Richterernennungen ist mithin als Vorstufe des später im Verwaltungsgerichtsgesetz normierten Wahlerfordernisses einzuordnen.

Die Thüringer Verfassung des Jahres 1946 weist folglich einige so gefasste Bestimmungen auf, die es der SED ermöglichten, ihre Vorstellungen einer Verwaltungsgerichtsbarkeit im Laufe der Zeit durchzusetzen. Inwieweit diese schon bei der Erarbeitung in den Hintergrund eingebracht wurden, um sie so einer Interpretation zugänglich zu machen, kann hier nicht abschließend geklärt werden.

Dass der Verwaltungsrechtsschutz in der Thüringer Landesverfassung überhaupt zum Verfassungsgebot erhoben werden konnte, war in erster Linie dem Verlangen der Sowjetischen Militäradministration Deutschlands auf Ausführung des Kontrollratsgesetzes Nr. 36 zu verdanken. Die SED musste sich diesem trotz entgegenstehendem Interesse beugen.[220]

b) Die thüringische Landesverwaltungsordnung

Die Landesverwaltungsordnung[221] des Landes Thüringens als Kodifikation des Verwaltungsrechts hatte bei ihrer Verkündung im Jahr 1926 große Anerkennung

---

218 Thüringer Landtag, 5. Sitzung am 20. Dezember 1946, Akten und Verhandlungen des Thüringer Landtages, 1946 - 1952, Bd. I.1, S. 1 - 32 (26).

219 Art. 46 Abs. 2 des Ersten Landesverfassungsentwurfs der SED; Art. 68 Abs. 2 des Zweiten Landesverfassungsentwurfs der SED.

220 Protokoll der 5. Sitzung des Rechtspolitischen Ausschusses beim Landesvorstand der SED Thüringen am 23. November 1946 in Weimar, ThHStAW, Ministerium des Inneren, Akte 276, Blatt 34 - 45.

221 Landesverwaltungsordnung für Thüringen vom 10. Juni 1926, Gesetzsammlung für Thüringen, 1926, S. 177 - 213; Verordnung zur Änderung der Landesverwaltungsordnung vom 5. Juni 1930, Gesetzsammlung für Thüringen, 1930, S. 79 - 85; Gesetz zur Anpassung der Landesverwaltungsordnung an den neuen Staatsaufbau des Landes Thüringen vom 26. November 1945, Regierungsblatt für das Land Thüringen, Teil I: Gesetzsammlung, 1946, S. 53 - 57.

gefunden und ist dieser während ihrer Geltungszeit vollauf gerecht geworden.[222] Dabei war die Widerspiegelung von Rechtsstaatsprinzipien, die allen voran in der Eröffnung des Rechtsweges nach der Generalklausel zum Ausdruck kamen, entscheidend.

aa) Die politischen Hintergründe zur Übernahme der Landesverwaltungsordnung aus dem Jahr 1926

Thüringen konnte sich zunächst im Bereich des gerichtlichen Verwaltungsrechtsschutzes von der Entwicklung in der sowjetischen Besatzungszone abkoppeln; was sich in dem vorzeitigen Erlass einer Verwaltungsordnung und der schnellen Wiederaufnahme der Verwaltungsrechtsprechung widerspiegelte.

Erste Bemühungen zum Erlass einer Regelung der Verwaltungsgerichtsbarkeit setzten bereits während der amerikanischen Besatzung Thüringens durch den Verwaltungsjurist Hermann Louis Brill[223] ein, der von der amerikanischen Militärregierung am 7. Mai 1945 zum vorläufigen Regierungspräsidenten Thüringens ernannt wurde.[224] Brill plädierte für die Einführung der Generalklausel mit der Ausnahme, dass durch einen Beschluss der Provinzregierung, der durch den Regierungspräsidenten bestätigt werden musste, der Verwaltungsakt zum „Regierungsakt" erklärt werden konnte.[225] Für diese – als Übergangsregelung geplante – Einschränkung der Verwaltungsgerichtsbarkeit dürfte er eingetreten sein, weil Brill den Widerstand der Verwaltungsgerichte gegen seine Sozialisierungspläne fürchtete.[226]

Der seinerzeitige Vizepräsidenten des Thüringischen Oberverwaltungsgerichts, Rudolf Knauth[227], berücksichtigte dieses Ansinnen bei der ihm übertrage-

222 Hellmuth Loening, Landesverwaltungsordnung und Nebenbestimmungen, S. 8.

223 1895 - 1959.

224 Jürgen John, Die thüringischen Landesverfassungen 1920/21 und 1946, in: Karl Schmitt, Die Verfassung des Freistaats Thüringen, S. 132 - 185 (160 f.).

225 ThHStAW, Ministerpräsident, Film 96, Akte 1077, Aufnahme 8, 26.

226 Petra Weber, Justiz und Diktatur, S. 23.

227 Rudolf Knauth (1879 - ?): NSDAP-Mitglied; 1912 - 1946 Vizepräsident des Thüringischen OVG in Jena, ab 1934 Leitung des Gerichts; war „als Mitberichterstatter in der Anfechtungsklage wegen des Frickschen Verbots des Credéschen Tendenzstückes ‚§ 218′ massgebend an der Entscheidung des Oberverwaltungsgerichts beteiligt gewesen […] durch die das Verbot aufgehoben worden ist und derentwegen dann in der nationalsozialistischen Presse den Richtern des Oberverwaltungsgerichts der Vorwurf gemacht worden ist, ‚instinktlose Paragraphenreiter′ zu sein"; ThHStAW, OVG Jena, B IX Nr. 4. Mit Wirkung vom 7. August 1945 wurde er zur Dienstleistung in der Gesetzgebungsabteilung der Präsidialkanzlei des Präsidenten des Landes Thüringen abgeordnet. Am 12. Februar 1946 wurde Dr. Knauth aufgrund der Verordnung über Reinigung

nen Ausarbeitung des Entwurfes einer neuen Landesverwaltungsordnung, den er im Übrigen an der Landesverwaltungsordnung von 1926 ausrichtete.[228] Die auf dieser Grundlage erarbeitete Konzeption fand die Zustimmung der amerikanischen Besatzungsmacht.

Nach dem Wechsel der Besatzungsmacht im Juli 1945[229] musste der Entwurf erst einmal ad acta gelegt werden. Wiederum ergriff der Landespräsident, nun in Person des zunächst parteilosen ehemaligen Rechtsanwalts und Oberbürgermeisters von Gera, Dr. Rudolf Paul[230], die Initiative zur Wiedereinführung der Landesverwaltungsordnung von 1926.[231] Er übertrug die Umsetzung des Gesetzgebungsvorhabens dem ehemaligen Oberverwaltungsgerichtsrat Dr. Hellmuth Loening[232]. Dieser übernahm die von ihm als mustergültig empfundene

---

der Verwaltung des Herrn Präsidenten des Landes Thüringen vom 15. November 1945 aus seinem Amt als Vizepräsident des Thür. Oberverwaltungsgerichts entlassen; ThHStAW, OVG Jena, B II Nr. 1. Seinen am 17. Juni 1946 gestellten Antrag auf Eintragung als Verwaltungsrechtsrat in die Liste des Oberverwaltungsgerichts nahm er - da er ihn vermutlich aufgrund der Entnazifizierungsbestimmungen für aussichtslos hielt - am 17. August 1946 zurück; ThHStAW, OVG Jena, B IX Nr. 4.

228 Thomas Heil, Die Verwaltungsgerichtsbarkeit in Thüringen 1945 - 1952, S. 9 f..

229 Sowohl die sowjetische Besatzungsmacht als auch die KPD stellten sich im Gegensatz zum sowjetischen Gesellschaftsmodell und in Ablehnung von Sozialisierungsprogrammen anfangs auf die deutschen Verwaltungsstrukturen, den Föderalismus und das frühere Parteiwesen ein; Jürgen John, Die thüringischen Landesverfassungen 1920/21 und 1946, in: Karl Schmitt, Die Verfassung des Freistaats Thüringen, S. 132 - 185 (163).

230 Rudolf Paul (1893 - 1978): April 1945 Oberbürgermeister von Gera; Juli 1945 Präsident des Landes Thüringen; April 1946 SED-Eintritt, September 1947 Flucht in die Westzone; Thüringer Landtag, 25. Sitzung am 8. Oktober 1947, Akten und Verhandlungen des Thüringer Landtages, 1946 - 1952, Bd. I.2, S. 603 - 623 (606).

231 Thomas Heil, Die Verwaltungsgerichtsbarkeit in Thüringen 1945 - 1952, S. 12 f..

232 Hellmuth Loening wurde am 6. Juli 1891 in Jena als Sohn des dortigen Universitätsprofessors der Rechte Richard Loening und dessen Frau Margarete geboren. Von 1900 bis 1909 besuchte er ein Gymnasium in Jena und legte dort 1909 die Reifeprüfung ab. Hellmuth Loening studierte von 1909 bis 1912 Rechtswissenschaften an den Universitäten in Heidelberg, Berlin und Jena. Während des juristischen Vorbereitungsdienstes (1913 - 1914 sowie 1918 - 1920) nahm er als Reserveoffizier (1914 - 1917 Mun. Kolonne, Unteroffizier Vizewachtmeister, XI. Korps, 1917 - 1918 1. Garde-Feld-Art. Regt., Leutnant der Reserve, 1. Garde-Division) am Ersten Weltkrieg teil, promovierte 1919 und bestand 1920 die zweite juristische Staatsprüfung. Danach war Dr. Loening Amtsgerichtsrat in Buttstädt (1921), Bezirkskommissar in Apolda (1921), Regierungsrat (Referent) beim Thüringischen Ministerium des Inneren (1921 - 1923), Regierungsrat beim Landrat in Weimar (1923 - 1924) sowie Regierungsrat und vortragender Rat beim Thüringischen Ministerium des Inneren (1924 - 1926). Seit dem 1. Oktober 1926 gehörte er dem Thüringischen OVG in Jena als Oberverwaltungsgerichtsrat an. Nach

und in der Verwaltungspraxis und Wirtschaft anerkannte thüringische Landesverwaltungsordnung aus dem Jahre 1926 durch ein Anpassungsgesetz nahezu umfassend. Einer Genehmigung der Sowjetischen Militäradministration Thüringens stand nichts im Wege.[233]

Folglich wurde mit nur geringfügigen Veränderungen die Landesverwaltungsordnung aus den Jahren 1926[234] beziehungsweise 1930[235] durch das Anpassungsgesetzes vom 26. November 1945[236] am 4. Juni 1946 wieder in Kraft gesetzt. Damit griff Thüringen einem Gesetzesauftrag des Kontrollrates beziehungsweise einem Befehl der Sowjetischen Militäradministration in Deutschland voraus.

bb) Der Verwaltungsrechtsschutz in der Landesverwaltungsordnung

Die weitestgehende Übernahme der Landesverwaltungsordnung von 1926 erweckt den Anschein, dass an den dieser zugrunde liegenden gesellschaftlichen und politischen Verhältnissen festgehalten werden sollte.[237]

So blieb „als Kernstück des Rechtsstaats die umfassende Generalklausel zur Anfechtung grundsätzlich aller Verfügungen bis zum Oberverwaltungsgericht

---

dem Ende des 2. Weltkrieges war Hellmuth Loening Vorsitzender der Gesetzgebungsabteilung im Präsidialamt in Weimar. Am 1. Oktober 1945 wurde er zum Präsidenten des Thüringischen Oberverwaltungsgerichts ernannt. Von August 1945 bis zur Wiedereröffnung des OVG leitete Dr. Loening nebenamtlich die Gesetzgebungsabteilung im Präsidialamt in Weimar weiter. Hellmuth Loening flüchtet im Oktober 1948 in die Westzone. Als Motive für seinen Weggang kommen die Entwicklung der Verwaltungsgerichtsbarkeit sowie die Angriffe gegen seine Person in der 42. Landtagssitzung in Betracht. Veröffentlichte Aufsätze in juristischen Fachzeitschriften und Kommentar zur Verfassung von Thüringen (1925); seit dem 14. November 1922 war er mit Liselotte Schaefer verheiratet und hatte mit ihr ein Kind, Liselotte Loening, geb. 18. Mai 1927; NSV-Mitglied 1937 - 1945; ThHStAW, OVG Jena, B I Nr. 1, B II Nr. 1, B III Nr. 1; http://www.hlz-jena.de/loening.html.

233 Thomas Heil, Die Verwaltungsgerichtsbarkeit in Thüringen 1945 - 1952, S. 14 ff..

234 Landesverwaltungsordnung für Thüringen vom 10. Juni 1926, Gesetzsammlung für Thüringen, 1926, S. 177 - 213.

235 Verordnung zur Änderung der Landesverwaltungsordnung vom 5. Juni 1930, Gesetzsammlung für Thüringen, 1930, S. 79 - 85.

236 Gesetz zur Anpassung der Landesverwaltungsordnung an den neuen Staatsaufbau des Landes Thüringen vom 26. November 1945, Regierungsblatt für das Land Thüringen, Teil I: Gesetzsammlung, 1946, S. 53 - 57.

237 Joachim Hoeck, Verwaltung, Verwaltungsrecht und Verwaltungsrechtsschutz in der Deutschen Demokratischen Republik, S. 72.

hin“ erhalten.[238] Der Begriff der in § 126 Landesverwaltungsordnung angeführten Verfügung wurde in § 194[239] definiert. Hiernach waren Verfügungen „Entschließungen jeder Art (Beschlüsse, Bescheide, Entscheidungen, Anordnungen usw.)“. Dies sollte „die verwaltungsgerichtliche Kontrolle aller der Verwaltungsmaßnahmen ermöglichen, die in die Rechtssphäre des einzelnen eingreifen und ein Rechtsschutzbedürfnis auslösen“[240]. Unerheblich war, ob sich die Eingriffe als Verwaltungsakte darstellten.

Die Generalklausel der §§ 126, 127, 194 Landesverwaltungsordnung wurde jedoch durch eine Reihe von Gesetzen eingeschränkt. Zum einen schlossen Bestimmungen die Anfechtung im Verwaltungsrechtsweg explizit aus.[241] Gem. § 128 Abs. 2 Landesverwaltungsordnung[242] war und blieb die Anfechtungsklage gegen Verfügungen vorläufigen Charakters (Nr. 2) ebenso wie gegen Verfügungen, die nach freiem Ermessen zu treffen waren (Nr. 1)[243] unzulässig. Ob damit auch die Nachprüfung von Ermessensfehlern ausgeschlossen sein sollte, stellte das Oberverwaltungsgericht in seinem Urteil vom 25. Februar 1948 klar.

> „Die Landesverwaltungsordnung enthält keine Vorschrift darüber, dass der Ermessensmissbrauch der verwaltungsgerichtlichen Nachprüfung unterliegt.
>
> Nach der ständigen Rechtsprechung des Thüring. Oberverwaltungsgericht (zuletzt Urteil vom 5. November 1947 – A 71/47, abgedr. im Amtsbl. 1947, S. 523) ist eine verwaltungsgerichtliche Nachprüfung von Ermessensfehlern (im Gegensatz zu

---

238 §§ 126, 127 LVO 1926 in der Fassung des Anpassungsgesetzes von 1945, in: Hellmuth Loening, Landesverwaltungsordnung und Nebenbestimmungen, S. 8, 65 f..

239 LVO 1926 in der Fassung des Anpassungsgesetzes von 1945, in: Hellmuth Loening, Landesverwaltungsordnung und Nebenbestimmungen, S. 87.

240 Urteil vom 16. April 1947 - A 8/47, in: Jahrbuch der Entscheidungen des Thüringischen Oberverwaltungsgerichts, Bd. 18 (1946/47), S. 88 - 93 (89 f.). In diesem Urteil nahm das OVG zu dem Gutachten von Prof. Dr. Jacobi Stellung, in welchem die Zulässigkeit von Anfechtungsklagen gegen Maßnahmen aufgrund des Reichsleistungsgesetzes verneint wurde.

241 Gesetz zur Sicherung des durch die Bodenreform geschaffenen Eigentums an Grund und Boden vom 31. Oktober 1946 (Regierungsblatt für das Land Thüringen, Teil I: Gesetzsammlung, 1946, S. 156); Gesetz betr. Maßnahmen gegen Nazismus und Militarismus vom 20. November 1946 (Regierungsblatt für das Land Thüringen, Teil I: Gesetzsammlung, 1947, S. 11), u.a.

242 LVO 1926 in der Fassung des Anpassungsgesetzes von 1945, in: Hellmuth Loening, Landesverwaltungsordnung und Nebenbestimmungen, S. 67.

243 Im Gegensatz dazu wurde in einer vorläufigen Fassung der Landesverwaltungsordnung vom Juli 1945 (§ 104 Abs. 2) eine verwaltungsgerichtliche Kontrolle, ob sich eine Verfügung innerhalb der dem Ermessen gezogenen rechtlichen Grenzen hält, vorgesehen. ThHStAW, Ministerpräsident, Film 96, Akte 1077, Aufnahme 26, 31.

dem in der Rechtsprechung anderer deutscher Länder verschiedentlich vertretenen Grundsatz) nach Thüringischem Recht nicht zulässig."[244]

Ferner übernahmen die Verfasser der Landesverwaltungsordnung Thüringen bezüglich der persönlichen Stellung der Richter des Oberverwaltungsgerichts Jena weitgehend das Vorbild von 1926. Die Landesverwaltungsordnung gewährleistete die volle sachliche und persönliche Unabhängigkeit der Richter des Oberverwaltungsgerichts.[245] Durch die fortbestehende Gleichstellung mit den ordentlichen Richtern waren sie durch die Privilegien der lebenslangen Anstellung sowie der Unversetzbarkeit und Unabsetzbarkeit in ihrer Tätigkeit geschützt[246] Zum Oberverwaltungsgerichtsrat konnte nach wie vor nur derjenige ernannt werden, der die Befähigung zum Richteramt nach § 2 Gerichtsverfassungsgesetz oder zum höheren Verwaltungsdienst hatte, beziehungsweise Professor für Rechtswissenschaften war.[247] Die letztgenannte Alternative sollte dem Zweck dienen, die Symbiose zwischen den Jenenser Obergerichten und der Universität aufrechtzuerhalten.

Schließlich ließ das Anpassungsgesetz im Wesentlichen das allgemeine Verwaltungsverfahren sowie „die rechtsstaatlich so wichtigen §§ 141 ff. über Rücknahme und Änderung von Verfügungen"[248] unberührt.

Auf dem Gebiet der Verwaltungsgerichtsbarkeit enthielt das Anpassungsgesetz gegenüber dem bisherigen Recht auch einige bedeutende Veränderungen. Es ermöglichte letztlich einen entscheidenden Eingriff und war infolgedessen die Voraussetzung für spätere Änderungen des verwaltungsgerichtlichen Rechtsschutzsystems.

---

244 Urteil vom 25. Februar 1948 - A 68/47, in: Urteilssammlung für Anfechtungsklagen (A), ThHStAW, OVG Jena, D Nr. 1 Bd. 5; Ermessensfehler stellten mithin auch keine „Rechtsverletzungen" dar, Urteil vom 5. November 1947 - A 71/47, in: Regierungsblatt für das Land Thüringen, Teil II: Amtsblatt, 1947, S. 523.

245 § 28 Abs. 1 LVO 1926 in der Fassung des Anpassungsgesetzes von 1945, in: Hellmuth Loening, Landesverwaltungsordnung und Nebenbestimmungen, S. 37.

246 § 189 LVO 1926 in der Fassung des Anpassungsgesetzes von 1945 i.V.m. § 141 a StaatsbeamtenG 1923 (Gesetz betreffend die Anwendung des Thüringischen Staatsbeamtengesetzes vom 14. März 1923 auf das Land Thüringen vom 5. Oktober 1945, Regierungsblatt für das Land Thüringen, Teil I: Gesetzsammlung, 1945, S. 41) i.V.m. §§ 2, 4 GVG, in: Hellmuth Loening, Landesverwaltungsordnung und Nebenbestimmungen, S. 85 f..

247 § 22 Hs. 2 i.V.m. § 12 Abs. 1 S. 2 LVO 1926, Gesetzsammlung für Thüringen, 1926, S. 177 - 213; § 22 Abs. 1 LVO 1926 in der Fassung des Anpassungsgesetzes von 1945, in: Hellmuth Loening, Landesverwaltungsordnung und Nebenbestimmungen, S. 35.

248 Hellmuth Loening, Landesverwaltungsordnung und Nebenbestimmungen, S. 8.

Die Kreisverwaltungsgerichte[249] wie auch die Landesverwaltungsgerichte[250] waren als Vorinstanz aufgehoben worden.[251] Damit fand sich das Oberverwaltungsgericht nach 1945 in der Rolle eines erst- und zugleich letztinstanzlichen Gerichts in Verwaltungssachen wieder.[252] Sitz des Oberverwaltungsgerichts war und blieb indes Jena.[253]

Das Gericht wurde mit § 28 Abs. 2 S. 1 Landesverwaltungsordnung[254] der Ressortzuständigkeit des Innenministeriums[255] entzogen. Gleichzeitig wurde es dem Präsidenten des Landes Thüringen unterstellt, der die Aufsicht über die Einrichtung und allgemeine Geschäftsführung des Oberverwaltungsgerichts dem neu errichteten Landesamt für Justiz übertrug.[256] Damit sollte an der Stellung des Oberverwaltungsgerichts als eines der Verwaltung eingegliederten Gerichts nichts geändert und demgemäß nicht eine Eigenschaft des Oberverwaltungsgerichts als Justizbehörde begründet werden.[257] Dennoch war damit eine Trennung von Verwaltung und Verwaltungsgerichtsbarkeit erstmals organisationsrechtlich geschaffen worden, worin „eine gute Voraussetzung einer von traditioneller Rücksichtnahme befreiten, wirklich unabhängigen Rechtsprechung“[258] zu sehen war.

---

249 § 10 LVO 1926, Gesetzsammlung für Thüringen, 1926, S. 177 - 213.

250 § 10 LVO 1926 in der Fassung des Anpassungsgesetzes von 1930, Gesetzsammlung für Thüringen, 1930, S. 79 - 85.

251 Noch im Juli 1945 sollte die Verwaltungsgerichtsbarkeit nach der damaligen Fassung der Landesverwaltungsordnung in zwei Instanzen (Kreisverwaltungsgerichte, Oberverwaltungsgericht) gegliedert werden. ThHStAW, Ministerpräsident, Film 96, Akte 1077, Aufnahme 15, 16.

252 §§ 10, 71 LVO 1926 in der Fassung des Anpassungsgesetzes von 1945, in: Hellmuth Loening, Landesverwaltungsordnung und Nebenbestimmungen, S. 34, 50; Art. 9 Abs. 2 des Gesetzes zur Anpassung der Landesverwaltungsordnung an den neuen Staatsaufbau des Landes Thüringen vom 26. November 1945, Regierungsblatt für das Land Thüringen, Teil I: Gesetzsammlung, 1946, S. 53 - 57.

253 § 20 Abs. 1 der LVO 1926 in der Fassung des Anpassungsgesetzes von 1945, in: Hellmuth Loening, Landesverwaltungsordnung und Nebenbestimmungen, S. 34 f..

254 LVO 1926 in der Fassung des Anpassungsgesetzes von 1945, in: Hellmuth Loening, Landesverwaltungsordnung und Nebenbestimmungen, S. 37.

255 § 28 Abs. 2 S. 1 LVO 1926, Gesetzsammlung für Thüringen, 1926, S. 177 - 213.

256 Peter M. Huber, 80 Jahre Thüringer Oberverwaltungsgericht, AöR, 118. Jgg., 1993, S. 45 - 65 (52).

257 Erlass des Präsidenten des Landes Thüringen betreffend Beauftragung des Landesamtes für Justiz mit der Dienstaufsicht über das OVG vom 28. Juni 1946, ThHStAW, OVG Jena, B I Nr. 5; B X Nr. 1.

258 Peter M. Huber, 80 Jahre Thüringer Oberverwaltungsgericht, AöR, 118. Jgg., 1993, S. 45 - 65 (52).

Darüber hinaus wurde der Zuständigkeitsbereich des Gerichts sowohl sachlich als auch räumlich erweitert. Dem Oberverwaltungsgericht wurden nunmehr auch die Entscheidungen in Beschlusssachen aufgrund der Gewerbeordnung und anderer gewerberechtlicher Gesetze (vor allem des Gaststättengesetzes) übertragen.[259] Auf Verlangen einer obersten Behörde hatte das Oberverwaltungsgericht dieser Gutachten über Fragen des öffentlichen Rechts zu erstatten.[260] Territorial hatte sich der Jurisdiktionsbereich des Gerichts infolge der Angliederung der ehemaligen preußischen Gebiete erweitert.[261]

Das Anpassungsgesetz führte zur Beseitigung der nach Maßgabe einzelner Gesetze bisher zugelassenen „Verwaltungsstreitverfahren".[262] Die Landesverwaltungsordnung sah nun nur noch ein generelles Beschwerderecht auf dem Verwaltungswege, also Einspruch beziehungsweise die Beschwerde gegen jede behördliche „Verfügung" (§ 194), vor. Sodann konnte gegen eine ablehnende Entscheidung der Verwaltungsbehörde die Anfechtungsklage beim Oberverwaltungsgericht erhoben werden.[263] Sonstige Rechtsbehelfe – neben der Anfechtungsklage – gestattete die Landesverwaltungsordnung nur „auf Grund besonde-

---

259 Art. 5 Abs. 6 des Gesetzes zur Anpassung der Landesverwaltungsordnung an den neuen Staatsaufbau des Landes Thüringen vom 26. November 1945, Regierungsblatt für das Land Thüringen, Teil I: Gesetzsammlung, 1946, S. 53 - 57; Aufsatz „Aus der Arbeit des neu in Tätigkeit getretenen Thüringischen Oberverwaltungsgerichts in Jena", ThHStAW, OVG Jena, B XI, Nr. 5.

260 Art. 5 Abs. 6 des Gesetzes zur Anpassung der Landesverwaltungsordnung an den neuen Staatsaufbau des Landes Thüringen vom 26. November 1945, Regierungsblatt für das Land Thüringen, Teil I: Gesetzsammlung, 1946, S. 53 - 57.

261 Art. 10 §§ 1, 2 des Gesetzes zur Anpassung der Landesverwaltungsordnung an den neuen Staatsaufbau des Landes Thüringen vom 26. November 1945, Regierungsblatt für das Land Thüringen, Teil I: Gesetzsammlung, 1946, S. 53 - 57.

262 Art. 9 Abs. 2, Art. 11 § 2 des Gesetzes zur Anpassung der Landesverwaltungsordnung an den neuen Staatsaufbau des Landes Thüringen vom 26. November 1945, Regierungsblatt für das Land Thüringen, Teil I: Gesetzsammlung, 1946, S. 53 - 57.

263 §§ 126, 126 d II, 127 LVO 1926 in der Fassung des Anpassungsgesetzes von 1945, in: Hellmuth Loening, Landesverwaltungsordnung und Nebenbestimmungen, S. 65 f..

Eine präzise Darstellung des Thüringer Verwaltungsgerichtsverfahrens gelingt Ulrich von Dassel, Die neue Verwaltungsgerichtsbarkeit, NJ, 2. Jgg., 1948, S. 27 - 31 (28): „Mit der Anfechtungsklage vor dem Oberverwaltungsgericht gelangt nunmehr das Rechtsmittelverfahren zum Abschluss, dass der von einem Verwaltungsakt in seinem Recht verletzte mit dem Einspruch einleitet (§§ 126, 126 a). Einsprüche, denen nicht abgeholfen wird, werden der Beschwerdebehörde als Beschwerde vorgelegt. Soweit durch Gesetz die unmittelbare Verwaltungsklage zugelassen ist (§ 126 d), wird der Einspruch, dem die angerufene Behörde nicht abhilft, als Anfechtungsklage dem Oberverwaltungsgericht vorgelegt. Die gleiche Regelung besteht beim Verwaltungsakt einer obersten Behörde."

rer gesetzlicher Vorschriften".[264] So waren nach der Landesverwaltungsordnung weder Feststellungsklagen in einem Parteistreitverfahren über das Bestehen oder Nichtbestehen eines Rechtsverhältnisses noch eine Anrufung des Oberverwaltungsgerichts zur Entscheidung unmittelbar über die Gültigkeit allgemeiner Rechtsvorschriften gegeben. Solche Anrufungen waren nach Ansicht des Oberverwaltungsgerichts als Anfechtungsklagen zu behandeln.[265] Die Neugestaltung der Verwaltungsrechtspflege sollte der wesentlichen Vereinfachung des Verfahrens und des Instanzenzuges sowie der größeren Einheitlichkeit der Rechtsprechung dienen.[266]

Eine sich von dem rechtsstaatlichen Gesamteindruck abhebende Bestimmung enthielt § 126 a des Gesetzes zur Anpassung der Landesverwaltungsordnung aus dem Jahr 1945. Darin war der Ausschluss des Rechtsweges für den Fall vorgesehen, dass das Gesetz ihn als endgültig bezeichnet oder eine Anfechtung ausdrücklich ausschließt oder der Landespräsident nach Anhörung der Vizepräsidenten eine Verfügung ausdrücklich als Regierungsakt bezeichnet hat oder bezeichnet. Hellmuth Loening verstand die letztgenannte Regelung als „Korrektiv gegen eine Überspannung der Generalklausel"[267]. Es sollte dabei nicht der Sinn des § 126 a Satz 2 sein, Verfügungen, die ihrem Wesen nach bloße Verwaltungsakte waren, lediglich durch die Bezeichnung zum Regierungsakt der verwaltungsgerichtlichen Nachprüfung zu entziehen. Der Zweck sollte vielmehr darin bestehen, Verfügungen, die ihrem Wesen nach Regierungsakte waren, nach außen als solche verbindlich zu kennzeichnen.[268] Dem schloss sich auch das Oberverwaltungsgericht in seinem Urteil vom 12. November 1947[269] an. Darin haben die Richter eine Anfechtungsklage als von Anfang an unzulässig verworfen, weil die Bezeichnung als Regierungsakt lediglich deklarative Bedeutung habe. In der Verantwortlichkeit der Regierung für die Qualifizierung einer Verfügung als „Regierungsakt" wurde die Gewähr dafür gesehen, dass von

264 § 71 Abs. I Nr. 2 LVO 1926 in der Fassung des Anpassungsgesetzes von 1945, in: Hellmuth Loening, Landesverwaltungsordnung und Nebenbestimmungen, S. 50.

265 Urteil vom 11. Dezember 1946 - A 19/46, in: Jahrbuch der Entscheidungen des Thüringischen Oberverwaltungsgerichts, Bd. 18 (1946/47), S. 13 - 20.

266 Hellmuth Loening, Ansprache zur Wiedereröffnung des Thüringischen Oberverwaltungsgerichts in Jena, AöR, 74. Jgg., 1948, S. 45 - 51 (46); Karl Schultes, Zum Neuaufbau der Verwaltungsgerichtsbarkeit in der SBZ, ThHStAW, Ministerium des Inneren, Akte 276, Blatt 51.

267 Schreiben Loenings an Hans Peter Ipsen vom 10. Mai 1948, ThHStAW, OVG Jena, B X Nr. 8.

268 Schreiben Loenings an Hans Peter Ipsen, ebenda.

269 Urteil vom 12. November 1947 - A 63/47, in: Urteilssammlung für Anfechtungsklagen (A), ThHStAW, OVG Jena, D Nr. 1 Bd. 5.

dieser Möglichkeit nicht missbräuchlich, sondern nur dann Gebrauch gemacht wurde, wenn wichtige öffentliche Interessen das dringend erforderten.[270]

Das Mittel des Regierungsaktes wurde nur selten in Anspruch genommen. Zumeist ging es dabei um die Enteignung von Fahrzeugen für die Verwaltung. Die mit dieser Maßnahme verbundene Arbeitsbelastung und die Aushöhlung der Verwaltungsgerichtsbarkeit ließen diesem Recht keine allzu große praktische Bedeutung zukommen. Zudem beschlossen die Richter des Oberverwaltungsgerichts im November 1947, dass die Verfahrenskosten der beklagten Behörde auferlegt werden sollen, wenn im Laufe des Verfahrens die angefochtene Verfügung zum Regierungsakt erklärt wird und die Klage allein aus diesem Grund als unzulässig verworfen werden muss.[271] Auch dies könnte ein Anlass für die Verwaltung gewesen sein, andere Wege zur Umgehung der Verwaltungsgerichtsbarkeit zu nutzen.

c) Gesetz über die Verwaltungsgerichtsbarkeit in Thüringen

aa) Entstehungsgeschichte

Thüringen wurde im Befehl Nr. 173 der Sowjetischen Militäradministration in Deutschland aus dem Jahr 1947 nicht benannt. Die Besatzungsmacht hatte augenscheinlich an einer Neuregelung der bestehenden Verwaltungsgerichtsbarkeit in Thüringen kein Interesse. Dennoch sah sich die SED veranlasst, die Landesverwaltungsordnung durch ein neues Verwaltungsgerichtsgesetz zu ersetzen. Bereits im November 1947 forderte Richard Eyermann[272] – Vorsitzender der SED-Fraktion im Thüringer Landtag von 1946 bis 1952 – die Ersetzung der Generalklausel durch das Enumerationsprinzip, „um ein Lahmlegen der Verwaltungsbehörden durch Störenfriede und feindliche Elemente zu verhindern“[273].

(1) Der Entwurf eines Verwaltungsgerichtsgesetzes vom Ministerium des Inneren

Im Januar 1948 wurde dem thüringischen Ministerium des Inneren ein Gesetzentwurf des Zentralsekretariats der SED zugeleitet. Dieser war nicht mit dem

270 ThHStAW, Ministerpräsident, Film 96, Akte 1077, Aufnahme 31.

271 Urteil vom 12. November 1947 - A 63/47, in: Urteilssammlung für Anfechtungsklagen (A), ThHStAW, OVG Jena, D Nr. 1 Bd. 5; ThHStAW, OVG Jena, B I Nr. 7.

272 1898 - 1971.

273 Thüringer Landtag, 28. Sitzung am 5. November 1947, Akten und Verhandlungen des Thüringer Landtages, 1946 - 1952, Bd. I.2, S. 677 - 707 (699).

Musterentwurf der SED-Zentrale identisch, auf welchem die im September und Oktober 1947 in Brandenburg, Mecklenburg und Sachsen erlassenen Verwaltungsgerichtsgesetze beruhten. Vielmehr bestand der Zentralsekretariats-Entwurf aus den vorzugswürdigen Bestimmungen dieser drei Landesgesetze. Offenbar auf diese Veranlassung hin wurde zu Beginn des Jahres 1948 im Thüringer Innenministerium (zuständig wäre nach der damals geltenden Geschäftsverteilung das Ministerium für Justiz gewesen) der Entwurf eines Verwaltungsgerichtsgesetzes verstärkt in Angriff genommen. Die Arbeiten standen im Wesentlichen unter dem Einfluss des Ministerialdirektors Dr. Karl Schultes (Thüringer Justizministerium) sowie des damaligen Vertreters des Öffentlichen Rechts an der Universität Jena, Professor Dr. Martin Drath.[274] Diese waren bemüht, den Bestrebungen der Justizabteilung beim Zentralsekretariat der SED, „dem Kontrollratsgesetz zwar formal Genüge [zu] tun, aber möglichst jede wirksame juristische Kontrolle von Verwaltungsakten [zu] unterbinden“[275], zumindest teilweise entgegenzuwirken.[276]

Schultes betonte einerseits, dass „der Grundsatz der Gesetzmäßigkeit der Verwaltung oberstes Prinzip für die Verwaltung sein muss“.[277] Eine Kontrolle über deren Tätigkeit von Seiten der Verwaltungsgerichte entspreche rechtsstaat-

274 Thomas Heil, Die Verwaltungsgerichtsbarkeit in Thüringen 1945 - 1952, S. 197 f..

275 Jürgen John, Die thüringischen Landesverfassungen 1920/21 und 1946, in: Karl Schmitt, Die Verfassung des Freistaats Thüringen, S. 132 - 185 (171).

276 Martin Drath wollte den Aufgabenbereich des OVG auf die Kontrolle der Einhaltung des objektiven Rechts durch die Verwaltung ausdehnen. Dabei sollte das Gericht als Hilfsorgan des Landtags handeln. Drath hoffte, dass dadurch das Ansehen des OVG steigen und folglich die Generalklausel wieder eingeführt würde. Ferner hätte dieser Vorschlag das Recht der Regierung, Verwaltungsverfügungen zu Regierungsakten zu erklären (§ 126 a LVO), überflüssig gemacht. Sobald dem Verwaltungsgericht die Funktion zugekommen wäre, als Beauftragter des Landtags auch die Tätigkeit der Landesregierung zu überwachen, hätte die Regierung nicht mehr die Möglichkeit haben dürfen, diese Kontrolltätigkeit, dadurch zu umgehen, dass sie Verfügungen zum Regierungsakt erklärt und sie so der Nachprüfung im Verwaltungsrechtswege entzieht. Von einer Richterwahl für die jeweilige Wahlperiode des Landtages riet Drath ab, „weil ein oberstes Gericht ein hohes Mass von Kontinuität braucht, […] zur Entwicklung und Fortbildung von Rechtsgrundsätzen, die gerade auf dem Gebiet des Verwaltungsrechts unentbehrlich sind“. Martin Drath, Zur Kontrolle der Verwaltung durch das Parlament, ThHStAW, Thüringer Landtag, Akte 385, Blatt 165 - 172. Der Vorschlag Draths fand jedoch weder Eingang in den Entwurf des Innenministeriums noch in das Verwaltungsgerichtsgesetz.

277 Karl Schultes, Rechtsstaat und Gerichtsbarkeit im Verfassungssystem der reale Demokratie, NJ, 2. Jgg., 1948, S. 1 - 10 (10).

licher Auffassung.[278] Demgegenüber sprach er sich aber gegen die Generalklausel aus:

> „M.E. ist die Generalklausel in Zeiten grundlegender sozialer Reformen unzweckmässig. Sie bedeutet in einem solchen Zeitpunkt eine Überspitzung formalrechtsstaatlicher Auffassung und beachtet nicht die politischen Aufgaben der wirtschaftlichen und rechtlichen Neuordnung. Es muss daher die Inkraftsetzung der Generalklausel [...] als verfrüht verzeichnet werden, so sehr die alsbaldige Wiederaufnahme der verwaltungsgerichtlichen Tätigkeit im Lande Thüringen an sich aus rechtsstaatlichen Gründen zu begrüssen war. Da jedoch die Entwicklung auf dem Gebiet der Entnazifizierung, Entmilitarisierung und Demokratisierung der wichtigsten Verwaltungszweige und auch des Verfassungswesens [...] wie schliesslich auf dem Gebiet der Wirtschaft [...] noch im Fluss war, wäre es zweifellos richtiger gewesen, mit der Aufnahme der Tätigkeit der Verwaltungsgerichtsbarkeit noch zu warten, oder aber die Enumerationsmethode vorzuziehen."[279]

Darüber hinaus beklagte Schultes, dass durch das „Gesetz über die Anwendung des Gerichtsverfassungsgesetzes in dem Lande Thüringen" vom 5. Dezember 1945 der politischen Entwicklung vorgegriffen wurde, die hinsichtlich der Unabhängigkeit und Unabsetzbarkeit der Richter Ende 1945 keineswegs abgeschlossen war und durch dieses Gesetz nicht im Sinne der größten politischen Partei in der sowjetischen Besatzungszone geregelt worden ist.[280] Er setzte sich für eine politische Ausrichtung der Richter ein.

> „Der Richter soll also wie jeder andere Jurist sich von einer rein formalen Betrachtung lösen und das Leben und die gesellschaftlichen Verhältnisse beachten und sich von ihnen eine möglichst umfangreiche Kenntnis verschaffen, d.h. aber: der Richter ist nicht nur normativ gebunden, er muß und soll politisch denken und handeln, [...] in dem Sinne, dass er die politischen Verhältnisse und die politische Entwicklung seines Landes bei seinen Entscheidungen beachtet. Das Ideal des unpolitisch neutralen Richters ist kein demokratisches Ideal. Die Bindung an das Gesetz schließt nicht aus, dass der Richter lebensbejahend, fortschrittlich, „gesellschaftlich richtig" und dabei objektiv entscheidet."[281]

---

278 Bericht Schultes an die SMATh, ThHStAW, Ministerium der Justiz, Akte 90; Insbesondere die Tätigkeit der Polizei sollte, nach Auffassung Schultes, der verwaltungsgerichtlichen Nachprüfung unterliegen. Karl Schultes, Rechtsstaat und Gerichtsbarkeit im Verfassungssystem der reale Demokratie, NJ, 2. Jgg., 1948, S. 1 - 10 (10).

279 Bericht Schultes an die SMATh, ThHStAW, Ministerium der Justiz, Akte 90.

280 Bericht Schultes an die SMATh, ebenda.

281 Karl Schultes, Rechtsstaat und Gerichtsbarkeit im Verfassungssystem der reale Demokratie, NJ, 2. Jgg., 1948, S. 1 - 10 (7 f.).

Dementsprechend wurden in dem vom Innenministerium vorgelegten Entwurf eines Verwaltungsgerichtsbarkeitsgesetzes die persönliche Unabhängigkeit der Verwaltungsrichter[282] und die Generalklausel[283] abgelehnt. Da der Entwurf jedoch – ebenso wie der Vorschlag der SED – von einer später zu erlassenden „Zuständigkeitsregelung“ ausging, sollte sich die Zuständigkeit des Landesverwaltungsgerichts vorerst nach den bisherigen Vorschriften, also auch nach der Generalklausel der Landesverwaltungsordnung richten.[284]

Entgegen dem späteren Vorschlag der SED[285] und dem schließlich erlassenen Verwaltungsgerichtsgesetz[286], die eine Unterstellung der Verwaltungsgerichtsbarkeit unter die Aufsicht des Innenministeriums normierten, sah der Entwurf des Ministerium des Inneren die aufsichtsrechtliche Zuständigkeit des Landtages vor[287]. Dadurch sollte dem Verwaltungsgericht die Pflicht auferlegt werden, „in erster Linie das Rechtsschutzbedürfnis der demokratischen Gesellschaft und der neuen demokratischen Ordnung zu beachten“[288]. Schultes hielt dies für die rechtsstaatlichere Lösung.

> „Die Unterstellung des Oberverwaltungsgerichts unter die Aufsicht des Landtags erscheint mir jedenfalls sowohl der Verfassung als auch der Verwaltungsgerichtsbarkeit weit mehr zu entsprechen, als die Unterstellung unter die Aufsicht des Ministers

---

282 § 3 des Entwurfs eines Verwaltungsgerichtsgesetzes vom Ministerium des Inneren, in: Hellmuth Loening, Kampf um den Rechtsstaat in Thüringen, AöR, 75. Jgg., 1949, S. 56 - 102 (63 ff.).

283 § 8 Abs. 1 des Entwurfs eines Verwaltungsgerichtsgesetzes vom Ministerium des Inneren, in: Hellmuth Loening, Kampf um den Rechtsstaat in Thüringen, AöR, 75. Jgg., 1949, S. 56 - 102 (63 ff.). „Das Landesverwaltungsgericht ist zuständig in Angelegenheiten, für die die Zuständigkeit durch Gesetz ausdrücklich bestimmt wird.“

284 § 41 Abs. 4 i.V.m. § 8 Abs. 1 des Entwurfs eines Verwaltungsgerichtsgesetzes vom Ministerium des Inneren, in: Hellmuth Loening, Kampf um den Rechtsstaat in Thüringen, AöR, 75. Jgg., 1949, S. 56 - 102 (63 ff.); Thüringer Landtag, 42. Sitzung am 4. Juni 1948, Akten und Verhandlungen des Thüringer Landtages, 1946 - 1952, Bd. I.2, S. 1161 - 1195 (1187).

285 § 1 Abs. 2 S. 2 Gesetzentwurf über die Verwaltungsgerichtsbarkeit, Thüringer Landtag, Landtagsdrucksache Nr. 351, Akten und Verhandlungen des Thüringer Landtages, 1946 - 1952, Bd. II.1, S. 750 - 753.

286 § 1 Abs. 2 S. 2 Gesetz über die Verwaltungsgerichtsbarkeit vom 7. Oktober 1948 (Verwaltungsgerichtsgesetz), Regierungsblatt für das Land Thüringen, Teil I: Gesetzsammlung, 1948, S. 103 - 105.

287 § 1 Abs. 2 des Entwurfs eines Verwaltungsgerichtsgesetzes vom Ministerium des Inneren, in: Hellmuth Loening, Kampf um den Rechtsstaat in Thüringen, AöR, 75. Jgg., 1949, S. 56 - 102 (63 ff.).

288 Bericht Schultes über die Tätigkeit des Oberverwaltungsgerichts, ThHStAW, Ministerium der Justiz, Akte 90.

des Innern, dessen Verwaltung ja gerade am meisten zu denen gehört, die einer Kontrolle durch das Verwaltungsgericht unterliegen müssen."[289]

Dies wäre sicherlich der Fall gewesen, wenn der Landtag tatsächlich als höchster Willensträger des Volkes und nicht nur als Organ der SED in Erscheinung getreten wäre.

Lediglich dieser Entwurf enthielt eine Bestimmung, wonach das Landesverwaltungsgericht „Gutachten über Fragen des öffentlichen Rechts und der Verwaltungsführung zu erstatten" hatte[290]. Dies ging auf die Initiative Draths zurück, womit er eine Ausweitung der Funktionen des Oberverwaltungsgerichts auf die Gutachtertätigkeit erreichen wollte.[291]

(2) Die Stellungnahme Loenings zum Entwurf des Innenministeriums

Zu diesem Gesetzentwurf[292] nahm der Präsident des Oberverwaltungsgerichts Hellmuth Loening gutachterlich – aufgrund einer Bitte des Ministeriums für Justiz vom 4. März 1948[293] – am 17. März 1948 Stellung.[294] Er sprach sich deutlich gegen den Entwurf des Ministeriums des Inneren aus, da dieser „eine beispiellose Verminderung des verwaltungsgerichtlichen Rechtsschutzes in Thüringen zur

289 Schreiben Schultes an das Ministerium für Justiz vom 14. Februar 1948, ThHStAW, Thüringer Landtag, Film 46, Akte 385, Aufnahme 164, 165. Mit demselben Argument wandten sich auch die LDP in Thüringen sowie CDU und LDP im Sächsischen Landtag gegen eine aufsichtsrechtliche Kontrolle der Verwaltungsgerichte durch das Ministerium des Inneren; Thüringer Landtag, Landtagsdrucksache Nr. 454, Akten und Verhandlungen des Thüringer Landtages, 1946 - 1952, Bd. II.2, S. 944 - 946 (945); Sächsischer Landtag, 29. Sitzung am 30. Oktober 1947, Akten und Verhandlungen des Sächsischen Landtages, 1946 - 1952, Bd. I.1, S. 619 - 660 (650, 653).

290 § 5 Abs. 1 des Entwurfs eines Verwaltungsgerichtsgesetzes vom Ministerium des Inneren, in: Hellmuth Loening, Kampf um den Rechtsstaat in Thüringen, AöR, 75. Jgg., 1949, S. 56 - 102 (63 ff.).

291 Martin Drath, Zur Kontrolle der Verwaltung durch das Parlament, ThHStAW, Thüringer Landtag, Akte 385, Blatt 170.

292 Offiziell - Justizminister Külz leitete den Entwurf unmittelbar nachdem das Innenministerium diesen bei der Gesetzgebungsabteilung des Justizministeriums eingereicht hatte an das OVG zur Stellungnahme weiter (Thomas Heil, S. 206) - richtete sich das Gutachten des OVG vom 17. März 1948 gegen den ursprünglichen Gesetzentwurf des Ministerium des Inneren. Der Entwurf wurde aber alsbald durch den SED - Entwurf vom 21. April 1948 ersetzt. Dieser entsprach in den wesentlichen Punkten dem Ministerial-Entwurf, so dass sich das Gutachten des OVG inhaltlich im Ergebnis auch unmittelbar gegen den zuletzt maßgebenden SED-Entwurf richtete.

293 ThHStAW, OVG Jena, B X Nr. 9.

294 Hellmuth Loening, Kampf um den Rechtsstaat in Thüringen, AöR, 75. Jgg., 1949, S. 56 - 102 (73 ff.).

Folge hätte und daher eine dem Wesen des demokratischen Rechtsstaates durchaus widersprechende, dazu noch in vieler Hinsicht verfassungsändernde Regelung darstellt“[295].

Entschieden wandte er sich vor allem gegen die Ersetzung der Generalklausel durch das Enumerationsprinzip.

> „Der […] Entwurf des Thür. Ministeriums des Inneren […] stellt durch die Abschaffung der Generalklausel für das thüringische Rechtsleben einen Rückschritt um 25 Jahre dar […].“[296]

> „[Es] ist festzustellen, dass dem Wesen des demokratischen Rechtsstaates nur eine vollwertig ausgebaute, demnach auf der Generalklausel beruhende und nicht eine durch Enumerationsprinzip ausgehöhlte Verwaltungsgerichtsbarkeit entspricht.“[297]

Dieser Angriff wiederum veranlasste Herbert Kröger dazu, dem Präsidenten des Oberverwaltungsgerichts ein Verkennen der staatlichen Situation vorzuwerfen.

> „Wenn Loening [in der generellen Justizzuständigkeit] allerdings die Krönung des ‚Rechtsstaates′ sieht, dann bedarf es einer Klarstellung dessen, was er unter ‚Rechtsstaat′ versteht. Er verwechselt offenbar die Begriffe ‚Rechtsstaat′ und ‚Justizstaat′, und nimmt außerdem den Begriff ‚Rechtsstaat′ rein formal, ohne jede Beziehung zum gesellschaftlichen und politischen Inhalt des jeweiligen Rechts.“[298]

Bezüglich der vorgesehenen Wahl der Richter des Oberverwaltungsgerichts äußerte Hellmuth Loening Bedenken dahingehend, dass durch einen häufigen Wechsel der Besetzungen sich keine stetige Rechtsprechung aufbauen lasse und dies zu einer „katastrophalen Niveausenkung der thüringischen Verwaltungsgerichtsbarkeit“ führe.[299]

Loening bezog ferner zur angestrebten Unterstellung des Oberverwaltungsgerichts unter den Landtag – nicht wie bisher unter das Ministerium für Justiz – Stellung.

> „Für das Justizministerium als Dienstaufsichtsinstanz spricht nicht zuletzt der Umstand, dass kaum ein Fall denkbar ist, in dem es selbst an einem beim Oberverwaltungsgericht anhängigen Rechtsstreit Beteiligt sein könnte, und dass infolgedessen

---

295 Hellmuth Loening, ebenda, S. 85.

296 Hellmuth Loening, ebenda, S. 74.

297 Hellmuth Loening, ebenda, S. 79 f..

298 Herbert Kröger, Die Herrschaft der Justizbürokratie im Bonner Verfassungssystem, NJ, 3. Jgg., 1949, S. 203 - 206 (204).

299 Hellmuth Loening, Kampf um den Rechtsstaat in Thüringen, AöR, 75. Jgg., 1949, S. 56 - 102 (81).

die Unabhängigkeit des OVG (Verfassung Art. 47 Abs. 1) beim Ministerium für Justiz am besten und jedenfalls besser gewahrt ist, als bei irgendeinem anderen Ministerium, [...].“[300]

(3) Der Verwaltungsgerichtsgesetzentwurf der SED-Landtagsfraktion und darauf bezogene Stellungnahmen

Im April 1948 zog das Ministerium des Inneren seinen Gesetzentwurf zurück und die SED-Fraktion brachte einen Entwurf des Verwaltungsgerichtsgesetzes in den Landtag ein. Dies geschah offenbar, da die SED in einer umstrittenen Regierungsvorlage eine größere Gefahr für die blockpolitische Zusammenarbeit sah[301], als in einer Gesetzesinitiative der Landtagsfraktion. Daraufhin legte die Landtagsfraktion der SED am 21. April 1948 dem Thüringer Landtag einen mit Begründung versehenen neuen Gesetzentwurf über die Verwaltungsgerichtsbarkeit[302] vor, der im Wesentlichen mit dem Gesetzentwurf des Ministeriums des Inneren übereinstimmte.[303] Allerdings wurde der Entwurf des Innenministeriums in den Kerngedanken den Verwaltungsgerichtsgesetzen der Länder Brandenburg, Mecklenburg und Sachsen angepasst, so dass der Entwurf der SED-Fraktion nun wieder zu weiten Teilen dem des Zentralsekretariats entsprach[304]. Die aufsichtsrechtliche Unterstellung der Verwaltungsgerichtsbarkeit wurde vom Landtag auf das Innenministerium verlagert. Zudem entfiel die Bestimmung, welche die Gutachterfunktion des Verwaltungsgerichtes festschrieb.[305] Insbesondere durch diese beiden Regelungen im Entwurf des Innenministeriums hätte sich die Verwaltungsgerichtsbarkeit Thüringens erneut von der in den drei

300 Hellmuth Loening, ebenda, S. 84.

301 Die SED befürchtete, dass über den Entwurf des Innenministeriums, welcher bereits der Gesetzgebungsabteilung des Justizministeriums zur weiteren Beratung und Beschlussfassung in der Regierung vorgelegt worden war, im Kabinett, welchem auch Vertreter der LDP und der CDU angehörten, keine Einigkeit zu erzielen und es damit unmöglich war, dem Landtag eine einstimmig beschlossene Regierungsvorlage zu unterbreiten. Dies hätte ein Auseinanderbrechen der Regierung nach sich ziehen können. Vgl. Thomas Heil, Die Verwaltungsgerichtsbarkeit in Thüringen 1945 - 1952, S. 206 ff..

302 Thüringer Landtag, Landtagsdrucksache Nr. 351, Akten und Verhandlungen des Thüringer Landtages, 1946 - 1952, Bd. II.1, S. 750 - 753.

303 Hellmuth Loening, Kampf um den Rechtsstaat in Thüringen, AöR, 75. Jgg., 1949, S. 56 - 102 (63 ff.).

304 Hellmuth Loening, 36 Jahre Thüringisches Oberverwaltungsgericht (1912 - 1948), in: Martin Baring, Aus 100 Jahren Verwaltungsgerichtsbarkeit, S. 153 - 169 (166).

305 Thomas Heil, Die Verwaltungsgerichtsbarkeit in Thüringen 1945 - 1952, S. 209.

anderen Ländern der sowjetischen Besatzungszone abgesetzt, was den Zentralisierungsbestrebungen der SED zuwider laufen musste.[306]

In der Landtagsdebatte über den Gesetzentwurf am 4. Juni 1948 betonte der Sprecher der SED-Fraktion Richard Eyermann die Notwendigkeit einer „Reform im Wesen und Inhalt der Verwaltungsgerichtsbarkeit in Thüringen", da das Oberverwaltungsgericht „oft den Schwierigkeiten und der neuen demokratischen Entwicklung nicht Rechnung" getragen hat.[307] Er erklärte die Verwaltungsgerichtsbarkeit in der bisherigen Form zu einer Einrichtung der Vergangenheit.

> „Das Prinzip der Gewaltenteilung ist aufgehoben. Das Verwaltungsgericht kann nicht die Funktion einer durch die Justiz ausgeübten Kontrolle der Verwaltung bekleiden, wie das in dem alten Obrigkeitsstaat der Fall war."[308]

Eyermann sah in der Verwaltungsrechtsprechung ein Machtmittel der „rückschrittlichen Kräfte, die ihren Einfluß verloren haben" und „ihn mit Hilfe der Gerichte künstlich aufrechtzuerhalten" versuchten.[309] Daher sah er es als Aufgabe eines Verwaltungsgerichtsgesetzes an, „zu gewährleisten, daß die Verwaltungsgerichtsbarkeit nach dem Willen des höchsten Gesetzgebers und damit des Volkes durchgeführt wird"[310].

> „Dazu gehört aber nicht nur, daß sie an die Gesetze des Landtages gebunden ist, sondern auch in der Gesetzesauslegung und -anwendung nicht einen solchen Kurs entwickeln kann, der gegen die vom Landtag festgelegte Rechtsentwicklung tendiert."[311]

Die Erziehung des Verwaltungsrechtswesens zu einem Werkzeug der von der SED dominierten Staatsorgane war erklärtes Ziel der Justizreform dieser sich als „Partei der Arbeiterklasse" verstehenden Partei. Ihrer ursprünglichen Funktion der Wahrung des Individualrechtsschutzes sollten die Verwaltungsgerichte folglich nur insoweit nachkommen können, wie es die im Willen des Landtags zusammengefassten vermeintlichen Interessen des Volkes zuließen, d.h. wie diese den gesellschaftlichen und politischen Wandel nicht blockierten.

---

306 Thomas Heil, ebenda, S. 199, 206.

307 Thüringer Landtag, 42. Sitzung am 4. Juni 1948, Akten und Verhandlungen des Thüringer Landtages, 1946 - 1952, Bd. I.2, S. 1161 - 1195 (1185).

308 Thüringer Landtag, 42. Sitzung, ebenda, S. 1186.

309 Thüringer Landtag, 42. Sitzung, ebenda, S. 1186.

310 Thüringer Landtag, 42. Sitzung, ebenda, S. 1186.

311 Thüringer Landtag, 42. Sitzung, ebenda, S. 1186.

Karl Magen – CDU-Abgeordneter und Vizepräsident des Oberlandesgerichts – sprach seine „Bestürzung und schmerzliche Überraschung“ über den Gesetzentwurf aus, „denn der Inhalt des vorgeschlagenen Gesetzes über die Verwaltungsgerichtsbarkeit schafft in Wirklichkeit die Gerichtsbarkeit auf dem Gebiet der Verwaltung ab“.[312]

Zu dem Entwurf der SED äußerten sich am 21. Mai 1948 auch die Vereinigung der Verwaltungsrechtsräte[313] (unter maßgebender Mitarbeit von Gerhard Wacke, der bis 1945 außerordentlicher Professor an der Friedrich-Schiller-Universität Jena war) sowie Ende Juli 1948 die Rechts- und Wirtschaftswissenschaftliche Fakultät der Friedrich-Schiller-Universität Jena[314]. Diese prangerten neben der grundsätzlichen Unvereinbarkeit der Entwurfsbestimmungen „mit dem Wesen des demokratischen Rechtsstaates“[315] auch den Verstoß gegen die thüringische Landesverfassung an. Dabei wandten sie sich vor allem gegen die Aufhebung der Generalklausel, gegen die „Rechtsprechung“ des Landtages[316] sowie gegen die geplante Politisierung der Verwaltungsgerichtsbarkeit und die darin liegende Untergrabung der richterlichen Unabhängigkeit.

> „Es würde für Thüringen einen Rückschritt in der Rechtsentwicklung [...] bedeuten, wollte man von der Generalklausel abgehen und die Aufzählung einführen. [...] Den Übergang zur Aufzählung halten wir aber für verfassungsändernd; er würde die Möglichkeit geben, dass in Zukunft alle einfachen Landesgesetze die Aufzählung der verwaltungsgerichtlichen Zuständigkeit - vielleicht unbeabsichtigt - unterlassen und damit die in der Verfassung, Art. 49, statuierte Verwaltungsgerichtsbarkeit beseitigen.“[317]

Die Professoren Lange[318], Steffen[319] und Blomeyer[320] der Rechts- und Wirtschaftswissenschaftlichen Fakultät der Friedrich-Schiller-Universität Jena fass-

---

312 Thüringer Landtag, 42. Sitzung, ebenda, S. 1192. In gleicher Weise verteidigte der Abgeordnete Mehnert für die LDP die Verwaltungsgerichtsbarkeit in der bisherigen Form und lehnte den VGG-Entwurf der SED strikt ab.

313 Hellmuth Loening, Kampf um den Rechtsstaat in Thüringen, AöR, 75. Jgg., 1949, S. 56 - 102 (86 ff.).

314 Hellmuth Loening, ebenda, S. 96 ff..

315 Thomas Heil, Die Verwaltungsgerichtsbarkeit in Thüringen 1945 - 1952, S. 212.

316 § 10 Abs. 2 des Entwurfs eines Verwaltungsgerichtsgesetzes der SED, in: Hellmuth Loening, Kampf um den Rechtsstaat in Thüringen, AöR, 75. Jgg., 1949, S. 56 - 102 (63 ff.).

317 Äußerung der Verwaltungsrechtsräte, in: Hellmuth Loening, Kampf um den Rechtsstaat in Thüringen, AöR, 75. Jgg., 1949, S. 56 - 102 (92).

318 Richard Karl August Lange (1906 - 1995): 1944 - 1949 ordentlicher Professor für Strafrecht in Jena.

ten in ihrem Gutachten die zu dem Gesetzentwurf über die Verwaltungsgerichtsbarkeit in Thüringen vorgebrachten Bedenken treffend zusammen:

> „Immer aber wird der moderne rechtsstaatliche Schutz in Verwaltungssachen in Deutschland zwei Mindestaufgaben erfüllen müssen: Er muss durch Gerichte und allgemein gewährleistet sein. [...] Der Entwurf genügt diesen Anforderungen nicht:
>
> [...]
>
> Damit [Wahl und Absetzung der Richter] weicht der Entwurf von einem Prinzip ab, das in Deutschland als eine hervorragende Errungenschaft der modernen Rechtsentwicklung galt und das Vertrauen der Rechtssuchenden zu den Gerichten wesentlich festigte. [...]
>
> Der Entwurf steht in eindeutigem Widerspruch zu den Regeln des Gerichtsverfassungsgesetzes über die persönliche Unabhängigkeit der Richter. Die Aufhebung dieser Unabhängigkeit bedeutet aber auch eine schwere Gefährdung der sachlichen Unabhängigkeit der Gerichte, die Art. 47 Abs. 1 der Thüringer Verfassung garantiert. [...]
>
> Abgesehen davon bringt eine Ernennung von Richtern auf fünf Jahre einen ständigen Wechsel hauptamtlicher Richter mit sich, der für die Sicherheit und Kontinuität der Rechtsprechung gerade des höchsten für die Rechtssicherheit verantwortlichen Gerichts verhängnisvoll ist."[321]

> „Noch wichtiger für den Rechtsschutz des Einzelnen gegenüber Maßnahmen der Verwaltung ist die allgemeine Zulässigkeit des Verwaltungsgerichtsverfahrens. [...] Der Entwurf schließt [...] die Anfechtbarkeit da aus, wo sie das Gesetz nicht besonders zulässt. Er verwandelt den rechtsstaatlichen Schutz der Verfassung von der Regel in die Ausnahme. [...]
>
> [...] Es bedarf keiner Aufzählung von Schrifttumsbelegen dafür, dass das Enumerationsprinzip gegenüber der Generalklausel allgemein als veraltet und rückschrittlich angesehen worden ist. Die Gründe dafür liegen auf der Hand. Der Grundsatz, dass sich auch die Verwaltung an die Schranken des Gesetzes halten muß, bleibt rein theoretisch, wenn der einzelne Betroffene keinen Schutz vor ungesetzlichen Verfügungen genießt. [...] niemals sollte der Schutz zur Ausnahme und die Schutzlosigkeit zur Regel erklärt werden."[322]

---

319 Fritz Heinrich Julius Karl Steffen (1890 - 1961): seit 1946 ordentlicher Professor für Zivilrecht in Jena.

320 Arwed Georg Ludwig Blomeyer (1906 - 1995): seit 1942 ordentlicher Professor für bürgerliches Recht, Handelsrecht, Wirtschaftsrecht, Zivilprozess und Rechtsphilosophie in Jena, Februar 1946 - September 1948 Oberverwaltungsgerichtsrat am OVG.

321 Hellmuth Loening, Kampf um den Rechtsstaat in Thüringen, AöR, 75. Jgg., 1949, S. 56 - 102 (96 f.).

322 Hellmuth Loening, ebenda, S. 98.

Sie schlossen ihr Votum mit folgenden Sätzen:

> „Nach alledem ist dic Fakultät der Überzeugung, dass die Annahme des Gesetzentwurfs den gegenwärtigen vorbildlichen Rechtszustand nicht verbessern, sondern den Verwaltungsrechtsschutz auf einen Zustand zurückwerfen würde, den sich nur eine reaktionäre Verwaltung vergangener Zeit gewünscht hätte. Es würden damit Errungenschaften zunichte gemacht, auf die das bisherige Thüringische Verwaltungsrecht stolz sein konnte."[323]

Diese ablehnenden Haltungen, denen sich auch die Verwerfung des Gesetzentwurfs durch die LDP und CDU im Rechtsausschuss anschloss[324], vermochten jedoch nichts auszurichten.

> „Die Verwaltungsgerichtsbarkeit alten Stils könne nicht aufrecht erhalten werden. Sie bedarf unbedingt einer Revision. Wenn schon das Parlament die Kontrolle ausüben solle, dann müsse es auch die Rechtmäßigkeit überprüfen können.
>
> [...]
>
> In einer Zeit, da das öffentliche Recht umgestaltet wird, muß das Parlament die Stelle sein, die die Priorität hat. [...] Wir können die uns gestellten Aufgaben nicht lösen, wenn wir die toten Rechtsbestimmungen aufrecht erhalten. Man kann nicht mit alten Gesetzen neue Situationen meistern und muß die alten Rechtsbestimmungen an des neue Leben anpassen, damit Explosionen vermieden werden."[325]

Der SED ging es bei diesem Gesetz nicht um die Wahrung der „wirklich echten Demokratie"[326]. Richard Eyermann formulierte das hinter dem Gesetz stehende Ziel unmissverständlich:

> „[...] dieses Oberverwaltungsgericht gehen Fragen der Bodenreform und andere Fragen einen Dreck an. [...]
>
> [Es] muß ein Oberverwaltungsgericht errichtet und ein solches Gesetz geschaffen werden, daß sich einbaut in die fortschrittliche demokratische Entwicklung und nicht Sand in die Maschinen streut."[327]

---

323 Hellmuth Loening, ebenda, S. 99.

324 Bericht des Rechtsausschusses über den Antrag der Landtagsfraktion der SED betr. Gesetz über die Verwaltungsgerichtsbarkeit, Thüringer Landtag, Landtagsdrucksache Nr. 454, Akten und Verhandlungen des Thüringer Landtages, 1946 - 1952, Bd. II.2, S. 944 - 946.

325 Thüringer Landtag, 48. Sitzung am 7. Oktober 1948, Akten und Verhandlungen des Thüringer Landtages, 1946 - 1952, Bd. I.3, S. 1321 - 1350 (1343).

326 Thüringer Landtag, 48. Sitzung, S. 1347.

327 Thüringer Landtag, 48. Sitzung, S. 1347.

Erwähnenswert ist, dass August Frölich, der als SED-Abgeordneter und einziger Präsident des Thüringer Landtages vom 21. November 1946 (1. Landtagssitzung) bis zum 25. Juli 1952 (letzte Landtagssitzung) dieses Verwaltungsgerichtsgesetz mit zu verantworten hatte, noch im Jahre 1930 – ebenfalls als Mitglied des Thüringer Landtages – dem Oberverwaltungsgericht und seiner Rechtsprechung, also der Thüringer Verwaltungsgerichtsbarkeit Anerkennung gezollt hatte.

> „Gerade von dem Oberverwaltungsgericht wissen wir, daß es seither immer bemüht gewesen ist, einwandfrei das Recht zu suchen in einer Weise, wie man es bei Gerichten sonst selten gefunden hat."[328]

1948 erklärte Frölich zu dieser Aussage, dass er manches, was er „vor 18 Jahren für richtig gehalten haben mag als überlebt, als falsch und daher als änderungsbedürftig betrachte, so auch die Verwaltungsgerichtsbarkeit, die durch die Verabschiedung eines neuen Gesetzes keineswegs aufgehoben, sondern lediglich den Zeiterfordernissen entsprechend umgestaltet wird".[329] Welche Gründe genau ihn zu einer Änderung seiner Auffassung bewogen haben, wird nicht offenbar. Möglicherweise sah er in der Verwaltungsgerichtsbarkeit eine der Voraussetzungen für das Scheitern der Weimarer Republik.

bb) Der Verwaltungsrechtsschutz in dem Verwaltungsgerichtsgesetz

Das Verwaltungsgerichtsgesetz[330] wurde am 7. Oktober 1948 vom Thüringer Landtag mit der Stimmenmehrheit der SED gegen die Stimmen der CDU und der LDP mit geringfügigen Änderungen in 2. Lesung angenommen[331] und trat am 24. November 1948 in Kraft. Es entsprach weitgehend den Entwürfen des Innenministeriums und der SED-Landtagsfraktion.

Dieses Gesetz war durch nachstehende Bestimmungen geprägt.

Zum einen war statt des Oberverwaltungsgerichts ein bloßes Landesverwaltungsgericht (§ 1 Abs. 1), das nicht mehr Bestandteil der Justiz war, sondern zum Ressort des Innenministers gehörte (§ 1 Abs. 2 S. 2), vorgesehen.

---

328 Thüringer Landtag, 48. Sitzung, S. 1344.

329 Thüringer Landtag, 51. Sitzung am 19. November 1948, Akten und Verhandlungen des Thüringer Landtages, 1946 - 1952, Bd. I.3, S. 1419 - 1455 (1425 f.).

330 Gesetz über die Verwaltungsgerichtsbarkeit vom 7. Oktober 1948 (Verwaltungsgerichtsgesetz), Regierungsblatt für das Land Thüringen, Teil I: Gesetzsammlung, 1948, S. 103 - 105.

331 Thüringer Landtag, 48. Sitzung am 7. Oktober 1948, Akten und Verhandlungen des Thüringer Landtages, 1946 - 1952, Bd. I.3, S. 1321 - 1350 (1348 f.).

Nach § 1 Abs. 2 S. 1 waren die Richter in ihrer Rechtsprechung unabhängig und nur der Verfassung und dem Gesetz unterworfen. Ebenso wie der Thüringer Verfassung kann auch dieser Normierung keine Beschränkung auf die sachliche Unabhängigkeit der Richter entnommen werden. Die Ernennung der Richter auf Lebenszeit wurde jedoch durch deren Wahl von jedem neuen Landtag gem. § 3 Abs. 1 S. 1, 2 des Gesetzes über die Verwaltungsgerichtsbarkeit ersetzt. Nach § 3 Abs. 2 konnte der Landtag zudem jedem Mitglied des Gerichts das Vertrauen entziehen und damit sein Ausscheiden bewirken. Die persönliche Unabhängigkeit der Richter war damit faktisch aufgehoben. Durch diese Regelungen wurde die Unterordnung der Gerichte unter die Parlamente erreicht. Dies geschah zunächst durch die Auswahl politische zuverlässiger Kandidaten und wurde fortan durch die Abberufungsmöglichkeit bei Feststellung eines politischen Regelverstoßes gewährleistet.

Der Landtag konnte darüber hinaus jede Maßnahme als unanfechtbar bezeichnen und damit der verwaltungsgerichtlichen Prüfung entziehen, § 10 Abs. 1. Das Gesetz sah des Weiteren in § 10 Abs. 2 das Evokationsrecht des Landtages vor, wonach sich das Landesverwaltungsgericht für unzuständig zu erklären habe, wenn der Landtag oder ein Landtagsausschuss mit dem Streitgegenstand befasst ist oder die Entscheidungskompetenz in dieser Sache in Anspruch nimmt.[332] § 10 ersetzte mithin § 126 a S. 2 der Thüringer Landesverwaltungsordnung.

Durch die Bestimmungen des § 10 war das Parlament in der Lage, sein ihm nach der Verfassung zustehendes Recht als oberste Kontrollinstanz stets und unmittelbar wahrzunehmen. Damit wäre dem Prinzip der Gewalteneinheit entsprochen worden.

§ 10 barg indes die Gefahr in sich, dass die Rechtsprechung des Verwaltungsgerichts ausgeschaltet und an deren Stelle eine Entscheidung nach dem Willen der jeweiligen Landtagsmehrheit getroffen wurde. Auf diese Weise sicherte sich die SED auch einen inhaltlichen Einfluss auf die Entscheidung von Verwaltungsstreitigkeiten.

---

332 Der Thüringer Landtag hat am 29. September 1949 seine Rechte gemäß § 10 Abs. 2 des Gesetzes über die Verwaltungsgerichtsbarkeit vom 7. Oktober 1948 an einen besonderen „Ausschuß für Verwaltungsstreitfälle“ delegiert, der über die an den Landtag herangezogenen Fälle endgültig entscheiden sollte; Beschluss des Thüringer Landtages vom 29. September 1949, ThHStAW, OVG Jena, B I Nr. 1a; 62. Sitzung am 29. September 1949, Akten und Verhandlungen des Thüringer Landtages, 1946 - 1952, Bd. I.3, S. 1681 - 1708 (1693).

Ferner übertrug § 7 Abs. 3 dem Landtag die ausschließliche Zuständigkeit in Beschlussangelegenheiten.[333]

Schließlich wurde durch das Gesetz vom 7. Oktober 1948 die durch das Anpassungsgesetz vom 26. November 1945 aufrechterhaltene Generalklausel von dem Enumerationsprinzip verdrängt, § 7 Abs. 1. Allerdings blieb bis zum Inkrafttreten eines diesbezüglichen Ausführungsgesetzes formell die Zuständigkeit des Landesverwaltungsgerichts die gleiche wie die des Oberverwaltungsgerichts.[334] Ein verwaltungsgerichtliches Vorgehen gegen Ermessensentscheidungen sowie gegen einstweilige Maßnahmen blieb auch nach dem Verwaltungsgerichtsgesetz unzulässig[335]. Die Bestimmung des § 71 Abs. 2 Landesverwaltungsordnung 1945 über die Erstattung von Gutachten durch das Oberverwaltungsgericht wurde gemäß § 39 Abs. 1 des Verwaltungsgerichtsgesetzes aufgehoben; dieses enthielt keine entsprechende Vorschrift.

Das Gesetz über die Verwaltungsgerichtsbarkeit weist damit einige Gegensätze zu der Verfassung des Landes Thüringen auf. Bereits die erste Norm des Verwaltungsgerichtsgesetzes, die in Abs. 1 als alleinige Instanz das Landesverwaltungsgericht benannte, enthielt eine Abweichung von der Landesverfassung, wo vom Oberverwaltungsgericht die Rede war[336].

Das Enumerationsprinzip des § 7 Abs. 1 Verwaltungsgerichtsgesetz entsprach nicht dem Sinngehalt des Artikels 49 der thüringischen Verfassung, der dem Bürger einen generellen verwaltungsrechtlichen Schutz ohne jede Einschränkung zusicherte. Daran wurde auch durch den zweiten Satz des Verfassungsartikels nichts geändert. Die darin erwähnten Gesetze sollten der Ausführung des allgemeinen Schutzes dienen und nicht das Mittel dazu bieten, den Rechtsschutz auszuhöhlen.[337] Das Enumerationsprinzip gewährte den verwal-

---

333 Zu diesem Zweck wurde ein Ausschuss gebildet, auf den der Landtag seine Aufgaben als Rekursinstanz delegierte; Thüringer Landtag, Landtagsdrucksache Nr. 572, Akten und Verhandlungen des Thüringer Landtages, 1946 - 1952, Bd. II.2, S. 1184 f..

334 § 40 Abs. 4 Verwaltungsgerichtsgesetz. Die Verhandlungen über den Inhalt der Zuständigkeitsregelung waren bis zur Auflösung der Verwaltungsgerichte 1952 nicht zu einem Ergebnis gekommen, so dass die Generalklausel eigentlich – die tatsächliche Situation sah anders aus – bis dahin weiter galt. Sie konnte indes durch die Beteiligung des Landtages (§ 9 der Vorl. Richtlinien für die sofortige Arbeitsaufnahme des LVG) jederzeit eingeschränkt werden.

335 § 8 Abs. 2 Verwaltungsgerichtsgesetz.

336 Art. 43 Abs. 2 S. 2 der Verfassung des Landes Thüringen vom 20. Dezember 1946, Regierungsblatt für das Land Thüringen, Teil I: Gesetzsammlung, 1947, S. 1 - 8.

337 Hellmuth Loening, Kampf um den Rechtsstaat in Thüringen, AöR, 75. Jgg., 1949, S. 56 - 102 (78); Karl Magen, Thüringer Landtag, 42. Sitzung am 4. Juni 1948, Akten und Verhandlungen des Thüringer Landtages, 1946 - 1952, Bd. I.2, S. 1161 - 1195 (1193).

tungsrechtliche Schutz nur für einzelne gesetzlich bestimmte Sachgebiete und hat auf diese Weise die Verwaltungsgerichtsbarkeit entgegen dem wirklichen Sinn von Art. 49 der thüringischen Verfassung zur Ausnahme gemacht.

Darüber hinaus wird durch § 10 des Gesetzes über die Verwaltungsgerichtsbarkeit die in Art. 49 enthaltenen Garantie sowie der in Art. 48 S. 2 Thüringer Verfassung niedergeschriebene Grundsatz, dass niemand seinem gesetzlichen Richter entzogen werden darf, umgangen. Der Verwaltungsrechtsstreit konnte der rechtlichen Beurteilung durch das dafür vorgesehene Verwaltungsgericht entzogen und der Entscheidung nach rein politischen Zweckmäßigkeitsgründen unterworfen werden.

Die Verfassung verwies in Art. 47 Abs. 3 auf das Gerichtsverfassungsgesetz, wonach Richter auf Lebenszeit ernannt wurden und nur durch Gerichtsentscheidung absetzbar waren, §§ 6, 8.[338] Selbst wenn das Gerichtsverfassungsgesetz nicht als Bestandteil der Landesverfassung anzusehen war, konnte auch Art. 47 Abs. 1 eine Garantie der persönlichen Unabhängigkeit der Richterschaft des obersten Verwaltungsgerichts entnommen werden. Die Landesverfassung und die damit verbundene persönliche Unabhängigkeit wurden durch die in § 3 Verwaltungsgerichtsgesetz normierte Absetzung der Mitglieder des Landesverwaltungsgerichts und deren periodische Wiederwahl ausgehebelt. Der Verstoß gegen Art. 47 der Verfassung kann jedoch nur in der Entlassungsmöglichkeit sowie in der Bestätigung der Richter durch jeden neuen Landtag gesehen werden. Die Wahl als solche stellt keinen Verfassungsbruch dar. Sie war bereits in dem Zustimmungserfordernis des Art. 47 Abs. 2 thüringische Verfassung angelegt.

Entgegen dieser offensichtlichen Widersprüche stellte das Landtagspräsidium (gemäß Art. 37 Abs. 2 Verfassung 1946) durch Beschluss vom 20. Oktober 1948 die Verfassungsmäßigkeit des Gesetzes über die Verwaltungsgerichtsbarkeit fest. Es sah sowohl das Enumerationsprinzip als auch die Generalklausel durch Art. 49 der Verfassung gedeckt. Die Auswahl zwischen diesen Prinzipien sollte dem Gesetzgeber überlassen werden, wie sich aus Satz 2 des Artikels ergebe. § 3 des Verwaltungsgerichtsgesetzes enthalte keinen Verstoß gegen die Verfassung, da er die sachliche Unabhängigkeit des Art. 47 Abs. 1 nicht berühre und das Gerichtsverfassungsgesetz nicht zum Bestandteil der Thüringer Verfassung wurde.[339]

---

338 Stellungnahme der Rechts- und Wirtschaftswissenschaftlichen Fakultät der Friedrich Schiller-Universität Jena, in: Hellmuth Loening, Kampf um den Rechtsstaat in Thüringen, AöR, 75. Jgg., 1949, S. 56 - 102 (97).

339 ThHStAW, Thüringer Landtag, Film 17, Akte 189, Aufnahme 134, 135.

cc) Zwischenfazit

Die Verwaltungsgerichtsbarkeit Thüringens wurde durch das Gesetz über die Verwaltungsgerichtsbarkeit „zu einem Instrument erniedrigt, das lediglich den Willen einer parlamentarischen Mehrheit zu vollstrecken hat"[340]. Das Thüringische Oberverwaltungsgericht in Jena als „der einzige überhaupt als Faktor des Staats- und Verfassungslebens in Erscheinung getretene Verwaltungsgerichtshof der Ostzone"[341] wurde auf diesem Wege ausgelöscht. Für die damit verbundenen Verfassungsänderungen war eine Mehrheit von 2/3 der Landtagsmitglieder erforderlich.[342] Diese wurde aufgrund der SED-Mitglieder im Thüringer Parlament erreicht.

Hellmuth Loening rechnete mit der Annahme des Verwaltungsgerichtsgesetzes. Aus diesem Grund entschloss er sich, aus seinem am 1. Oktober 1948 angetretenen Erholungsurlaub in der Westzone Deutschlands nicht wieder zurückzukehren.[343] Er sah sich nach der Aufhebung der Unabhängigkeit der Verwaltungsrichter durch das thüringische Verwaltungsgerichtsbarkeitsgesetz nicht mehr in der Lage, als Präsident des Oberverwaltungsgerichts Thüringens tätig zu sein[344]. Rückblickend beschrieb er die Bedeutung des Verwaltungsgerichtsbarkeitsgesetzes für die Existenz des Verwaltungsrechtsschutzes wie folgt:

> „Dadurch ist die alte, in jahrzehntelanger Rechtsprechung bewährte Thüringer Verwaltungsgerichtsbarkeit zerschlagen worden. Übrig geblieben ist ein Torso: eine infolge des Enumerationsprinzips stark eingeschränkte Spruchtätigkeit durch ein von der Landtagsmehrheit nach deren politischen Werturteil auf Zeit berufenes, von ihr vollkommen abhängiges und von ihr jederzeit absetzbares Gremium, das nur in der Minderzahl oder gegebenenfalls überhaupt nicht aus Juristen besteht, und dem man jedenfalls nach deutscher Rechtsüberlieferung kaum noch den Namen eines Gerichts zubilligen kann."[345]

---

340 Karl Magen, Thüringer Landtag, 42. Sitzung am 4. Juni 1948, Akten und Verhandlungen des Thüringer Landtages, 1946 - 1952, Bd. I.2, S. 1161 - 1195 (1194).

341 Hans Schneider, Die neue Verwaltungsgerichtsbarkeit in ihrer verfassungsrechtlichen Bedeutung, DV, 2. Jgg., 1949, S. 142 - 145 (144 f.).

342 Art. 39 Abs. 2 der Verfassung des Landes Thüringen vom 20. Dezember 1946, Regierungsblatt für das Land Thüringen, Teil I: Gesetzsammlung, 1947, S. 1 - 8.

343 Bericht Sievers an das Justizministerium zum Weggang Loenings vom 23. Oktober 1948, ThHStAW, OVG Jena, B II Nr. 1.

344 Schreiben Loenings an das Ministerium für Justiz vom 20. Oktober 1948, ThHStAW, Ministerium der Justiz, Akte 67.

345 Hellmuth Loening, Kampf um den Rechtsstaat in Thüringen, AöR, 75. Jgg., 1949, S. 56 - 102 (60).

Die Notwendigkeit und die Ausgestaltung des Verwaltungsgerichtsgesetzes erfuhren somit durch Loening und Frölich, die beide vor 1933 der Verwaltungsgerichtsbarkeit uneingeschränkt positiv gegenüberstanden, eine gegensätzliche Bewertung. Diese grundsätzliche Divergenz zwischen den politischen Umwälzungsbestrebungen einerseits und den Rechtsstaatsinteressen andererseits war und blieb von 1945 bis 1952 für die sowjetische Besatzungszone kennzeichnend. Dabei sollte sich mit dem thüringischen Verwaltungsgerichtsgesetz nicht zum letzten Mal die Politik gegen das Recht durchsetzen.

2. Das Thüringische Oberverwaltungsgericht in Jena

Das Oberverwaltungsgericht Thüringens nahm in der Entwicklung der Verwaltungsgerichtsbarkeit in der sowjetischen Besatzungszone einen besonderen Platz ein. Es war nicht nur das erste Verwaltungsgericht, welches in der sowjetischen Zone seine Rechtsprechungstätigkeit aufnahm. Es war darüber hinaus das Organ, das zum Symbol für den Konflikt zwischen rechtsstaatlicher Gebundenheit und dem Sog der von der Partei der Arbeiterklasse eingeleiteten gesellschaftlichen und politischen Umwälzung wurde.

a) Die Wiedereröffnung des Oberverwaltungsgerichts

Gemäß der Anordnung von General Eisenhower im Frühjahr 1945, dass alle deutschen Gerichte einstweilen zu schließen seien[346], wurde die Einstellung jeglicher richterlicher Tätigkeit des Oberverwaltungsgerichts verfügt. Der innere Dienstbetrieb wurde hingegen aufrechterhalten.[347]

Bereits vor Inkrafttreten der Landesverwaltungsordnung hatte Hellmuth Loening bei der Militärregierung um die Genehmigung der Wiedereröffnung des seit 1912 bestehenden, angesehenen Oberverwaltungsgerichts Jena gebeten.[348] Etwa ein Jahr nach Beendigung der Kriegshandlungen wurde es als erstes in der sowjetisch besetzten Zone und als eines der ersten Deutschlands am 22. Juni 1946[349] in Jena, im alten Dienstsitz in der Kahlaischen Straße, wiedereröffnet.

346 Proklamation Nr. 1 des Oberbefehlshabers der Alliierten Streitkräfte, „An das deutsche Volk“, in: Klaus-Jörg Ruhl, Neubeginn und Restauration, S. 123 f..

347 Wolfgang Bernet, Zur Geschichte und Rechtsprechung des Thüringischen OVG Jena, in: Heinz Mohnhaupt, Rechtsgeschichte in den beiden deutschen Staaten, S. 516 - 535 (528).

348 ThHStAW, OVG Jena, B I Nr. 1, Nr. 6.

349 Ursprünglich sollte das OVG am 15. Oktober 1945 gleichzeitig mit der Universität wiedereröffnet werden. Dies wurde jedoch dadurch vereitelt, dass das OVG-Gebäude

Die Zuständigkeit und die Organisation des Oberverwaltungsgerichts Thüringens waren in der Landesverwaltungsordnung vom 10. Juni 1926[350] in der Fassung des Gesetzes zur Anpassung der Landesverwaltungsordnung an den neuen Staatsaufbau des Landes Thüringen vom 26. November 1945[351] und in der Geschäftsordnung für das Thüringische Oberverwaltungsgericht vom 3. Mai 1946[352] geregelt.

Das Oberverwaltungsgericht öffnete seine Pforten wieder, bevor die Verfassung des Landes Thüringen[353] erlassen wurde. Erst Art. 49 der Verfassung schrieb die Existenz der Verwaltungsgerichte für Thüringen zwingend vor. Die Verwaltungsgerichtsbarkeit war auch dem Art. 43 II 2 der Verfassung immanent, in dem vorgeschrieben war, dass ein Mitglied des Oberverwaltungsgerichts im Verfassungsprüfungsausschuss vertreten sein muss. Thüringen hatte indes nicht nur der eigenen verfassungspolitischen sondern auch der besatzungsrechtlichen Entwicklung mit der Wiedereröffnung des Oberverwaltungsgerichts insoweit vorgegriffen, als erst der auf Kontrollratsgesetz Nr. 36 beruhende Befehl Nr. 173 der Sowjetischen Militäradministration in Deutschland aus dem Jahr 1947 anwies, die Verwaltungsgerichtsbarkeit bis zum 1. Oktober wiederherzustellen.

Später sah die SED-Fraktion im Thüringer Landtag die Eröffnung des Oberverwaltungsgerichts als verfrüht an. Danach wäre angesichts der noch ausstehenden „Maßnahmen der Bodenreform, Sequestrierung, Wohnungslenkung, Versorgung von Opfern des Faschismus, Bombengeschädigten und Umsiedlern [...] die Verwaltungsgerichtsbarkeit fehl am Platze“ gewesen.[354]

Kurz nach der Wiedereröffnung äußerte sich Landespräsident Paul sehr optimistisch zur Stellung des Oberverwaltungsgerichts im Lande Thüringen:

---

in der Kahlaischen Straße 9 Mitte Oktober 1945 von neuem (Beschlagnahme durch die Amerikaner vom 14. April 1945 bis 30. Juni 1945, Beschlagnahme durch die Russen vom 11. Juli bis 25. August 1945) für Besatzungszwecke der sowjetischen Truppen beschlagnahmt wurde und geräumt werden musste. Diese Besetzung dauerte bis zum 1. April 1946 an. ThHStAW, OVG, Jena, B I Nr. 6.

350 Gesetzsammlung für Thüringen, 1926, S. 177 - 213.

351 Regierungsblatt für das Land Thüringen, Teil I: Gesetzsammlung, 1946, S. 53 - 57.

352 Geschäftsordnung für das Thüringische Oberverwaltungsgericht vom 3. Mai 1946, Regierungsblatt für das Land Thüringen, Teil II: Amtsblatt, 1946, S. 191 - 195.

353 Verfassung des Landes Thüringen vom 20. Dezember 1946, Regierungsblatt für das Land Thüringen, Teil I: Gesetzsammlung, 1947, S. 1 - 8.

354 Vgl. die Begründung des Standpunktes der SED durch den Abgeordneten Eyermann am 4. Juni 1948 betreffs des Gesetzes über die Verwaltungsgerichtsbarkeit, Thüringer Landtag, 42. Sitzung am 4. Juni 1948, Akten und Verhandlungen des Thüringer Landtages, 1946 - 1952, Bd. I.2, S. 1161 - 1195 (1185).

„Thüringen ist ein Rechtsstaat. […] Seit 48 Stunden gibt es mit dieser richterlichen Nachprüfungsmöglichkeit eine Rechtsgarantie auf dem Gebiet der Verwaltung, und ich glaube ohne überheblichen Stolz sagen zu können, daß das Land Thüringen in keinem Fall die richterliche Überprüfung seiner Verfügungen und Verordnungen zu befürchten hat.“[355]

Die kurz nach der Wiedereröffnung beginnenden Auseinandersetzungen um die Rechtsprechung des Thüringischen Oberverwaltungsgerichts zeigten jedoch, dass dies eine Illusion bleiben sollte.

b) Die Judikatur des Oberverwaltungsgerichts Thüringens

Zum Präsidenten des Thüringischen Oberverwaltungsgerichts wurde am 1. Oktober 1945 Dr. Hellmuth Loening ernannt. Die Richterschaft[356] war „dem liberalen bis rechtskonservativen Spektrum der Weimarer Parteienlandschaft zuzuordnen“[357]. Aufgrund dieser Entscheidung des Landespräsidenten, Richter an das Oberverwaltungsgericht zu berufen, die allesamt bereits während der Weimarer Republik tätig waren, wurde eine Rechtsprechung sichergestellt, welche sich den bürgerlichen Rechtsprinzipien: Rechtsstaat, Gewaltenteilung, richterliche Unabhängigkeit und Schutz der bürgerlichen Freiheitsrechte vor staatlichem Eingriff gegenüber verbunden fühlte und zu ihrer rechtlichen Wahrung bereit war. Ferner gehörte ein Professor der Universität dem Oberverwaltungsgericht an.[358] Bis 1948 war dies Oberverwaltungsgerichtsrat Dr. Arwed Blomeyer, Professor des bürgerlichen Rechts an der Universität Jena. Durch diese Verbindung der Universität zum Oberverwaltungsgericht war eine stetige Kooperation zwischen Theorie und Praxis gewährleistet.[359]

---

355 Niederschrift über die Sitzung der Beratenden Landesversammlung am 24. Juni 1946, Akten und Verhandlungen des Thüringer Landtages, 1946 - 1952, Bd. I.1, S. 43 - 56 (43).

356 Vizepräsidenten: Dr. Rudolf Knauth (1912 - 12. Februar 1946), Dr. Rudolf Sievers (9. Januar 1946 - 31. März 1949); Oberverwaltungsgerichtsrat: Dr. Friedrich Mess (Februar 1946 - 31. März 1949); Hilfsrichter: Hans-Heinz Freiherr von Wangenheim (1946 - 31. März 1949), Dr. Erhard Settekorn (1946 - 31. März 1949); nebenamtliche Verwaltungsgerichtsräte: Prof. Dr. Arwed Blomeyer (1946 - 1948); Geschäftstellenleiter: Amtsrat Clemens Pfeiffer; ThHStAW, OVG Jena, B I Nr. 7, B II Nr. 1.

357 Thomas Heil, Die Verwaltungsgerichtsbarkeit in Thüringen 1945 - 1952, S. 34.

358 Bereits seit der Errichtung im Jahre 1912 haben Professoren als nebenamtliche Richter dem OVG angehört. ThHStAW, OVG Jena, B I Nr. 1.

359 Der Präsident des Thüringischen Oberverwaltungsgerichts richtete am 17. September 1948 aufgrund des Weggangs von dem Oberverwaltungsgerichtsrat Prof. Dr. Blomeyer an das Ministerium für Justiz die Bitte „dass die am Oberverwaltungsgericht beste-

Die Zuständigkeit des Oberverwaltungsgerichts bestand weiterhin vor allem in der Entscheidung von Anfechtungsklagen, die gemäß der fortgeltenden Generalklausel der §§ 126, 127 Landesverwaltungsordnung nach Durchführung eines Vorverfahrens gegen Verfügungen erhoben werden konnten, welche den Kläger in seinen Rechten verletzten (§ 128 Abs. 1 Landesverwaltungsordnung).[360]

Die Rechtsprechung des Oberverwaltungsgerichts Thüringens vollzog sich zunächst unbehelligt von politischer Einflussnahme nach strikt rechtsstaatlichen Grundsätzen. Allerdings musste sich das Oberverwaltungsgericht Jena im ersten Halbjahr seines Bestehens auch nicht mit Fragen von besonderer politischer Brisanz oder besatzungsrechtlicher Relevanz auseinandersetzen. Gegenstände der Gerichtsverfahren waren bspw. Fragen der Kirchensteuer, die Schließung von Einzelhandelsgeschäften, die Rechtmäßigkeit der polizeilichen Vorbeugungshaft zur Bekämpfung von Geschlechtskrankheiten.[361]

Dies sollte sich im weiteren Verlauf der Entwicklung ändern. Der anfänglich unabhängigen Rechtsprechung wurden zunehmend Beschränkungen auferlegt.

Das Oberverwaltungsgericht musste 1947 in 5 Wiederaufnahmeverfahren aufgrund der Änderung des Reichsleistungsgesetzes die Unzulässigkeit der ursprünglichen Anfechtungsklage feststellen.[362]

1948 waren bis zum Inkrafttreten des Verwaltungsgerichtsgesetzes am 24. November 335 Anfechtungsklagen sowie 50 Rekurs-/Beschlusssachen beim Oberverwaltungsgericht eingegangen. Davon waren am 23. November 1948 192 Anfechtungsklagen und 29 Beschlusssachen, im Februar 1949 weitere 57 Anfechtungsklagen sowie 13 Beschlusssachen erledigt.[363] Folglich gingen etwa 86 unabgeschlossene Verfahren gemäß § 40 Abs. 3 Verwaltungsgerichtsgesetz in

---

henden zwei akademischen Ratstellen nach Möglichkeit recht bald wieder besetzt werden, um das von jeher bewährte Zusammenarbeiten zwischen Praxis und Theorie nicht zu unterbrechen". In einem Brief an Prof. Dr. Blomeyer schrieb der Präsident des Oberverwaltungsgerichts bezugnehmend auf das Ausscheiden Blomeyers aus dem Verband des Thüringischen Oberverwaltungsgerichts am 17. September 1948: „Ihre 2jährige Mitarbeit an der Rechtsprechung des Oberverwaltungsgerichts hat uns allen aufs Neue den Segen des gerade für Jena immer kennzeichnend gewesenen Zusammenwirkens von Praxis und Theorie empfinden lassen". ThHStAW, OVG Jena, B III Nr. 4.

360 LVO 1926 in der Fassung des Anpassungsgesetzes von 1945, in: Hellmuth Loening, Landesverwaltungsordnung und Nebenbestimmungen, S. 65 ff..

361 ThHStAW, OVG Jena, B X Nr. 8.

362 Urteile vom 2. Juli 1947 - A 133/47, A 134/47, A 135/47, A 136/47, A 137/47; in: ThHStAW, OVG Jena, D Nr. 1 Bd. 5.

363 Schreiben des Präsidenten des OVG an das Ministerium des Inneren vom 2. Februar 1949, ThHStAW, OVG Jena, B X Nr. 9; Urteilssammlungen für Anfechtungsklagen (A) und (B), ThHStAW, OVG Jena, D Nr. 1 Bd. 6, D Nr. 2.

die Zuständigkeit des Landesverwaltungsgerichts über. Die 8 unerledigten Rekurssachen waren nunmehr vom Landtag zu entscheiden, so sah es § 7 Abs. 3 Verwaltungsgerichtsgesetz vor.

Seit dem Inkrafttreten des Verwaltungsgerichtsgesetzes am 24. November 1948 waren beim Oberverwaltungsgericht 48 neue Anfechtungsklagen, u.a. von Ministerien und Behörden, sowie 11 neue Rekurssachen eingegangen. Für diese hatte sich das Oberverwaltungsgericht als unzuständig zu erklären.[364]

Tabelle: *Im Verlaufe der Jahre 1946 bis 1948 sind beim Oberverwaltungsgericht folgende Streitsachen anhängig geworden*

	1946	*1947*	*1948*
Anfechtungsklagen			
Gesamtzahl	53	224	335 (249 vom OVG entschieden)
Entscheidung gegen Verwaltung	10	45	51
Klage zurückgewiesen	19	85	86
Sonstige Erledigung	24	94	112
Beschlusssachen			
Gesamtzahl	47	50	50
Entscheidung gegen Verwaltung	11	21	12
Rekurs zurückgewiesen	11	12	13
Sonstige Erledigung	25	17	25
Gutachten			
Gesamtzahl	2	8	2

Zusammengestellt aus: Schreiben des Präsidenten des OVG an das Ministerium des Inneren vom 2. Februar 1949, ThHStAW, OVG Jena, B X Nr. 9; Register für Beschlusssachen (B) 1946 - 1949, ThHStAW, OVG Jena, C Nr. 7; Urteilssammlungen für Anfechtungsklagen (A) und (B), ThHStAW, OVG Jena, D Nr. 1 Bd. 5, D Nr. 1 Bd. 6, D Nr. 2; Gutachterliche Äußerungen des OVG Jena 1946 - 1950, ThHStAW, OVG Jena, D Nr. 5.[365]

364 Schreiben des Präsidenten des OVG an das Ministerium des Inneren, ebenda.

365 Für die folgenden Jahre können keine genauen Zahlen über die anhängig gewordenen Streitsachen angegeben werden, da das vorhandene Archivmaterial unvollständig ist.

Die Zahl der anhängigen Anfechtungsklagen stieg von 53 im Jahre 1946 auf 335 im Jahre 1948 eminent an. Dies deutet auf ein wachsendes Vertrauen in der Bevölkerung gegenüber diesem Rechtsprechungsorgan hin. Darin könnte die Politik eine Gefährdung der Stellung des Landtags als höchstes Kontrollorgan gesehen haben.

Weiterhin ist auffällig, dass das Oberverwaltungsgericht 1948 mit ca. 20 % der Urteile ebensoviel gegen die Verwaltung entschied hat wie im Jahre 1947. Das Gericht war offenbar nicht bereit sich dem Druck der Politik und der Verwaltung zu beugen.

Insgesamt fällte das thüringische Verwaltungsgericht nur maximal 25 % seiner Entscheidungen (mit Ausnahme der Rekurssachen des Jahres 1947 mit 42 %) gegen die Verwaltung. Es lässt sich deshalb nicht nachvollziehen, warum dem Gericht seitens der Verwaltung eine Behinderung ihrer Tätigkeit vorgeworfen wurde. Nichtsdestoweniger war anscheinend selbst diese Urteilszahl ein Grund den Verwaltungsrechtsschutz durch das Verwaltungsgerichtsgesetz erheblich einzudämmen. Andererseits entsprach eine unabhängige Verwaltungsgerichtsbarkeit von vornherein nicht dem Interesse der SED, so dass die Tätigkeit des Oberverwaltungsgerichts sicherlich als äußerer Anlass herhalten musste, nicht aber der Grund für die Ablehnung des gerichtlichen Verwaltungsrechtsschutzes war.

Das Oberverwaltungsgericht unter seinem Präsidenten Loening verstand sich als ein justizielles Gegengewicht zur Verwaltung im Sinne der Gewaltenteilungskonzeption, d.h. es sah sich als ein Organ, welches die Verwaltung in ihren Entscheidungen zu kontrollieren habe.[366] Es beharrte ferner auf der Fortsetzung einer rechtsstaatlichen Spruchpraxis. In seinem Urteil vom 25. September 1946[367] betonte es, dass „nur durch [...] rechtsförmliche Veröffentlichung [...] dem Grundsatz des demokratischen Rechtsstaates Rechnung getragen [wird]“[368]. „Nur das [kann] rechtsverbindlich sein [...], was in der üblichen Form zur Kenntnis der Allgemeinheit gebracht worden ist.“[369] Insbesondere sollten Verwaltungsverordnungen oder innerdienstliche Rundverfügungen nicht an die Stelle von Gesetzen und Verordnungen treten können.[370]

366 Wolfgang Bernet, Zur Geschichte und Rechtsprechung des Thüringischen OVG Jena, in: Heinz Mohnhaupt, Rechtsgeschichte in den beiden deutschen Staaten, S. 516 - 535 (531).

367 Urteil vom 25. September 1946 - A 6/46, in: Jahrbuch der Entscheidungen des Thüringischen Oberverwaltungsgerichts, Bd. 18 (1946/47), S. 13 - 20.

368 Urteil vom 25. September 1946 - A 6/46, ebenda, S. 18.

369 Urteil vom 25. September 1946 - A 6/46, ebenda, S. 18.

370 Urteil vom 25. September 1946 - A 6/46, ebenda, S. 13.

„Denn auch aus allgemeinen sozialen Erwägungen heraus dürfen Verwaltungsmassnahmen im demokratischen Rechtsstaat nicht ungesetzlich getroffen werden, sondern nur im Rahmen und auf Grund eines Gesetzes, welches den alleingültigen Masstab für die Notwendigkeit und den Umfang einer als gerecht und billig empfundenen sozialen Regelung gibt. Vollends unvereinbar mit den Verwaltungsgrundsätzen eines demokratischen Rechtsstaats ist es, eine Verwaltungsverfügung statt auf gesetzliche Vorschriften auf rein verwaltungspolitische Zweckmässigkeitserwägungen zu stützen."[371]

Durch diese Auffassung waren einige Entscheidungen des Oberverwaltungsgerichts mit den Zielen der Politik nicht vereinbar.[372] Dies wiederum führte schon

371 Urteil vom 20. August 1947 - A 88/47, in: ThHStAW, OVG Jena, D Nr. 1 Bd. 5.

372 Im Jahre 1983 erhielt diese Einstellung durch Wolfgang Bernet, Entwicklung und Funktion der deutschen bourgeoisen Verwaltungsgerichtsbarkeit, StuR, 32. Jgg., 1983, 824 - 832 (829 f.) folgende nachträgliche Darstellung und Bewertung: „Das Land Thüringen in der ehemaligen sowjetischen Besatzungszone lieferte ein Lehrbeispiel dafür, wie mit von der Bourgeoisie überkommenen Ideologien und Institutionen der Weg in eine antifaschistisch-demokratische und schließlich sozialistische Ordnung zäh blockiert werden kann. [...] In den Ländern der sowjetischen Besatzungszone wurde die Verwaltungsgerichtsbarkeit in Thüringen, Brandenburg, Mecklenburg und Sachsen eingeführt. Eine spezifische und reaktionäre Rolle spielte dabei das OVG von Thüringen. Es verstand sich als Wiedergründung des alten Thüringischen OVG mit seiner auf Rechtsstaatlichkeit und Gewaltenteilung orientierten theoretischen Grundlage. Der besonders heimtückische Fehdehandschuh der Bourgeoisie gegen die sich entwickelnde antifaschistisch-demokratische Revolution unter der Führung der SED war im Land Thüringen durch die scheinbar recht unbedeutende Existenz und Spruchpraxis des OVG geworfen worden. [...] Loening hat später selbst in einem Rückblick auf diese Zeit richtig festgestellt, daß die Funktion der Verwaltungsgerichtsbarkeit darin bestanden hatte, einen symptomatischen Streit zwischen dem OVG und der von der SED geführten Landesregierung zu führen. Mit verschiedenen Sprüchen des OVG gegen Entscheidungen der neuen Verwaltungsbehörden, die häufig am Formalen haftenblieben, versuchte das OVG, die revolutionäre Umwälzung in Thüringen zu vereiteln. Formalistische Veröffentlichungsfragen von Urteilen oder mangelnde formelle Abfassung von Verwaltungsakten dienten dem OVG zur vernichtenden Kritik an der neuen Verwaltung. Schließlich wurde der unüberbrückbare Konflikt zwischen den progressiven Kräften, die – geführt von der Partei der Arbeiterklasse – im Landtag von Thüringen und in der von ihm geleiteten Landesregierung die führende Kraft waren, und den restaurativen Absichten des OVG immer evidenter. Die gegnerischen Positionen waren dabei immer die gleichen. Die Mehrheit des Landtages versuchte, die Einheit der Volksvertretung konsequent durchzusetzen und die Verwaltungsorgane unter seine Oberhoheit zu stellen. Das OVG hingegen widersprach offen diesem Anliegen proletarischer Machtausübung und beanspruchte die uneingeschränkte Kontrolle der Verwaltung und ihrer Akte durch sich selbst. [...] Diese Eigentumsvorstellungen [des OVG] lähmten die Tätigkeit der neuen Verwaltungsorgane (sie sollten es auch!) und hätten

bald nach seiner Wiedereröffnung zu tief greifenden Zerwürfnissen zwischen ihm und der von der SED geführten Landesregierung.[373]

Deutlich wurde dies u.a. darin, dass in vielen Fällen Rechtsmittel, obwohl es zu keiner Aufhebung oder Abänderung der angefochtenen Verfügung gekommen ist, dem Oberverwaltungsgericht durch die Ministerien nicht oder nur verspätet vorgelegt, sondern zurückgehalten worden sind.[374]

Insbesondere die Rechtsprechung des Oberverwaltungsgerichts zum Reichsleistungsgesetz, zum Wohnungs- und zum Gewerberecht sowie dessen gutachterliche Tätigkeit sollten in den Fokus von Verwaltung und Politik geraten.

aa) Die Entscheidungen zum Reichsleistungsgesetz

(1) Anlass und Kontroverse

Exemplarisch für das gespannte Verhältnis zwischen Oberverwaltungsgericht und Landesregierung waren die Entwicklungen um die Entscheidungen zum Reichsleistungsgesetz. Es war der Versuch des Oberverwaltungsgerichts für die Beachtung des Gesetzesvorbehalts und des Bestimmtheitsgebotes einzutreten. Dessen Unvereinbarkeit mit den Ansprüchen der Politik sollte schließlich die Dezimierung der Verwaltungsgerichtsbarkeit in Thüringen offiziell rechtfertigen.

Vor dem Hintergrund der wirtschaftlichen Notsituation der Nachkriegszeit wurden verschiedentlich Verwaltungsakte erlassen, um Gegenstände, allen voran private Kraftfahrzeuge, für Versorgungszwecke zu enteignen. Mangels einer Rechtsnorm für diese Enteignungen stützte sich die Landesregierung hierbei auf das Reichsleistungsgesetz vom 1. September 1939[375], welches die Enteignung zur Erfüllung von Reichsaufgaben regelte. Das Reichsleistungsgesetz selbst sah eine verwaltungsgerichtliche Nachprüfung nicht vor. Dies veranlasste das Ministerium für Wirtschaft, Arbeit und Verkehr zu beanstanden, dass das Oberverwaltungsgericht aufgrund der Generalklausel der Landesverwaltungsordnung die Befugnis in Anspruch genommen hat, Beorderungen von Kraftfahrzeugen hinsichtlich ihrer Rechtmäßigkeit nachzuprüfen. Das Oberverwaltungsgericht

---

die antifaschistisch-demokratische Revolution zumindest gefährden können. [...] Das OVG war endgültig zu einem Anachronismus im sich entwickelnden staatlichen System der Arbeiterklasse in Thüringen geworden."

373 Wolfgang Bernet, Das Problem der Gerichtsbarkeit über Verwaltungssachen in der Entwicklung der DDR, DÖV, 43. Jgg., 1990, S. 409 - 417 (410).

374 Schreiben Loenings an das Ministerium für Justiz vom 24. Februar 1947, ThHStAW, Ministerium des Inneren, Akte 764.

375 Gesetz über Sachleistungen für Reichsaufgaben vom 1. September 1939, RGBl. I, 1939, S. 1645 - 1654.

vertrat den Standpunkt, „dass der durch das Anwendungsgesetz vom 26. November 1945 in Thüringen wieder in Kraft getretenen Generalklausel auch Verwaltungsverfügungen aufgrund des Reichsleistungsgesetzes der verwaltungsgerichtlichen Nachprüfung unterliegen, da das thüringische Anwendungsgesetz und die Anwendung der Generalklausel aus rechtsstaatlichen Erwägungen den Vorrang haben müsse“[376]. Dieser Auffassung wurde entgegengehalten, dass sie die politische und wirtschaftliche Notwendigkeit einer durchgreifenden Anwendung des Reichsleistungsgesetzes in der heutigen Notzeit unbeachtet gelassen habe.[377]

In einem Urteil vom 13. November 1946 erkannte das Oberverwaltungsgericht zunächst die Weitergeltung des Reichsleistungsgesetzes an, da es nicht auf die Führung des Krieges beschränkt sei und kein nationalsozialistisches Gedankengut enthält.[378]

Am 13. Februar 1947 hob das Oberverwaltungsgericht – in Übereinstimmung mit anderen deutschen Verwaltungsgerichten[379] – eine Verfügung des Landesamtes für Verkehr vom 12. September 1946, die den Kläger aufgrund § 15 Abs. 1 Reichsleistungsgesetz verpflichten sollte seinen Kraftwagen Mercedes 1,3 Ltr. der Stadt Weimar zu Eigentum zu überlassen, auf.[380] Über die Verwendung des PKW hat der Rat der Stadt Weimar folgende Auskunft gegeben:

---

376 Bericht Schultes über die Tätigkeit des Oberverwaltungsgerichts, ThHStAW, Ministerium der Justiz, Akte 90; Bericht des Ministeriums für Justiz an die SMA über das Thür. Oberverwaltungsgericht in Jena vom 22. Februar 1948, ThHStAW, OVG Jena, B I Nr. 8.

377 Bericht Schultes über die Tätigkeit des Oberverwaltungsgerichts, ebenda.

378 Urteil vom 13. November 1946 - A 5/46, in: AöR, 74. Jgg., 1948, S. 78 - 83 ebenso Jahrbuch der Entscheidungen des Thüringischen Oberverwaltungsgerichts, Bd. 18 (1946/47), S. 25 - 37 (29 - 35).

379 In dem Urteil vom 13. Februar 1947 (A 36/46) bezog sich das OVG auf die Entscheidung westdeutscher Gerichte zur Anwendung des Reichsleistungsgesetzes: „In dieser Auslegung des Begriffs der Reichsaufgabe befindet sich das Oberverwaltungsgericht in Übereinstimmung mit Urteilen anderer Gerichte und Verwaltungsbehörden [...]. So haben das Landgericht Bochum [...], das Landgericht Braunschweig [...], das Bezirksverwaltungsgericht Berlin-Zehlendorf [...] und das Bezirksverwaltungsgericht - britischer Sektor - Berlin [...] die Bekämpfung öffentlicher Notstände als Reichsaufgaben in diesem Sinne anerkannt.“ in: AöR, 74. Jgg., 1948, S. 83 - 87 (86) ebenso Jahrbuch der Entscheidungen des Thüringischen Oberverwaltungsgerichts, Bd. 18 (1946/47), S. 67 - 73 (72).

380 Dieses Urteil ist aufgrund eines Einspruchs des Wirtschaftsministeriums nicht zur Veröffentlichung gekommen. Bericht Schultes über die Tätigkeit des Oberverwaltungsgerichts, ThHStAW, Ministerium der Justiz, Akte 90.

„Das Fahrzeug ist durch Beorderung in den Besitz der Stadt Weimar übergegangen. Da der Bestand an einsatzfähigen Dienstkraftwagen völlig unzureichend ist, soll daher der Wagen nach Fertigstellung für dienstliche Zwecke der Stadtverwaltung Weimar verwendet werden.“[381]

Das Oberverwaltungsgericht begründete seine Entscheidung damit, dass – obwohl es erneut die grundsätzliche Fortgeltung des Reichsleistungsgesetzes mangels nationalsozialistischen Inhalts bejahte – der Tatbestand des Gesetzes nicht erfüllt sei. Der Begriff der Reichsaufgabe müsse nach dem Zweck ausgelegt werden, zu dem das Gesetz geschaffen wurde. Dieser rechtfertigte die Anwendung des Reichsleistungsgesetzes lediglich in Fällen, „wo es sich um die unmittelbare Bekämpfung besonderer öffentlicher Notstände, die einen größeren Kreis in Gefahr bringen, oder um die Beseitigung von Katastrophen handelt. Dagegen ist das Reichsleistungsgesetz nicht dazu bestimmt, der alle Schichten des deutschen Volkes erfassenden dauernden wirtschaftlichen Notlage bei einzelnen Personen oder Stellen abzuhelfen.“ Eine Inanspruchnahme „zur Abwicklung normaler friedensmäßiger Verwaltungsaufgaben“ war davon folglich nicht umfasst.[382] Da bei der angefochtenen Verfügung „weder eine derartige laufende Planwirtschaft (in Kraftwagenangelegenheiten) noch die Befriedigung des Kraftwagenbedarfs einer städtischen Gemeinde für laufende Verwaltungszwecke der Stadtverwaltung sich [...] als Bekämpfung einer Katastrophe oder eines öffentlichen Notstandes nach dem Reichsleistungsgesetz bezeichnen läßt“[383], wurde der Wagen des Anfechtungsklägers nicht in Erfüllung von „Reichsaufgaben“ in Anspruch genommen.

Karl Schultes beklagte, dass diese Ausführungen „einen engen formalen Standpunkt zeigen, der sich nicht bemüht, der besonderen Notlage der öffentlichen Verwaltung gerecht zu werden“.[384]

Das Oberverwaltungsgericht unterstrich seine Position dessen ungeachtet mit folgenden Formulierungen:

---

381 Urteil vom 13. Februar 1947 - A 36/46, in: AöR, 74. Jgg., 1948, S. 83 - 87 (84) ebenso ThHStAW, OVG Jena, D Nr. 1 Bd. 5.

382 Urteil vom 13. Februar 1947 - A 36/46, in: AöR, 74. Jgg., 1948, S. 83 - 87 (85 f.) ebenso Jahrbuch der Entscheidungen des Thüringischen Oberverwaltungsgerichts, Bd. 18 (1946/47), S. 67 - 73 (70 ff.).

383 Urteil vom 13. Februar 1947 - A 36/46, in: AöR, 74. Jgg., 1948, S. 83 - 87 (87) ebenso Jahrbuch der Entscheidungen des Thüringischen Oberverwaltungsgerichts, Bd. 18 (1946/47), S. 67 - 73 (72 f.).

384 Bericht Schultes über die Tätigkeit des Oberverwaltungsgerichts, ThHStAW, Ministerium der Justiz, Akte 90.

„Die Möglichkeit einer solchen über Kriegs- und Katastrophenzwecke hinausgehenden allgemeinen Enteignung und damit verbundenen allgemeinen Planwirtschaft hat nie dem Sinngehalt des Reichsleistungsgesetzes entsprochen, und es wäre geradezu eine Umkehrung der Grundsätze des demokratischen Rechtsstaates, wenn im heutigen Staat ein nationalsozialistisches Gesetz, wie das Reichsleistungsgesetz, statt mit aller Gebotenen Vorsicht, in dieser fast uferlosen Weise ausgelegt werden sollte. [...] Wenn die Auslegung des Reichsleistungsgesetzes durch das Oberverwaltungsgericht den heutigen Verwaltungsbedürfnissen nicht genügen sollte, dann ist es nicht der gegebene rechtsstaatliche Weg, ein nationalsozialistisches Gesetz, wie das Reichsleistungsgesetz, für diese Verwaltungsbedürfnisse umzubiegen und es [...] im Ergebnis zu einem noch intensiveren Ausnahmegesetz zu machen, als es selbst während des Krieges gewesen ist; sondern es muss dann eben erforderlichenfalls eine neue gesetzliche Grundlage geschaffen werden [...].“[385]

Die Auslegung des Reichsleistungsgesetzes durch das Oberverwaltungsgericht wurde jedoch nicht nur von der SED, sondern auch von der CDU in Anbetracht der notwendigen Umwälzungen in Politik und Wirtschaft als zu eng empfunden, so dass man ursprünglich die Verwaltungsgerichtsbarkeit auf diesem Gebiet vollständig ausschließen wollte.[386]

In der Folge sah sich das Oberverwaltungsgericht einer umfassenden Urteilskritik seitens der betroffenen Verwaltungsbehörden ausgesetzt, die bis zum Vorwurf der „antistaatlichen Einstellung“ seitens des Ministeriums für Wirtschaft, Arbeit und Verkehr ging.[387]

Im Mai 1947 behauptete der von der SED gestellte Minister für Wirtschaft, Arbeit und Verkehr im Thüringer Landtag, für das Oberverwaltungsgericht gelte der Grundsatz „fiat justitia, pereat mundus“, was er folgendermaßen übersetzte: „Was kümmert mich der Staat, wenn nur das Recht gewahrt wird“.[388]

Von der Gesetzgebungsabteilung des Ministeriums für Justiz wurde im Februar 1947 gefordert, dass ihr die Entscheidungen des Oberverwaltungsgerichts vor deren Veröffentlichung im Amtsblatt zur Prüfung vorgelegt werden.[389] Das

385 Urteil vom 2. April 1947 - A 46/46, in: AöR, 74. Jgg., 1948, S. 87 - 90 (89) ebenso Jahrbuch der Entscheidungen des Thüringischen Oberverwaltungsgerichts, Bd. 18 (1946/47), S. 83 - 87 (86 f.).

386 19. Sitzung am 30. Mai 1947, Akten und Verhandlungen des Thüringer Landtages, 1946 - 1952, Bd. I.1, S. 391 - 435 (427).

387 Hellmuth Loening, 36 Jahre Thüringisches Oberverwaltungsgericht (1912 - 1948), in: Martin Baring, Aus 100 Jahren Verwaltungsgerichtsbarkeit, S. 153 - 169 (164).

388 19. Sitzung am 30. Mai 1947, Akten und Verhandlungen des Thüringer Landtages, 1946 - 1952, Bd. I.1, S. 391 - 435 (426); Hellmuth Loening, Kampf um den Rechtsstaat in Thüringen, AöR, 75. Jgg., 1949, S. 56 - 102 (57).

389 Schreiben Loenings an das Justizministerium - Gesetzgebungsabteilung vom 14. Februar 1947, ThHStAW, OVG Jena, B X Nr. 11, 13.

Oberverwaltungsgericht erkannte dies als einen fundamentalen Angriff gegen seine Befugnisse und berief sich in einem Schreiben vom 14. Februar 1947[390] sowie in einer Stellungnahme vom 17. März 1947[391] auf seine Geschäftsordnung vom 3. Mai 1946[392], in der in § 20 formuliert war, dass es der Bestimmung des Gerichts überlassen ist, ob und inwieweit es Entscheidungen veröffentlicht.

> „Wenn sich der heutige Staat zum Prinzip des demokratischen Rechtsstaates bekennt und der Kontrollrat in seinem Gesetz Nr. 36 ausdrücklich die Wiedereinrichtung von Verwaltungsgerichten anordnet, so würde es auch damit in vollem Widerspruch stehen, wenn die Urteile der Verwaltungsgerichte ‚geheim' bleiben müßten und gewissermaßen ‚nicht darüber gesprochen werden' dürfte. Die in solchen Maßnahmen aber zugleich liegende Vertuschung bzw. Rechtsverschleierung würde auch eines Kulturstaates unwürdig sein. Es würde das eine teilweise Ausschaltung der Verwaltungsgerichte, nämlich die Beseitigung einer ihrer wichtigsten, [...] Funktionen und damit eine Verletzung des Kontrollratsgesetzes Nr. 36 über die Wiedererrichtung von Verwaltungsgerichten, aber auch des Artikels 49 der Verfassung des Landes Thüringen bedeuten. Wenn danach die Verwaltungsgerichtsbarkeit dem Schutz der Bürger gegen Anordnungen und Verfügungen der Verwaltungsorgane dient, so ist ihr damit auch hinsichtlich ihrer Entscheidung volle Publizität zugesichert."[393]

Darauf erwiderte Dr. Karl Schultes, der für die Herausgabe des Regierungsblattes Teil II (Amtsblatt) zuständig war, dass die vorherige Kenntnisnahme nicht „zur Prüfung" der Veröffentlichungen, sondern zur Wahrung der Herausgeberverantwortlichkeit der von ihm geleiteten Gesetzgebungsabteilung verlangt wurde, da nach „pressegesetzlichen Bestimmung [...] der Herausgeber eines Blattes für dessen Inhalt verantwortlich ist".[394]

Loening beugte sich dem Verlangen des Justizministeriums, die im Amtsblatt zu veröffentlichenden Entscheidungen des Oberverwaltungsgerichts unmittelbar der Gesetzgebungsabteilung zuzuleiten. Er verzichtete indes nicht auf den Hinweis, „dass die pressengesetzlichen Bestimmungen über die Verantwortlichkeit von Herausgebern nicht für staatliche Amtsblätter gelten"[395]. An demselben

---

390 Schreiben Loenings an das Justizministerium - Gesetzgebungsabteilung, ebenda.

391 Äußerung des OVG-Präsidenten vom 17. März 1947, Jahrbuch der Entscheidungen des Thüringischen Oberverwaltungsgerichts, Bd. 18 (1946/47), S. 227 - 230.

392 Geschäftsordnung für das Thüringische Oberverwaltungsgericht vom 3. Mai 1946, Regierungsblatt für das Land Thüringen, Teil II: Amtsblatt, 1946, S. 191 - 195.

393 Äußerung des OVG-Präsidenten vom 17. März 1947, Jahrbuch der Entscheidungen des Thüringischen Oberverwaltungsgerichts, Bd. 18 (1946/47), S 227 - 230 (229).

394 Schreiben des Ministerium für Justiz an Loening vom 19. Februar 1947, ThHStAW, OVG Jena, B X Nr. 11, 13.

395 Schreiben Loenings an das Justizministerium - Gesetzgebungsabteilung vom 21. Februar 1947, ThHStAW, OVG Jena, B X Nr. 11, 13.

Tag wiederholte der Präsident des Oberverwaltungsgerichts Loening seine Anweisung vom 26. September 1946 an die Richterschaft des Oberverwaltungsgerichts, „im Regierungsblatt Teil II (Amtsblatt) und in Zeitschriften lediglich die wichtigsten Rechtsgrundsätze, die in den Entscheidungsgründen enthalten sind, auszugsweise zum Abdruck zu bringen", während eine ausführliche Wiedergabe der Entscheidung nur im Jahrbuch der Entscheidungen des Oberverwaltungsgerichts erfolgen sollte.[396] Dies könnte als Versuch des Präsidenten gesehen werden, die Kontrolle der Gesetzgebungsabteilung zu umgehen.

Das Justizministerium wurde – allerdings vergeblich[397] – vom Ministerium für Wirtschaft, Arbeit und Verkehr aufgefordert, ein Urteil des Oberverwaltungsgerichts[398] im Dienstaufsichtswege nachzuprüfen.[399] Hellmuth Loening wandte sich daraufhin mit einem Schreiben vom 19. August 1947 an das thüringische Justizministerium, worin er das Ansinnen des Ministeriums als mit der in Verfassung und Landesverwaltungsordnung garantierten Unabhängigkeit des Oberverwaltungsgerichts unvereinbar missbilligte. „Damit durch die Angelegenheit kein Präzedenzfall geschaffen wird" forderte er das Justizministerium auf „auch das Ministerium für Wirtschaft, Arbeit und Verkehr von dieser grundsätzlichen Auffassung in Kenntnis zu setzen".[400]

Die Deutsche Wirtschaftskommission für die sowjetische Besatzungszone[401] richtete sogar an die Thüringer Landesregierung im Juli 1948 ein Schreiben, in welchem diese gebeten wurde, das Oberverwaltungsgericht anzuweisen, in seinen Entscheidungen künftig die Bezugnahme auf Entscheidungen westdeutscher Verwaltungsgerichte[402] zu unterlassen.[403]

---

396 ThHStAW, OVG Jena, B X Nr. 11, 12, 13.

397 Stellungnahme des Ministeriums für Justiz gegenüber dem Ministerium für Verkehr vom 13. August 1947, ThHStAW, OVG Jena, B I Nr. 8.

398 Urteil vom 25. Juni 1947 - A 50/46; in: Jahrbuch der Entscheidungen des Thüringischen Oberverwaltungsgerichts, Bd. 18 (1946/47), S. 107 - 113.

399 Schreiben von Justizminister Külz an Loening vom 13. August 1947, ThHStAW, OVG Jena, B I Nr. 8.

400 ThHStAW, OVG Jena, B I Nr. 8.

401 Die DWK war das „zentrale staatliche Organ der antifaschistisch - demokratischen Staatsmacht" und bildete somit eine Vorstufe der späteren DDR - Regierung. Grundlage waren der SMAD - Befehl Nr. 138 vom 14. Juni 1947, wonach zur Koordinierung der bereits 1945 eingerichteten Zentralverwaltungen der SBZ die DWK gebildet wurde, sowie der SMAD - Befehl Nr. 32 vom 12 Februar 1948, durch welchen die DWK weitgehende planwirtschaftliche Vollmachten erhalten hatte. Hermann Weber, DDR 1945 - 1990, S. 20, 24; Autorenkollektiv unter der Leitung von Ingetraut Melzer, Staats- und Rechtsgeschichte der DDR, S. 65.

402 So bezog sich das OVG auch in dem Urteil vom 13. Februar 1947 (A 36/46) auf die Entscheidung westdeutscher Gerichte zur Anwendung des Reichsleistungsgesetzes:

Die Reaktion des Ministeriums für Justiz in Person von Dr. Schultes vom 13. August 1948 war eindeutig:

> „Die Verfassung des Landes Thüringen anerkennt die sachliche Unabhängigkeit der Gerichte. [...] Das gilt auch für die Verwaltungsgerichtsbarkeit. Das bedeutet, daß dem Richter in der einzelnen Sache keine Anweisungen gegeben werden können, welche Entscheidungen er zu treffen hat und wie er die Entscheidungen begründet. Daß ein höchstes Gericht bei der Begründung seiner Entscheidungen auf Urteile, die in anderen Zonen Deutschlands ergehen, Bezug nimmt, ist allgemein üblich und kann dem Gericht nicht untersagt werden. Die Ausarbeitung einheitlicher Rechtsgedanken erfordert vielfach sogar eine derartige Bezugnahme. Trotz der verschiedenen Rechtsentwicklung in der Ostzone und in den westlichen Zonen gibt es doch viele Fragen, die möglichst einheitlich beurteilt werden müssen und hierbei kann die Rechtsprechung anderer Gerichte, auch in den westlichen Zonen, durchaus zur Begründung herangezogen werden.
>
> [...]
>
> Ich sehe mich hiernach nicht in der Lage, das OVG anzuweisen, bei seiner Rechtsprechung grundsätzlich auf die Entscheidung der Gerichte in den westlichen Besatzungszonen zu verzichten. Ich vermag lediglich beim OVG anzuregen, von der westlichen Rechtsprechung nur dort Gebrauch zu machen, wo das unumgänglich notwendig ist und sich dann möglichst in einem fortschrittlichen Sinne mit den Entscheidungen westlicher Gerichte auseinanderzusetzen, um dabei Grundsätze zu entwickeln, die der neuen Rechtsauffassung in der Ostzone und der hier entwickelten neuen Wirtschafts- und Gesellschaftsordnung entsprechen.“[404]

Das Oberverwaltungsgericht setzte sich gegen die Kritik zur Wehr und verwahrte sich gegen jede Einschüchterung. In einer Erklärung an den Ministerpräsidenten legte es noch einmal seine Auffassung von der Unabhängigkeit der Rechtsprechung dar:

„In dieser Auslegung des Begriffs der Reichsaufgabe befindet sich das Oberverwaltungsgericht in Übereinstimmung mit Urteilen anderer Gerichte und Verwaltungsbehörden [...]. So haben das Landgericht Bochum [...], das Landgericht Braunschweig [...], das Bezirksverwaltungsgericht Berlin-Zehlendorf [...] und das Bezirksverwaltungsgericht - britischer Sektor - Berlin [...] die Bekämpfung öffentlicher Notstände als Reichsaufgaben in diesem Sinne anerkannt.“ in: AöR, 74. Jgg., 1948, S. 83 - 87 (86) ebenso Jahrbuch der Entscheidungen des Thüringischen Oberverwaltungsgerichts, Bd. 18 (1946/47), S. 67 - 73 (72). Im Regierungsblatt für das Land Thüringen Teil II, Amtsblatt vom 12. Juni 1948 wurde ein Urteil des OVG vom 21. April 1948 (A 22/48) zum Zwangswohnungstausch veröffentlicht, in dem dieses sich auf eine Entscheidung des würtembergisch-badischen Verwaltungsgerichtshofes vom 25. April 1947 bezieht.

403 ThHStAW, OVG Jena, B I Nr. 8.

404 ThHStAW, OVG Jena, B I Nr. 8.

„Ein solcher Druck auf das Oberverwaltungsgericht ist mit dem Grundsatz der Unabhängigkeit der Gerichte unvereinbar. Er verkennt aber auch die Bedeutung und das Wesen der Verwaltungsgerichtsbarkeit überhaupt. Wenn das Oberverwaltungsgericht eine andere Rechtsauffassung als ein Ministerium im Einzelfall vertreten sollte, dann tut es das nicht aus antistaatlicher Einstellung, sondern als Staatsorgan, das vom Staat gesetzlich zur Rechtsfindung bestellt ist.“[405]

Der eingeforderte Respekt vor der Unabhängigkeit der Verwaltungsrechtsprechung blieb jedoch aus. Dies galt für alle Ebenen der Exekutive gleichermaßen.[406]

(2) Ausschaltung des Oberverwaltungsgerichts

Die Regierung ging dazu über, jede einzelne Inanspruchnahme zum unanfechtbaren Regierungsakt im Sinne des § 126 a Landesverwaltungsordnung 1945 zu erklären.[407] Der damit verbundene erhebliche zeitliche und organisatorische Aufwand wurde indes schon bald zu einer starken Belastung. Aus diesem Grund beschloss der Landtag am 30. Mai 1947 das „Gesetz über die Anwendung des Reichsleistungsgesetzes“[408]. § 2 dieses Änderungsgesetz zum Reichsleistungsgesetz bestimmte, dass – rückwirkend zum 8. Mai 1945 (§ 3) – Leistungen durch den Staat in Anspruch genommen werden konnten, „wenn es zur Erfüllung öffentlicher Aufgaben oder sonst im öffentliche Interesse, insbesondere zur Behebung des durch den Krieg und den Zusammenbruch bedingten öffentlichen Notstandes, erforderlich“ erschien. Durch diese Normierung sollten die Bedarfsstellen bei der Handhabung ihrer Befugnisse von einer Bindung befreit werden. Sie wurden ermächtigt, „die Entscheidungen nach der Vorstellung zu treffen, die

405 Zitat nach Hellmuth Loening, 36 Jahre Thüringisches Oberverwaltungsgericht (1912 - 1948), in: Martin Baring, Aus 100 Jahren Verwaltungsgerichtsbarkeit, S. 153 - 169 (165).

406 Vgl. Reaktion der Ausgangsbehörde auf das Urteil des OVG vom 13. November 1946 bei: Thomas Heil, Die Verwaltungsgerichtsbarkeit in Thüringen 1945 - 1952, S. 131.

407 Die Landesregierung hat in der Regierungssitzung am 12. Mai 1947 Verfügungen des Thüringer Landesamtes für Verkehr (Ministerium für Wirtschaft, Arbeit und Verkehr, Hauptabteilung Verkehr), durch welche die Kläger gezwungen wurden, die ihnen gehörenden Kraftfahrzeuge aufgrund des Reichsleistungsgesetzes abzugeben und gegen die bereits Rechtsmittel eingelegt wurden, zum Regierungsakt im Sinne des § 126 a LVO erklärt. ThHStAW, Ministerpräsident, Film 36, Akte 460, Aufnahme 170; ThHStAW, OVG Jena, B XI Nr. 6 Bd. 3, m.w.N. bzgl. Beorderungsverfügungen, die durch Beschluss der Regierung zu Regierungsakten im Sinne des § 126 a LVO erklärt worden.

408 Regierungsblatt für das Land Thüringen, Teil I: Gesetzsammlung, 1947, S. 51.

sie selbst vom Staatswohl und den staatlichen Notwendigkeiten haben".[409] Damit waren Anfechtungsklagen gegen eine nach dem Reichsleistungsgesetz vorgenommene Enteignung oder Besitzentziehung als unzulässig zu verwerfen, weil es sich bei den Leistungsbeorderungen nach der durch das Gesetz vom 30. Mai vorgenommenen Abänderung des Reichsleistungsgesetzes um freie Ermessensentscheidungen handelte, die keiner verwaltungsgerichtlichen Nachprüfung unterlagen (§ 128 Abs. 2 Nr. 1 Landesverwaltungsordnung).[410] Dem Oberverwaltungsgericht stand nur noch insoweit eine Nachprüfung zu, ob die im konkreten Fall verlangte Leistung im Gesetz als anforderungsfähig angeführt war.[411]

Bereits nach dem Urteil des Oberverwaltungsgerichts vom 13. Februar 1947[412] hatte das Ministerium für Wirtschaft, Arbeit und Verkehr die Auslegung des Begriffs der „Reichsaufgabe" durch das Oberverwaltungsgericht bestritten. Unter Reichsaufgaben seien nicht nur die Bekämpfung öffentlicher Notstände, sondern auch „einfach Aufgaben zu verstehen, deren sich das Reich wegen ihrer Wichtigkeit für Staat, Volk und Wirtschaft angenommen hat, deren Wahrnehmung im öffentlichen Interesse es seinen eigenen Behörden oder den Behörden der Länder und Gemeinden übertragen hat"[413].

Das Oberverwaltungsgericht wies diese Interpretation des Begriffs der Reichsaufgaben scharf zurück:

> „Diese Auslegung würde u. a. dazu führen, daß der Staat „im öffentlichen Interesse" [...], also damit dem Grundsatz nach unbeschränkt, nach freiem Ermessen und ohne rechtliche Kontrolle jedem so gut wie alles [...] gegen Geldentschädigung wegnehmen und es anderen Personen oder Stellen zu Eigentum übertragen könnte: inhaltlich eine nahezu vollkommene Rechtlosstellung und Mobiliarenteignung weiter Volkskreise in der äußerlich legalen Form eines Gesetzes."[414]

---

409 Schreiben des Ministeriums für Wirtschaft, Arbeit und Verkehr - Amt für Verkehr an das Thüringische Oberverwaltungsgericht vom 25. Juni 1947, ThHStAW, OVG Jena, B XI Nr. 6 Bd. 3.

410 Reaktionen der betroffenen Personen auf Unzulässigkeit ihrer Rechtsmittel in: ThHStAW, OVG Jena, B XI Nr. 6 Bd. 4; Schreiben eines Vermessungsoberingenieurs an das Thüringische OVG vom 3. August 1948, Schreiben eines Stadtoberinspektors an das Thüringer OVG vom 9. August 1948.

411 Urteil vom 6. August 1947 - A 86/47, in: Jahrbuch der Entscheidungen des Thüringischen Oberverwaltungsgerichts, Bd. 18 (1946/47), S. 153 - 162 (161).

412 Urteil vom 13. Februar 1947 - A 36/46, in: AöR, 74. Jgg., 1948, S. 83 - 87.

413 Urteil vom 2. April 1947 - A 46/46, in: AöR, 74. Jgg., 1948, S. 87 - 90 (88 f.) ebenso Jahrbuch der Entscheidungen des Thüringischen Oberverwaltungsgerichts, Bd. 18 (1946/47), S. 83 - 87 (85).

414 Urteil vom 2. April 1947 - A 46/46, in: AöR, 74. Jgg., 1948, S. 87 - 90 (89) ebenso Jahrbuch der Entscheidungen des Thüringischen Oberverwaltungsgerichts, Bd. 18 (1946/47), S. 83 - 87 (85 f.).

Damit wird deutlich, dass bereits im Vorfeld des Änderungsgesetzes zum Reichsleistungsgesetz jedwede Enteignung durch die Wahrnehmung „im öffentlichen Interesse" gerechtfertigt werden sollte. Nachdem jedoch das Oberverwaltungsgericht mehrmals verdeutlichte, dass es sich nicht auf eine derartige Interpretation einlassen würde, war das Änderungsgesetz das letzte Mittel, um die Beschränkungen zu beseitigen, die den Behörden durch die Rechtsprechung des Oberverwaltungsgerichts, insbesondere infolge seiner Auslegung des Begriffs der „Reichsaufgaben" gezogen wurden. Der Minister für Wirtschaft, Arbeit und Verkehr, Dr. Appell (SED), konstatierte in der Begründung zu dem Änderungsgesetz, dass dies dessen alleiniger Zweck sei.

> „Der Gesetzentwurf wäre nicht notwendig geworden, wenn sich das Oberverwaltungsgericht in seiner Rechtsprechung, statt den Rechtsstaatsgedanken zu überspitzen, für die Bedürfnisse der öffentlichen Verwaltung offener gezeigt hätten."[415]

Des Weiteren wurde in § 4 des Gesetzes festgelegt, dass gegen bereits rechtskräftige Urteile des Oberverwaltungsgerichts, die im Widerspruch zu dem neu erlassenen Gesetz standen, eine Wiederaufnahme des Verfahrens zulässig sein sollte.[416] Dadurch wurde das Oberverwaltungsgericht gezwungen, auf Antrag seine eigenen rechtskräftigen Urteile aufzuheben und die zugrunde liegenden Anfechtungsklagen als unzulässig zu verwerfen.[417]

In der Entscheidung vom 2. Juli 1947[418] – in der das zitierte Urteil vom 13. Februar 1947 im Wiederaufnahmeverfahren aufgehoben wurde[419] – hat das Thüringer Oberverwaltungsgericht selbst den „grundlegend veränderten Inhalt des Gesetzes in § 2" erläutert und seine Rechtsprechung der gesetzgeberischen Vorgabe angepasst[420].

415 19. Sitzung am 30. Mai 1947, Akten und Verhandlungen des Thüringer Landtages, 1946 - 1952, Bd. I.1, S. 391 - 435 (426).

416 Thüringisches Gesetz über die Anwendung des Reichsleistungsgesetzes vom 30. Mai 1947, AöR, 74. Jgg., 1948, S. 92 f..

417 Urteile vom 2. Juli 1947 - A 133/47, A 134/47, A 135/47, A 136/47, A 137/47; in: ThHStAW, OVG Jena, D Nr. 1 Bd. 5.

418 Urteil vom 2. Juli 1947 - A 133/47, in: AöR, 74. Jgg., 1948, S. 93 - 95 ebenso Jahrbuch der Entscheidungen des Thüringischen Oberverwaltungsgerichts, Bd. 18 (1946/47), S. 128 - 134.

419 Jahrbuch der Entscheidungen des Thüringischen Oberverwaltungsgerichts, Bd. 18 (1946/47), S. 67.

420 Am 2. Juli 1947 hob das OVG in einem weiteren Wiederaufnahmeverfahren - A 135/47 ein Urteil auf, dessen Begründung mit dem neuen Gesetz nicht in Einklang stand. „[...] Nach § 15 des RLG sind die dort bezeichneten Gegenständen nur der Bedarfsstelle selbst zur Verfügung zu überlassen. Das gilt auch dann, wenn die Bedarfs-

„Diese Bestimmung deckt aber jede Anforderung, welche die Bedarfsstelle zur Erfüllung öffentlicher Aufgaben oder sonst im öffentlichen Interesse für erforderlich hält. Die Nachprüfung, ob die Anforderung hier auch wirklich erforderlich war, ist dem Oberverwaltungsgericht nach dem Gesetz versagt. Zwar ergibt sich dieser Sinn nicht unmittelbar aus dem Wortlaut des § 2. Mit Recht hat der Antragsgegner darauf hingewiesen, daß Ausdrücke der vom Gesetz verwendeten Art, wie ‚öffentliche Aufgabe′, ‚öffentliches Interesse′ und ‚öffentlicher Notstand′ in anderem Zusammenhang als Rechtsbegriffe verstanden werden und ihr Vorliegen im verwaltungsgerichtlichen Verfahren nachgeprüft wird. Dies entspricht in der Tat der modernen rechtsstaatlichen Auffassung über die Nachprüfbarkeit von Verwaltungsakten. [...]

Indessen ist für die Auslegung des Gesetzes nicht die allgemein übliche Bedeutung des Wortlauts, sondern der in ihm zum Ausdruck gebrachte Wille des Gesetzgebers maßgebend. Hierbei ist die Entstehungsgeschichte des Gesetzes entscheidend heranzuziehen. Diese spricht aber eindeutig für den Willen des Thüringischen Gesetzgebers, im Falle der Leistungsbeorderung der Bedarfsstelle freies Ermessen einzuräumen.“[421]

Dieser Deutung schloss sich noch im Jahr 1983 der Jenaer Verwaltungsrechtler Bernet an, als er das Änderungsgesetz zum Reichsleistungsgesetz als „verfassungsmäßiges Mittel des Landtages“ bewertete, um „die restaurative Rechtsauslegung des OVG [zurückzuweisen] und eine Rechtslage [zu schaffen], der sich auch das OVG beugen mußte“[422].

Das Oberverwaltungsgericht unterließ es unterdessen nicht, in diesem Urteil gegen das Änderungsgesetz Stellung zu beziehen und betonte, dass „wenn bei dieser Auslegung dem Betroffenen jeder Rechtsschutz gegen die Beorderungen der Bedarfsstellen versagt und das von ihm als unbillig und den Grundsätzen rechtsstaatlicher Verwaltung zuwiderlaufend empfunden wird, so können solche

---

stelle nach § 2a die Leistung für Dritte in Anspruch nimmt. Da die Verfügung des Ministeriums die Überlassung des Personenkraftwagens aber an den Dritten selbst aufgegeben hatte, entsprach sie nicht dem Reichsleistungsgesetz. Auch in diesem Punkt hat aber das Thüringische Gesetz vom 30. Mai 1947 eine Änderung herbeigeführt. Zwar ist der Wortlaut des § 15 bestehen geblieben, doch ist er jetzt in einem anderen Sinn auszulegen. Da die Bedarfsstellen nunmehr bei Vorliegen jedes öffentlichen Interesses eine Leistung verlangen kann, hierunter aber auch eine grosse Zahl von Fällen gehört, in denen Leistungen an private Personen zu erbringen sind, würde es ein unzweckmässiger Umweg sein, wenn die Bedarfsstelle die Leistung an sich selbst verlangen müsste, um sie dann dem Dritten zukommen zu lassen. [...]“;ThHStAW, OVG Jena, D Nr. 5.

421 Urteil vom 2. Juli 1947 - A 133/47, in: AöR, 74. Jgg., 1948, S. 93 - 95 (94 f.) ebenso Jahrbuch der Entscheidungen des Thüringischen Oberverwaltungsgerichts, Bd. 18 (1946/47), S. 128 - 134 (130 f.).

422 Wolfgang Bernet, Entwicklung und Funktion der deutschen bourgeoisen Verwaltungsgerichtsbarkeit, StuR, 32. Jgg., 1983, 824 - 832 (830).

Gesichtspunkte aber angesichts des eindeutigen Willens des Gesetzgebers für die Gesetzesanwendung durch das Oberverwaltungsgericht keine Rolle spielen.“[423]

Es wurde dem Gesetzgeber der Vorwurf gemacht, dass er den Grundsätzen rechtsstaatlicher Verwaltung zuwidergehandelt habe. Aus der Perspektive der SED stellte diese Äußerung nicht nur eine Provokation, sondern einen klaren Rechtsbruch dar, da das Oberverwaltungsgericht damit ein Gesetz des Landtages kritisierte, was ihm gemäß der Verfassung des Landes nicht zustand[424]. Im Rückblick kommentierte Bernet die Kritik des Oberverwaltungsgerichts dann wie folgt:

> „Hierauf verließ das OVG seine angeblich loyale Position und kritisierte das Gesetz des Landtages scharf, was ihm nicht einmal formell zustand, da der Landtag in Ausübung der in der Thüringer Landesverfassung definierten Souveränität gehandelt hatte. Das OVG war zu einem Anachronismus in der antifaschistischen - demokratischen Umwälzung geworden.“[425]

Schließlich wählte das Oberverwaltungsgericht einen fragwürdigen Weg, um doch noch seine unveränderte Rechtsauffassung zu der Anwendung des Reichsleistungsgesetzes darzulegen. In zwei Entscheidungen zitierte es – trotz des entgegenstehenden Verlangens der Deutschen Wirtschaftskommission – zustimmend Urteile von Gerichten aus den Westzonen. Dadurch wies es nicht nur auf das unterschiedliche Rechtsschutzniveau der sowjetischen Besatzungszone zu den Westzonen hin, es zeigte gleichzeitig die rechtlichen Mängel des Verwaltungshandelns in der sowjetischen Besatzungszone auf.

> „Der Anfechtungskläger wendet sich unter Berufung auf eine Entscheidung des Verwaltungsgerichts München auch dagegen, dass der Wagen ‚zur Verfügung‘ und nicht nur ‚zur Benutzung‘ erfasst worden sei. Auch das entzieht sich aber der Nachprüfung des Oberverwaltungsgerichts, wie dieses in einem Urteil vom 21.4.1948 Nr. 60/48 ausgesprochen hat. Wenn das Urteil des Verwaltungsgerichts München vom 12.7.1947 I 1/47 (auszugsweise abgedruckt Neue Juristische Wochenschrift 1947 S.78) feststellt, dass eine Inanspruchnahme ‚zur Verfügung‘, also eine ‚Enteignung‘ im Wortsinne, nur zulässig sei, wenn der Zweck der Inanspruchnahme auf andere Weise […] nicht erreicht werden könne, so entspricht das dem, u.a. auch im Polizei-

423 Urteil vom 2. Juli 1947 - A 133/47, in: Jahrbuch der Entscheidungen des Thüringischen Oberverwaltungsgerichts, Bd. 18 (1946/47), S. 128 - 134 (132).

424 Vgl. Art. 8 Abs. 1, 2 der. Verfassung des Landes Thüringen vom 20. Dezember 1946, Regierungsblatt für das Land Thüringen, Teil I: Gesetzsammlung, 1947, S. 1 - 8.

425 Wolfgang Bernet, Gerichtliche Nachprüfbarkeit von Verwaltungsakten für die DDR? in: Gerhard Riege / Rolf Schaarschmidt / S.M. Dshorbenadse / Franz Block, Bürger im sozialistischen Recht, S. 48 - 62 (57).

recht anerkannten Grundsatz der Verhältnismässigkeit des Eingriffs. Nur für die Zulässigkeit der nach dem Zweck und Wortlaut des Thür. Gesetzes vom 30.5.1947 ausgeschlossenen Nachprüfung dieser Frage ergibt sich hieraus nichts. Ebensowenig lassen sich die weiteren Ausführungen dieses Urteils, einem weite Kreise umfassenden dringenden Bedürfnis oder Notstand abzuhelfen sei das RLG. nicht bestimmt und eine Inanspruchnahme zur Verfügung (Übereignung) sei nur zulässig, wenn dem Betroffenen kein unbilliger Nachteil an seinem Vermögen erwachse, auf Thüringen übertragen. Denn für Thüringen bestimmt jetzt das Gesetz vom 30.5.1947 Voraussetzungen der Anwendung des RLG: nach § 2 [...] ist eine Inanspruchnahme – gegebenenfalls auch ‚zur Verfügung' zulässig, wenn es im öffentlichen Interesse erforderlich erscheint, und das unterliegt nicht der Nachprüfung des OVG."[426]

„Das Urteil des Verwaltungsgerichts Hamburg vom 18.7.1947, (veröffentlicht in der Zeitschrift ``Der Betriebsberater'' 1947 S. 255) hat allerdings ausgesprochen, dass eine Eigentumsübertragung an einem Kraftwagen auf Grund des RLG. nicht angemessen erscheinen könne, wenn im Einzelfall die Gebrauchsüberlassung genüge. Das Gericht betont dabei den Grundsatz, dass Enteignungen auf Grund des RLG. nur im Notfall zulässig seien und insbesondere den Eignern von Kraftwagen nicht die Möglichkeit genommen werden soll, ihren Wagen wieder zu bekommen. Eine Anordnung von Eigentumsübertragung des Kraftwagens widerstreite in dem entschiedenen Falle verständigem Ermessen; insoweit sei von dem der Bedarfsstelle anvertrauten Ermessen nicht im Sinne des Gesetzes Gebrauch gemacht.

Diese Ausführungen enthalten eine Beurteilung von Ermessenfragen, die dem Verwaltungsrichter in Thüringen entzogen ist. Denn soweit die Verfügung nach freiem Ermessen zu treffen war, ist die Anfechtungsklage schlechthin ausgeschlossen (§ 128 II 1 LVO)."[427]

Das Thüringische Oberverwaltungsgericht bewies mit diesem unnachgiebigen Handeln, dass es zu einer Anpassung und zu einer Unterstützung des antifaschistisch-demokratischen Wandels nicht willig sei. Mit der darin zum Ausdruck kommenden Selbstverpflichtung des Gerichts zur Wahrung der Rechtsstaatlichkeit gefährdete es seine Existenz.

Das Änderungsgesetz zum Reichsleistungsgesetz blieb nur sechzehn Monate in Kraft.[428] Seit September 1948 musste auch in Thüringen eine von der Deutschen Wirtschaftskommission erlassene Anforderungsverordnung angewandt

426 Vorbescheid vom 26. Mai 1948 - A 59/48, in: ThHStAW, OVG Jena, D Nr. 1 Bd. 6.

427 Vorbescheid vom 9. Oktober 1947 - A 172/47, in: ThHStAW, OVG Jena, D Nr. 1 Bd. 5.

428 Gesetz betr. die Aufhebung des Gesetzes über die Anwendung des Reichsleistungsgesetzes vom 8. Oktober 1948, Regierungsblatt für das Land Thüringen, Teil I: Gesetzsammlung, 1948, S. 102.

werden[429], die umfangreiche Eingriffe in die persönlichen und Vermögensrechte zuließ, ohne dass den Betroffenen ein wirksamer Rechtsschutz gewährt wurde. Sowohl Hellmuth Loening als auch Martin Drath hatten den von der Deutschen Wirtschaftskommission ausgearbeiteten Entwurf einer scharfen Kritik unterzogen, woraufhin die thüringische Regierung den Erlass einer entsprechenden Anforderungsverordnung ablehnte.[430] Nachdem die Landesregierung Mitte 1948 beschlossen hatte, dass im Zentralverordnungsblatt veröffentlichte Verordnungen der Zentralverwaltung auch in Thüringen Gültigkeit besaßen, musste die Anforderungsverordnung auch hier angewandt werden.[431]

bb) Beschlagnahme von Wohnraum, Abgrenzung des Wohnungsrechts von Maßnahmen aufgrund des Reichsleistungsgesetzes

Zum Wohnungsrecht ergingen ebenfalls einige Entscheidungen des Oberverwaltungsgerichts, in denen sich das Rechtsprechungsorgan nicht den Interessen von Verwaltung und Politik beugen wollte.

In seinem Urteil vom 13. November 1946[432] hatte das Oberverwaltungsgericht die Frage zu beurteilen, ob eine Beschlagnahme gewerblicher Räume zu Wohnzwecken[433] der Zivilbevölkerung in Anwendung des Reichsleistungsgesetzes (§ 5) rechtmäßig war. Die Richter kamen zu dem Ergebnis, dass das Kontrollratsgesetz Nr. 18 – Wohnungsgesetz vom 8. März 1946[434] eine erschöpfende Neuregelung sei und somit die Anwendung des Reichsleistungsgesetzes für

---

429 Verordnung über Anforderungen für den Aufbau der Wirtschaft und für die Beseitigung von Notständen vom 21. Juli 1948, Zentralverordnungsblatt, 1948, S. 367 - 374; Thüringer Landtag, 49. Sitzung am 8. Oktober 1948, Akten und Verhandlungen des Thüringer Landtages, 1946 - 1952, Bd. I.3, S. 1351 - 1392 (1358).

430 Gesetzentwurf über Anforderungen für den Aufbau der Wirtschaft und für die Durchführung der Wirtschaftspläne sowie für die Beseitigung von Notständen vom 6. November 1947, gutachterliche Stellungnahme Loenings vom 16. Januar 1948, Äußerungen Draths vom 9. und 27. April 1948, ThHStAW, Ministerium der Justiz, Akte 389.

431 Petra Weber, Justiz und Diktatur, S. 71.

432 Urteil vom 13. November 1946 - A 5/46, in: AöR, 74. Jgg., 1948, S. 78 - 83 ebenso Jahrbuch der Entscheidungen des Thüringischen Oberverwaltungsgerichts, Bd. 18 (1946/47), S. 25 - 37.

433 Für die Inanspruchnahme gewerblicher Räume für gewerbliche Zwecke war § 5 RLG anzuwenden, Urteil vom 6. August 1947 - A 86/47, in: Jahrbuch der Entscheidungen des Thüringischen Oberverwaltungsgerichts, Bd. 18 (1946/47), S. 153 - 162 (158).

434 Für Thüringen veröffentlicht in: Regierungsblatt für das Land Thüringen, Teil III: Gesetze und Befehle des Alliierten Kontrollrats und Befehle der Sowjet-Militär-Administration, 1946, S. 37 f..

Wohnungszwecke ausschließe.[435] Vor dessen Inkrafttreten schied die Anwendung des Reichsleistungsgesetzes aus, da die Wohnraumbeschaffung für die Zivilbevölkerung keine Reichs-, sondern eine Länderaufgabe war.[436] Dieses Urteil gehörte zu den Entscheidungen, die von Eyermann am 7. Oktober 1948 im Thüringer Landtag, exemplarische für die gesamte Rechtsprechung des Oberverwaltungsgerichts, einer massiven Kritik unterzogen wurden. Die beteiligten Richter wurden als nicht fortschrittlich bezeichnet.[437] Die das Reichsleistungsgesetz ablösende Anforderungsverordnung[438] sah indes eine Anforderung gewerblicher Räume für Wohnzwecke ebenfalls nicht vor. Damit hatte der Gesetzgeber für die ganze sowjetische Besatzungszone dieselbe Entscheidung getroffen wie das Oberverwaltungsgericht.[439]

Aufgrund eines Urteils[440] wies das Ministerium des Inneren in seiner Stellungnahme gegenüber dem Oberverwaltungsgericht vom 23. Februar 1948[441] auf sein Verständnis der Begriffe „Zweckentfremdung“ und „Unterbelegung“ von Wohnraum ausdrücklich hin. Das Ministerium stellte heraus, dass § 4 der 2. AVO[442] „keine Einschränkung, sondern eine Verschärfung“ des Artikels VI a Kontrollratsgesetz Nr. 18[443] sei.

---

435 Urteil vom 13. November 1946 - A 5/46, in: AöR, 74. Jgg., 1948, S. 78 - 83 (83) ebenso Jahrbuch der Entscheidungen des Thüringischen Oberverwaltungsgerichts, Bd. 18 (1946/47), S. 25 - 37 (36).

436 Urteil vom 13. November 1946 - A 5/46, in: AöR, 74. Jgg., 1948, S. 78 - 83 (82) ebenso Jahrbuch der Entscheidungen des Thüringischen Oberverwaltungsgerichts, Bd. 18 (1946/47), S. 25 - 37 (35).

437 Thüringer Landtag, 48. Sitzung am 7. Oktober 1948, Akten und Verhandlungen des Thüringer Landtages, 1946 - 1952, Bd. I.3, S. 1321 - 1350 (1345 f.).

438 Verordnung über Anforderungen für den Aufbau der Wirtschaft und für die Beseitigung von Notständen vom 21. Juli 1948, Zentralverordnungsblatt, 1948, S. 367 - 374; Gesetz betr. die Aufhebung des Gesetzes über die Anwendung des Reichsleistungsgesetzes vom 8. Oktober 1948, Regierungsblatt für das Land Thüringen, Teil I: Gesetzsammlung, 1948, S. 102.

439 Schreiben Sievers an den Justizminister vom 23. November 1948, ThHStAW, OVG Jena, B I Nr. 8.

440 Urteil vom 6. August 1947 - A 57/47, in: Jahrbuch der Entscheidungen des Thüringischen Oberverwaltungsgerichts, Bd. 18 (1946/47), S. 144 - 153.

441 Stellungnahme des Ministeriums des Inneren vom 23. Februar 1948, ThHStAW, OVG Jena, D Nr. 5.

442 2. Ausführungsverordnung zum Gesetz Nr. 18 der Alliierten Kontrollbehörde Kontrollrat vom 10. September 1946, Regierungsblatt für das Land Thüringen, Teil I: Gesetzsammlung, 1947, S. 11 f..

443 Gesetz Nr. 18 des Alliierten Kontrollrats vom 8. März 1946; für Thüringen veröffentlicht in: Regierungsblatt für das Land Thüringen, Teil III: Gesetze und Befehle des Alliierten Kontrollrats und Befehle der Sowjet-Militär-Administration, 1946, S. 37 f..

„Der § 4 der 2. AVO verpflichtet die Wohnungsbehörden zur Rückführung der nach dem 1.9.39 zweckentfremdeten Wohnräume, während die Rückführung nach Artikel VI a des Wohnungsgesetzes [...] in den Fällen erfolgen kann, in denen die Zweckentfremdung vor diesem Zeitpunkt vorgenommen wurde [...].“[444]

Das Oberverwaltungsgericht bestritt diese Auffassung in einem Gutachten[445] sowie in einem Urteil[446]. Nach seiner Überzeugung treffe § 4 Abs. 1 vielmehr eine nähere Bestimmung darüber, wann Zweckentfremdung im Sinne des Artikels VI vorliege, nämlich nur bei Zweckentfremdung nach dem Stichtag.[447]

Darüber hinaus widersetzte sich das Oberverwaltungsgericht in seinen Entscheidungen[448] der Auslegung des Ministeriums, wonach „als unterbelegt jener Wohnraum gilt, der über der durchschnittlichen qm-Zahl Wohnfläche pro Kopf der Bevölkerung liegt“[449]. Nach seiner Rechtsprechung sollte bei der Feststellung der Unterbelegung sowohl von der Zahl wie auch von der Größe der einzelnen Räume ausgegangen werden. Es sei „unrichtig, lediglich die Fläche zu berücksichtigen“.[450]

Das Oberverwaltungsgericht war wiederum nicht bereit, der Verwaltung in einer für beide Seiten schwierigen Situation entgegenzukommen. Zweifellos entsprach die verwaltungsgerichtliche Auslegung der Begriffe eher rechtsstaatlichen Erwägungen. Gegen eine Pflicht der Verwaltungsstellen zur Rückführung zweckentfremdeten Wohnraums aus § 4 2. AVO spricht bereits dessen Wortlaut, der eine Rückführung nur „auf Verlangen der Wohnungsbehörde“ forderte. Es ist aber auch zu bedenken, dass die Verwaltungsbehörden jener Zeit durch schnelles Handeln die Notlage der Bevölkerung zu minimieren hatten. Dabei wäre eine strikte und einheitliche Auslegung der Gesetze – generelle Pflicht zur

444 Stellungnahme des Ministeriums des Inneren vom 23. Februar 1948, ThHStAW, OVG Jena, D Nr. 5.

445 Siehe gutachterliche Äußerungen des OVG: Gutachten des OVG vom 11. März 1948 zu einigen Ausführungsbestimmungen zum Wohnungsgesetz, ThHStAW, OVG Jena, D Nr. 5.

446 Urteil vom 17. März 1948 - A 115/47, in: Regierungsblatt für das Land Thüringen, Teil II: Amtsblatt, 1948, S. 148.

447 Urteil vom 17. März 1948 - A 115/47, ebenda.

448 Gutachten des OVG vom 11. März 1948 zu einigen Ausführungsbestimmungen zum Wohnungsgesetz, ThHStAW, OVG Jena, D Nr. 5; Urteil vom 21. April 1948 - A 216/47, in: Regierungsblatt für das Land Thüringen, Teil II: Amtsblatt, 1948, S. 175; Urteil vom 25. August 1948 - A 107/48, in: Regierungsblatt für das Land Thüringen, Teil II: Amtsblatt, 1948, S. 312.

449 Stellungnahme des Ministeriums des Inneren vom 23. Februar 1948, ThHStAW, OVG Jena, D Nr. 5.

450 Urteil vom 25. August 1948 - A 107/48, in: Regierungsblatt für das Land Thüringen, Teil II: Amtsblatt, 1948, S. 312.

Rückführung, lediglich Berücksichtigung der Quadratmeterzahl – hilfreich gewesen. Das Oberverwaltungsgericht entschied sich trotz dieses Hintergrundes für die konsequente Wahrung der Gesetze.

cc) Gewerberechtliche Zulassung

Auch im Rahmen des Gewerberechts sprach das Oberverwaltungsgericht einige Urteile entgegen den politischen Zielen der SED.

Wirtschaftsminister Hüttenrauch konnte sich zwar nicht mit seinem Verlangen durchsetzen, bei gewerberechtlichen Genehmigungsverfahren den Rechtsweg vor dem Oberverwaltungsgericht generell auszuschließen. Das Gewerbegenehmigungsgesetz vom 18. Oktober 1946 enthielt jedoch einen „Kautschukparagraphen".[451] Nach § 4 dieses Gesetzes musste für die Eröffnung, Erweiterung, Verlegung und Umstellung von gewerblichen Betrieben ein „Bedürfnis" bestehen und der Antragsteller die nötigen fachlichen und charakterlichen Fähigkeiten aufweisen[452]. Diese Formulierungen hätten die Nichtzulassung von Gewerbebetrieben aus politischen Gründen ermöglichen können. Das Oberverwaltungsgericht verneinte jedoch einen Ermessensspielraum der Behörde und beharrte auf die verwaltungsgerichtliche Nachprüfbarkeit des „objektiven Bedürfnistatbestandes".[453] Damit war ein Widerstreit zwischen der Auslegung des Gerichts und den Absichten der Verwaltungsbehörde voraussehbar. Die Bedürfnisfrage ist allerdings nur selten vom Oberverwaltungsgericht geprüft worden, vielmehr hat es sich auf die Angaben der örtlichen Stellen berufen, „während die Ministerien auf Prinzipien herumgeritten sind, die mit der Bedürfnisfrage nichts zu tun haben"[454].

> „[…] in rund 80 % aller Fälle [ist] die Klage im Enderfolg unbegründet gewesen. […] Wenn aber sämtliche ordentlichen Stellen das Bedürfnis bejahen und das Ministerium das Bedürfnis nur deshalb verneint, weil in einer anderen Gegend Thüringens zu viele Betriebe solcher Art seien, dann würde wahrscheinlich auch der Landtag sich die Entscheidung überlegen müssen […]."[455]

---

451 Petra Weber, Justiz und Diktatur, S. 72.

452 Gesetz über die Eröffnung, Erweiterung, Verlegung und Umstellung von gewerblichen Betrieben vom 18. Oktober 1946, Regierungsblatt für das Land Thüringen, Teil I: Gesetzsammlung, 1946, S. 155 f..

453 Urteil vom 25. Juni 1947 - A 51/47, in: Jahrbuch der Entscheidungen des Thüringischen Oberverwaltungsgerichts, Bd. 18 (1946/47), S. 114 - 121 (115 ff.).

454 ThHStAW, OVG Jena, B I Nr. 2.

455 ThHStAW, OVG Jena, B I Nr. 2.

Auf Missbilligung von Seiten der SED mussten auch die Entscheidungen des Oberverwaltungsgerichts zur „Unzuverlässigkeit“[456] gestoßen sein. So war das Oberverwaltungsgericht bemüht, „im Gewerberecht den Begriff der Unzuverlässigkeit nicht nach strafrechtlichen oder [...] politischen Erwägung, sondern ausschließlich nach gewerbepolizeilichen Gesichtspunkten zu bestimmen“[457]. Entgegen der auf der 1. Juristenkonferenz vom 1./2. März 1947 aufgestellten Forderung an die Justiz ihrer Rechtsprechung die politischen Grundlagen der neuen demokratischen Ordnung zugrunde zu legen, lehnte das Oberverwaltungsgericht eine politische Beurteilung der strittigen Sachverhalte strikt ab.[458]

In dem Beschluss vom 9. Oktober 1947[459] befassten sich die Richter des Oberverwaltungsgerichts mit der Frage, ob die Verordnung des Beauftragten für den Vierjahresplan vom 25. Juli 1939 weiterhin galt. Diese Verordnung knüpfte die Erteilung des Wandergewerbescheines an die Zustimmung zweier voneinander unabhängiger Behörden. Während die Verwaltungsbehörde an die Reichsgewerbeordnung gebunden war und deren Beachtung im Rechtsmittelwege eingeklagt werden konnte, war die Arbeitseinsatzbehörde weder an objektives Recht gebunden noch bestand eine Anfechtungsmöglichkeit für die Betroffenen. Dem ungeachtet war die Entscheidung der Arbeitseinsatzbehörde für die Verwaltungsbehörde bindend. Das Oberverwaltungsgericht sah darin „typisch nationalsozialistisches und militaristisches Gedankengut“ enthalten und sprach der Verordnung insoweit durch § 2 des Gesetzes zur Beseitigung des nationalsozialistischen Rechts vom 20. August 1945[460] die Gültigkeit ab. Daneben hatte das Urteil die Notwendigkeit einer planvollen Lenkung der Arbeitskräfte durch die Arbeitsbehörden explizit als unentbehrlich erklärt. Die Verwaltungsbehörde wurde ermächtigt, die Begründung der Arbeitseinsatzbehörde nachzuprüfen. Ergab diese Prüfung, dass Gesichtspunkte des Arbeitseinsatzes die Stellungnahme der Arbeitsbehörde nicht zu tragen vermochten, so waren weder die Verwaltungsbehörde noch die übergeordneten Aufsichts- und Spruchbehörden daran gebunden. „Das Urteil hat mithin nichts anderes bezweckt, als dem Be-

456 Beschluss vom 23. Januar 1947 - B 37/46, in: Jahrbuch der Entscheidungen des Thüringischen Oberverwaltungsgerichts, Bd. 18 (1946/47), S. 177 - 185; Beschluss vom 13. März 1947 - B 26/46, in: Jahrbuch der Entscheidungen des Thüringischen Oberverwaltungsgerichts, Bd. 18 (1946/47), S. 191 - 195.

457 Hans Peter Ipsen, Entscheidungssammlungen des Thüringischen OVG und des Bayerischen VGH, AöR, 74. Jgg., 1948, S. 499 - 507 (505).

458 Beschluss vom 13. März 1947 - B 26/46, in: Jahrbuch der Entscheidungen des Thüringischen Oberverwaltungsgerichts, Bd. 18 (1946/47), S. 191 - 195 (195).

459 B 15/47, in: Regierungsblatt für das Land Thüringen, Teil II: Amtsblatt, 1948, S. 8 f..

460 Regierungsblatt für das Land Thüringen, Teil I: Gesetzsammlung, 1945, S. 10.

troffenen die Möglichkeit zu eröffnen, einen in seine Lebenssphäre tief eingreifenden Verwaltungsakt einer Nachprüfung zuzuführen."[461]

In der zweiten Lesung des Gesetzes über die Verwaltungsgerichtsbarkeit am 7. Oktober 1948 im Thüringer Landtag hatte der Vorsitzende der SED-Fraktion, Eyermann, diese „politischen Urteile" als Beweis dafür angeführt, dass die Richter des Oberverwaltungsgerichts mit ihrer Rechtsprechung „die demokratische Fortentwicklung" der „Verwaltung nicht gefördert, sondern gehemmt" haben.[462]

> „Ich glaube, wenn wir die demokratische Entwicklung fördern und die demokratische Verwaltung entwickeln wollen, dann können wir nicht ein Organ gebrauchen, das immer Sand in die Maschine streut und bremst."[463]

Eyermann erstreckte seine Kritik auf ein weiteres gewerberechtliches Urteil, in dem er die Aufhebung einer Entscheidung des Ministeriums für Versorgung, eine Zulassung als Handelsvertreter zu verweigern, beanstandete.[464] Aus den Ausführungen geht unterdessen nicht klar hervor, auf welches der wenigen in Betracht kommenden Urteile – jenes vom 24. September 1947 oder das vom 29. Oktober 1947[465] – sich Eyermann bezog. Die im Landtag von ihm zitierten Textstellen, sind in keiner der beiden Urteilsbegründungen zu finden. Nach den zugrunde liegenden Verfahrensgegenständen ist wohl eher auf die Entscheidung vom 29. Oktober 1947 abzustellen.[466] In dieser erkannte das Oberverwaltungsgericht das volkswirtschaftliche Bedürfnis für ein Handelsvertreterunternehmen für Industrie-, Wirtschafts- und Baubedarf an, da „das Schwergewicht der Tätigkeit des Klägers darauf liege, den Firmen mit denen er in Verbindung stehe, nachzuweisen, wo sie ihren Bedarf decken können und wie die Formalitäten mit den staatlichen Bewirtschaftungsstellen zu erledigen seien". Durch den Nachweis von Einkaufsmöglichkeiten habe der Kläger überzeugend dargelegt, dass „seine Tätigkeit von der sonst üblichen der Verkaufsvertreter abweiche". Im

---

461 Stellungnahme Wangenheims zur Kritik Eyermanns im Thüringer Landtag vom 24. November 1948, ThHStAW, OVG Jena, B I Nr. 8.

462 Thüringer Landtag, 48. Sitzung am 7. Oktober 1948, Akten und Verhandlungen des Thüringer Landtages, 1946 - 1952, Bd. I.3, S. 1321 - 1350 (1344 f.).

463 Thüringer Landtag, 48. Sitzung, ebenda, S. 1346.

464 Thüringer Landtag, 48. Sitzung, ebenda, S. 1345.

465 Urteil vom 24. September 1947 - A 82/47, Urteil vom 29. Oktober 1947 - A 154/47, in: ThHStAW, OVG Jena, D Nr. 1 Bd. 5.

466 Auch für Settekorn, der als Richter bei den Zulassungsentscheidungen des OVG mitwirkte, war nicht offenkundig, auf welches Urteil die Kritik Eyermanns abzielte. Er erblickte in dem Urteil A 154/47 die einzig in Betracht kommende Entscheidung. Stellungnahme Settekorns zur Kritik Eyermanns im Thüringer Landtag, ThHStAW, OVG Jena, B X Nr. 9.

Grundtenor wich dieses Urteil indes nicht von der Entscheidung vom 24. September 1947 ab, worin das Oberverwaltungsgericht ebenfalls feststellte, dass auf das Unternehmen „nicht ohne Schaden für den geordneten Warenumlauf und Wirtschaftsablauf verzichtet werden kann“. Zu dieser Überzeugung kam das Gericht, da die Kläger durch die Errichtung eines Handelsvertreterunternehmens für Füllhalter „den Zugang von Waren vermitteln, die sonst nicht nach Thüringen kämen, hier aber dringend gebraucht werden“.

In beiden Urteilen wurde – entgegen der Auffassung des Ministeriums für Versorgung – das volkswirtschaftliche Bedürfnis auf Zulassung als Handelsvertreter von den Richtern des Oberverwaltungsgerichts und damit die Stärkung der Privatwirtschaft bejaht, während gleichzeitig die staatliche Regulierung zurücktreten musste.

Dass das Oberverwaltungsgericht mit den angegriffenen Entscheidungen nicht den Interessen der SED entsprach, kann nicht überraschen. Markant ist gleichwohl, dass Eyermann bei seiner Kritik hauptsächlich auf Entscheidungen zum Handels- und Gewerberecht einging. Dies bestätigt, dass dem Wirtschaftsrecht bei der gesellschaftlichen Umwälzung eine bedeutende Stellung zukam. Die Normen des Handels- und Gewerberechts sollten den Aufbau und die Festigung der Planwirtschaft sichern. Durch die Gewährung subjektiv-öffentlichen Rechtsschutzes wurde dies beeinträchtigt. Das Ignorieren dieser Unerlässlichkeit von Seiten des Oberverwaltungsgerichts, zog zwangsläufig die Angriffe der SED nach sich.

dd) Gutachterliche Tätigkeit

Von dem Thüringer Oberverwaltungsgericht und von dessen Präsidenten Hellmuth Loening wurden zudem Rechtsgutachten erstattet, die nicht immer mit den Interessen der Regierung übereinstimmten. So hat der Präsident in einem solchen warnend darauf hingewiesen, dass Ende 1946 / Anfang 1947 „3/4 aller amtierenden Richter […] nur zeitweilig und zwar auf einen Zeitraum, dessen Dauer jeweils völlig im Belieben der Justizverwaltung [lag], richterliche Tätigkeit ausübt[e]“ und dass „auf diese Weise […] das Grundprinzip des GVG, die persönliche Unabhängigkeit der Richter (GVG., §§ 6 - 8), die ihrerseits allein in der Lage ist, die sachliche Unabhängigkeit der Gerichte (GVG., § 1) wirklich garantieren zu können, tatsächlich in weitem Umfang beseitigt“ wurde.[467]

Am 7. Februar 1947 hatte die Regierung des Landes Thüringen beschlossen, dass Verordnungen der Deutschen Zentralverwaltungen als solche nicht geltendes Recht seien, sondern eines Übernahmebeschlusses des Landtages bedurften,

---

467 Gutachten des OVG-Präsidenten vom 2. Januar 1947, in: Jahrbuch der Entscheidungen des Thüringischen Oberverwaltungsgerichts, Bd. 18 (1946/47), S. 220 - 227 (223).

um Rechtskraft zu erlangen. Die Regierung berief sich dabei auf ein Gutachten des Präsidenten des Oberverwaltungsgerichts Loening vom 6. Februar 1947. Nach diesem hatten die Deutschen Zentralverwaltungen für die sowjetische Besatzungszone kein Gesetzgebungs- und Verordnungsrecht, da dieses gemäß Befehl Nr. 332 der Sowjetischen Militäradministration in Deutschland vom 27. November 1946 und der Länderverfassungen ausschließlich den gewählten Landtagen zustünde. Demgegenüber wurde seitens der Deutschen Zentralverwaltungen ein abweichender Standpunkt vertreten, indem sie im Zentralverordnungsblatt Verordnungen mit dem Anspruch unmittelbarer Gültigkeit in den Ländern der Zone veröffentlichten.[468] Für diese von der SED vertretene Gegenposition hatte Martin Drath u.a. mit der Folgerung argumentiert:

> „Diese [Verordnungen der Zentralverwaltungen] sind keine wirklichen Verordnungen der Zentralverwaltungen, sondern Befehle der Besatzungsmacht.“[469]

Da Befehle der Besatzungsmacht Vorrang vor der Landesgesetzgebung hatten, hätten demnach auch die Verordnungen der Zentralverwaltungen keiner Genehmigung durch die Landtage bedurft. Dagegen wandte Hellmuth Loening ebenso wie die Landesregierung ein, dass Gesetze, Verordnungen oder Anweisungen der Zentralverwaltungen den Befehlen der Besatzungsmacht nicht gleichzustellen oder gar als solche anzusehen seien, wenn sie nur mit deren allgemeinen Ermächtigung oder Zustimmung ergangen sind.[470] Darüber hinaus führte das Oberverwaltungsgericht in seinem Gutachten vom 13. August 1947 seine grundsätzlichen Vorbehalte gegen die unmittelbare Geltung von Verordnungen der Zentralverwaltungen an.

> „Sehr schwerwiegend ist aber der allgemein gegen eine unmittelbare Geltung Berliner Verordnungen zu erhebende staatspolitische Einwand, dass es im demokratischen Staat ein Unding wäre, wenn bürokratisch organisierte und nicht durch allgemeine Wahlen gebildete Behörden, wie die Berliner Zentralverwaltungen, gesetzgebende Befugnisse erhielten, die vor den Gesetzen der gewählten Landesparlamente sogar noch den Vorrang hätten. Abgesehen davon, dass das mit demokratischen Grundsätzen schlechthin unvereinbar wäre, könnten sich auf diese Weise leicht Ansatzpunkte zu einem neuen autoritären ‚Führerprinzip‘ herausbilden.“[471]

---

468 Rechtsgutachten des Thüringischen Oberverwaltungsgerichts vom 13. August 1947 - X 3 Be 5/47, ThHStAW, OVG Jena, B X Nr. 3.

469 Gutachten Draths vom 12. Januar 1948, ThHStAW, Ministerium der Justiz, Akte 331.

470 Rechtsgutachten des Thüringischen Oberverwaltungsgerichts vom 13. August 1947 - X 3 Be 5/47, ThHStAW, OVG Jena, B X Nr. 3.

471 Rechtsgutachten des Thüringischen Oberverwaltungsgerichts, ebenda.

Mit diesen Äußerungen widersprach das Oberverwaltungsgericht bewusst den Zentralisierungsbestrebungen der SED. Diese wurden in einem Artikel der Süddeutschen Juristenzeitung (vom Januar 1947) offenkundig gemacht, welcher in dem Gutachten des Oberverwaltungsgerichts auszugsweise abgedruckte war.

> „Damit ist auch der Hauptwesenszug der neuen staatsrechtlichen Wendung in der sowjetischen Besatzungszone bezeichnet: er besteht in der Stärkung der Zonengewalt. Träger dieser Zentralgewalt sind – in enger Verbindung miteinander – die SMA für Deutschland in Berlin-Karlshorst, die Deutschen Zentralverwaltungen und (als pouvoir indirect) die zentrale Leitung der SED.“[472]

Im Februar 1948 wurde der Streitstand jedoch gegenstandslos, da mit dem Ausbau der DWK zum obersten wirtschaftsleitenden Staatsorgan der sowjetischen Besatzungszone mit umfassenden Gesetzgebungskompetenzen auch die Gesetzgebungskompetenz der dieser unterstellten Zentralverwaltungen verbindlich geregelt wurde[473]. Schließlich beschloss die Landesregierung Mitte 1948, dass die im Zentralverordnungsblatt veröffentlichten Verordnungen der Zentralverwaltungen ohne besonderen Übernahmebeschluss auch in Thüringen Gültigkeit erlangen sollten.[474]

Im Februar 1948 bat das Ministerium des Inneren das Oberverwaltungsgericht um eine gutachterliche Äußerung zum Wohnungsrecht, das bereits Gegenstand verwaltungsgerichtlicher Entscheidungen war.[475] Diesbezüglich äußerte sich zunächst Vizepräsident Sievers[476] in einer Stellungnahme; eine Woche später lag das offizielle Gutachten des Oberverwaltungsgerichts vor.[477]

Die Auffassung des Innenministeriums, dass bei Zweckentfremdung nach dem 1. September 1939 die Rückführung von Wohnraum obligatorisch (§ 4

---

472 Rechtsgutachten des Thüringischen Oberverwaltungsgerichts, ebenda.

473 Thomas Heil, Die Verwaltungsgerichtsbarkeit in Thüringen 1945 - 1952, S. 154, 159.

474 Petra Weber, Justiz und Diktatur, S. 71.

475 Stellungnahme des Ministeriums des Inneren vom 23. Februar 1948, ThHStAW, OVG Jena, D Nr. 5.

476 Georg, Friedrich, Rudolf Sievers (1883 - ?): 1946 - 1949 Vizepräsident des OVG Jena; 1949 - 1952 Verwaltungsrechtsrat in Jena; 1946 - 1953 Lehrauftrag für Verwaltungsrecht an Universität Jena; Thomas Heil, Die Verwaltungsgerichtsbarkeit in Thüringen 1945 - 1952, Biographischer Anhang.

477 Stellungnahme Sievers zum Antrag des Ministeriums des Inneren auf gutachterliche Äusserung des OVG zu Ausführungsbestimmungen zum Wohnungsgesetz vom 3. März 1948, Gutachten des OVG vom 11. März 1948 zu einigen Ausführungsbestimmungen zum Wohnungsgesetz, ThHStAW, OVG Jena, D Nr. 5.

Abs. 1 der 2. AVO[478]), vor diesem Stichtag fakultativ sei (Art. VI a) Kontrollratsgesetz Nr. 18[479])[480], bezeichnete Sievers in seiner Stellungnahme als „Krampf"[481].

> „Von dieser Ermächtigung [Art. VI] Gebrauch zu machen oder nicht, liegt nicht im freien, sondern im pflichtmässigen Ermessen der Verwaltung. Liegt Notwendigkeit [...] vor, so muss die Behörde schon nach Art. VI, auch ohne Ausf.Best., pflichtmässig zweckentfremdeten Raum zurückführen."[482]

Darüber hinaus wurde in beiden Äußerungen – in Übereinstimmung mit der „ständigen, feststehenden Rechtsprechung des OVG, die dem Ministerium bekannt"[483] war und entgegen dessen Standpunkt[484] – die Unterbelegung von Wohnraum sowohl von der Quadratmeterzahl als auch Anzahl und Größe der Wohnräume abhängig gemacht.[485]

Lediglich in seiner Stellungnahme beanstandete Sievers die Vorgehensweise des Ministeriums. Er empfand die Anforderung eines Gutachtens als „unzulässigen Eingriff in die Rechtspflege", soweit dadurch „das OVG als Gutachter ge-

---

478 2. Ausführungsverordnung zum Gesetz Nr. 18 der Alliierten Kontrollbehörde Kontrollrat vom 10. September 1946, Regierungsblatt für das Land Thüringen, Teil I: Gesetzsammlung, 1947, S. 11 f..

479 Gesetz Nr. 18 des Alliierten Kontrollrats vom 8. März 1946; für Thüringen veröffentlicht in: Regierungsblatt für das Land Thüringen, Teil III: Gesetze und Befehle des Alliierten Kontrollrats und Befehle der Sowjet-Militär-Administration, 1946, S. 37 f..

480 Stellungnahme des Ministeriums des Inneren vom 23. Februar 1948, ThHStAW, OVG Jena, D Nr. 5.

481 Stellungnahme Sievers zum Antrag des Ministeriums des Inneren auf gutachterliche Äusserung des OVG zu Ausführungsbestimmungen zum Wohnungsgesetz vom 3. März 1948, ThHStAW, OVG Jena, D Nr. 5.

482 Stellungnahme Sievers zum Antrag des Ministeriums des Inneren auf gutachterliche Äusserung des OVG zu Ausführungsbestimmungen zum Wohnungsgesetz vom 3. März 1948, Gutachten des OVG vom 11. März 1948 zu einigen Ausführungsbestimmungen zum Wohnungsgesetz, ThHStAW, OVG Jena, D Nr. 5; Urteil vom 17. März 1948 - A 115/47, in: Regierungsblatt für das Land Thüringen, Teil II: Amtsblatt, 1948, S. 148.

483 Stellungnahme Sievers zum Antrag des Ministeriums des Inneren auf gutachterliche Äusserung des OVG zu Ausführungsbestimmungen zum Wohnungsgesetz vom 3. März 1948, ThHStAW, OVG Jena, D Nr. 5.

484 Stellungnahme des Ministeriums des Inneren vom 23. Februar 1948, ThHStAW, OVG Jena, D Nr. 5.

485 Stellungnahme Sievers zum Antrag des Ministeriums des Inneren auf gutachterliche Äusserung des OVG zu Ausführungsbestimmungen zum Wohnungsgesetz vom 3. März 1948, Gutachten des OVG vom 11. März 1948 zu einigen Ausführungsbestimmungen zum Wohnungsgesetz, ThHStAW, OVG Jena, D Nr. 5.

gen eine von ihm selbst getroffene Entscheidung angerufen“ beziehungsweise „die Rechtsprechung des OVG von vornherein festgelegt“ werden sollte.[486]

c) Die Bewertung der Rechtsprechungstätigkeit des Oberverwaltungsgerichts und dessen Reaktionen

Es ist ganz natürlich, dass die Partei, deren Auffassung durch ein Gerichtsurteil als unrichtig beschieden wird, mit dieser Rechtsprechung unzufrieden ist, während eine außenstehende Institution diese neutral beurteilen kann. So ist es auch nicht verwunderlich, dass die Tätigkeit des Oberverwaltungsgerichts von den einen kritisiert wurde und gleichzeitig von anderen Anerkennung erfuhr[487]. Der Vorwurf des mangelnden Verständnisses des Oberverwaltungsgerichts für die Verwaltung[488] ist in diesem Zusammenhang durchaus legitim. Weitere Reaktionen der Verwaltungsorgane, der Regierung und des Landtags gingen indes vielfach über eine sachliche Kritik hinaus und verschärften dadurch den Konflikt mit dem Oberverwaltungsgericht.

So ist es vorgekommen, dass Verwaltungsstellen auf allen Ebenen Urteilen des Oberverwaltungsgerichts nicht nachgekommen sind und vielmehr ausdrücklich erklärt haben, diese nicht durchführen zu wollen.[489] Darüber hinaus wurden

---

486 Stellungnahme Sievers zum Antrag des Ministeriums des Inneren auf gutachterliche Äusserung des OVG zu Ausführungsbestimmungen zum Wohnungsgesetz vom 3. März 1948, ThHStAW, OVG Jena, D Nr. 5.

487 In der Deutschen Rechts-Zeitschrift wurde 1948 über das Jahrbuch der Entscheidungen des Thüringischen Oberverwaltungsgerichts, Bd. 18 (1946/47) geschrieben: „Die in ihm vereinigten 46 Entscheidungen u. Rechtgutachten machen dem von jeher bedeutenden Ruf des Gerichts Ehre u. sind eindrucksvolle Dokumente juristischen Wissens, praktischen Blicks u. rechtsstaatlichen Verantwortungsbewusstseins. Sie sind wertvolle Dokumente zum Neubau des deutschen Verwaltungsrechts u. dürfen, auch soweit sie nicht überzonal geregelte Materien wie das Wohnungs-, das Zwangsleistungs-, das Gewerberecht betreffen, Beachtung über Thüringen hinaus beanspruchen.“ Hinweise auf Entscheidungssammlungen, Deutsche Rechts-Zeitschrift, 3. Jgg., 1948, S. 325.

488 Stellungnahme des Ministeriums für Justiz gegenüber dem Ministerium für Verkehr vom 13. August 1947, ThHStAW, OVG Jena, B I Nr. 8.

489 ThHStAW, OVG Jena, B I Nr. 2. Einem Beschluss des OVG, in welchem die angefochtene Verfügung aufgehoben und zu anderweiter Entschließung zurückverwiesen wurde, hat sich die Behörde unter Außerachtlassung der rechtlichen Auffassung des OVG (§ 139 LVO) widersetzt und dieselbe Verfügung noch einmal erlassen; Beschluss vom 11. November 1948 - B 36/48, in: ThHStAW, OVG Jena, D Nr. 2. Das Ministerium für Handel und Verkehr hielt entgegen der Entscheidung des OVG an der Ablehnung einer Gewerbegenehmigung fest und führte einen anderweiten Beschluss der Zulassungsstelle nicht herbei; Stellungnahme Sievers zur Kritik an der Rechtspre-

viele Fälle von der Verwaltung dem Oberverwaltungsgericht nicht zur Entscheidung vorgelegt. Dies geschah vor allem dann, wenn anzunehmen war, dass das Oberverwaltungsgericht zu einer Aufhebung der angefochtenen Entscheidung gekommen wäre. Daraufhin leitete das Oberverwaltungsgericht Rechtsmittel dann nicht nach § 118 Landesverwaltungsordnung an die Beschwerdebehörde weiter, wenn diese auf den Einspruch hin die angefochtene Verfügung bestätigt hat. Das Rechtsmittel wurde mithin als Anfechtungsklage eingestuft, da § 126 d Ziff. II sagte, dass Einsprüche, auf die keine Änderung oder Aufhebung der angefochtenen Verfügung erfolge, dem Oberverwaltungsgericht als Anfechtungsklage vorzulegen seien.[490]

Landtag und Landesregierung konnten ebenfalls keinerlei Sympathien für die Rechtsprechung des Oberverwaltungsgerichts entwickeln. Diesem wurde vorgeworfen, durch eine „streng formale Beurteilung der Rechtslage“[491] den „Staatsnotwendigkeiten nicht Rechnung getragen“[492] zu haben. Der mit diesen Worten des Landesamtes für Handel und Versorgung zum Ausdruck gebrachte Vorwurf des „Rechtsformalismus“ der Richter des Oberverwaltungsgerichts[493] wurde zum „Generalvorbehalt“ gegen die dem bürgerlichen Gesetzlichkeitsprinzip verschriebene thüringische Verwaltungsrechtsprechung[494]. Das Oberverwaltungsgericht erwiderte, dass es sich bei seiner Rechtsprechung nicht um Rechtsformalismus handele, sondern „um die den Grundsätzen des heutigen Staates entsprechende Wahrung der elementarsten Volksrechte im bewussten Gegensatz zu den Methoden, mit denen im Dritten Reich der normalerweise verfassungsmäßig in der Gesetzgebung zum Ausdruck kommende Volkswille ausgeschaltet und damals durch ein auf scheingesetzlicher Grundlage ruhendes autokratisches Notverordnungswesen ersetzt wurde“[495]. Mit dieser Argumentation bestritt das Oberverwaltungsgericht „für zukünftige Auseinandersetzungen beispielhaft“ bei

---

chung des OVG durch das Ministerium des Inneren vom 21. Februar 1949, ThHStAW, OVG Jena, B I Nr. 8. Reaktion der Ausgangsbehörde auf das Urteil des OVG vom 13. November 1946 bei: Thomas Heil, Die Verwaltungsgerichtsbarkeit in Thüringen 1945 - 1952, S. 131.

490 Bericht Flegels (Geschäftsstellenleiter des OVG) vom 30. Januar 1947, ThHStAW, OVG Jena, B X Nr. 4.

491 Urteil vom 25. September 1946 - A 6/46, in: Jahrbuch der Entscheidungen des Thüringischen Oberverwaltungsgerichts, Bd. 18 (1946/47), S. 13 - 20 (18).

492 Thüringer Landtag, 28. Sitzung am 5. November 1947, Akten und Verhandlungen des Thüringer Landtages, 1946 - 1952, Bd. I.2, S. 677 - 707 (699).

493 Urteil vom 25. September 1946 - A 6/46, in: Jahrbuch der Entscheidungen des Thüringischen Oberverwaltungsgerichts, Bd. 18 (1946/47), S. 13 - 20 (18).

494 Thomas Heil, Die Verwaltungsgerichtsbarkeit in Thüringen 1945 - 1952, S. 43.

495 Urteil vom 25. September 1946 - A 6/46, in: Jahrbuch der Entscheidungen des Thüringischen Oberverwaltungsgerichts, Bd. 18 (1946/47), S. 13 - 20 (18).

rechtlich fragwürdigen Maßnahmen der Verwaltung durch einen Vergleich mit der Verwaltungspraxis des Nationalsozialismus nicht nur deren rechtliche, sondern auch deren politische Legitimation.[496] Dass dies nicht in die Kompetenz des Oberverwaltungsgerichts fiel, kann nicht bezweifelt werden. Aber auch der Richterschaft des Oberverwaltungsgerichts wurde wiederholt von staatlicher Seite eine unfortschrittliche[497], antistaatliche und reaktionäre[498] Einstellung vorgeworfen. Im Thüringer Landtag wurde im Hinblick darauf geäußert:

> „[…] es sind politische Urteile gefällt worden, wo die Vertreter des Landtages eindeutig durch Gesetz andere Rechtsprinzipien erarbeitet haben […].“[499]

Auch in der Presse kam es zu Angriffen gegen die Rechtsprechung des Oberverwaltungsgerichts. So hieß es in dem Vorwort zu dem Artikel „Weltfremde Richter“ – veröffentlicht in der Zeitung „Thüringer Volk“ vom 29. Oktober 1948 – über eine Entscheidung des Oberverwaltungsgerichts[500]:

> „[…] Artikel […], der […] gerichtliche Entscheidungen aufzeigt, die von den breiten Volksmassen mit ihrem gesunden Rechtsempfinden nicht verstanden werden.“[501]

Daraufhin hat sich der Minister für Justiz an die Redaktion des „Thüringer Volkes“ in Weimar gewandt. Dieser gegenüber wurde zum Ausdruck gebracht, dass die häufigen Presseangriffe das Ministerium zwingen, nunmehr zu Pressekritiken ausdrücklich Stellung zu nehmen und unsachliche Angriffe zurückzuweisen.

---

496 Thomas Heil, Die Verwaltungsgerichtsbarkeit in Thüringen 1945 - 1952, S. 43; „Diese Grenze zu überschreiten und damit von den Grundsätzen des Rechtsstaates noch weiter abzuweichen, als es selbst der Nationalsozialismus getan hat, ist mit den Rechtsgrundsätzen des neuen demokratischen Staates unvereinbar.“ Urteil vom 2. April 1947 - A 46/46, in: AöR, 74. Jgg., 1948, S. 87 - 90 (88) ebenso Jahrbuch der Entscheidungen des Thüringischen Oberverwaltungsgerichts, Bd. 18 (1946/47), S. 83 - 87 (84 f.).

497 Thüringer Landtag, 48. Sitzung am 7. Oktober 1948, Akten und Verhandlungen des Thüringer Landtages, 1946 - 1952, Bd. I.3, S. 1321 - 1350 (1346).

498 Stellungnahme Sievers zur Kritik an der Rechtsprechung des OVG durch das Ministerium des Inneren vom 21. Februar 1949, ThHStAW, OVG Jena, B I Nr. 8.

499 Thüringer Landtag, 48. Sitzung am 7. Oktober 1948, Akten und Verhandlungen des Thüringer Landtages, 1946 - 1952, Bd. I.3, S. 1321 - 1350 (1345).

500 A 143/48: Das OVG hob einen Bescheid des Ministeriums für Wirtschaft auf, durch den einem Unternehmen der Baustoffindustrie die Gewerbegenehmigung versagt wurde.

501 ThHStAW, OVG Jena, B I Nr. 8.

„Verschiedene Presseveröffentlichungen in letzter Zeit zeigen, dass die Justiz fast täglich einer Kritik unterzogen wird. Daran ist solange nichts auszusetzen, als diese Kritik sachlich begründet geübt wird.

Dass diese Form gewahrt wird, lässt sich dann nicht mehr behaupten, wenn die Entscheidungen ohne nähere Begründung als Fehlurteile und die Richter als bornierte Reaktionäre bezeichnet werden, die im `heutigen Staatsapparat nichts mehr verloren haben´."[502]

Vom thüringischen Justizministerium wurde die Rechtsprechung des Oberverwaltungsgerichts als „in der Mehrzahl der Fälle durchaus positiv" bewertet.[503] Verwunderlich ist dabei, dass Justizminister Helmut Külz, die von Schultes gemachte Einschränkung „in der Mehrzahl", in dessen von Külz angeforderten Bericht über die Tätigkeit des Oberverwaltungsgerichts, in seiner eigenen Stellungnahme gegenüber der Sowjetischen Militäradministration ohne nähere Erläuterung übernommen hat. Külz hatte sich bis dahin konsequent hinter das Oberverwaltungsgericht und seine Rechtsprechungstätigkeit gestellt. Noch ein Jahr zuvor hat Külz betont, „daß Vorwürfe gegen die Rechtsprechung des OVG`s nicht begründet sind"[504]. Seine nun zurückhaltende Bewertung lässt sich nur auf den Druck jener Zeit sowohl auf das Oberverwaltungsgericht als auch auf seine Person zurückführen.

In demselben Bericht wies Külz die dem Oberverwaltungsgericht gemachten Vorwürfe zurück. Er stellte heraus, dass von den ca. 100 Urteilen des Jahres 1947, etwa 75 % zu Gunsten der Verwaltungsbehörden ergingen, während nur in 25 % der Klagen dem Kläger Recht gegeben wurde. Man könne dem Oberverwaltungsgericht daher nicht den Vorwurf machen, die Verwaltung gehemmt zu haben.[505] Zudem konstatierte Külz, dass das Oberverwaltungsgericht „in anerkennenswerter Weise dazu übergegangen [sei], Entscheidungen gegen die Verwaltungsbehörden und damit deren Bloßstellung dadurch zu vermeiden, daß das Verfahren ausgesetzt wurde"[506]. Den Verwaltungsbehörden wurde damit

502 Erklärung des Ministers für Justiz zu dem Artikel „Weltfremde Richter", ThHStAW, OVG Jena, B I Nr. 8.

503 Bericht Schultes über die Tätigkeit des Oberverwaltungsgerichts, ThHStAW, Ministerium der Justiz, Akte 90; Bericht des Ministeriums für Justiz an die SMA über das Thür. Oberverwaltungsgericht in Jena vom 22. Februar 1948, ThHStAW, OVG Jena, B I Nr. 8.

504 Schreiben Külz an Loening vom 28. Juni 1947, ThHStAW, OVG Jena, B I Nr. 8.

505 Bericht des Ministeriums für Justiz an die SMA über das Thür. Oberverwaltungsgericht in Jena vom 22. Februar 1948, ThHStAW, OVG Jena, B I Nr. 8.

506 Bericht des Ministeriums für Justiz an die SMA über das Thür. Oberverwaltungsgericht in Jena vom 22. Februar 1948, ThHStAW, OVG Jena, B I Nr. 8.

Zeit und Gelegenheit gegeben, ihre Entscheidung vor Erlass eines Urteils nochmals zu prüfen und gegebenenfalls richtig zu stellen.

Außerhalb Thüringens genoss das Oberverwaltungsgericht auch bei der Verwaltung ein gewisses Ansehen. So wollte die Hauptschiedsstelle für Wohn- und Geschäftsräume beim Magistrat von Groß-Berlin noch im Juli 1949, die Entscheidungen des Oberverwaltungsgerichts „bei ihrer rechtlichen Beurteilung der Wohnungssachen in Groß-Berlin zu Rate ziehen und berücksichtigen, um eine einheitliche Rechtsprechung für die gesamte sowjetische Besatzungszone einschl. des Ostsektors von Berlin zu erreichen".[507]

> „Es ist hier hinreichend bekannt, daß gerade das Thür. Oberverwaltungsgericht in Wohnungssachen einen hervorragenden Ruf genießt."[508]

Hans-Peter Ipsen bezeichnete die Bemühungen des Oberverwaltungsgerichts, Maßnahmen aufgrund des Reichsleistungsgesetzes trotz gegenteiliger Anstrengungen der Verwaltung einer Prüfung zu unterziehen, anerkennend als „neuartige, oft mutige oder erfinderische Konstruktionen zur Behauptung oder Erweiterung umfassender Kompetenz, um neuer Verwaltungsstaatlichkeit zu begegnen"[509].

Dennoch unterstellte Thomas Heil in seiner Dissertation zur Verwaltungsgerichtsbarkeit in Thüringen dem Oberverwaltungsgericht, dass es „in einer Reihe von Fällen die politischen und gesellschaftlichen Veränderungen ignorierte, soweit diese sich nicht unmissverständlich positivrechtlich niedergeschlagen hatten".[510] Zeigt sich nicht aber vielmehr in der Tätigkeit des Oberverwaltungsgerichts, dass dieses durchaus bereit war, den Erfordernissen der Nachkriegszeit gerecht zu werden, soweit dem keine positivrechtlichen Schranken entgegenstanden? Dies war aber bei den kritisierten Entscheidungen des Oberverwaltungsgerichts fast ausnahmslos der Fall.

Ebenso wie die Obrigkeit des DDR-Systems forderte auch Heil, dass die Änderung der Gesetze im Wege der gerichtlichen Auslegung erfolgen sollte.[511] Durch eine solche Auslegung hätte das Verwaltungsgericht im Einzelfall gegen Bestimmungen der bestehenden Gesetze entscheiden müssen. Diese unterschied-

---

507 Schreiben des Hauptschiedsstelle für Wohn- und Geschäftsräume beim Magistrat von Groß-Berlin an das OVG vom 20. Juli 1949, ThHStAW, OVG Jena, B X Nr. 12.

508 Schreiben des Hauptschiedsstelle für Wohn- und Geschäftsräume beim Magistrat von Groß-Berlin an das OVG, ebenda.

509 Hans Peter Ipsen, Entscheidungssammlungen des Thüringischen OVG und des Bayerischen VGH, AöR, 74. Jgg., 1948, S. 499 - 507 (499).

510 Thomas Heil, Die Verwaltungsgerichtsbarkeit in Thüringen 1945 - 1952, S. 152.

511 Schreiben Reuss an den Kreisrat in Sonneberg vom 7. September 1951, ThHStAW, OVG Jena, D Nr. 5.

lichen Vorstellungen von der Aufgabe einer Verwaltungsgerichtsbarkeit zogen Auseinandersetzungen nach sich, die schließlich in einer Beseitigung des Verwaltungsrechtsschutzes endeten.

Damit das Oberverwaltungsgericht den politischen und gesellschaftlichen Veränderungen vollumfänglich hätte Rechnung tragen können, hätte zunächst – wie es später auch Dr. Wilhelm Freiherr von Stoltzenberg[512] für die Rechtsprechungstätigkeit des Landesverwaltungsgerichts anmahnte – der Gesetzgeber aktiv werden müssen. Dies geschah im Laufe der Zeit auch. Allerdings nicht – wie es wünschenswert gewesen wäre –, durch Anpassung der materiellen Voraussetzungen, sondern indem die Verwaltungsgerichtsbarkeit auf immer mehr Rechtsgebieten ausgeschaltet wurde. Beispielhaft sind die Kontroversen zum Wohnrecht. Die zurückhaltende Rechtsprechung der Verwaltungsgerichte bezüglich der Beschlagnahme von Gewerberäumen und zweckentfremdetem Wohnraum sowie das abweichende Verständnis von Unterbelegung[513] führten zum Ausschluss von Anfechtungsklagen in Wohnungsstreitigkeiten seit dem 22. September des Jahres 1951.[514]

d) Zwischenfazit

Die Rechtsprechung des Oberverwaltungsgerichts und die daraus resultierenden Differenzen zwischen der Justiz und der Politik scheinen den alleinigen Anlass für die Beschränkung der Verwaltungsgerichtsbarkeit gegeben zu haben. Betrachtet man aber deren Entwicklung in der sowjetischen Besatzungszone, so wird deutlich, dass bereits seit 1946 und damit schon vor den Auseinandersetzungen um das Oberverwaltungsgericht von 1947 beziehungsweise 1948, verstärkt Bemühungen zur Eindämmung der Verwaltungsgerichtsbarkeit einsetzten. Die dabei immer wieder genannten Forderungen waren: die Abschaffung der Gewaltentrennung, die Anerkennung des Landtags als höchstes Organ, die Verneinung der persönlichen Unabhängigkeit der Richterschaft und die Durchsetzung der Reformbestrebungen. Das Oberverwaltungsgericht hätte diesen Ansprüchen nur genügen und somit möglicherweise seine Existenz sichern können, wenn es seiner Rechtsprechung vorbehaltlos die Vorgaben des SED dominierten

512 Wilhelm Freiherr von Stoltzenberg (1895 - 1955): LDP-Mitglied; 1949 - 1950 Staatssekretär im Aufbauministerium der DDR; April 1951 - Juli 1952 Präsident des LVG Thüringen; 1953 Flucht in die Westzone; ThHStAW, OVG Jena, B III Nr. 1, 21.

513 ThHStAW, OVG Jena, D Nr. 5.

514 Gesetz über die Änderung des Gesetzes über die Verwaltungsgerichtsbarkeit vom 14. September 1951, Regierungsblatt für das Land Thüringen, Teil I: Gesetzsammlung, 1951, S. 236.

Landtags beziehungsweise der SED dominierten Landesregierung als richtig zugrunde gelegt hätte. Das Oberverwaltungsgericht hätte ein weiteres Instrument zur Durchsetzung der SED-Politik werden müssen. Dies war jedoch mit der rechtsstaatlichen Denkweise der Richterschaft des Verwaltungsgerichts unvereinbar. So fällte das Thüringer Oberverwaltungsgericht, wie die ehemalige Justizministerin der DDR, Hilde Benjamin[515], resümierte „nicht wenige Entscheidungen gegen eine fortschrittliche, demokratische Entwicklung und demonstrierte damit die hemmende Rolle einer Verwaltungsgerichtsbarkeit".[516] Der hierin zum Ausdruck gebrachten Bedrohung der Verwirklichung der politischen Umgestaltung musste die SED entgegentreten. Jede Rechtsprechung des Oberverwaltungsgerichts hätte weitere Klagen nach sich ziehen können, welche die politischen Vorgaben in Frage stellten. Die Gutachten des Verwaltungsgerichts und seines Präsidenten bargen stets die Gefahr der „unpolitischen" Einflussnahme auf Regierungsmitglieder in sich. Die generellen Vorbehalte gegen die Verwaltungsgerichtsbarkeit und die standhafte Rechtsprechung des Oberverwaltungsgerichts trugen dazu bei, dass der Verwaltungsrechtsschutz 1948 eine Einschränkung erfuhr.

Der Konflikt zwischen Oberverwaltungsgericht, Landtag und Landesregierung wurde durch das neue Gesetz über die Verwaltungsgerichtsbarkeit vom 7. Oktober 1948 rigoros gelöst.[517] Dieser sollte nun durch eine politikkonforme Rechtsprechung des neuen Landesverwaltungsgerichts entschärft werden, welches wie Grewe[518] schon damals feststellte, „nicht dazu bestimmt [war], die rechtsstaatlichen und hohen juristischen Traditionen des Thür.OVG fortzusetzen".

Der mit dem Verwaltungsgerichtsgesetz beabsichtigten Durchsetzung der Anforderungen der Politik hätte das Oberverwaltungsgericht – wie es nun vom Landesverwaltungsgericht erwartet wurde – durch eine „gemäßigtere" Rechtsprechung, also eine Einschränkung auf der Rechtsprechungsebene, gerecht werden und damit die Einschränkung auf der Gesetzesebene gegenstandslos machen können.

515 Hilde Benjamin (1902 - 1989): Justizministerin der DDR von 1953 - 1967; danach hatte sie den für sie eingerichteten Lehrstuhl für Geschichte der Rechtspflege an der Akademie für Staats- und Rechtswissenschaften Babelsberg inne.

516 Autorenkollektiv unter der Leitung von Hilde Benjamin, Zur Geschichte der Rechtspflege der DDR 1945 - 1949, S. 336.

517 Gesetz über die Verwaltungsgerichtsbarkeit vom 7. Oktober 1948 (Verwaltungsgerichtsgesetz), Regierungsblatt für das Land Thüringen, Teil I: Gesetzsammlung, 1948, S. 103 - 105.

518 Wilhelm Grewe, Redaktionelle Notizen, AöR, 74. Jgg., 1948, S. 519.

Mit der Liquidation des Thüringischen Oberverwaltungsgerichts war unwiderruflich ein Stück deutscher Rechtskultur untergegangen. Aus heutiger Sicht ist festzustellen, dass dies im Interesse der Wahrung des Ansehens des Oberverwaltungsgerichts als Institution des Rechtsstaates nicht zu verhindern gewesen war. Die Alternative zu der rechtsstaatliche Prinzipien wahrenden Jurisdiktion wäre eine politikkonforme Rechtsprechung gewesen, die keinerlei Beitrag zur Entwicklung eines demokratischen Staates mit allen Rechten und Freiheiten für den Bürger hätte leisten können.

Die Würdigung, die Hellmuth Loening – wenn auch nicht ganz unbefangen – dem Thüringischen Oberverwaltungsgericht 1963 rückblickend hat angedeihen lassen, erscheint auch heute noch insgesamt zutreffend:

> „Seine Rechtsprechung und die rechtsstaatliche Haltung seiner Richter, die ohne Rücksicht auf ihre Existenz und ihre persönliche Sicherheit allein dem Recht gedient haben, werden für immer ihren Platz in der Geschichte der deutschen Verwaltungsgerichtsbarkeit behaupten.“[519]

Bis zur Bildung und Arbeitsfähigkeit des Landesverwaltungsgerichts erledigte das Oberverwaltungsgericht in seiner bisherigen Zusammensetzung die anhängigen Verfahren nach den bisherigen Bestimmungen.[520]

Das Gesetz vom 7. Oktober 1948 traf keine Übergangsbestimmung für den Fall, dass die zur Durchführung des Gesetzes zu treffenden Vorkehrungen im Zeitpunkt des Inkrafttretens des Gesetzes noch nicht vollendet waren. Daraus sollte aber – nach Auffassung des Oberverwaltungsgerichts – kein völliger Stillstand in der Bearbeitung der bereits anhängigen Sachen zu folgern sein. Das Oberverwaltungsgericht stützte sich auf § 40 Abs. 3 Verwaltungsgerichtsgesetz, den es so auslegte, „dass die bei dem Inkrafttreten des Gesetzes beim Oberverwaltungsgericht anhängigen Sachen in der Lage, in der sie sich befinden, auf das Landesverwaltungsgericht übergehen. Ein Übergang dieser Sachen, in der Lage, in der sie sich befinden, auf das Landesverwaltungsgericht, setzt dessen Bestehen voraus.“[521] Dies entsprach nicht den Interessen der Verwaltung, die eine so-

---

519 Hellmuth Loening, 36 Jahre Thüringisches Oberverwaltungsgericht (1912 - 1948), in: Martin Baring, Aus 100 Jahren Verwaltungsgerichtsbarkeit, S. 153 - 169 (169).

520 Beschluss vom 23. Dezember 1948 - B 31/48, in: ThHStAW, OVG Jena, D Nr. 2; Schreiben des Ministeriums für Justiz (Dr. Schultes) an den Präsidenten des Oberverwaltungsgerichts vom 16. November 1948, ThHStAW, OVG Jena, B X Nr. 9.

521 Beschluss vom 23. Dezember 1948 - B 31/48, ebenda; Schreiben Sievers an das Ministerium des Inneren vom 24. Februar 1949, ThHStAW, OVG Jena, B X Nr. 9.

fortige Stilllegung des Oberverwaltungsgerichts forderte, ohne die Errichtung des Landesverwaltungsgerichts abwarten zu wollen.[522]

Den bis zuletzt am Oberverwaltungsgericht tätigen Richtern Sievers, Mess[523], Wangenheim[524] und Settekorn[525] ist zum 31. März 1949 gekündigt worden.[526]

Abb. 1: *Heutige Außenansicht des Gebäudes Kahlaische Straße 9, Jena; ehemaliger Sitz des Oberverwaltungsgerichts und des Landesverwaltungsgerichts Thüringens; (Foto: G. Pester 2011)*

---

522 Beschluss vom 23. Dezember 1948 - B 31/48, ebenda; Schreiben Sievers an das Ministerium des Inneren, ebenda.

523 Friedrich Mess (1890 - 1963): Februar 1946 bis zur Auflösung des thüringischen Oberverwaltungsgerichts 1949 hauptamtlicher OVG-Rat; aufgrund einer schweren Erkrankung von Mitte September 1948 bis zur Auflösung des OVG nicht mehr als Richter tätig; 1951 Lehrauftrag für Kirchenrecht in Jena; ThHStAW, OVG Jena, B III Nr. 1, Nr. 3, IV Nr. 16.

524 Hans-Heinz Freiherr von Wangenheim (1889 - ?): CDU-Mitglied; Amts- und Landgerichtsrat, 1946 - 1949 Hilfsrichter am OVG; Flucht in die Westzone.

525 Erhard Settekorn (1883 - ?): LDP-Mitglied; 1946 - 1949 Hilfsrichter am OVG; danach Verwaltungsrechtsrat.

526 Schreiben des Ministeriums des Inneren an Bloch vom 26. März 1949, ThHStAW, OVG Jena, B I Nr. 1.

Abb. 2 u. 3: Heutige Ansicht der Ostseite und des Treppenhauses (Erdgeschoss); Nutzung derzeit durch die Ev.-Freikirchl. Gemeinde Jena; (Foto: G. Pester 2011)

3. Das Landesverwaltungsgericht und sein erster Präsident Dr. Friedrich Bloch

Im Zuge der Betrachtungen der Vorgänge um die Tätigkeit des Oberverwaltungsgerichts und dessen Ablösung durch das Landesverwaltungsgericht, stellt sich die Frage, warum sich überhaupt die Mühe gemacht wurde, mit dem Verwaltungsgerichtsgesetz und dem Landesverwaltungsgericht den gesetzlichen und rechtlichen Anschein einer verwaltungsgerichtlichen Kontrollmöglichkeit zu erwecken. Die Antwort ist unter Zugrundelegung parteipolitischer Interessen zu suchen. Die SED verfolgte vordergründig das Ziel, dass die gerichtliche Verwaltungskontrolle nicht mehr Einschränkung wie in Form des Oberverwaltungsgerichts, sondern ein zusätzliches Mittel zur effektiven Durchsetzung der SED-Herrschaft ist. Die Errichtung des Landesverwaltungsgerichts sollte mithin eine Zwischenstufe zwischen einer unabhängigen Verwaltungsgerichtsbarkeit im Sinne des westlichen Rechtsstaatsverständnisses einerseits und der vollständigen Abschaffung der Verwaltungsgerichtsbarkeit andererseits darstellen.

Im Folgenden gilt es darzulegen, ob die Richterschaft des Landesverwaltungsgerichts fähig und – was wohl eher zweifelhaft war – bereit war, diesem Ansinnen zu entsprechen.

a) Die Rechtsprechung des Landesverwaltungsgerichts

Das Landesverwaltungsgericht wurde am 7. Juli 1949 im ehemaligen Dienstsitz des Oberverwaltungsgerichts in der Kahlaischen Straße 9 in Jena[527] eröffnet.[528] Eine feierliche Eröffnung wurde abgelehnt.[529] Die Landesregierung wollte dem Landesverwaltungsgericht von vornherein keine große Aufmerksamkeit und Bedeutung zukommen lassen.

Präsident des Landesverwaltungsgerichts wurde der Landgerichtspräsident Dr. Friedrich Bloch (SED). Dieser übernahm die Geschäfte des Landesverwaltungsgerichts bereits am 1. April 1949.[530] Zum Vizepräsidenten, zugleich Senatspräsident, wurde Erich Reuß (LDP)[531] ernannt.[532] Von den 4 Verwaltungsgerichtsräten und 8 Laien(Verwaltungs-)richtern wurde jeweils die Hälfte von der SED gestellt, während die andere Hälfte im gleichen Verhältnis von CDU und LDP (je einen Verwaltungsgerichtsrat und 2 Laienrichter) besetzt wurde.[533] Im Dezember 1950 änderte sich die Zusammensetzung der Richterschaft des Landesverwaltungsgerichts. Zwar blieb Reuß Vize- sowie Senatspräsident. Er hatte nach dem Weggang Blochs die gesamte richterliche Arbeit des Landesverwaltungsgerichts allein zu bewältigen.[534] Die Zusammensetzung der Verwaltungsgerichtsräte und Verwaltungsrichter verschob sich aber zugunsten der SED und der diese unterstützenden Parteien und Organisationen. Lediglich ein Verwaltungsgerichtsrat und zwei Verwaltungsrichter wurden von der CDU beziehungsweise der LDP gestellt.[535]

527 1951 wurde die Übersiedlung des LVG von Jena nach Erfurt in Erwägung gezogen, davon wurde jedoch wieder Abstand genommen. ThHStAW, Ministerium des Inneren, Akte 764.

528 Einladungsschreiben des Präsidenten des LVG, ThHStAW, OVG Jena, B I Nr. 1a.

529 Schreiben Blochs an Reuss vom 27. Juli 1949, ThHStAW, OVG Jena, B III Nr. 19.

530 Schreiben des Ministeriums des Inneren an Bloch vom 26. März 1949, ThHStAW, OVG Jena, B I Nr. 1.

531 Erich Reuß (1895 - ?): 1945 Leiter des Amtes für Umsiedler beim thüringischen Landesamt des Inneren; 1947 Leiter des Rechtsamts in Gotha; 30. Juni 1949 - 1952 Senats- und Vizepräsident des LVG, Thüringer Landtag, Stenographischer Bericht über die 59. Sitzung, ThHStAW, OVG Jena, B II Nr. 1; Personalfragebogen von Reuss, ThHStAW, OVG Jena, B III Nr. 1.

532 Die Wahl eines zweiten Senatspräsidenten wurde zunächst zurückgestellt, Thüringer Landtag, Stenographischer Bericht über die 59. Sitzung, ThHStAW, OVG Jena, B II Nr. 1.

533 ThHStAW, OVG Jena, B I Nr. 1a; Thüringer Landtag, Stenographischer Bericht über die 59. Sitzung, ThHStAW, OVG Jena, B II Nr. 1.

534 ThHStAW, OVG Jena, B II Nr. 1.

535 Thüringer Landtag, 3. Sitzung am 19. Dezember 1950, Akten und Verhandlungen des Thüringer Landtages, 1946 - 1952, Bd. III, S. 37 - 50 (47 f.).

Die erste öffentliche Sitzung des Landesverwaltungsgerichts fand am 9. Februar 1950 in Jena statt. Anlässlich einer Tagung des Ministeriums für Arbeit und Sozialwesen mit den Wohnungsamtsleitern der Kreise im Februar 1950 legte der Vizepräsident des Landesverwaltungsgerichts Reuß die Stellung und Aufgabe des neuen Landesverwaltungsgerichts dar. Er wies darauf hin, dass auch dem Landesverwaltungsgericht durch die Verfassung die Aufgabe gestellt sei, den Schutz der Bürger gegen rechtswidrige Maßnahmen der Verwaltung zu gewährleisten. Dabei betonte er die Bereitschaft des Landesverwaltungsgerichts, den Schwierigkeiten der Verwaltung auch rechtlich Rechnung zu tragen. Dies sollte aber nur insoweit erfolgen, wie es mit dem Gesetz zu vereinbaren wäre. Kein anderes Ansinnen verfolgte das Oberverwaltungsgericht.

> „Prüfung der Gesetzmäßigkeit der Verwaltungsakte sei also der entscheidende Gesichtspunkt. Eine Verfügung, die mit dem Gesetz nicht in Übereinstimmung zu bringen wäre, könne auch von einer noch so volksnahen Rechtsprechung – und diese zu pflegen sei das neue Landesverwaltungsgericht entschlossen – grundsätzlich nicht gedeckt werden.“[536]

Die Zuständigkeit des Landesverwaltungsgerichts sollte bis zum Inkrafttreten einer neuen Zuständigkeitsregelung (§ 7 Abs. 1) die gleiche wie die des Oberverwaltungsgerichts sein, § 40 Abs. 4 Verwaltungsgerichtsgesetz. Bis zur Auflösung des Verwaltungsgerichts 1952 waren die Verhandlungen über den Inhalt der Zuständigkeitsregelung nicht zu einem Ergebnis gekommen, so dass die Generalklausel eigentlich – die tatsächliche Situation sah anders aus – bis dahin weiter galt. Sie konnte indes durch die Beteiligung des Landtages (Ziffer 9 der Vorläufigen Richtlinien für die sofortige Arbeitsaufnahme des Landesverwaltungsgerichts[537]) jederzeit eingeschränkt werden. Allerdings wurde auch diese Möglichkeit nur im beschränkten Maße in Anspruch genommen.[538]

In einigen Fällen war das Landesverwaltungsgericht sogar bestrebt, deren Entscheidung dem Landtag zu überantworten. Dabei wollte das Landesverwaltungsgericht entweder erneute Kritik von Seiten der Verwaltung vermeiden[539]

---

536 Niederschrift über die Teilnahme an der Tagung der Wohnungsbehörden in Erfurt am 24. Februar 1950, ThHStAW, OVG Jena, B X Nr. 15.

537 Vorläufige Richtlinien für die sofortige Arbeitsaufnahme des Landesverwaltungsgerichts vom 19. Mai 1949, Regierungsblatt für das Land Thüringen, Teil II: Amtsblatt, 1949, S. 127 f..

538 Vgl. Übersicht zur „quantitativen Entwicklung des ‚parlamentarischen Verwaltungsrechtsschutzes´ in den Jahren 1949 bis 1952“, Thomas Heil, Die Verwaltungsgerichtsbarkeit in Thüringen 1945 - 1952, S. 247.

539 „Ich möchte anheimgeben, daß der Landtag den Fall übernimmt. Würde das LVG entscheiden müssen, so würden daraus wieder Folgerungen gezogen, die zwar falsch, aber

oder unangenehme Kläger, ohne ein Urteil fällen zu müssen, endgültig abweisen[540]. Endlich bat das Landesverwaltungsgericht um eine Entscheidung des Landtags, um von einer gesetzmäßigen Verfügung der Verwaltung aus menschlichen Erwägungen abzuweichen.[541] Derartiges Vorgehen entsprach – auch wenn es sich im Ergebnis gegen die Verwaltung wendete – den stets geforderten informalen Entscheidungen und der Anerkennung der Vormachtstellung des Landtags.

Die Inanspruchnahme des Landesverwaltungsgerichts mit insgesamt mindestens 584 anhängig geworden Anfechtungsklagen[542] stand hinter der des Oberverwaltungsgerichts mit 612 anhängigen Streitsachen nicht zurück. Diese Konstanz ist, trotz offizieller Einführung des Enumerationsprinzips, auf die fortdauernde Zuständigkeit des Landesverwaltungsgerichts nach der Generalklausel (§ 40 Abs. 4 Verwaltungsgerichtsgesetz) zurückzuführen. Dabei ist jedoch eine abnehmende Tendenz zu verzeichnen. Inhaltlich befasste sich das Landesverwaltungsgericht vorrangig mit Wohnungsrecht sowie Handwerks- und Handelszulassungen.[543] Beschlussverfahren wurden nicht vom Landesverwaltungsge-

---

schwer zu beseitigen wären.“ LVG 37/50 - Bericht des Präsidenten des LVG, ThHStAW, OVG Jena, D Nr. 1 Bd. 8.

540 „[Der Kläger] scheint mir ein Querulant, der unbelehrbar ist. Da auch das, was er jetzt vorbringt, nicht hieb und stichfest ist, sondern nur Vorbereitung zu neuen Quengeleien, schlage ich vor, der Landtag möge kurzerhand die Klage für unzulässig erklären.“ LVG 89/50 - Berichtsvorschlag des Präsidenten des LVG Bloch vom 29. August 1950, ThHStAW, OVG Jena, D Nr. 1 Bd. 8.

541 „Kurz, der Mann ist [...] körperlich ein Wrack. [...] In solchem Fall scheint es wirklich bedenklich, mit der Verwaltung kühl und formell festzustellen: der Mann entspricht nicht [...] den Anforderungen des Handwerksgesetzes [...] und hat daher seine Werkstatt zu schließen; was aus ihm wird, interessiert in diesem Zusammenhang nicht. [...] Es wird zu erwägen gegeben, ob der Landtag diesen ungewöhnlichen und in kein Schema passenden Fall nicht an sich ziehen könnte. Rein rechtlich ist [...] nicht zu verkennen, daß der ablehnende Standpunkt von Gemeindeverwaltung und Ministerium durch das Gesetz gedeckt wird.“ LVG 81/51 - Bericht des Präsidenten des LVG, ThHStAW, OVG Jena, D Nr. 1 Bd. 8.

542 1948: 107 Anfechtungsklagen. 1949: 219 Anfechtungsklagen; Geschäftsbericht des LVG Thüringen für das Jahr 1949, ThHStAW, Thüringer Landtag, Film 53, Akte 484, Aufnahme 133. 1950: mindestens 150 Anfechtungsklagen, vgl. Aktenzeichen in Urteilssammlung für Anfechtungsklagen (A), ThHStAW, OVG Jena, D Nr. 1 Bd. 7. 1951: 95 Anfechtungsklagen; Bericht des LVG-Präsidenten an das Ministerium des Inneren vom 6. Mai 1952, ThHStAW, OVG Jena, D Nr. 5. 1952: mindestens 13 Anfechtungsklagen, vgl. Aktenzeichen in Urteilssammlung für Anfechtungsklagen (A), ThHStAW, OVG Jena, D Nr. 1 Bd. 7.

543 Schreiben des Präsidenten des LVG an die Verwaltungsgerichtsräte vom 30. Dezember 1949, ThHStAW, OVG Jena, B X Nr. 16.

richt entschieden. Auch die Gutachtertätigkeit des Verwaltungsgerichts verlor mit nur einem Gutachten 1950 enorm an Bedeutung.[544]

Inwieweit das Landesverwaltungsgericht diese Anfechtungsklagen entschieden beziehungsweise der Landtag von seinen Rechten aus § 10 Verwaltungsgerichtsgesetz Gebrauch gemacht hatte, lässt sich nicht abschließend klären. Zwar bieten sowohl die Urteilssammlung im Thüringer Hauptstaatsarchiv[545] als auch Thomas Heil[546] eine grobe Übersicht über die Tätigkeit des Landesverwaltungsgerichts. Allerdings lassen sich diese Erkenntnisse nicht mit anderen Archivaussagen vereinbaren. So geht Heil von 98 geprüften Klagen im Jahre 1951 aus, wovon 61 dem Landesverwaltungsgericht zur Entscheidung überlassen worden sein sollen.[547] Demgegenüber sprach der Präsident des Landesverwaltungsgerichts in einem Bericht an das Ministerium des Inneren von 126 erledigten Verwaltungsstreitsachen im Jahre 1951, wobei in 37 Fällen gerichtliche Entscheidungen durch das Landesverwaltungsgericht ergangen seien.[548]

Obwohl der Landtag seine Entscheidungskompetenz gem. § 10 Verwaltungsgerichtsgesetz nicht im erwartenden Maße in Anspruch nahm, fand ein großer Anteil der anhängigen Verfahren bereits vor der Hauptverhandlung seine Erledigung, so dass ein Rückgang an Gerichtsverfahren, die mit einer gerichtlichen Entscheidung ihren Abschluss fanden, zu verzeichnen ist. In diesen wird unterdessen deutlich, dass sich die Richterschaft weiterhin vornehmlich am bürgerlichen Gesetzmäßigkeitsprinzip orientierte und somit die Kontinuität zur früheren Rechtsprechung des Oberverwaltungsgerichts wahrte. Eine Abkehr der Richter des Landesverwaltungsgerichts von der tradierten Rechtsschutzfunktion der Verwaltungsrechtsprechung fand mithin nicht statt.[549]

Sicherlich auch aus diesem Grund war die Rechtswissenschaftliche Fakultät der Universität[550] Jena, allen voran das Institut für Verwaltungsrecht unter Lei-

---

544 Gutachterliche Äußerungen des OVG Jena 1946 - 1950, ThHStAW, OVG Jena, D Nr. 5.

545 Urteilssammlung für Anfechtungsklagen (A), ThHStAW, OVG Jena, D Nr. 1 Bd. 7.

546 Thomas Heil, Die Verwaltungsgerichtsbarkeit in Thüringen 1945 - 1952, S. 247.

547 Vgl. Übersicht zur „quantitativen Entwicklung des ‚parlamentarischen Verwaltungsrechtsschutzes′ in den Jahren 1949 bis 1952“, Thomas Heil, Die Verwaltungsgerichtsbarkeit in Thüringen 1945 - 1952, S. 247.

548 Bericht des LVG-Präsidenten an das Ministerium des Inneren vom 6. Mai 1952, ThHStAW, OVG Jena, D Nr. 5.

549 Thomas Heil, Die Verwaltungsgerichtsbarkeit in Thüringen 1945 - 1952, S. 258 f..

550 Im Wirtschaftswissenschaftlichen Institut unterblieb nach der Wiedereröffnung der Universität im Jahr 1945 die Wiederaufnahme der Ausbildung, so dass die Rechts- und Wirtschaftswissenschaftliche Fakultät ab 1949 nur noch als Rechtswissenschaftliche Fakultät fortbestand. Gerhard Lingelbach, Verwaltung ohne rechtliche Grenzen? - Konflikt um zwei Konferenzen zur Verwaltungsrechtswissenschaft an der Jenaer Uni-

tung von Hans-Ulrich Hochbaum[551], weiterhin um eine enge Zusammenarbeit mit dem Verwaltungsgericht bemüht, um die rechtlich bedeutsamen Entscheidungen des Landesverwaltungsgerichts wissenschaftlich auswerten zu können.[552]

Eine Fortführung der Tradition des Oberverwaltungsgerichts kann auch in dem gesetzlichen Ausschluss des gerichtlichen Verwaltungsrechtsschutzes für einzelne Fallgruppen und der offensiven Reaktion des Landesverwaltungsgerichts unterstellt werden.

Das Landesverwaltungsgericht war mit Wirkung vom 22. September des Jahres 1951 für Rechtsstreitigkeiten, die sich gegen Entscheidungen der Wohnungsbehörden richteten, nicht mehr zuständig. Dies ergab sich aus dem zur Änderung des Gesetzes über die Verwaltungsgerichtsbarkeit vom 7. Oktober 1948 mit Zustimmung aller Parteien erlassenen Gesetz vom 14. September 1951[553], durch welches Anfechtungsklagen gegen Beschwerdeentscheidungen der oberen Wohnungsbehörden aus der Zuständigkeit des Landesverwaltungsgerichts herausgenommen worden sind.[554] Beweggrund dieser Änderung war eine möglichst schnelle Vornahme der Wohnraumlenkung, „denn durch jede Anfechtungsklage wird die Sache in die Länge gezogen“[555].

Im Januar 1952 hob das Landesverwaltungsgericht eine Verfügung des Wohnungsamts und die darauf ergangene Beschwerdeentscheidung des Ministeriums für Wirtschaft und Arbeit zur Erfassung eines Hauses zu Nichtwohnzwecken (Kindergarten) auf. Obwohl es seit 1951 nicht mehr für die Entscheidung von Wohnungssachen zuständig war, nutzte das Landesverwaltungsgericht dieses Verfahren, um sein Unverständnis gegenüber dem Vorgehen der Verwaltung zum Ausdruck zu bringen.

> „Nun ist freilich festzustellen, dass das Wohnungsgesetz in wesentlichen Bestimmungen veraltet ist und den veränderten Notwendigkeiten des Heute nicht mehr genügend Rechnung trägt. Die dadurch entstandenen Lücken können jedoch nicht durch immer weiter gespannte Auslegung geschlossen werden. Selbstverständlich

---

versität, in: Uwe Hoßfeld / Tobias Kaiser / Heinz Mestrup, Hochschule im Sozialismus, Bd. 2, S. 1871 - 1910 (1901, Fn. 6).

551 Hans-Ulrich Hochbaum (geb. 1929): Hochschullehrer und Verwaltungsrechtswissenschaftler.

552 Schreiben Hochbaums an von Stoltzenberg vom 25. Oktober 1951, ThHStAW, OVG Jena, B XI Nr. 2.

553 Regierungsblatt für das Land Thüringen, Teil I: Gesetzsammlung, 1951, S. 236.

554 Abweisung von Klagen, die im Wohnungsgesetz ihren Ursprung haben, aufgrund Unzulässigkeit, ThHStAW, OVG Jena, B XI Nr. 6 Bd. 6.

555 Thüringer Landtag, 8. Sitzung am 14. September 1951, Akten und Verhandlungen des Thüringer Landtages, 1946 - 1952, Bd. III, S. 157 - 190 (187).

hat die Rechtsprechung die Aufgabe, die Gesetze auszulegen, und zwar so, dass diese Auslegung heute die fortschrittlich – demokratischen Grundsätze unserer neuen Gesellschafts- und Rechtsordnung widerspiegelt. Frühere Gesetze sind also, soweit sie noch bestehen, mit neuem Geist zu erfüllen; es ist die Veränderung ihres Charakters zum Ausdruck zu bringen. Aber auch die weiteste Auslegung kann einem Gesetz nicht nachträglich einen Geltungsbereich schaffen, der mit der Zweckbestimmung des betr. Gesetzes nicht in Einklang zu bringen ist. Insoweit eine Änderung vorzunehmen, ist Vorrecht und Aufgabe des Gesetzgebers.“[556]

Ein Vorgehen, das mit dem des Oberverwaltungsgerichts beim Reichsleistungsgesetz vergleichbar ist.

Der Nachfolger Blochs im Amt des Landesverwaltungsgerichtspräsidenten von 1951 bis 1952 Dr. Wilhelm Freiherr von Stoltzenberg, der wie sein mecklenburgischer Kollege für die Erweiterung der Zuständigkeit des Landesverwaltungsgerichts eintrat, wies in einem Schreiben an den Vizepräsidenten des Mecklenburgischen Verwaltungsgerichtshofs vom 16. August 1951 auf die aussichtslose Situation des Landesverwaltungsgerichts hin, die der gesamten Tätigkeit der thüringischen Verwaltungsgerichte zugrunde lag.[557] Das Verwaltungsgericht musste Verwaltungsmaßnahmen, welche die Verwaltungsbehörden zur Beseitigung von Notsituationen häufig in Widerspruch zu den Gesetzen erließen[558], aufheben. Damit entsprach es aber nicht den Notwendigkeiten jener Zeit. Zunächst hätten folglich die einschlägigen Normativakte geändert werden müssen, so dass die neuen Bestimmungen den damaligen Notwendigkeiten hätten Rechnung tragen können. Die Verwaltungsbehörden aber hatten den „Drang, sich die unbequeme Instanz des Landesverwaltungsgerichts vom Halse zu schaffen“.[559]

In der gleichen Ausführung stellte von Stoltzenberg fest, dass die Gründe, welche gegen die Verwaltungsgerichtsbarkeit angeführt worden, zu Zeiten des Oberverwaltungsgerichts „nicht unberechtigt gewesen“ seien. Im Hinblick auf das Landesverwaltungsgericht seien sie aber nicht verständlich.

„Die Gerichte sind mit neuen Richtern besetzt, zu denen die Bevölkerung nach der Erklärung des Justizministers der Republik im wesentlichen Vertrauen haben kann. Das gilt besonders für die Verwaltungsgerichtsbarkeit und ihre Richter. [...]

556 Urteil vom 24. Januar 1952 - LVG 143/50, in: ThHStAW, OVG Jena, D Nr. 1 Bd. 7.

557 Schreiben des LVG-Präsidenten an den Vizepräsidenten des mecklenburgischen Verwaltungsgerichtshofs Lemcke vom 16. August 1951, ThHStAW, OVG Jena, D Nr. 5.

558 Stoltzenberg bezog sich speziell auf die Beschaffung von Wohnraum.

559 Schreiben des LVG-Präsidenten an den Vizepräsidenten des mecklenburgischen Verwaltungsgerichtshofs Lemcke vom 16. August 1951, ThHStAW, OVG Jena, D Nr. 5.

In den vergangenen Jahren der Tätigkeit dieser Gerichtsorgane sind in keiner Weise Schwierigkeiten aufgetreten. Das Innenministerium als die Dienstaufsichtsbehörde hat das ausdrücklich anerkannt."[560]

Von Stoltzenberg dachte noch im Januar 1952 darüber nach, „die Entscheidungen [des Landesverwaltungsgerichts] wie bisher in einer Sammlung" zu veröffentlichen.[561] Dies kündet davon, dass der politische Druck auf das Landesverwaltungsgericht Anfang der 50er Jahre vermutlich nicht so intensiv war, wie zu Zeiten der Rechtsprechung des Oberverwaltungsgerichts, und mit der Liquidierung der Verwaltungsgerichtsbarkeit zu diesem Zeitpunkt noch nicht gerechnet werden konnte.

b) Zur Person von Dr. Friedrich Bloch

aa) Lebenslauf

Friedrich, Heinrich, Wilhelm Bloch wurde am 21. Januar 1904 in Ballenstedt am Harz als Sohn des Kreislandmessers Kurt Bloch und dessen Frau Elsbeth, geb. Walkhoff, geboren. Seit dem 18. Juni 1934 war er mit Marianne Lohse verheiratet und hatte mit ihr drei Töchter.

Während der nationalsozialistischen Herrschaft war Bloch Mitglied in der DAF (1938 – 1944) und in der NSV (1939 – 1943). Wegen seiner Abstammung wurde er vom Militärdienst während des Zweiten Weltkrieges zurückgestellt. Im August 1946 trat Bloch der SED bei. Daneben war er Mitglied des Kulturbundes (seit 1945), der Gesellschaft für deutsch-sowjetische Freundschaft (seit 1947) und des Freien Deutschen Gewerkschaftsbundes (seit 1948).

Von 1913 bis 1922 besuchte Friedrich Bloch ein Gymnasium in Gera und legte dort 1922 das Abitur ab. Er studierte von 1922 bis 1925 Rechtswissenschaften und Volkswirtschaft an der Universität Jena. Sein Studium schloss er im Oktober 1925 mit dem Referendarexamen ab. Bloch durchlief von 1925 bis 1929 den juristischen Vorbereitungsdienst in Gera, bestand im Januar 1930 die zweite juristische Staatsprüfung und wurde im Juli 1930 zum Dr. jur. promoviert mit einer Arbeit zu dem Thema „Berufssteuern auf freie Berufe".

560 Schreiben des LVG-Präsidenten an den Vizepräsidenten des mecklenburgischen Verwaltungsgerichtshofs Lemcke, ebenda.

561 Schreiben des Präsidenten des LVG an Hochbaum, kom. Leiter des Instituts für Verwaltungsrecht an der Friedrich Schiller-Universität vom 17. Januar 1952.

Danach war Dr. Bloch als Regierungsassessor bei der Reichsfinanzverwaltung Thüringens und als Regierungsrat bei der Reichsfinanzverwaltung in Mannheim tätig. Da sein Vater als Jude galt, wurde Bloch am 31. Dezember 1937 aufgrund der nazistischen Rassegesetze pensioniert und für politisch unzuverlässig erklärt. Bei der Suche nach einer anderweitigen Beschäftigung in Mannheim wurden ihm aufgrund seiner Abstammung Schwierigkeiten bereitet. Er fand schließlich in den Jahren 1938 bis 1945 eine Anstellung als Wirtschaftstreuhänder in einem Treuhänderbüro in Frankfurt am Main, das sich neben der eigentlichen Steuerbearbeitung mit Auswanderungs- und Devisenbearbeitung für Juden beschäftigte. Nebenbei schrieb Bloch auf eigene Rechnung ohne Namensnennung für größere Steuerbüros in Südwest-Deutschland steuer- und gesellschaftsrechtliche Gutachten für größere beziehungsweise rechtlich schwierige Steuerfälle, insbesondere Rechtsbeschwerden beim Reichsfinanzhof.

Abb. 4: Friedrich Bloch; ThHStAW, Personalakte Justiz, 829, B 16

1944 wurde er ausgebombt und war dadurch ohne polizeilich gemeldete Wohnung. So entging Bloch im Sommer 1944 einer Verhaftung. Die im Februar 1945 drohende Verhaftung wurde durch Zufall bekannt; Bloch begab sich daraufhin für die letzten Wochen des Krieges in eine Nervenklinik in Mannheim. Es gelang ihm so, bis zum Einmarsch der Amerikaner auf freiem Fuß zu bleiben. Im Mai 1945 suchte Bloch seine Familie, die inzwischen nach Gera gegangen war, und kam so nach Gera.

Nach dem Untergang des Nationalsozialismus war Friedrich Bloch zunächst von Juli bis Oktober 1945 Landgerichtsdirektor in Gera. Er gehörte zu der Kommission, die Ende Juli die Thüringer Reinigungsgesetze entwarf. Im August 1945 wurde Bloch von der Mehrheit der Parteien zum Oberbürgermeister der Stadt Gera gewählt und am 22. Oktober 1945 als solcher eingesetzt. Aus diesem Amt schied er am 10. September 1948 aus, da ihm der Übertritt zur Justiz mit Rücksicht auf den dortigen Bedarf nahe gelegt wurde. Bloch war vom 1. September 1948 bis zum 30. September 1949 Landgerichtspräsident in Gera, wobei er aus Krankheitsgründen die Dienstgeschäfte beim Landgericht erst seit dem 22. Oktober tatsächlich übernehmen konnte. Seit Oktober 1948 wurde er zudem als Hilfsrichter am Oberverwaltungsgericht in Jena eingesetzt. Bereits während seiner Tätigkeiten als Oberbürgermeister und Landgerichtspräsident in Gera nahm Bloch an Lehrgängen der SED[562] teil.[563]

Dr. Friedrich Bloch war von 1949 bis Oktober 1950[564] der erste Präsident des Landesverwaltungsgerichts. Dabei weisen seine Ernennungsurkunde zum Präsidenten des Landesverwaltungsgerichts mit dem 1. Juli 1949[565] und seine Entlassungsurkunde als Landgerichtspräsident mit dem 1. Oktober 1949[566] verschiedene Daten seiner Ernennung auf. Bereits zum 31. März oder 1. April 1949 wurde ihm die Führung der Geschäfte des Landesverwaltungsgerichts übertragen.[567] Im Nebenamt war er als Lehrbeauftragter an der Friedrich-Schiller-Universität Jena tätig. Anfang Oktober 1950 kehrte Bloch aus einem Urlaub überraschend nicht auf seinen Posten als Präsident des Landesverwaltungsgerichts zurück.[568] Daraufhin wurde er zum 30. September 1950 aus diesem Amt entlassen. Seine Lehrtätigkeit an der Universität betreffend hatte er sein Rücktrittsgesuch offiziell eingereicht.[569]

Friedrich Bloch verstarb am 10. April 1996.

562 1947 SED-Landesparteischule Camburg (2 Wochen); 8. - 21. Oktober 1948 Juristenlehrgang an der Parteihochschule der SED in Klein Machnow bei Berlin.

563 Personalbogen von Dr. Friedrich Bloch, ThHStAW, OVG Jena, B III Nr. 1; Lebenslauf von Dr. Friedrich Bloch, Jena, 11. April 1949, ThHStAW, OVG Jena, B III Nr. 18; Personalbogen von Dr. Friedrich Bloch, Jena, 30. März 1950, ThHStAW, OVG Jena, B III Nr. 18; Lebenslauf vom 19. September 1945, Lebenslauf, dessen Entstehungsdatum nicht ersichtlich ist (dem Zusammenhang nach müsste es im September 1948 gewesen sein), ThHStAW, Personalakte Justiz, 829, B 16; ThHStAW, Personalakte der Landräte und Bürgermeister, 13.

564 Im Oktober 1950 verließ Dr. Friedrich Bloch Jena und begab sich in die Westzone; ThHStAW, OVG Jena, B II Nr. 1.

565 Ernennungsurkunde von Dr. Friedrich Bloch zum Präsidenten des LVG, ThHStAW, OVG Jena, B II Nr. 1; B III Nr. 18.

566 Entlassungsurkunde von Dr. Friedrich Bloch als Landgerichtspräsident, ThHStAW, OVG Jena, B II Nr. 1; B III Nr. 18.

567 Schreiben des Ministeriums des Inneren an Bloch vom 26. März 1949, ThHStAW, OVG Jena, B I Nr. 1.

568 Am 28. September 1950 erklärte Bloch, dass er unbedingt Urlaub aus gesundheitlichen Gründen antreten müsse; daraufhin soll er bereits am 29. September 1950 Jena verlassen haben; am 2. Oktober 1950 erwähnte seine Frau, dass Dr. Bloch nicht in sein Amt zurückkehren werde; Bericht zur Prüfung des Abganges von Dr. Bloch, ThHStAW, Personalakte Ministerium des Inneren, Akte 234.

569 Bericht Reuss an das Innenministerium vom 3. Oktober 1950, ThHStAW, OVG Jena, B II Nr. 1.

bb) Tätigkeit als Präsident des Landesverwaltungsgerichts

Friedrich Bloch sollte sich während seiner Amtszeit als Präsident des Landesverwaltungsgerichts nicht als der „politische zuverlässige Anhänger der SED" entpuppen, auf welchen Heil aus dessen Ernennung zum Präsidenten des Landesverwaltungsgerichts schloss[570] und den sich die SED an der Spitze des von ihnen als Hilfsmittel zur Durchsetzung ihrer Politik ausgerufenen Organs, vermutlich gewünscht hatte. Warum die Wahl auf den ehemaligen Landgerichtspräsidenten fiel, ist insbesondere aufgrund seiner politischen und charakterlichen Beurteilung durch die SED-Mitglieder Barth und Schultes nicht nachvollziehbar. Sein früherer Vorgesetzter, Oberlandesgerichtspräsident Arno Barth, attestierte Friedrich Bloch eine „fachlich gute, politische nicht immer klare" Arbeit.[571] Zu Blochs politischer Einstellung äußerte Barth:

> „Dr. Bl. hat sich aus ursprünglich bürgerlicher Einstellung nach 1945 zum Marxismus und Leninismus durchgefunden, ohne bis heute darin schon restlos gefestigt zu sein."[572]

Ebenso beurteilte Karl Schultes Bloch als „selbstbewusst und kritisch, wissenschaftlich begabt und interessiert, politisch entschiedener, fortschrittlicher Demokrat mit bisher nicht immer klarer Entscheidung zwischen liberaler und marxistischer Auffassung im Wesen des Rechts".[573] Vor allem das letztgenannte Merkmal sollte sich auch während der Tätigkeit Blochs als Präsident des Landesverwaltungsgerichts zeigen.

Die erste öffentliche Sitzung des Landesverwaltungsgerichts am 9. Februar 1950 eröffnete Friedrich Bloch mit einer Ansprache[574]. In dieser würdigte er die Tätigkeit des Oberverwaltungsgerichts; gleichzeitig sah er „in der Erarbeitung verwaltungsrechtlicher Grundsätze, die den Formen und Forderungen unseres neuen gesellschaftlichen Seins entsprechen" eine neue, bedeutende Aufgabe für das Landesverwaltungsgericht.

> „Unsere Verfassung nennt als Aufgabe der Verwaltungsgerichte noch den Schutz der Bürger gegen rechtswidrige Maßnahmen der Verwaltung. Diese Aufgabe werden wir nicht dahin auslegen dürfen, dass wir die von altersher gewohnte Kluft zwischen Verwaltung und Bevölkerung vertiefen. Wir werden vielmehr davon auszugehen haben, dass in der Demokratie die Verwaltung für das Volk da ist, in der Bevölkerung verwurzelt ist und von der Bevölkerung selbst kontrolliert wird. Gegenseiti-

---

570 Thomas Heil, Die Verwaltungsgerichtsbarkeit in Thüringen 1945 - 1952, S. 241.

571 Beurteilung Blochs vom 14. Juni 1949, ThHStAW, Personalakte Justiz, 829, B 16.

572 Beurteilung Blochs, ebenda.

573 Beurteilung Blochs, ebenda.

574 ThHStAW, OVG Jena, B I Nr. 1a.

ges Verständnis zu wecken, ist wichtiger als formale Rechtsausdeutung. So wird unsere Tätigkeit zu einer politischen im Sinne der fortschrittlichen Demokratie."[575]

Diesen Ausführungen Blochs liegt nicht, wie Heil herauszulesen glaubt, „eine wirklichkeitsferne Wunschvorstellung" über die „große Zukunft für seinen Gerichtshof"[576] zugrunde. Vielmehr wurden bereits in dieser Ansprache die Bemühungen des Präsidenten des Landesverwaltungsgerichts deutlich, den Vorgaben der Politik gerecht zu werden, ohne seinen eigenen rechtsstaatlichen Anspruch aufzugeben.

Auch zur Frage der Unabhängigkeit der Rechtsprechung bezog Bloch eine vermittelnde Position, welche sowohl eine rechtsstaatliche als auch eine mit der SED-Politik kompatible Interpretation zulässt.

„Unabhängig haben wir zu entscheiden, nur auf die Verfassung und das Gesetz gestützt, unabhängig von einzelnen Menschen, abhängig und verpflichtet aber der grossen Gemeinschaft, dem deutschen Volke in seiner Demokratie."[577]

Bloch versuchte das Landesverwaltungsgericht in das neue politische System einzupassen, um es nicht auch zum Angriffspunkt der SED werden zu lassen. Seine Ansprache lässt aber auch offenbar werden, dass er nicht bereit war, die rechtsstaatliche Funktion der Verwaltungsgerichtsbarkeit als unabhängiger Kontrolleur der Verwaltung vollends aufzugeben.

Im April 1949 kündigte Bloch an, „in manchen Fällen einen Bruch mit der alten Rechtsprechung" herbeiführen zu wollen; er war sich aber bewusst, „dass jeder Schritt nach solcher Richtung sehr genau überlegt werden muss"[578]. Aus diesem Grund hat er häufig das öffentliche Interesse im Sinne des § 5 Verwaltungsgerichtsgesetz bejaht, um dann „zusammen mit dem Vertreter dieses öffentlichen Interesses zu einer Erarbeitung der neuen Richtlinien zu kommen"[579]. Damit umging er die Gefahr, gegen den politischen Willen zu handeln.

Hinsichtlich der Bedeutung der Rechtsprechungstätigkeit des Landesverwaltungsgerichts war Bloch sich dessen bewusst, dass diese von den Vorgaben der SED abhängig sein wird.

„ [...] ich [kann] nur berichten, dass der Landtag entgegen allen Erwartungen nur etwa 3 % der Fälle an sich gezogen bzw. die Klage für unzulässig erklärt hat. Die

575 ThHStAW, OVG Jena, B I Nr. 1a.

576 Thomas Heil, Die Verwaltungsgerichtsbarkeit in Thüringen 1945 - 1952, S. 253.

577 ThHStAW, OVG Jena, B I Nr. 1a.

578 Bericht Blochs an den Minister des Inneren vom 21. April 1949, ThHStAW, OVG Jena, B I Nr. 2.

579 Bericht Blochs an den Minister des Inneren, ebenda.

> Stimmung im Landtagsausschuss soll zur Zeit für die Verwaltungsgerichtsbarkeit günstig sein. Das ist aber nicht wichtig, entscheidend ist vielmehr die Einstellung beim Innenministerium. Hier richtet sich Herr Güldenpfennig nach den Wünschen von oben, die sich wiederum nach den Wünschen in Mecklenburg / Brandenburg richten, wo erst eine Verwaltungsgerichtsbarkeit im Entstehen ist."[580]

Bloch stand von Anfang an der Entwicklung des Landesverwaltungsgerichts sehr skeptisch gegenüber. Ihm war bewusst, dass das Gericht sowohl bezüglich des Umfangs als auch bezüglich der Zuständigkeit nicht an die Rechtsprechungstätigkeit des Oberverwaltungsgerichts heranreichen könnte. Aus diesem Grund empfand er es bereits im September 1949 als „Zumutung", beim Landesverwaltungsgericht anfangen zu müssen.[581]

Im September 1950 – kurz vor seinem Weggang – äußerte Bloch in einem Schreiben an das Innenministerium seine Bedenken hinsichtlich der Verfassungsmäßigkeit des Enumerationsprinzips und dem Ausschluss der Nachprüfung von Ermessensentscheidungen. Er sprach dabei unverhohlen aus, dass diese Regelungen „in der Rücksicht auf die politische Gewalt" und der „Furcht vor einem Eingriff in das Reservat der Verwaltung" fußten.[582]

> „Man kann nicht sagen, dass dann die Verwaltungsgerichtsbarkeit dem Schutz des Publikums gegenüber Willkürakten der Verwaltung dient. [...] Kein Regierungsakt kann es sich erlauben, willkürlich zu sein. Selbst wenn er zweckmässig ist, wird er gewisse traditionsgebundene Vorstellungen berücksichtigen, um eher anerkannt zu werden. Das Problem liegt deshalb auf einem anderen Gebiet, nämlich [...] in der Rücksicht auf die politische Gewalt."[583]

Der Vizepräsident der Landesverwaltungsgerichts, Erich Reuß, befand über Bloch, dass dieser, obwohl er ein sehr guter Jurist und kluger Mensch sei, sehr überheblich hinsichtlich der Tätigkeit der heutigen Verwaltungsangestellten war und ein ausgesprochener Formaljurist gewesen sei.[584]

---

580 Schreiben Blochs an Reuss vom 27. Juli 1949, ThHStAW, OVG Jena, B III Nr. 19.

581 „Woher kriegen wir nur die Arbeit für einen 2. Senat?", Schreiben Blochs an Reuss vom 27. Juli 1949 und 21. September 1949, ThHStAW, OVG Jena, B III Nr. 19.

582 Schreiben Blochs an das Ministerium des Inneren vom 14. September 1950, ThHStAW, OVG Jena, B I Nr. 2.

583 Schreiben Blochs an das Ministerium des Inneren, ebenda.

584 Bericht zur Prüfung des Abganges von Dr. Bloch, ThHStAW, Personalakte Ministerium des Inneren, Akte 234.

c) Zwischenfazit

Es gab zwar Bemühungen, das Landesverwaltungsgericht in den Kurs der gesellschaftlichen und politischen Sozialisierung einzufügen. Letztendlich sah aber auch dieses sich in erster Linie dem Individualrechtsschutz verpflichtet. Eine klare Abkehr von der Rechtsprechung des Oberverwaltungsgerichts hin zur politischen Unterstützung war dadurch zu keinem Zeitpunkt feststellbar.

Dies hing zweifelsohne mit dem Präsidenten des Landesverwaltungsgerichts Friedrich Bloch zusammen, der trotz geäußerter Beteiligung am antifaschistisch-demokratischen Umbau, stets den überkommenen Rechtsvorstellungen verhaftet blieb.

Die Zerrissenheit Blochs zwischen Rechtsstaatstreue und politischer Anpassung lässt die Frage aufkommen, warum sich die SED für ihn als Präsident des Landesverwaltungsgerichts entschied. Ein Gericht, das zur Verwirklichung des antifaschistisch-demokratischen Umbaus beitragen sollte, hätte einer uneingeschränkt parteitreuen Führung bedurft. Dass Bloch dies nicht gewährleisten konnte, war schon aus den Beurteilungen Barths und Schultes zu folgern. Warum entschied sich die SED dennoch für seine Wahl? Sollte das Landesverwaltungsgericht möglicherweise nie als Instrument der Realisierung der SED-Politik dienen, sondern nur als weiterer Beweis der Unvereinbarkeit von Verwaltungsgerichtsbarkeit und Sozialismus herhalten? War das Landesverwaltungsgericht von vornherein nur als Übergangsmaßnahme geplant, deren Abschaffung außer Frage stand? Notwendig wären hier weitere Angaben von beziehungsweise zu den beteiligten Personen.[585]

4. Die Entscheidung verwaltungsgerichtlicher Streitfälle durch den Landtag

Der Landtag hatte verschiedene Möglichkeiten, in die Verwaltungsrechtsprechung einzugreifen.[586]

Er konnte gemäß § 7 Abs. 3 Verwaltungsgerichtsgesetz als Rekursinstanz Recht sprechen.[587] Bis zum März 1952 fällte der Landtag 42 Beschlüsse zum

585 Eine entsprechende Darstellung liegt zu dem Juristen und Ökonomen Günther Löwisch vor: Günther Löwisch, Günther Löwisch, Jurist in Thüringen, Sozialpolitiker in Württemberg: Erinnerungen an sieben Jahrzehnte. Diese gewährt einen Einblick in einen geschichtlichen Hintergrund und Zeitrahmen, welche nicht Gegenstand dieser Dissertation waren.

586 Eine ausführliche Darstellung des Verfahrens dazu findet sich bei: Thomas Heil, Die Verwaltungsgerichtsbarkeit in Thüringen 1945 - 1952, S. 243 ff..

Gewerbe-, Gaststätten-, Handwerks- und Wasserrecht, wobei 17 schwebende Verfahren noch anhängig waren.[588]

Darüber hinaus hatte der Landtag das Recht, nach § 10 des Gesetzes über die Verwaltungsgerichtsbarkeit jede Maßnahme als unanfechtbar zu erklären beziehungsweise die Entscheidungskompetenz in dieser Sache in Anspruch zu nehmen und dadurch die verwaltungsgerichtliche Prüfung auszuschließen. Hintergrund dieser Bestimmung war, den Einfluss der Volksvertretung auf die Verwaltungsgerichtsbarkeit entsprechend dem Prinzip der Volkssouveränität zu sichern und diejenigen Fälle, die aufgrund ihrer grundlegenden Bedeutung oder aus politischen Gründen einer „Sonderbehandlung" zugeführt werden mussten, an den Landtag heranzuziehen[589], so dass die präjudizielle Wirkung eines Urteils sowie Folgeprozesse vermieden wurden. § 10 sollte aber nur dann Anwendung finden, „wenn Gefahr drohte, dass in Einzelfällen von besonderer Bedeutung eine andere Stelle eine grundsätzliche Entscheidung fällen konnte, die mit der gesamtpolitischen Richtung des Landtags nicht in Einklang stehen würde"[590]. Der Thüringer Landtag erklärte indes auch in geringfügigen Streitsachen die getroffene Verwaltungsmaßnahme für unanfechtbar. Das ist vor allem bei Beschwerden gegen die Versagung von Gewerbegenehmigungen geschehen.[591] Dies deutet daraufhin, dass die Verwaltungsgerichtsbarkeit der Dezimierung der Privatwirtschaft nicht entgegentreten sollte.

Insgesamt blieb die Rechtsprechungstätigkeit des Landtags hinter dem zu erwartenden Maße zurück.[592] 1950 wurde der Ausschuss für Verwaltungsstreitfälle beim Landtag (§ 10 Abs. 2 Verwaltungsgerichtsgesetz) aufgehoben, da er während seines Bestehens nur dreimal getagt hat. Der Landtagsausschuss (Rekursausschuss) zur Erledigung von Beschlussangelegenheiten (§ 7 Abs. 3 Ver-

587 Zu diesem Zweck wurde ein Ausschuss gebildet, auf den der Landtag seine Aufgaben als Rekursinstanz delegierte; Thüringer Landtag, Landtagsdrucksache Nr. 572, Akten und Verhandlungen des Thüringer Landtages, 1946 - 1952, Bd. II.2, S. 1184 f..

588 ThHStAW, Thüringer Landtag, Film 11, Akte 131/132, Aufnahme 123, 124.

589 Thüringer Landtag, 18. Sitzung vom 25. Juli 1952, Akten und Verhandlungen des Thüringer Landtages, 1946 - 1952, Bd. III, S. 473 - 503 (502).

590 Schreiben des LVG-Präsidenten an den Vizepräsidenten des mecklenburgischen Verwaltungsgerichtshofs Lemcke vom 16. August 1951, ThHStAW, OVG Jena, D Nr. 5.

591 Schreiben des LVG-Präsidenten an den Vizepräsidenten des mecklenburgischen Verwaltungsgerichtshofs Lemcke, ebenda.

592 Vgl. Übersicht zur „quantitativen Entwicklung des ‚parlamentarischen Verwaltungsrechtsschutzes´ in den Jahren 1949 bis 1952", Thomas Heil, Die Verwaltungsgerichtsbarkeit in Thüringen 1945 - 1952, S. 247; Streitfälle, die der Landtag als unanfechtbar bezeichnete bzw. an sich zog, ThHStAW, Thüringer Landtag, Film 9, Akte 119, 120; OVG Jena, B I Nr. 10; OVG Jena, D Nr. 1 Bd. 8.

waltungsgerichtsgesetz) sollte die Verwaltungsstreitfälle, die der Landtag an sich gezogen hat, miterledigen.[593]

Schließlich existierte noch eine dritte Möglichkeit, die Verwaltungsrechtsprechung auszuschließen. Gemäß den „Vorläufigen Richtlinien für die sofortige Arbeitsaufnahme des Landesverwaltungsgerichts" vom 19. Mai 1949[594] konnte der vom Innenminister beauftragte Vertreter des öffentlichen Interesses Rudolf Güldenpfennig (SED) nicht nur die Weiterleitung von Streitfällen an das Landesverwaltungsgericht, sondern unter dem Vorwand, dass kein öffentliches Interesse bestehe, auch an den Landtag vereiteln.[595]

Die Zahl der vom Prüfungsausschuss des Landtages in den Jahren 1949 bis 1952 behandelten Streitfälle nahm kontinuierlich ab.[596]

5. Gegenstände, die der Verwaltungsgerichtsbarkeit prinzipiell entzogen waren

Neben dem Ausschluss des Verwaltungsrechtsschutzes infolge unerwünschter Verwaltungsgerichtsentscheidungen gab es Bereiche, die von vornherein keiner verwaltungsgerichtlichen Überprüfung unterliegen sollten. Dies betraf primär Maßnahmen mit grundsätzlicher politischer Bedeutung, die zum Teil auf ausdrücklichen Befehl der Sowjetischen Militäradministration zurückgingen.

a) Anordnungen der Militärregierung

Die Befehle der sowjetischen Besatzungsmacht waren, als dem deutschen Recht übergeordnetes Recht, wie Gesetze zu befolgen.[597] Derartige Befehle waren

593 Thüringer Landtag, 3. Sitzung am 19. Dezember 1950, Akten und Verhandlungen des Thüringer Landtages, 1946 - 1952, Bd. III, S. 37 - 50 (48).

594 Vorläufige Richtlinien für die sofortige Arbeitsaufnahme des Landesverwaltungsgerichts vom 19. Mai 1949, Regierungsblatt für das Land Thüringen, Teil II: Amtsblatt, 1949, S. 127 f..

595 Petra Weber, Justiz und Diktatur, S. 78.

596 Vgl. Übersicht zur „quantitativen Entwicklung des ‚parlamentarischen Verwaltungsrechtsschutzes' in den Jahren 1949 bis 1952", Thomas Heil, Die Verwaltungsgerichtsbarkeit in Thüringen 1945 - 1952, S. 247.

597 Urteil vom 25. September 1946 - A 6/46, in: Jahrbuch der Entscheidungen des Thüringischen Oberverwaltungsgerichts, Bd. 18 (1946/47), S. 13 - 20 (17); Urteil vom 1. Oktober 1947 - A 22/47, in: ThHStAW, OVG Jena, D Nr. 1 Bd. 5; Auch in Fällen, in denen die Gültigkeit eines Gesetzes oder einer Verordnung einer Alliierten Militärbehör-

kraft der obersten Staatsgewalt des Zonenbefehlshabers für alle deutschen Stellen, also auch für das Oberverwaltungsgericht bindend und damit jeder gerichtlichen Kontrolle entzogen.[598]

Als Reaktion auf ungelegene Entscheidungen des Oberverwaltungsgerichts erließ die Sowjetische Militäradministration Thüringens mitunter Befehle, wodurch nicht nur die Normen selbst, sondern auch die Anwendung dieser auf den Einzelfall der verwaltungsgerichtlichen Nachprüfung entzogen wurden. Mit derartigen Anordnungen wollte die Sowjetische Militäradministration die Anfechtungsklage auf den erwähnten Gebieten überhaupt ausschließen. So wurden durch einen Befehl der Sowjetischen Militäradministration Thüringens infolge eines Urteils des Oberverwaltungsgerichts[599] auf dem Gebiet der Lebensmittelversorgung nicht nur die Normen, sondern auch die Einstufung der Verbraucher in die verschiedenen Kategorien der verwaltungsgerichtlichen Nachprüfung entzogen.[600]

Darüber hinausgehend sollten nicht nur alle Maßnahmen der Besatzungsmacht, sondern auch die unmittelbar auf Anordnungen der Besatzungsmacht beruhenden Maßnahmen deutscher Verwaltungsorgane nicht der Nachprüfung durch deutsche Gerichte unterworfen werden können.[601] In einer Zeit, in der sowjetische Befehlshaber ihren Herrschaftsbereich hauptsächlich durch mündliche Befehle regierten, war es für die Verwaltung derweilen leicht, die Verantwortung für Verordnungen und Verfügungen von sich zu weisen.

b) Verwaltungsamnestie

Die Hoffnung, dass die aufgrund der kriegsbedingten Notsituation unerlässlich gewordenen Eingriffe in subjektiv-öffentliche Rechte durch die Nachkriegsbehörden auf rechtsstaatlichem Wege durchgesetzt werden, erwies sich als Wunschdenken. Sie scheiterte an der Befürchtung, angestrebte Maßnahmen und Eingriffe aufgrund richterlicher Entscheidungen zurücknehmen zu müssen, und der darauf beruhenden Verweigerung des Rechtsschutzes für derartige Handlun-

---

de streitig war, durften die Verwaltungsgerichte eine Gerichtsbarkeit nicht ausüben. Werner Holling, Verwaltung und Verwaltungsrecht, S. 17.

598 Urteil vom 24. August 1948 - A 98/47, in: ThHStAW, OVG Jena, D Nr. 1 Bd. 5; Werner Holling, Verwaltung und Verwaltungsrecht, S. 17.

599 Urteil vom 1. Oktober 1947 - A 22/47, in: ThHStAW, OVG Jena, D Nr. 1 Bd. 5.

600 Vorbescheid vom 10. März 1948 - A 166/47, in: ThHStAW, OVG Jena, D Nr. 1 Bd. 5.

601 Urteil vom 10. September 1947 - A 125/47, in: Jahrbuch der Entscheidungen des Thüringischen Oberverwaltungsgerichts, Bd. 18 (1946/47), S. 165 - 172 (172); Karl Schultes, Rechtsschutz und Rechtssicherheit in der realen Demokratie, in: Max Fechner, Beiträge zur Demokratisierung der Justiz, S. 81 - 94 (91).

gen.[602] Die Konsequenz war der Erlass von Amnestiebestimmungen, durch welche eine richterliche Nachprüfung des Verwaltungshandelns ausgeschlossen wurde, so dass dieses stets – auch wenn es willkürlich war – als legitimiert galt.

Dies geschah im Falle des vom Landespräsidenten Rudolf Paul am 20. November 1946 erlassenen „Gesetzes betreffend Maßnahmen gegen Nazismus und Militarismus“[603], das in § 1 alle – auch willkürliche – „Maßnahmen zur Durchführung der Bodenreform, der Sequestrierung nazistischen und militaristischen Vermögens, der Zuteilung von Wohnraum und der Verteilung von Mobiliar einer Anfechtung im ordentlichen Rechtsweg oder im streitigen Verwaltungsverfahren“ entzog.

Die Einführung einer „Verwaltungsamnestie“ befürworteten fast alle Mitglieder des Rechtspolitischen Ausschusses beim SED-Landesvorstand.[604] Sogar der sonst liberale Jenaer Oberbürgermeister Heinrich Tröger[605] befand ein solches Gesetz für dringend notwendig, weil das Land Thüringen schon einen „Rattenschwanz von Prozessen“ habe.[606] Der Rechtsausschuss hielt das Oberverwaltungsgericht nicht für geeignet, diese „politischen Akte“ zu untersuchen, da es nicht richtig besetzt sei, sowie formal und privatjuristisch entscheiden würde. Dieses Problem hätte bei einer Zusammensetzung des Oberverwaltungsgerichts, die den Wünschen der SED entsprach, nicht bestanden.[607]

Im Rechtsausschuss des thüringischen SED-Landesvorstandes äußerten einzig Richard Eyermann und Oberstaatsanwalt Georg Berger Vorbehalte gegen den Erlass des Amnestiegesetzes. Eyermann fürchtete die Auswirkungen einer Verwaltungsamnestie auf das Ansehen der sowjetischen Zone.[608] Berger sah die rechtsstaatliche Unvereinbarkeit eines völligen Ausschlusses der Nachprüfbarkeit solcher Maßnahmen.

---

602 Vorbescheid vom 7. Februar 1951 - LVG 41/50; Urteil vom 31. Juli 1952 - LVG 2/52, in: ThHStAW, OVG Jena, D Nr. 1 Bd. 7.

603 Regierungsblatt für das Land Thüringen, Teil I: Gesetzsammlung, 1947, S. 11.

604 Protokoll der 2. Sitzung des Rechtspolitischen Ausschusses der SED (Thüringen) am 28. August 1946, ThHStAW, Ministerpräsident, Film 61, Akte 659, Aufnahme 24 - 34; Protokoll der 3. Sitzung des Rechtspolitischen Ausschusses der SED (Thüringen) am 13. September 1946, ThHStAW, Ministerpräsident, Film 61, Akte 658, Aufnahme 94 - 101.

605 Heinrich Tröger (1901 - 1975): seit 1922 Mitglied der SPD; 1945 - 1946 Oberbürgermeister der Stadt Jena.

606 Protokoll der 3. Sitzung des Rechtspolitischen Ausschusses der SED (Thüringen) am 13. September 1946, ThHStAW, Ministerpräsident, Film 61, Akte 658, Aufnahme 98.

607 Protokoll der 2. Sitzung des Rechtspolitischen Ausschusses der SED (Thüringen) am 28. August 1946, ThHStAW, Ministerpräsident, Film 61, Akte 659, Aufnahme 28, 32.

608 Protokoll der 2. Sitzung des Rechtspolitischen Ausschusses, ebenda, Aufnahme 27, 28.

„Es ist politisch doch sehr bedenklich, daß so postfestum plötzlich alles zu Recht erklärt wird. Das erinnert an die Nazizeit, erinnert an das Jahr 1934.“[609]

Im Thüringer Landtag sprach sich der Abgeordnete Fritz Heilmann (SED) mit Verweis auf den Zweck der Normierung gegen jegliche Bedenken aus.

„Meine Fraktion hat […] keine Bedenken, daß sie […] einen Zustand herbeiführt, endlich diese zum Teil für die Verwaltung arbeitswichtigen Gesetze und Verordnungen herauszubringen, rechtskräftig zu machen, damit unsere Behörden danach arbeiten können und den Gerichten oder irgendwelchen böswilligen Richtern […] keine Veranlassung gegeben ist, auf irgend einem Wege dagegen anzugehen.“[610]

Demgegenüber protestierte Karl Magen gegen das Gesetz, welches am 20. November 1946, mithin einen Tag vor der 1. Sitzung des Thüringer Landtages, erlassen wurde. Er glaubte, dass dieser Zeitpunkt bewusst gewählt worden sei, um den Landtag zu umgehen, in dem dieses Gesetz auf den Widerstand der CDU und LDP gestoßen wäre.[611]

Landespräsident Paul versuchte daraufhin den Erlass des Gesetzes zu rechtfertigen. Für ihn war der damit angestrebte Schutz von Behörden und Mitgliedern von Behörden, Beauftragten der Landesverwaltung, der Kommunen, die in Durchführung von Befehlen gehandelt haben, zwingend erforderlich.[612]

Karl Magen entgegnete bestimmt dem Argument des Ministerpräsidenten und beharrte auf seiner Ansicht.

„Ich frage Sie […] wo steht das […] in diesem Gesetz. […]

Wir wünschen nicht, daß Leute, die Gut zu unrecht bekommen haben, gegen die Bodenreformgesetze und gegen die Sequestrationsbestimmungen, daß diese Leute jetzt im Besitz dieses unrecht erworbenen Gutes belassen werden und daß man dem Gericht verwehren will, dieses Unrecht wieder gut zu machen.“[613]

Zweifelhaft war dann aber, ob das „Gesetz betreffend Maßnahmen gegen Nazismus und Militarismus“ vom 20. November 1946 nur für Maßnahmen vom 8. Mai 1945 bis zum 20. November 1946 das Verwaltungsgerichtsverfahren ausschloss oder darüber hinaus Geltung beanspruchen sollte. Das Oberverwal-

---

609 Protokoll der 2. Sitzung des Rechtspolitischen Ausschusses, ebenda, Aufnahme 28, 30, 32.

610 Thüringer Landtag, Neunte Sitzung am 30. Januar 1947, Akten und Verhandlungen des Thüringer Landtages, 1946 - 1952, Bd. I.1, S. 103 - 125 (111).

611 Thüringer Landtag, Neunte Sitzung, ebenda, S. 114 f..

612 Thüringer Landtag, Neunte Sitzung, ebenda, S. 116.

613 Thüringer Landtag, Neunte Sitzung, ebenda, S. 117.

tungsgericht[614] und das thüringischen Ministerium für Justiz[615] vertraten den Standpunkt, dass das Gesetz auf die Zeit vom 8. Mai 1945 bis zum 20. November 1946 beziehungsweise 28. Januar 1947 (Inkrafttreten des Gesetzes) beschränkt sei. Die Richter des Oberverwaltungsgerichts folgerten dies aus „einer authentischen Interpretation des Willens des Gesetzgebers“. Das Gesetz vom 20. November 1946 sei aufgrund des „Gesetzes über die Handhabung der Gesetzgebungsgewalt im Lande Thüringen“[616] vom 20. August 1945 vom damaligen Präsidenten des Landes Thüringen erlassen worden. Dieser habe den Inhalt des Gesetzes als eine Amnestie bezeichnet. Eine Amnestie beziehe sich aber dem Begriffe nach nur auf in der Vergangenheit liegende Handlungen. Dieser Wille des Gesetzgebers habe auch im Wortlaut des Gesetzes eindeutigen Ausdruck gefunden, welches nur die Maßnahmen umfassen sollte, die „getroffen worden sind“; also in der Vergangenheit ergingen.[617] Dem wurde von Seiten des Ministeriums für Justiz insbesondere durch Karl Schultes beigepflichtet.[618]

Dieser Auslegung widerspricht jedoch das Zustandekommen des Gesetzes. Die Sowjetische Militäradministration hat vor der Genehmigung des Gesetzes die von der Landesregierung beschlossene Terminbegrenzung 20. November 1946 gestrichen. Karl Schultes versuchte dem entgegenzuwirken, indem er darauf hinwies, dass es sich um eine Verwaltungsamnestie handele, die zeitlich begrenzt werden müsste. Seine Bemühungen blieben erfolglos.[619] Die Geltung des „Gesetzes betreffend Maßnahmen gegen Nazismus und Militarismus“ sollte sich folglich nicht auf den Zeitraum vom 8. Mai 1945 bis zum 20. November 1946 beschränken, sondern auch auf Maßnahmen, die nach dem 20. November getroffen wurden, ausgedehnt werden.

Im März 1948 unterrichtete Justizminister Külz aufgrund einer Anweisung der Sowjetischen Militäradministration Thüringens vom 11. Februar 1948[620] durch ein Rundschreiben alle Gerichte, Staatsanwaltschaften und das Oberverwaltungsgericht, dass nach Auffassung der Sowjetischen Militäradministration

---

614 Urteil vom 10. September 1947 - A 125/47, in: Jahrbuch der Entscheidungen des Thüringischen Oberverwaltungsgerichts, Bd. 18 (1946/47), S. 165 - 172 (172); Urteil vom 17. März 1948 - A 218/47, in: ThHStAW, OVG Jena, D Nr. 1 Bd. 5.

615 Bericht Schultes über die Tätigkeit des Oberverwaltungsgerichts, ThHStAW, Ministerium der Justiz, Akte 90; Bericht des Ministeriums für Justiz an die SMA über das Thür. Oberverwaltungsgericht in Jena vom 22. Februar 1948, ThHStAW, OVG Jena, B I Nr. 8.

616 Regierungsblatt für das Land Thüringen, Teil I: Gesetzsammlung, 1945, S. 9.

617 Urteil vom 17. März 1948 - A 218/47, in: ThHStAW, OVG Jena, D Nr. 1 Bd. 5.

618 Karl Schultes an Ministerpräsident Paul am 14. Januar 1947, ThHStAW, Ministerpräsident, Film 151, Akte 1864, Aufnahme 8.

619 Karl Schultes an Ministerpräsident Paul, ebenda.

620 ThHStAW, OVG Jena, B X Nr. 15.

Thüringens die Entscheidungen der Landeskommission zur Durchführung der Befehle 124 und 126 der Sowjetischen Militäradministration in Deutschland und zur Durchführung der Bodenreform endgültig und daher Klagen vor den ordentlichen Gerichten und dem Oberverwaltungsgericht nicht zulässig sind.[621] Darin war ein für das Oberverwaltungsgericht bindender Befehl der Sowjetischen Militäradministration über den dauernden Ausschluss der Nachprüfung von Entscheidungen der Landeskommission zur Durchführung der Befehle 124 und 126 sowie zur Durchführung der Bodenreform zu sehen.[622] Die Verwaltung sollte damit auch in Zukunft von jeder Kontrolle frei sein.[623]

Dies sollte in einem 2. Gesetz betreffend Maßnahmen gegen Nazismus und Militarismus vom April 1948 noch einmal gesetzlich normiert werden. Nach dessen § 1 sollte das Gesetz betreffend Maßnahmen gegen Nazismus und Militarismus vom 20. November 1946 über den 20. November 1946 hinaus für die Maßnahmen zur Durchführung der Bodenreform und der Durchführung der Befehle 124 und 126 der Sowjetischen Militäradministration in Deutschland vom 30. beziehungsweise 31. Oktober 1945 gelten. Bei diesen Maßnahmen waren der ordentliche Rechtsweg und das Verwaltungsstreitverfahren weiterhin ausgeschlossen. Alle sonstigen Maßnahmen der Behörden, die nach dem 20. November 1946 getroffen worden sind, sollten jedoch den allgemeinen Vorschriften oder den besonders ergangenen Bestimmungen unterliegen (§ 2). Für solche Maßnahmen kam das Gesetz vom 20. November 1946 nur als Übergangsregelung in Betracht.[624]

Der Gesetzentwurf wurde zwar im Rechtsausschuss des Landtages beraten und sollte vom Plenum am 22./24. Juli 1948 verabschiedet werden.[625] Die Beratung zu diesem Gesetz wurde jedoch von der Tagesordnung der Juni-Sitzung

---

621 Rundschreiben Nr. 27/48 des Ministeriums für Justiz vom 23. März 1948, ThHStAW, OVG Jena, B I Nr. 8.

622 Schreiben Loenings an das Justizministerium vom 12. April 1948, ThHStAW, OVG Jena, B I Nr. 8; Urteil vom 23. Juni 1948 - A 178/47, Urteil vom 23. Juni 1948 - A 184/47, Urteil vom 22. Dezember 1948 - A 200/47, in: ThHStAW, OVG Jena, D Nr. 1 Bd. 5; Beschluss vom 28. Oktober 1948 - B 46/47, in: Regierungsblatt für das Land Thüringen, Teil II: Amtsblatt, 1948, S. 366.

623 Hellmuth Loening sprach dem Gesetz insgesamt die Rechtsgültigkeit ab, da es zwar vom damaligen Landespräsidenten unterzeichnet, vor Übergang der Gesetzgebungsgewalt auf den neuen Landtag aber noch nicht in der Gesetzsammlung verkündet worden war. Schreiben Loenings an das Justizministerium vom 18. Dezember 1946, ThHStAW, OVG Jena, B X Nr. 3.

624 ThHStAW, OVG Jena, B X Nr. 15.

625 Schreiben des Ministeriums für Justiz an den Präsidenten des Thür. OVG vom 6. Juli 1948, ThHStAW, OVG Jena, B X Nr. 15.

abgesetzt, ohne einen neuen Beratungstermin zu bestimmen.[626] In ihrer Sitzung am 11. Oktober 1948 hat die Regierung die Gesetzesvorlage „2. Gesetz betreffend Maßnahmen gegen Nazismus und Militarismus“ zurückgezogen.[627]

aa) Die Bodenreform

Gemäß dem „Gesetz über die Bodenreform im Lande Thüringen“ vom 10. September 1945[628] war der gesamte Grundbesitz von mehr als 100 ha sowie die Liegenschaften der ehemals aktiven Nationalsozialisten und Kriegsverbrecher entschädigungslos zu enteignen[629]. Das enteignete Land sollte je nach Qualität des Bodens in 5 bis 12 ha große Parzellen aufgeteilt und den „landarmen und landlosen Bauern“ übereignet werden[630].

Eine Möglichkeit, die Enteignungen auf dem Rechtsweg überprüfen zu lassen, bestand nicht. Die Maßnahmen der Bodenreform waren, soweit sie die Enteignung betrafen, von der Anfechtungsklage ausgenommen, weil die Eigentumsentziehung bereits unmittelbar durch das Bodenreformgesetz selbst, nicht erst durch nachfolgende den Besitzstand ändernde Verwaltungsakte stattgefunden hatte. Weder das Gesetz noch die Ausführungsverordnung sahen individuelle Enteignungsakte vor; wohingegen die Zuteilung des enteigneten Bodens durch einen besonderen Verwaltungsakt durchgeführt werden sollte.[631] Der Grundsatz, dass Maßnahmen, die unmittelbar durch formelles Gesetz selbst verfügt sind, nicht unter die durch die Generalklausel begründete Zuständigkeit der Verwaltungsgerichte fallen, gilt allgemein als deutsches Verwaltungsrecht.[632] Durch das „Gesetze zur Sicherung des durch die Bodenreform geschaffenen Eigentums an Grund und Boden“[633] vom 31. Oktober 1946 wurden noch einmal ausdrücklich alle Bodenreformentscheidungen von einer juristischen Anfech-

---

626 Schreiben des Ministeriums für Justiz an den Präsidenten des Thür. OVG vom 8. September 1948, ThHStAW, OVG Jena, B X Nr. 15.

627 Thüringer Landtag, 51. Sitzung am 19. November 1948, Akten und Verhandlungen des Thüringer Landtages, 1946 - 1952, Bd. I.3, S. 1419 - 1455 (1424.).

628 Regierungsblatt für das Land Thüringen, Teil I: Gesetzsammlung, 1945, S. 13 - 16.

629 Art. 2 Abs. 2, 3 des Bodenreformgesetzes, Regierungsblatt für das Land Thüringen, Teil I: Gesetzsammlung, 1945, S. 13 - 16.

630 Art. 4 Abs. 9 des Bodenreformgesetzes, Regierungsblatt für das Land Thüringen, Teil I: Gesetzsammlung, 1945, S. 13 - 16.

631 Urteil vom 10. September 1947 - A 125/47, in: Jahrbuch der Entscheidungen des Thüringischen Oberverwaltungsgerichts, Bd. 18 (1946/47), S. 165 - 172 (168 f.).

632 Hans Peters, Jahrbuch der Entscheidungen des Thüringischen Oberverwaltungsgerichts, 18. Bd., 1946/47, (Besprechung), NJ, 2. Jgg., 1948, S. 119.

633 Regierungsblatt für das Land Thüringen, Teil I: Gesetzsammlung, 1946, S. 156.

tung ausgeschlossen (§ 1).[634] Zur Nachprüfung von Einsprüchen gegen Bodenreformmaßnahmen war ausschließlich die Landeskommission zur Durchführung der Bodenreform zuständig (§ 2). Dieses Gesetz verlor aber bereits drei Wochen später durch den Erlass des „Gesetzes betreffend Maßnahmen gegen Nazismus und Militarismus" seine Wirkung. In § 2 Abs. 2 des „Gesetz zur Änderung des Gesetzes über die Bodenreform im Lande Thüringen" vom 11. Dezember 1948[635] wurde – gegen den Willen der LDP[636] – noch einmal explizit hervorgehoben, dass die Entscheidungen der bisherigen Landeskommission rechtsgültig seien.

Der Ausschluss der verwaltungsgerichtlichen Kontrolle zog die Willkürlichkeit der Entscheidungen nach sich. So griffen Dienststellen der Sowjetischen Militäradministration durch mündliche Anweisungen, die wie Befehle gewertet werden mussten, in die Durchführung der Bodenreform ein.[637] Bedienstete, die auf eine gesetzmäßige Durchführung der Bodenreform achteten, wurden ihres Amtes enthoben.[638]

bb) Sequestrierung

Neben der Bodenreform fanden weitere Enteignungsmaßnahmen aufgrund der Befehle des Obersten Chefs der Sowjetischen Militäradministration in Deutschland Nr. 124 vom 30. Oktober 1945 und Nr. 126 vom 31. Oktober 1945 statt.[639] Danach wurden die Vermögensgüter von Personen, denen Kriegs- oder NS-Verbrechen zum Vorwurf gemacht wurden, beschlagnahmt und im März 1946

---

634 Dies geschah obwohl das Zentralsekretariat noch kurz vorher den Standpunkt eingenommen, „wir können den Verwaltungsrechtsweg nicht vollständig ausschliessen". Protokoll der 3. Sitzung des Rechtspolitischen Ausschusses der SED (Thüringen) am 13. September 1946, ThHStAW, Ministerpräsident, Film 61, Akte 658, Aufnahme 94.

635 Regierungsblatt für das Land Thüringen, Teil I: Gesetzsammlung, 1948, S. 116.

636 Thüringer Landtag, 53. Sitzung vom 11. Dezember 1948, Akten und Verhandlungen des Thüringer Landtages, 1946 - 1952, Bd. I.3, S. 1475 - 1498 (1487).

637 Schreiben von Innenminister Eggerath an Ministerpräsident Paul vom 7. Juni 1947, Schreiben von Innenminister Eggerath an die Landeskommission zur Durchführung der Bodenreform am 27. Juni 1947, ThHStAW, Ministerium des Inneren, Akte 212.

638 Iwan Sosonowitsch Kolesnitschenko, Im gemeinsamen Kampf für das neue antifaschistisch-demokratische Deutschland entwickelte und festigte sich unsere unverbrüchliche Freundschaft, S. 48.

639 Befehl Nr. 124 des Obersten Chefs der Sowjetischen Militäradministration in Deutschland über die Beschlagnahme und die Übernahme einiger Eigentumskategorien vom 30. Oktober 1945; Befehl Nr. 126 des Obersten Chefs der Sowjetischen Militäradministration in Deutschland zur Konfiskation des Eigentums der nationalsozialistischen Partei, ihrer Organe und der ihr angeschlossenen Organisationen vom 31. Oktober 1945, in: Um ein antifaschistisch-demokratisches Deutschland, S. 189 - 196.

den Behörden der Länder zur Verfügung gestellt[640]. Eine Nachprüfungsmöglichkeit für Rechtseingriffe durch die Sequestrierung sahen die Befehle 124 und 126 nicht vor.

Die LDP hatte sich mit ihrem Verlangen, Sequestrierungsmaßnahmen mittels Einspruch beim Oberverwaltungsgericht nachprüfen zu lassen, nicht durchsetzen können.[641] Da die Sequestrierungen aufgrund von Befehlen der Sowjetischen Militäradministration durchgeführt worden seien, „komme es garnicht infrage, dass eine deutsche Spruchstelle diese Massnahmen überprüfe“.[642] Die für die Sequestrierung zuständige Landeskommission entschied in eigener Sache über Einsprüche. Durch das „Gesetz betreffend Maßnahmen gegen Nazismus und Militarismus“ vom 20. November 1946 wurde die Verneinung der Anfechtungsmöglichkeit für Sequestrierungsmaßnahmen auch normativ festgeschrieben.

Aufgrund des Rundschreibens des Ministeriums für Justiz vom März 1948, in welchem die Entscheidungen der Landeskommission zur Durchführung der Befehle 124 und 126 der Sowjetischen Militäradministration in Deutschland für endgültig erklärt worden waren[643], erhob diese Kommission in allen anhängigen Verfahren den Prozesseinwand der Unzulässigkeit des Rechtsweges.[644] In Sequestersachen war bis dahin noch keine Entscheidung des Oberverwaltungsgerichts ergangen.

6. Zwischenfazit

Die Verwaltungsgerichtsbarkeit in Thüringen knüpfte durch das Zusammenspiel einer Vielzahl unterschiedlicher Faktoren, z.B. Übernahme der fortschrittlichen

640 Befehl Nr. 97 des Obersten Chefs der Sowjetischen Militäradministration in Deutschland über die Schaffung einer Deutschen Zentralkommission für Beschlagnahme und Sequestrierung vom 29. März 1946, in: Ministerium für Auswärtige Angelegenheiten der DDR / Ministerium für Auswärtige Angelegenheiten der UdSSR, Um ein antifaschistisch-demokratisches Deutschland, S. 252 f..

641 Protokoll der 3. Sitzung des Rechtspolitischen Ausschusses der SED (Thüringen) am 13. September 1946, ThHStAW, Ministerpräsident, Film 61, Akte 658, Aufnahme 100; Niederschrift über die Fünfte Sitzung der Beratenden Landesversammlung am 25. September 1946, Akten und Verhandlungen des Thüringer Landtages, 1946 - 1952, Bd. I.1, S. 97 - 127 (121).

642 Protokoll der 3. Sitzung des Rechtspolitischen Ausschusses, ebenda.

643 Rundschreiben Nr. 27/48 des Ministeriums für Justiz vom 23. März 1948, ThHStAW, OVG Jena, B I Nr. 8.

644 Schreiben Loenings an das Justizministerium vom 12. April 1948, ThHStAW, OVG Jena, B I Nr. 8.

Landesverwaltungsordnung, personelle Kontinuität und fachliche Orientierung der Richter an der Weimarer Verwaltungsrechtslehre, an die überlieferte Rechtstradition an und nahm dort ihre Entwicklung wieder auf.[645] Dadurch wurde ein Rechtsschutzniveau erreicht, welches dem in der Westzone durchaus ebenbürtig war und Thüringen in der sowjetischen Besatzungszone als „Oase der Verwaltungsgerichtsbarkeit"[646] erscheinen ließ. Diese Ausnahmeentwicklung wurde indes nur durch den engagierten und schnellen Eintritt seiner liberalen Politiker und Juristen möglich. Es ist evident, dass diese Entwicklung die Kommunisten beunruhigen musste. So bewertete Hilde Benjamin den thüringischen Sonderweg folgendermaßen:

> „Landesverwaltung und Abteilung Justiz in Thüringen gingen einen anderen Weg. Der Personalbestand wurde mit allen nur irgend erreichbaren, formell unbelasteten alten Juristen aufgestockt und erreichte im September 1945 wieder 102 Richter und 15 Staatsanwälte. Diese formelle Entnazifizierung und Aufstockung des Kaderbestandes bedeutete ein Anknüpfen an die unter amerikanischer Besatzung betriebene reaktionäre und konservative Kaderpolitik. Sie führte zu einer Anhäufung überalterter und konservativer Juristen in der Thüringer Justiz. Sie erschwerten über Jahre hinaus weitgehend die klassenmäßige Veränderung der Justizkader. Nicht wenige krasse Fehlurteile in den folgenden Jahren hatten in dieser Kaderpolitik ihren Ausgangspunkt."[647]

> „[…] vor allem in Thüringen war es offensichtlich das Bestreben, so schnell wie möglich alte `rechtsstaatliche´ Zustände zu restaurieren, das zum Bespiel in dem `Gesetz über die Anwendung des Gerichtsverfassungsgesetzes´, der `Anpassung´ der Landesverwaltungsordnung von 1920 u.a. zum Ausdruck kam."[648]

Das Kompetenzgerangel um die Verwaltungsgerichtsbarkeit zwischen Rechtsprechung und Politik spitzte sich immer mehr zu. Einstweilen setzte sich die SED mit der Ersetzung der Landesverwaltungsordnung durch das Verwaltungsgerichtsgesetz und die Umwandlung des Oberverwaltungsgerichts in das Landesverwaltungsgericht durch. Das Landesverwaltungsgericht war aber nicht willig, sich vollends deren Machtanspruch zu unterwerfen.

---

645 Thomas Heil, Die Verwaltungsgerichtsbarkeit in Thüringen 1945 - 1952, S. 40.

646 Ernst Meyer, Die Entwicklung der Verwaltungsgerichtsbarkeit in der Ostzone, DVBl., 65. Jgg., 1950, S. 561 - 564 (561).

647 Autorenkollektiv unter der Leitung von Kurt Wünsche, Grundlagen der Rechtspflege, S. 57.

648 Hilde Benjamin, Zehn Jahre demokratische Justiz, StuR, 4. Jgg., 1955, S. 349 - 368 (355).

IV. Die anderen Länder der sowjetischen Besatzungszone

1. Normierung der Verwaltungsgerichtsbarkeit in den Gesetzen

a) Die Verfassungen

Die Ende 1946 / Anfang 1947 von den Landtagen beschlossenen Länderverfassungen folgten dem von der SED erarbeiteten Entwurf einer Verfassung für eine deutsche demokratische Republik.[649] Abgesehen von einigen Unterschieden in der Formulierung verankerten die Länderverfassungen in dem Abschnitt „Rechtspflege" inhaltlich die gleichen Anforderungen.

Nachdem durch das Gesetz Nr. 36 des Kontrollrates vom 10. Oktober 1946 die Errichtung der Verwaltungsgerichtsbarkeit vorgeschrieben wurde, enthielten auch die Verfassungen der Länder der sowjetischen Besatzungszone eine entsprechende Normierung. Sie sicherten ausnahmslos den Schutz der Bürger gegen Anordnungen und Verfügungen der Verwaltung durch eine Verwaltungsgerichtsbarkeit zu.[650]

Dabei begrenzten die Verfassungen von Sachsen und von Mecklenburg den Aufgabenbereich der Verwaltungsgerichtsbarkeit auf den Schutz gegen „widerrechtliche" Anordnungen und Verfügungen der Verwaltung[651], während die anderen Verfassungen – Thüringen eingeschlossen – diese Einschränkung der Verwaltungsgerichtsbarkeit nicht kannten[652]. Aus dieser sprachlichen Differenzierung folgerte Wolfgang Abendroth, dass die Verfassungen der letztgenannten Länder damit den Verwaltungsgerichten die Möglichkeit der Überprüfung der

649 Helmut Anders, Die Demokratisierung der Justiz, in: Akademie der Wissenschaften der DDR, Jahrbuch für Geschichte, Bd. 9 (1973), S. 385 - 438 (410).

650 Art. 43 der Verfassung für die Mark Brandenburg vom 6. Februar 1947, GVBl. Brandenburg I, 1947, S. 45 - 49; Art. 68 der Verfassung des Landes Mecklenburg vom 16. Januar 1947, RegBl. Mecklenburg, 1947, S. 1 - 8; Art. 67 der Verfassung des Landes Sachsen vom 28. Februar 1947, GVBl. Sachsen, 1947, S. 103 - 108; Art. 67 der Verfassung der Provinz Sachsen-Anhalt vom 10. Januar 1947, GBl. Sachsen-Anhalt, 1947, S. 9 - 15.

651 Art. 68 der Verfassung des Landes Mecklenburg vom 16. Januar 1947; Art. 67 der Verfassung des Landes Sachsen vom 28. Februar 1947.

652 Art. 43 der Verfassung für die Mark Brandenburg vom 6. Februar 1947; Art. 67 der Verfassung der Provinz Sachsen-Anhalt vom 10. Januar 1947; Art. 49 der Verfassung des Landes Thüringen vom 20. Dezember 1946, Regierungsblatt für das Land Thüringen, Teil I: Gesetzsammlung, 1947, S. 1 - 8.

Zweckmäßigkeit von Maßnahmen der Verwaltungsbehörden offen lassen wollten.[653] Diese Schlussfolgerung unterstreicht eine von Karl Schultes gemachte Aussage, der zufolge die Vermeidung des Wortes „widerrechtlich“ darauf zurückzuführen sei, dass grundsätzlich alle Verwaltungsakte, auch ihre sachliche Richtigkeit und nicht allein die Rechtswidrigkeit, nachprüfbar sein sollten, soweit dies nicht durch Gesetz ausgeschlossen sei.[654]

Für die Beurteilung der verfassungsrechtlichen Stellung der Verwaltungsgerichtsbarkeit ist bedeutsam, dass in einigen Länderverfassungen das Prinzip der Gewaltenteilung offensichtlich nicht beachtet wurde. Dies zog die Beschränkung der sachlichen Unabhängigkeit nach sich.

Die Verfassungen der Länder Brandenburg (Art. 9 Abs. 2)[655] und Sachsen (Art. 26 Abs. 1 S. 3)[656] sahen ein Kontrollrecht des Landtages über die Rechtsprechung vor. Das Kontrollrecht des Landtages von Mecklenburg wird in Art. 22 Abs. 2 S. 3 der Verfassung wie folgt ausgedrückt:

> „In seiner Hand liegt die oberste Kontrolle [...] über die gesamte Verwaltung und Rechtspflege.“

Es ist fraglich, wie hier der Begriff „Rechtspflege“ zu verstehen ist. Sollte die gesamte Justiz oder lediglich die Justizverwaltung durch den Landtag überwacht werden? Diese Zweifel werden durch Art. 63 Abs. 1 der Verfassung des Landes Sachsen gestützt, da diese Norm zwischen Rechtspflege und Rechtsprechung differenzierte. Geht man von der formellen Bedeutung des Wortes Rechtspflege

---

653 Wolfgang Abendroth, Vergleich über die Justiz in den Länderverfassungen der amerikanischen und der sowjetischen Besatzungszone, NJ, 1. Jgg., 1947, S. 112 - 116 (114).

654 Karl Schultes, Der Aufbau der Länderverfassungen in der sowjetischen Besatzungszone, S. 30.

655 Die LDP hatte bei den Verfassungsberatungen im Landtag den Antrag gestellt, auf die Kontrolle des Landtages über die Rechtsprechung zu verzichten. Sie lehnte eine parlamentarische Kontrolle der Justiz mit Verweis auf die dadurch gefährdete Unabhängigkeit der Richter strikt ab. Sie konnte sich indes nicht gegen SED und CDU durchsetzen, dich sich in diesem Punkt einig waren; Landtag des Landes Brandenburg, 5. Sitzung am 31. Januar 1947, Akten und Verhandlungen des Landtags der Mark Brandenburg, 1946 - 1952, Bd. I, S. 39 - 66 (44, 48, 52, 53, 55, 56); Gerhard Braas, Die Entstehung der Länderverfassungen, S. 149.

656 In Sachsen forderte die CDU auf die oberste Kontrolle des Landtages über die Rechtsprechung zu verzichten. Die SED setzte sich jedoch mit dem „allseitig gebilligt(en) und anerkannt(en)“ Argument durch, dass eine „wahrhafte Demokratie“ nicht drauf verzichten könne, sich die Verwaltung und Rechtsprechung unterzuordnen; Sächsischer Landtag, 13. Sitzung am 28. Februar 1947, Akten und Verhandlungen des Sächsischen Landtages, 1946 - 1952, Bd. I.1, S. 239 - 252 (244); Gerhard Braas, Die Entstehung der Länderverfassungen, S. 150.

als Sammelbegriff für sämtliche von den Gerichten und von weiteren Organen der Rechtspflege wahrgenommenen Aufgaben und Angelegenheiten aus, so sollte auch die Rechtsprechung umfasst werden. Dafür spricht zudem, dass in allen Länderverfassungen in dem Abschnitt Rechtspflege Grundsätze der Rechtsprechung geregelt waren.

Demgegenüber erstreckte sich in Sachsen-Anhalt das in der Verfassung ausdrücklich normierte Aufsichtsrecht des Landtages nur auf die Justizverwaltung.[657] Thüringen hatte darauf verzichtet, explizit die Kontrolle des Landtages auf die Rechtsprechung auszudehnen.[658] Dies könnte aber für beide Länder in die Verfassungsbestimmung „Der Landtag ist der höchste demokratische Willensträger des Landes“[659] interpretiert werden.

Die Verfassungen der vier Länder der sowjetischen Besatzungszone gewährten die Unabhängigkeit der Richter „in ihrer Rechtsprechung“ beziehungsweise „bei Ausübung ihres Richteramtes“.[660] Auf die Frage der persönlichen Unabsetzbarkeit des Richters und seiner lebenslänglichen Anstellung wurde nicht explizit eingegangen. Die SED sah darin nur die sachliche Freiheit der Rechtsprechung garantiert, während die Gesetzgebung in Bezug auf die persönliche Rechtsstellung des Richters an keine verfassungsrechtlichen Schranken gebunden sein sollte.[661] Dem kann indes nicht zugestimmt werden. Denn ebenso wie in Thüringen kann auch in den Verfassungen der anderen Länder der sowjetischen Besatzungszone die persönliche Freiheit des Richters aus dem Begriff „Unabhängigkeit“ gelesen werden.

---

657 Art. 24 Abs. 3 der Verfassung der Provinz Sachsen-Anhalt vom 10. Januar 1947. Auf Drängen der CDU, dem Landtag das in dem 2. Landesverfassungsentwurf der SED vorgesehene Kontrollrecht über die Rechtsprechung zu versagen, wurde diesem nicht das Aufsichtsrecht über die gesamte Rechtsprechung, sondern nur über die Justizverwaltung übertragen. Gerhard Braas, Die Entstehung der Länderverfassungen, S. 149.

658 Art. 8 Abs. 4 der Verfassung des Landes Thüringen vom 20. Dezember 1946.

659 Art. 24 Abs. 1der Verfassung der Provinz Sachsen-Anhalt vom 10. Januar 1947; Art. 8 Abs. 1 der Verfassung des Landes Thüringen vom 20. Dezember 1946.

660 Art. 40 der Verfassung für die Mark Brandenburg vom 6. Februar 1947; Art. 64 Abs. 1 der Verfassung des Landes Mecklenburg vom 16. Januar 1947; Art. 62 Abs. 1 S. 1 der Verfassung des Landes Sachsen vom 28. Februar 1947; Art. 64 Abs. 1 der Verfassung der Provinz Sachsen-Anhalt vom 10. Januar 1947.

661 Karl Schultes, Der Aufbau der Länderverfassungen in der sowjetischen Besatzungszone, S. 27; Karl Schultes, Rechtsstaat und Gerichtsbarkeit im Verfassungssystem der reale Demokratie, NJ, 2. Jgg., 1948, S. 1 - 10 (9); Wolfgang Abendroth, Vergleich über die Justiz in den Länderverfassungen der amerikanischen und der sowjetischen Besatzungszone, NJ, 1. Jgg., 1947, S. 112 - 116 (113).

In der Verfassung des Landes Mecklenburg wurde die Anstellung und Entlassung der Richter der weiteren Regelung durch ein Gesetz überlassen.[662] Im Unterschied zu der Thüringer Bestimmung ist allerdings nicht ersichtlich, ob die damit verbundenen Fragen „im Sinne des Gerichtsverfassungsgesetzes oder gegen dieses Gesetz" erledigt werden sollten.[663]

Gleichwohl wurde die richterliche Unabhängigkeit durch eine Verfassungsbestimmung beschnitten: „Die Angestellten im öffentlichen Dienste sind Diener des Volkes. Sie müssen sich des Vertrauens des Volkes jederzeit würdig erweisen." Ob dies der Fall war, oblag der Kontrolle des Parlaments.[664] Dies hätte bei einer persönlichen Unabhängigkeit der Richterschaft nicht durchgesetzt werden können und hätte damit dem Prinzip der Volkssouveränität widersprochen.

b) Die Verwaltungsgerichtsgesetze

Den Ministerpräsidenten der vier Länder der sowjetischen Besatzungszone wurde mit Befehl Nr. 173 der Sowjetischen Militäradministration in Deutschland vom 8. Juli 1947 aufgrund des Kontrollratsgesetzes Nr. 36 die Vorlage von Gesetzentwürfen zur Wiederherstellung der Verwaltungsgerichte in ihren Landtagen aufgetragen. An Thüringen war der Befehl nicht gerichtet, hier wurde eine Reorganisation nicht verlangt. Die Gerichte sollten ab 1. Oktober 1947 tätig werden.[665]

Die Ausgestaltung der Verwaltungsgerichtsbarkeit war den Landtagen überlassen.[666] Aus diesem Grund wurden Gesetzentwürfe über den Aufbau von Ver-

---

662 Art. 64 Abs. 5 der Verfassung des Landes Mecklenburg vom 16. Januar 1947.

663 Gerhard Braas, Die Entstehung der Länderverfassungen, S. 198. Karl Schultes hielt es für erforderlich, diese Regelung einheitlich für die sowjetische Besatzungszone zu treffen und dabei die Frage der Absetzbarkeit der Richter abweichend von dem GVG zu klären; Karl Schultes, Der Aufbau der Länderverfassungen in der sowjetischen Besatzungszone, S. 28.

664 Art. 4 Abs. 4; 9 Abs. 2 der Verfassung für die Mark Brandenburg vom 6. Februar 1947; Art. 6; 22 Abs. 2 S. 3 der Verfassung des Landes Mecklenburg vom 16. Januar 1947; Art. 6; 26 Abs. 1 S. 3 der Verfassung des Landes Sachsen vom 28. Februar 1947; Art. 5; 24 Abs. 3 der Verfassung der Provinz Sachsen-Anhalt vom 10. Januar 1947.

665 Hellmuth Loening, Kampf um den Rechtsstaat in Thüringen, AöR, 75. Jgg., 1949, S. 56 - 102 (57); Carl Hermann Ule, Gesetzlichkeit in der Verwaltung durch Verwaltungsverfahren und gerichtliche Kontrolle in der DDR, DVBl., 100. Jgg., 1985, S. 1029 - 1041 (1035); Ernst Meyer, Die Entwicklung der Verwaltungsgerichtsbarkeit in der Ostzone, DVBl., 65. Jgg., 1950, S. 561 - 564 (562); Martin Baring, Verwaltungsrechtsschutz, ROW, 2. Jgg., 1958, S. 45 - 47 (46).

666 Heike Amos, Justizverwaltung in der SBZ / DDR, S. 192.

waltungsgerichten – nicht immer von der Regierung, sondern zum Teil auf Initiativanträge der SED zurückgehend – in den Landtagen eingebracht. Diese beruhten auf einem einheitlichen Musterentwurf, der von der SED ausgegeben wurde.[667]

aa) Brandenburg, Mecklenburg, Sachsen

Während der Landtag Brandenburgs den Gesetzentwurf der SED ohne weitere Diskussion in erster Lesung am 9. Oktober 1947 annahm[668], erarbeiteten die LDP in Sachsen[669] sowie die CDU in Mecklenburg eigene Gesetzesentwürfe[670]. Mit diesen Entwürfen bezweckten die bürgerlichen Parteien, „die Gerichtsbarkeit so weit wie möglich auszubauen", damit „alle diejenigen Verwaltungsakte der Gerichtsbarkeit unterworfen werden, die eben aus der Entwicklung heraus dieser Gerichtsbarkeit unterworfen werden müssen"[671]. Diesem Ziel entsprachen dann auch die Vorstellungen zur Gestaltung des Verwaltungsgerichtssystems: Generalklausel, Instanzenzug, Unterstellung unter das Justizministerium respektive den Ministerpräsidenten sowie allenfalls Wahl des Präsidenten und Vizepräsidenten durch den Landtag.[672] Demgegenüber sprach sich die SED dafür aus, dass durch die Verwaltungsgerichtsbarkeit „in möglichst geringem Maße die demokratische Kontrolle, wie sie von den Gemeinden, von den Kreisen und dem Landtag ausgeübt wird, irgendwelche Einbuße erleidet"[673]. Ihr Vorschlag sah folglich die verwaltungsgerichtliche Zuständigkeit nach dem Enumerations-

---

667 Ernst Meyer, Die Entwicklung der Verwaltungsgerichtsbarkeit in der Ostzone, DVBl., 65. Jgg., 1950, S. 561 - 564 (562); Helmut Anders, Die Demokratisierung der Justiz beim Aufbau der antifaschistisch-demokratischen Ordnung auf dem Gebiet der DDR (1945 bis 1949), S. 142.

668 Landtag des Landes Brandenburg, 20. Sitzung am 9. Oktober 1947, Akten und Verhandlungen des Landtags der Mark Brandenburg, 1946 - 1952, Bd. I, S. 280 - 287.

669 Sächsischer Landtag, 29. Sitzung am 30. Oktober 1947, Akten und Verhandlungen des Sächsischen Landtages, 1946 - 1952, Bd. I.1, S. 619 - 660 (650).

670 Landtag des Landes Mecklenburg, 15. Vollsitzung am 18. September 1947, Akten und Verhandlungen des Landtags von Mecklenburg Vorpommern, 1946 - 1952, Bd. I 1, Sp. 655 - 696 (671).

671 Sächsischer Landtag, 29. Sitzung am 30. Oktober 1947, Akten und Verhandlungen des Sächsischen Landtages, 1946 - 1952, Bd. I.1, S. 619 - 660 (650).

672 Landtag des Landes Mecklenburg, 15. Vollsitzung am 18. September 1947, Akten und Verhandlungen des Landtags von Mecklenburg Vorpommern, 1946 - 1952, Bd. I 1, Sp. 655 - 696 (671 - 674); Sächsischer Landtag, 29. Sitzung am 30. Oktober 1947, Akten und Verhandlungen des Sächsischen Landtages, 1946 - 1952, Bd. I.1, S. 619 - 660 (648, 650 - 653).

673 Sächsischer Landtag, 29. Sitzung am 30. Oktober 1947, Akten und Verhandlungen des Sächsischen Landtages, 1946 - 1952, Bd. I.1, S. 619 - 660 (646).

prinzip, die Unanfechtbarkeit aller Verwaltungsakte, die zwischen dem Zusammenbruch Deutschlands und dem Inkrafttreten der Verwaltungsgerichtsgesetze erlassen beziehungsweise nachträglich zum Regierungsakt erklärt worden sind, den Ausschluss einer verwaltungsrechtlichen Kontrolle aller von der Regierung erlassenen Verwaltungsakte, die Errichtung eines Verwaltungsgerichtes ohne weitere Instanzen, die Unterstellung unter das Innenministerium sowie die Wahl aller Richter der Verwaltungsgerichte durch die Landtage vor.[674] Die bürgerlichen Parteien entgegneten diesem Vorschlag mit dem Appell, dass es sich bei der Verwaltungsgerichtsbarkeit „um einen fundamentalen Satz unserer ganzen politischen Ausrichtung" handele, „den wir nicht einschränken oder auf den wir nicht verzichten können".[675]

> „Es ist auf eine Gerichtsbarkeit nicht zu verzichten, auch nicht in einer Demokratie, mag sie noch so gut sein."[676]

Trotz dieser Vorbehalte erließen die Länder Brandenburg[677], Mecklenburg[678] und Sachsen[679] noch im Laufe des Jahres 1947 mit Zustimmung des „Blocks der antifaschistisch-demokratischen Parteien" Verwaltungsgerichtsgesetze.[680]. Diese Gesetze gingen in Einzelheiten der Formulierung zwar auseinander, stützten sich

674 Landtag des Landes Mecklenburg, 15. Vollsitzung am 18. September 1947, Akten und Verhandlungen des Landtags von Mecklenburg Vorpommern, 1946 - 1952, Bd. I 1, Sp. 655 - 696 (669 - 673, 677 - 679); Sächsischer Landtag, 29. Sitzung am 30. Oktober 1947, Akten und Verhandlungen des Sächsischen Landtages, 1946 - 1952, Bd. I.1, S. 619 - 660 (645 - 648).

675 Sächsischer Landtag, 29. Sitzung am 30. Oktober 1947, Akten und Verhandlungen des Sächsischen Landtages, 1946 - 1952, Bd. I.1, S. 619 - 660 (652).

676 Sächsischer Landtag, 29. Sitzung, ebenda.

677 Gesetz über die Verwaltungsgerichtsbarkeit vom 12. Oktober 1947 (Verwaltungsgerichtsgesetz) i.V.m. Anlage, GVBl. Brandenburg I, 1947, S. 27 - 30.

678 Gesetz über die Verwaltungsgerichtsbarkeit im Lande Mecklenburg vom 18. September 1947 (Verwaltungsgerichtsgesetz), RegBl. Mecklenburg, 1947, S. 250 - 252.

679 Gesetz über die Verwaltungsgerichtsbarkeit vom 30. Oktober 1947 (Verwaltungsgerichtsgesetz), GVBl. Sachsen, 1947, S. 509 - 511; Änderungs- und Ausführungsgesetz i.V.m. Anlage vom 30. September 1949, GVBl. Sachsen, 1949, S. 658 f..

680 Landtag des Landes Mecklenburg, 15. Vollsitzung am 18. September 1947, Akten und Verhandlungen des Landtags von Mecklenburg Vorpommern, 1946 - 1952, Bd. I 1, Sp. 655 - 696 (680 f.); Sächsischer Landtag, 29. Sitzung am 30. Oktober 1947, Akten und Verhandlungen des Sächsischen Landtages, 1946 - 1952, Bd. I.1, S. 619 - 660 (620).

jedoch alle auf den von der SED vorgelegten Gesetzentwurf und wurden durch Ausführungsbestimmungen noch mehr einander angeglichen.[681]

Alle Gesetze beruhten auf dem Enumerationsprinzip[682], wobei sich die geregelten Materien von Land zu Land unterschieden.[683] Während man nach den Verfassungen noch auf eine generelle Zuständigkeit der Verwaltungsgerichte schließen konnte, wurde diese nun durch die Verwaltungsgerichtsgesetze aufgegeben. Derweilen ließ sich der sächsische Gesetzgeber fast zwei Jahre Zeit, um den zur Verwirklichung des Enumerationsprinzips erforderlichen Zuständigkeitskatalog des Verwaltungsgerichts zu erlassen.[684] Währenddessen konnte das Verwaltungsgerichtsgesetz Sachsen keinerlei Wirkung entfalten; eine Übergangsbestimmung wie im thüringischen Verwaltungsgerichtsgesetz § 40 Abs. 4 existierte in Sachsen nicht. Von der Möglichkeit, in Verwaltungsgesetzen nach Inkrafttreten der Verwaltungsgerichtsbarkeit den Verwaltungsrechtsweg zu eröffnen, hatte man in allen Ländern höchst selten Gebrauch gemacht (z.B. Thüringen im Spezialgesetz betreffend Maxhütte[685]). Die Nachprüfung freien Ermessens war den Verwaltungsgerichten entzogen.[686] Darüber hinaus konnte eine verwaltungsgerichtliche Klage nicht darauf gestützt werden, dass eine zwischen dem Zusammenbruch des Hitlerregimes und dem Inkrafttreten der Verwaltungsgerichtsgesetze in Ausübung der öffentlichen Gewalt getroffene Maßnahme der Rechtswirksamkeit entbehrte.[687]

Das verwaltungsgerichtliche Verfahren war überall einstufig ausgestaltet.[688] Senate für Steuer- und Finanzangelegenheiten waren gesetzlich vorgesehen.[689]

---

681 Ernst Meyer, Die Entwicklung der Verwaltungsgerichtsbarkeit in der Ostzone, DVBl., 65. Jgg., 1950, S. 561 - 564 (562).

682 Brandenburg: § 7 Abs. 1 Verwaltungsgerichtsgesetz i.V.m. Anlage; Mecklenburg: § 7 Abs. 1 Verwaltungsgerichtsgesetz; Sachsen: § 7 Abs. 1 S. 1, 2 Verwaltungsgerichtsgesetz und Anlage zum Änderungs- und Ausführungsgesetz.

683 Brandenburg: Anlage zum Verwaltungsgerichtsgesetz vom 12. Oktober 1947; Mecklenburg: § 7 Abs. 1 Verwaltungsgerichtsgesetz; Sachsen: Anlage zum Änderungs- und Ausführungsgesetz; Thüringen: § 7 Abs. 1 Verwaltungsgerichtsgesetz.

684 Anlage zum Änderungs- und Ausführungsgesetz vom 30. September 1949, GVBl. Sachsen, 1949, S. 659.

685 § 7 Gesetz für den VEB Max-Hütte vom 18. Februar 1949, Regierungsblatt für das Land Thüringen, Teil I: Gesetzsammlung, 1949, S. 10 f..

686 Mecklenburg: § 7 Abs. 1 Nr. 1, Abs. 3 Verwaltungsgerichtsgesetz; Sachsen: § 5 Änderungs- und Ausführungsgesetz; Thüringen: § 8 Abs. 2 Nr. 1 Verwaltungsgerichtsgesetz; Brandenburg: schweigt.

687 Brandenburg: § 11 Verwaltungsgerichtsgesetz; Mecklenburg: § 10 Verwaltungsgerichtsgesetz; Sachsen: § 11 Verwaltungsgerichtsgesetz.

688 Brandenburg: § 1 Abs. 1 Verwaltungsgerichtsgesetz; Mecklenburg: § 1 Abs. 1 Verwaltungsgerichtsgesetz; Sachsen: § 1 Abs. 1 Verwaltungsgerichtsgesetz.

Einzig § 1 Abs. 2 S. 1 des mecklenburgischen Gesetzes über die Verwaltungsgerichtsbarkeit bestimmte, dass die Richter in ihrer Rechtsprechung unabhängig und nur dem Gesetz unterworfen seien. Diese gesetzliche Garantie wurde indes schon durch die Wahl- und Abberufungsbestimmungen[690] wie durch die Auffassung von der Parlamentskontrolle[691] über die Rechtsprechung, welche in allen Landesgesetzen annähernd konform ausgestaltet waren, unterlaufen. Die darin implizierte beherrschende Stellung der Landtage gegenüber den Verwaltungsgerichten kam darüber hinaus in folgenden Regelungen zum Ausdruck: In Brandenburg konnte der Landtag gem. § 10 des Verwaltungsgerichtsgesetzes eine Verfügung der Landesregierung zum „Regierungsakt" bestimmen. Geschah dies, war eine Klage im Verwaltungsstreitverfahren unzulässig beziehungsweise das anhängige Verfahren für erledigt zu erklären. Nach § 10 des sächsischen Gesetzes über die Verwaltungsgerichtsbarkeit konnte der Landtag „Verfügungen von weittragender allgemeiner oder grundsätzlicher Bedeutung" als unanfechtbar bezeichnen und damit der verwaltungsgerichtlichen Nachprüfung entziehen. Der Verwaltungsgerichtshof des Landes Mecklenburg hatte sich für unzuständig zu erklären, wenn der Landtag oder ein Landtagsausschuss mit dem Streitgegenstand befasst war und erklärte, dass er über die Angelegenheit entscheiden wolle, oder eine Entscheidung bereits getroffen hatte.[692]

bb) Sachsen-Anhalt

Nachdem der Landtag Sachsen-Anhalts die Materie der Verwaltungsgerichtsbarkeit 1947 absetzte[693], wurde es zunächst bei der Veröffentlichung eines „Ausführungsgesetzes zum Kontrollratsgesetz Nr. 36 über Verwaltungsgerichte" in den Landtagsdrucksachen belassen.[694]

---

689 Mecklenburg: § 4 Verwaltungsgerichtsgesetz; Sachsen: § 4 Verwaltungsgerichtsgesetz.

690 Brandenburg: § 4 Verwaltungsgerichtsgesetz; Mecklenburg: § 3 Verwaltungsgerichtsgesetz; Sachsen: § 3 Verwaltungsgerichtsgesetz.

691 Art. 9 Abs. 2 der Verfassung für die Mark Brandenburg vom 6. Februar 1947, GVBl. Brandenburg I, 1947, S. 45 - 49; Art. 22 Abs. 2 S. 3 der Verfassung des Landes Mecklenburg vom 16. Januar 1947, RegBl. Mecklenburg, 1947, S. 1 - 8; Art. 26 Abs. 1 S. 3 der Verfassung des Landes Sachsen vom 28. Februar 1947, GVBl. Sachsen, 1947, S. 103 - 108.

692 § 9 Verwaltungsgerichtsgesetz.

693 Landtag Sachsen-Anhalt, 23. Sitzung am 5. November 1947, Akten und Verhandlungen des Landtags der Provinz Sachsen-Anhalt, 1946 - 1952, Bd. I.1, S. 443.

694 Landtagsdrucksache Nr. 149, Akten und Verhandlungen des Landtags der Provinz Sachsen-Anhalt, 1946 - 1952, Bd. II, S. 259.

Zur Verkündung eines Gesetzes zur Wiedererrichtung der Verwaltungsgerichtsbarkeit kam es vorerst nicht[695], vermutlich weil sich die Parteien nicht über die Dosierung des Verwaltungsrechtsschutzes einigen konnten[696]. 1950 wurde – mit dreijähriger Verspätung – schließlich doch ein Verwaltungsgerichtsgesetz[697] verabschiedet. Dieses glich im Wesentlichen den Verwaltungsgerichtsgesetzen der anderen Länder in der DDR.[698] Erwähnenswert ist lediglich die Regelung des § 28 Abs. 2 Ausführungsgesetz, wonach die Behörde, an die eine Sache zurückgewiesen wurde, an die der Entscheidung des Verwaltungsgerichtshofes zugrundeliegende Rechtsauffassung gebunden war. Diese bereits 1947 / 1948 in die Verwaltungsgerichtsgesetze von Sachsen und Thüringen aufgenommene Bestimmung[699] widersprach im Jahre 1950 der politischen Entwicklung, in welcher im Rahmen der Sozialisierungsbestrebungen mit Nachdruck die Ziele der Volkssouveränität und Gewaltenkonzentration verfolgt wurden. Mit dieser Normierung hätte die Funktion des Landtags als Kontrollorgan der Verwaltung ebenso wie die vorbehaltlose Durchführung seiner Beschlüsse durch die Verwaltung in Frage gestellt werden können.

Der nach § 6 des Verwaltungsgerichtsgesetzes erforderliche Katalog der verwaltungsgerichtlichen Zuständigkeit ist nicht mehr erlassen wurden.

2. Die Existenz und Tätigkeit der Verwaltungsgerichte

Zur tatsächlichen Errichtung von Verwaltungsgerichtshöfen kam es – neben Thüringen – aber nur in Brandenburg und Mecklenburg[700], wobei deren Über-

695 Im Gesetzblatt des Landes Sachsen-Anhalt, Teil I und II (GBl. Sachsen-Anhalt) der Jahre 1946 bis 1948 ist ein Verwaltungsgerichtsgesetz nicht zu finden.

696 Ernst Meyer, Die Entwicklung der Verwaltungsgerichtsbarkeit in der Ostzone, DVBl., 65. Jgg., 1950, S. 561 - 564 (562).

697 Ausführungsgesetz zum Kontrollratsgesetz Nr. 36 über Verwaltungsgerichte vom 16. Juni 1950, GBl. Sachsen-Anhalt, 1950, S. 243 - 246.

698 Einstufigkeit des verwaltungsgerichtlichen Verfahrens § 1 S. 1; Wahl und Abberufung der Richter durch den Landtag § 3; Enumerationsprinzip § 6; Ausschluss der Ermessenkontrolle § 7 S. 2; Unanfechtbarkeit von Regierungsakten § 10 sowie von Maßnahmen zwischen Zusammenbruch und Erlass des Gesetzes § 11.

699 Sachsen: § 28 Abs. 4 Verwaltungsgerichtsgesetz; Thüringen: § 28 Abs. 4 Verwaltungsgerichtsgesetz.

700 Das Institut für Verwaltungsrecht an der Universität Jena verfügte über Urteile der VGH Mecklenburg und Brandenburg; Schreiben Hochbaums an v. Stoltzenberg vom 20. Februar 1952, ThHStAW, OVG Jena, B XI Nr. 2.

prüfungskompetenz von vornherein per Gesetz auf bestimmte Streitigkeiten beschränkt blieb.

In Sachsen wurde lediglich der Präsident des Landesverwaltungsgerichts ernannt.[701] Das Gericht hat jedoch niemals Recht gesprochen.[702]

Auch in Sachsen-Anhalt blieb das Ausführungsgesetz zum Kontrollratsgesetz Nr. 36 ohne Folgen, da die erforderliche Ausführungsverordnung[703] nicht erlassen wurde. Der Art. 67 der Länderverfassungen von Sachsen beziehungsweise Sachsen-Anhalt, nach dem zum Schutz der Bürger gegen Anordnungen und Verfügungen der Verwaltung Verwaltungsgerichte bestehen mussten, wurde folglich nie umgesetzt. Insbesondere in Sachsen-Anhalt, wo die Errichtung von Verwaltungsgerichten durch eine „Muss"-Bestimmung im Verfassungstext zwingend vorgeschrieben wurde[704], ist dies als absichtlicher Verfassungsbruch anzusehen.

a) Der Verwaltungsgerichtshof des Landes Mecklenburg

Der Verwaltungsgerichtshof des Landes Mecklenburg wurde im Dezember 1947 mit Sitz im Schweriner Schloss errichtet. Sämtliche Mitglieder des mecklenburgischen Verwaltungsgerichts wurden vom Landtag für die Dauer von fünf Jahren gewählt.[705] Sie mussten die Befähigung zum Richteramt oder zum höheren Verwaltungsdienst haben beziehungsweise Erfahrungen im Verwaltungswesen aufweisen.[706]

Die Klage vor dem Verwaltungsgericht war nur gegen Verfügungen und Entscheidungen mecklenburgischer Behörden in den durch Gesetz ausdrücklich zugelassenen Fällen möglich.[707]

---

701 Martin Baring, Verwaltungsrechtsschutz, ROW, 2. Jgg., 1958, S. 45 - 47 (46); Otto-Wilhelm Jakobs, Verwaltungsrechtsschutz im Spannungsfeld zwischen Bürger und Staat, VBlBW, 11. Jgg., 1990, S. 241 - 248 (243).

702 Schreiben des Präsidenten des Landesverwaltungsgerichts Sachsen an das Landesverwaltungsgericht Thüringen vom 14. Oktober 1950: „Das Landesverwaltungsgericht Sachsen hat seine Tätigkeit aufgenommen, befindet sich aber noch im Stadium des Aufbaues.", ThHStAW, OVG Jena, B XI Nr. 3.

703 § 6 S. 2 Ausführungsgesetz zum Kontrollratsgesetz Nr. 36 über Verwaltungsgerichte vom 16. Juni 1950, GBl. Sachsen-Anhalt, 1950, S. 243 - 246.

704 Gerhard Braas, Die Entstehung der Länderverfassungen, S. 203.

705 § 3 Abs. 1 S. 1 Verwaltungsgerichtsgesetz.

706 § 3 Abs. 1 S. 2 Verwaltungsgerichtsgesetz; ähnliche Bestimmungen enthielten § 4 Abs. 1 S. 2 Verwaltungsgerichtsgesetz Brandenburg, § 3 Abs. 1 S. 3 Verwaltungsgerichtsgesetz Sachsen sowie § 3 Abs. 1 S. 2 Ausführungsgesetz zum Kontrollratsgesetz Nr. 36 über Verwaltungsgerichte des Landes Sachsen-Anhalt.

707 § 7 Abs. 1 Verwaltungsgerichtsgesetz.

Der Klageerhebung hatte ein Einspruchs(Beschwerde-)verfahren vorauszugehen, an dem die Behörde, welche die angefochtene Verwaltungsmaßnahme erlassen hatte, sowie die übergeordnete Verwaltungsstelle – mit Ausnahme des Landtages – zu beteiligen waren.[708]

> „Der Umfang der Tätigkeit des Verwaltungsgerichtshofes entsprach von vornherein nicht den Erwartungen. Er hat sich inzwischen immer mehr vermindert [...].“[709]

Die von Janke genannten Zahlen (anhängige Verwaltungsstreitsachen: 1948 mindestens 53, 1949 mindestens 77, 1950 mindestens 24, 1951 mindestens 17[710]) bestätigen diese Aussage, bleiben jedoch weit hinter den tatsächlich beim Verwaltungsgerichtshof anhängigen Verfahren zurück. Allein bis Mitte Mai des Jahres 1951 ergingen 98 Urteile, davon 28 stattgebende und 70 abweisende.[711] Es ist denkbar, dass der Rückgang auf den schwindenden Einfluss des Gerichts durch das Enumerationsprinzip und das Mittel des Regierungsaktes sowie das verstärkte Eingreifen des Landtages zurückzuführen ist.

Der Vizepräsident des Verwaltungsgerichtshofs Lemcke bezeichnete den Zustand des Gerichtshofs 1951 als „nicht lebensfähig“ und forderte eine Entscheidung der Politik.

> „Jede verantwortungsbewusste politische Partei muss sich daher mit der Frage beschäftigen, ob die Verwaltungsgerichtsbarkeit unter Abänderung der Verfassung ganz aufgehoben oder ob sie so auszubauen ist, dass sie lebensfähig wird. [...] Denn eine gänzliche Beseitigung der Verwaltungsgerichtsbarkeit würde für die Bevölkerung [...] viel schwerwiegender sein, als es bei Berücksichtigung der wenigen klagestattgebenden Urteile des Verwaltungsgerichtshofes erscheinen mag. Denn ein Verwaltungsgericht wirkt ja nicht nur verwaltungsunrechtbeseitigend, sondern im grösseren Umfang noch verwaltungsunrechtverhütend, einfach dadurch, dass es besteht.“[712]

---

708 § 8 Verwaltungsgerichtsgesetz.

709 Stellungnahme des Vizepräsidenten des VGH Lemcke zur Neuordnung der Verwaltungsgerichtsbarkeit vom 25. Mai 1951, ThHStAW, OVG Jena, D Nr. 5.

710 Gerd Janke, Die Verwaltungsgerichtsbarkeit in der SBZ und in der DDR, NJ, 46. Jgg., 1992, S. 425 - 431 (429).

711 Stellungnahme des Vizepräsidenten des VGH Lemcke zur Neuordnung der Verwaltungsgerichtsbarkeit vom 25. Mai 1951, ThHStAW, OVG Jena, D Nr. 5.

712 Stellungnahme des Vizepräsidenten des VGH Lemcke, ebenda.

Lemcke drängte auf die Neuordnung der Verwaltungsgerichtsbarkeit[713], da „täglich die Gefahr grösser [wird], dass die bestehenden Verwaltungsgerichte bei ihrem abnehmenden Tätigkeitsumfang eines Tages völlig lahm gelegt und praktisch aufgehoben werden“[714]. Er setzte sich in diesem Zusammenhang für eine Erweiterung der Zuständigkeit der Verwaltungsgerichte in den Ländern der sowjetischen Besatzungszone durch die Einführung der Generalklausel ein. Obwohl er sich der entgegenstehenden Interessen der SED bewusst war, hielt Lemcke dies nicht für ein unrealistisches Ziel.

> „Die SED wird sich, da sie [...] zum grossen Teil starkes Misstrauen gegen die Überwachung der Verwaltung durch hierzu eingesetzte Gerichte hat, überhaupt nur schwer mit einer Vergrösserung der Zuständigkeiten abfinden, und es muss daher mit Vorsicht vorgegangen werden, um nicht durch zu starke Erweiterungsvorschläge von vornherein jede Verständigung mit der SED unmöglich zu machen.“[715]

Im Gegensatz zu der Verfahrensweise in Thüringen, wurden in Mecklenburg keine Urteile in einer veröffentlichten Entscheidungssammlung sowie nur wenige im Regierungsblatt bekannt gegeben. Zur materiellen Entscheidung gelangten hauptsächlich handwerkliche und gewerbliche Genehmigungen sowie Schankkonzessionen.[716] Auffallend sind drei Urteile, welche den Zwiespalt des Gerichts zwischen der Unterwerfung unter die Vorgaben der SED und seiner eigentlichen Funktion als Kontrolleur der Verwaltung widerspiegeln.

Der Verwaltungsgerichtshof hob im April 1949 sein Urteil vom 30. November 1948 auf, da er nicht befugt sei, das Vorliegen des Bedürfnisses für eine Großhandelsgenehmigung zu prüfen. Dabei handele es sich um eine Ermessensfrage, „wenn offenbar nach dem Willen des Gesetzgebers neben dem objektiven Maßstab auch politische Gesichtspunkte bei der Prüfung des Bedürfnisses mit berücksichtigt werden sollen. Denn damit wird die Entscheidung der Bedürfnisfrage zu einem erheblichen Teil in das freie Ermessen der für die Genehmigung zuständigen Behörde gestellt und in diesem Umfang zugleich zu einem politischen Akt. Eine verwaltungsgerichtliche Nachprüfung würde daher in solchen Fällen nicht nur gegen § 7 Verwaltungsgerichtsgesetz verstoßen, sondern auch

---

713 In der Stellungnahme Lemckes ist von einem „gegenwärtig in Arbeit befindlichen Entwurf für die Regelung der Verwaltungsgerichtsbarkeit“ die Rede. Darauf gab es weder in der Primär- noch in der Sekundärliteratur Hinweise.

714 Stellungnahme des Vizepräsidenten des VGH Lemcke zur Neuordnung der Verwaltungsgerichtsbarkeit vom 25. Mai 1951, ThHStAW, OVG Jena, D Nr. 5.

715 Stellungnahme des Vizepräsidenten des VGH Lemcke, ebenda.

716 Stellungnahme des Vizepräsidenten des VGH Lemcke, ebenda.

dem Grundsatz zuwiderlaufen, daß der Verwaltungsgerichtshof in die politischen Entscheidungen der dazu berufenen Stellen nicht einzugreifen hat".[717]

1951 wies der Verwaltungsgerichtshof des Landes Mecklenburg, die Klage einer ehemaligen NSDAP-Anhängerin zurück. Diese hatte beantragt, ihr die im Rahmen des Entnazifizierungsverfahrens aberkannte Gaststättenerlaubnis nach Amnestie und Aufhebung der Sequestration 1948 wieder zu erteilen. Als Begründung führte das Gericht an, dass die für den Betrieb eines Gewerbes erforderliche Zuverlässigkeit auch die politische Zuverlässigkeit verlange. Diese sei im Gaststättengewerbe mehr als in den meisten gewerblichen Berufen von größter Bedeutung. Bei der Klägerin sah der Gerichtshof diese Zuverlässigkeit aufgrund ihrer politischen Vergangenheit im Zusammenhang mit ihrer nach 1945 gezeigten politischen Passivität nicht gegeben.[718]

> „[…] die frühere Zugehörigkeit der Klägerin zur NSDAP und ihre damalige fanatische Gesinnung und Betätigung [würde] die Versagung der Konzession nicht ohne weiteres rechtfertigen. Denn es wäre ja möglich, daß die Klägerin […] durch aktive Mitarbeit in den demokratischen Organisationen und auf sonstige Weise gezeigt hätte, daß sie ihre bisherige politische Einstellung als falsch und verbrecherisch erkannt hat und zum neuen Staat und zur neuen Gesellschaftsordnung eine positive Haltung einnimmt. […] [Die Klägerin] hat sich weder einer der politischen Parteien noch einer der demokratischen Massenorganisationen angeschlossen und ist auch nicht […] durch sonstige politische Mitarbeit hervorgetreten."[719]

Durch diese Argumentation wird deutlich, dass nicht allein die Wahrung der öffentlichen Sicherheit und Ordnung[720], sondern auch die Politisierung der Bevölkerung im Sinne der SED die Entscheidung des Verwaltungsgerichts bedingte. Es reichte nicht aus, dass die Klägerin sich von nazistischem Gedankengut distanzierte, sie sollte nach Ansicht des Gerichtshofes darüber hinaus zur Festigung der von der SED angestrebten Gesellschaftsordnung aktiv beitragen. Der Verwaltungsgerichtshof entsprach folglich dem Prinzip der Parteilichkeit der Rechtsprechung. Mit diesen Urteilen setzte sich der Verwaltungsgerichtshof zugleich in Widerspruch zu den Entscheidungen des Oberverwaltungsgerichts Thüringens. Dieses hielt an der verwaltungsgerichtlichen Überprüfung des „objektiven Bedürfnistatbestandes" bei der Gewerbezulassung fest und lehnte folglich einen Ermessensspielraum der Behörde ab.[721] Ferner vertrat es bei der gewerberechtli-

---

717 Urteil vom 8. April 1949 - II. S. 71/48, in: ThHStAW, OVG Jena, B XI Nr. 2.

718 Urteil vom 12. Oktober 1951 - II. S. 14/51, in: RegBl. Mecklenburg, 1951, S. 105.

719 Urteil vom 12. Oktober 1951 - II. S. 14/51, ebenda.

720 Richard Metzner, Gaststättengesetz, 6. Auflage, 2002, § 4 Rn. 13.

721 Urteil vom 25. Juni 1947 - A 51/47, in: Jahrbuch der Entscheidungen des Thüringischen Oberverwaltungsgerichts, Bd. 18 (1946/47), S. 114 - 121.

chen Zuverlässigkeit eine Auslegung, wonach nur „Tatsachen, welche die Annahme rechtfertigen, daß der Antragsteller das Gewerbe zu staatsfeindlichen Zwecken mißbrauchen werde“, dessen Unzuverlässigkeit belegen konnten.[722]

In einem anderen Urteil bot der Verwaltungsgerichthof Mecklenburgs den Bestrebungen der Verwaltung, den Begriff der politischen und damit auch der gewerberechtlichen Zuverlässigkeit noch weiter zum Zwecke der Politisierung der Gesellschaft auszudehnen, Einhalt. Der Klage einer Bürgerin auf Erteilung der Erlaubnis zum Betreiben einer in einem Ostseebad gelegenen Pension wurde stattgegeben, da auch der hilfsweise geltend gemachte Einwand der Behörde, der Ehemann der Klägerin sei politisch unzuverlässig, nicht durchgreifen könne.[723] In der Begründung des Urteils führte das Gericht aus:

> „Nicht auf ihn, sondern auf die Klägerin als alleinige Betriebsinhaberin kommt es bei der verfassungsmäßigen Gleichstellung der Frau an, und die vom Beklagten behauptete politische Unzuverlässigkeit ihres Ehemannes rechtfertigt für sich alleine noch nicht die Annahme, daß die Klägerin selbst die für ihr Gaststättengewerbe erforderliche politische Zuverlässigkeit nicht besitzt.“[724]

b) Groß-Berlin

In Berlin sollte beim Magistrat der Stadt eine besondere Spruchkammer für den Rechtsschutz auf verschiedenen Gebieten der Verwaltung geschaffen werden. Aufgabe dieser Institution sollte die endgültige Entscheidung über die Neuzulassung und Wiedererrichtung von Handelsbetrieben aller Art, Untersagung eines Gewerbes, Konzessionsverweigerung u.a. sein, soweit gegen die Entscheidung eines Bezirksamtes Einspruch erhoben worden ist. Die Spruchkammer sollte bis zur Errichtung eines Verwaltungsgerichts der Stadt Berlin tätig sein.[725]

Mit Wirkung vom 19. November 1945 beziehungsweise 19. Dezember 1945 hatten die amerikanische und die britische Militärregierung für ihre Sektoren Berlins durch entsprechende Anordnungen eine Verwaltungsgerichtsbarkeit

722 Beschluss vom 23. Januar 1947 - B 28/46, in: Jahrbuch der Entscheidungen des Thüringischen Oberverwaltungsgerichts, Bd. 18 (1946/47), S. 173 - 177; Beschluss vom 13. März 1947 - B 13/46, in: Jahrbuch der Entscheidungen des Thüringischen Oberverwaltungsgerichts, Bd. 18 (1946/47), S. 189 - 191.

723 Urteil vom 19. November 1951 - II S 16/51, in: RegBl. Mecklenburg, 1951, S. 110 f..

724 Urteil vom 19. November 1951 - II S 16/51, ebenda, S. 111.

725 Anordnung über die Errichtung einer Spruchkammer vom 18. Juni 1945, VBl. Berlin, 1945, S. 49.

wieder erschaffen. Im französischen Sektor existierte ebenso wie im sowjetischen keine Verwaltungsjustiz.[726]

Aufgrund einer Anordnung der Alliierten Kommandantur[727] für Berlin vom 10. Mai 1946 sollte auch in diesen beiden Sektoren die Verwaltungsgerichtsbarkeit wieder eingerichtet werden. In jedem Sektor von Berlin sollte als erste Instanz bei jedem Amtsgericht eine Kammer für Verwaltungsangelegenheiten geschaffen werden. Als zweite Instanz sollte ein besonderer Senat beim Kammergericht fungieren.[728] Dieser Beschluss der Alliierten Kommandantur wurde allerdings nicht umgesetzt, da sich die Besatzungsmächte nicht über die Zusammensetzung und die Organisation der Verwaltungsgerichte einigen konnten.[729]

In der „Vorläufigen Verfassung von Groß-Berlin“[730] vom 13. August 1946 fand die Verwaltungsgerichtsbarkeit keine Erwähnung. In den Beratungen über den Entwurf einer endgültigen Verfassung für Groß-Berlin im November 1947 haben sich zwar alle Parteien für die Einrichtung eines Verwaltungsgerichts ausgesprochen, doch bestanden auch hier bezüglich der Ausgestaltung einer Verwaltungsgerichtsbarkeit grundlegende Divergenzen.[731]

Durch das Kontrollratsgesetz Nr. 36 wurde die Alliierte Kommandantur verpflichtet, in Berlin Verwaltungsgerichte wieder zu errichten. Dies veranlasste lediglich die Vorlage eines Verordnungsentwurfs über die Errichtung von Verwaltungsgerichten seitens des Magistrats des damals noch bestehenden Groß-Berlin an die Stadtverordnetenversammlung.[732] Weitere Bemühungen scheiterten wiederum an den abweichenden Rechtsvorstellungen. Allen voran standen einer Einigung die sowjetischen Vorstellungen einer verwaltungsgerichtlichen

---

726 Hans Schneider, Die Verwaltungsgerichtsbarkeit in Berlin, AöR, 74. Jgg., 1948, S. 239 - 253 (240).

727 Die Verwaltung des Gebietes von Groß-Berlin wurde von einer Alliierten Kommandantur geleitet, die unter der gemeinsamen Leitung des Kontrollrates stand und aus vier Kommandanten bestand, von denen jeder abwechselnd die Befugnisse des Oberkommandanten ausübte.

728 Werner Holling, Verwaltung und Verwaltungsrecht, A 5 o, S. 18; Protokoll der [4.] Sitzung des Rechtspolitischen Ausschusses vom 4. Nov. 1946 beim Landesvorstand der SED, Anlage 5, Karl Schultes, Zum Neuaufbau der Verwaltungsgerichtsbarkeit in der SBZ, ThHStAW, Ministerium des Inneren, Akte 276, Blatt 50.

729 Hans Schneider, Die Verwaltungsgerichtsbarkeit in Berlin, AöR, 74. Jgg., 1948, S. 239 - 253 (241).

730 Wilhelm Wegener, Die neuen deutschen Verfassungen, S. 64 - 74.

731 Hans Schneider, Die Verwaltungsgerichtsbarkeit in Berlin, AöR, 74. Jgg., 1948, S. 239 - 253 (242).

732 Ernst Meyer, Die Entwicklung der Verwaltungsgerichtsbarkeit in der Ostzone, DVBl., 65. Jgg., 1950, S. 561 - 564 (561).

Zuständigkeit nach dem Enumerationsprinzip sowie deren genereller Ausschluss bei „Regierungsakten" und Entscheidungen des Parlaments im Wege.[733]

Im sowjetischen Sektor Ostberlins fehlten fortan nicht nur Verwaltungsgerichte, sondern bereits die Rechtsgrundlage einer Verwaltungsgerichtsbarkeit.[734]

733 Hans Schneider, Die Verwaltungsgerichtsbarkeit in Berlin, AöR, 74. Jgg., 1948, S. 239 - 253 (242).

734 Georg Brunner, Die Verwaltung in der SBZ und DDR, in: Kurt G. A. Jeserich / Hans Pohl / Georg-Christoph von Unruh, Deutsche Verwaltungsgeschichte, Bd. 5, S. 1218 - 1283 (1280).

V. Die Verwaltungsneugliederung im Jahr 1952

1. DDR

Im Zuge der Zentralisierungsbestrebungen nach sowjetischem Vorbild begannen bereits im April 1952 in Berlin unter Leitung der Abteilung Staatliche Verwaltung beim Zentralkomitee der SED die Vorarbeiten für eine Verwaltungsreform, die auch eine Zerschlagung der Länderstrukturen zum Ziel hatte. Grundzüge dieser Verwaltungsreform wurden erstmals in einem Beschluss des SED-Politbüros vom 29. April 1952 über „Maßnahmen zur Änderung der staatlichen Struktur in der Deutschen Demokratischen Republik" deutlich, wonach auf dem Gebiet der fünf Länder 14 Bezirke mit Bezirksräten als Verwaltungsorgane sowie Bezirkstagen als Volksvertretungen gebildet werden sollten.[735] An die Öffentlichkeit gelangten die Einzelheiten der Verwaltungsreform erst im Verlauf der II. Parteikonferenz der SED, die vom 9. bis 12. Juli 1952 in Berlin stattfand. In seinem Referat „Die gegenwärtige Lage und die neuen Aufgaben der Sozialistischen Einheitspartei Deutschlands" verkündete Walter Ulbricht den Vorschlag des Politbüros des Zentralkomitees der SED zur Durchführung einer Verwaltungsreform.[736] Er hielt diese „im Interesse des Aufbaus des Sozialismus" für erforderlich, da der Staatsapparat „das wichtigste Instrument zum Aufbau des Sozialismus" sei.[737] Die Verwirklichung der Verwaltungsreform wurde schließlich auf der II. Parteikonferenz der SED beschlossen, um „eine engere Verbundenheit der staatlichen Verwaltungsorgane mit den Volksmassen, die systematische Anleitung dieser Organe und eine strenge Kontrolle der Durchführung der Gesetze und Verordnungen der Volkskammer und der Regierung" zu sichern[738]. Die Zentralisierung des Verwaltungsapparates war erklärtes Ziel.

Da „der Aufbau und die Arbeitsweise der Organe der Staatsgewalt in der Deutschen Demokratischen Republik nicht mehr der sich in ihr vollziehenden politischen und ökonomischen Entwicklung"[739] entsprachen und um die Staatsmacht „zum mächtigsten Instrument beim Aufbau des Sozialismus zu entwi-

---

735 Dieter Marek, Bezirke statt Länder, Die DDR-Verwaltungsreform 1952, in: Landeszentrale für politische Bildung, Thüringen Blätter zur Landeskunde.

736 Protokoll der Verhandlungen der II. Parteikonferenz der Sozialistischen Einheitspartei Deutschlands, S. 67.

737 Protokoll der Verhandlungen der II. Parteikonferenz der Sozialistischen Einheitspartei Deutschlands, S. 453.

738 Protokoll der Verhandlungen der II. Parteikonferenz der Sozialistischen Einheitspartei Deutschlands, S. 492.

739 Thüringer Landtag, 18. Sitzung vom 25. Juli 1952, Akten und Verhandlungen des Thüringer Landtages, 1946 - 1952, Bd. III, S. 473 - 503 (489).

ckeln"[740], wurde am 23. Juli 1952 das „Gesetz über die weitere Demokratisierung des Aufbaus und der Arbeitsweise der staatlichen Organe in den Ländern der Deutschen Demokratischen Republik"[741] von Volkskammer und Länderkammer der DDR einstimmig angenommen, welches die Verwaltungsreform einleitete. Die zwei Tage darauf von allen fünf Landtagen verabschiedeten konformen Landesgesetze präzisierten die allgemein gehaltenen Bestimmungen des DDR-Gesetzes.[742] Die Länder der sowjetischen Besatzungszone Mark Brandenburg, Mecklenburg, Sachsen, Sachsen-Anhalt und Thüringen wurden durch die Verwaltungsreform aufgelöst[743] und in 14 Bezirke (ohne Ostberlin) mit 217 Kreisen (194 Landkreise, 23 Stadtkreise) gegliedert.[744] Bei der Begründung des Gesetzes erklärte der Ministerpräsident der DDR Otto Grotewohl, dass die Regierungen der Länder und vor allem die Länderparlamente die „fortschrittliche Entwicklung" der DDR gehemmt hätten.[745] Eine Dreiteilung der Gewalten existierte nicht mehr. Die Länderverfassungen wurden allerdings nie außer Kraft gesetzt. Ebenso wurden die föderalen Elemente der DDR-Verfassung von 1949[746] erst mit der Verfassung von 1968 aufgehoben. Die Länder bestanden mithin über das Jahr 1952 verfassungsrechtlich fort.

Die in Brandenburg, Mecklenburg und Thüringen bestehenden Verwaltungsgerichte teilten das Schicksal der Länder, da sie als deren Institutionen klassifiziert wurden.[747] In Art. 138 der Verfassung war allerdings nicht vorgeschrieben, dass die Verwaltungsgerichte Behörden der Länder sind. Überdies wurden die ordentlichen Gerichte der Länder 1952 zu Institutionen des Gesamt-

740 Thüringer Landtag, 18. Sitzung, ebenda, S. 501.

741 GBl. DDR, 1952, S. 613 f..

742 GVBl. Brandenburg, 1952, S. 183; GVBl. Sachsen, 1952, S. 325 f.; GBl. Sachsen-Anhalt, 1952, S. 213; Regierungsblatt für das Land Thüringen, Teil I: Gesetzsammlung, 1952, S. 177 f..

743 In dem Gesetz selbst wurde jedoch nicht ausdrücklich von einer Aufhebung der Länder gesprochen.

744 Dieter Marek, Bezirke statt Länder, Die DDR-Verwaltungsreform 1952, in: Landeszentrale für politische Bildung, Thüringen Blätter zur Landeskunde.

745 Bundesministerium für gesamtdeutsche Fragen, Unrecht als System, Teil II, S. 7.

746 Art. 1, Art. 71 ff., Art. 109 ff. Verfassung der Deutschen Demokratischen Republik vom 7. Oktober 1949, GBl. DDR, 1949, S. 5 - 16.

747 In einer von Hans-Ulrich Hochbaum 1958 herausgegebenen Gesetzestextsammlung (Hans-Ulrich Hochbaum, Staats- und verwaltungsrechtliche Gesetze der Deutschen Demokratischen Republik, Anm. 23 zu Art. 138 Verf. v. 7. Oktober 1949, S. 75.) zum Staats- und Verwaltungsrecht wurde kurz erwähnt, dass „die Verwaltungsgerichte [...] als Landesorgane nach dem Gesetz über die weitere Demokratisierung [...] vom 23. Juli 1952 [...] weggefallen" sind; Janke, Gerd, Die Verwaltungsgerichtsbarkeit in der SBZ und in der DDR, NJ, 46. Jgg., 1992, S. 425 - 431 (430).

staates der DDR umgebildet.[748] Eine Stellung, die bei entsprechendem Willen auch der Verwaltungsgerichtsbarkeit hätte zugesprochen werden können.

Die Verwaltungsgerichte mussten lediglich aufgrund einer internen Anweisung des Innenministers – ohne diesbezügliche gesetzliche Bestimmung – im August / September 1952 ihre Tätigkeit ersatzlos einstellen und sich auflösen.[749] Bei den Verwaltungsgerichten erschienen Beauftragte der neueingerichteten Bezirksverwaltungen und teilten den Präsidenten der Gerichte den Auflösungsbefehl mündlich mit. Die bereits anhängigen Verfahren konnten nicht mehr entschieden werden, da nur eine geringe Abwicklungsfrist bewilligt wurde.[750] Die unerledigten Verwaltungsstreitsachen wurden den Rechtsstellen der Bezirke übersandt. Diese waren indes weder als Nachfolgeinstitution der Verwaltungsgerichte vorgesehen noch mit entsprechenden Vollmachten ausgestattet, so dass keinerlei Entscheidungen getroffen wurden.[751]

Die Abschaffung der Verwaltungsgerichtsbarkeit wurde damit gerechtfertigt, dass sie mit dem auf der II. Parteikonferenz (Juli 1952) gefassten Beschluss, den Sozialismus nach sowjetischem Vorbild in der DDR zu verwirklichen, und der folglich angestrebten einheitlichen Staatsgewalt unvereinbar sei.[752]

Der eigentliche Grund für die plötzliche und rigorose Abschaffung der Verwaltungsgerichte ist jedoch darin zu sehen, dass die Überprüfung der Rechtmäßigkeit von Maßnahmen der Verwaltung für die Durchsetzung der Ziele des Staates hinderlich war. Dieser konnte eine Verwaltungsrechtsprechung nicht gebrauchen, wenn er die Privatindustrie einzuschränken versuchte[753] oder Personen, welche das Gebiet der DDR ohne Beachtung der polizeilichen Meldevorschriften verließen, entgegen der in Art. 22 – 24 der Verfassung von 1949 enthaltenen Eigentumsgarantie durch einfache Regierungsverordnung entschädi-

---

748 Verordnung über die Neugliederung der Gerichte vom 28. August 1952, GBl. DDR, 1952, S. 791 f. sowie das Gerichtsverfassungsgesetz vom 2. Oktober 1952, GBl. DDR, 1952, S. 983 - 988; Janke, Gerd, Die Verwaltungsgerichtsbarkeit in der SBZ und in der DDR, NJ, 46. Jgg., 1992, S. 425 - 431 (430).

749 Die Sekretäre der Räte der genannten Bezirke lösten die Verwaltungsgerichte durch mündliche Verfügung auf. Martin Baring, Verwaltungsrechtsschutz, ROW, 2. Jgg., 1958, S. 45 - 47 (46); Georg Brunner, Einführung in das Recht der DDR, S. 102.

750 Bundesministerium für gesamtdeutsche Fragen, Unrecht als System, Teil II, S. 69.

751 Bundesministerium für gesamtdeutsche Fragen, Helmut Schöne, Dokument 82, Unrecht als System, Teil II, S. 70.

752 Volkmar Schöneburg, Gesetzlichkeit und Parteilichkeit, Utopie kreativ, 1997, S. 148 - 157 (151).

753 So wurde bei der „Aktion Rose“ vom 10. Februar bis 1. März 1953 einer breiten Schicht des Mittelstandes an der Ostseeküste - überwiegend Inhaber von Hotels und Pensionen - das Eigentum entzogen sowie den Betroffenen strafrechtliche Sanktionen auferlegt. NJ, 45. Jgg., 1991, S. 419 - 421.

gungslos enteignen wollte[754]. Zudem beabsichtigte die SED verstärkt direkten Einfluss auf die Verfügungen der staatlichen Institutionen zu nehmen. Die bloße Möglichkeit der Aufhebung solcher Entscheidungen im Verwaltungsrechtswege war mit dem alleinigen Führungsanspruch der SED unvereinbar.[755]

Auf der II. Parteikonferenz der Sozialistischen Einheitspartei Deutschlands vom 9. bis 12. Juli 1952 in Berlin verkündete deren Generalsekretär, Walter Ulbricht, den planmäßigen Aufbau des Sozialismus in der DDR nach sowjetischen Muster.[756] „Das Hauptinstrument bei der Schaffung der Grundlagen des Sozialismus ist die Staatsmacht.“[757]

> „So wird unser Staat entsprechend der Lehre des Marxismus-Leninismus zu einem mächtigen Instrument des Aufbaus der Grundlagen des Sozialismus entwickelt.“[758]

Die Staatsmacht musste mächtig sein, deshalb war Gewaltenteilung und Verwaltungsgerichtsbarkeit kontraproduktiv. Er forderte die Richter ausdrücklich auf, durch ihre Rechtsprechung den Grundsätzen dieser Staatsordnung Geltung zu verschaffen.

> „Die Richter [...] müssen sich bewußt sein, daß sie nicht eine neutrale Position einnehmen können [...]. Sie sollen die Demokratie festigen und die Bevölkerung im Geiste der Achtung vor der demokratischen Gesetzlichkeit erziehen.“[759]

---

754 § 1 Abs. 1 der Verordnung zur Sicherung von Vermögenswerten v. 17. Juli 1952, GBl. DDR, 1952, S. 615; § 1 Abs. 1 der in der DDR nicht veröffentlichten Dritten Anweisung zur Durchführung der Verordnung vom 17. Juli 1952 zur Sicherung von Vermögenswerten vom 28. Oktober 1952, Dokument Nr. 269, Gesamtdeutsches Institut - Bundesanstalt für gesamtdeutsche Aufgaben, Bestimmungen der DDR zu Eigentumsfragen und Enteignungen, S. 363 - 365; Hartmut Krüger, Die Rechtsnatur des sogenannten Siedlungseigentums der Neubauern der kommunistischen Bodenreform in der ehemaligen Sowjetischen Besatzungszone/DDR, DtZ, 2. Jgg., 1991, S. 385 - 393 (392).

755 Janke, Gerd, Die Verwaltungsgerichtsbarkeit in der SBZ und in der DDR, NJ, 46. Jgg., 1992, S. 425 - 431 (431).

756 Protokoll der Verhandlungen der II. Parteikonferenz der Sozialistischen Einheitspartei Deutschlands, S. 58, 61.

757 Protokoll der Verhandlungen der II. Parteikonferenz der Sozialistischen Einheitspartei Deutschlands, S. 59, 492.

758 Protokoll der Verhandlungen der II. Parteikonferenz der Sozialistischen Einheitspartei Deutschlands, S. 67.

759 Protokoll der Verhandlungen der II. Parteikonferenz der Sozialistischen Einheitspartei Deutschlands, S. 68 f..

Eine Aufgabe die durch die Verwaltungsrechtsprechung nicht erfüllt werden konnte, ohne den Schein des Entbehrlichen zu erwecken. Denn es liegt nun einmal in der Natur der Sache, dass sich der Bürger in einem Verwaltungsstreitverfahren gegen eine Maßnahme des Staates wendet. In der DDR konnten indes Verwaltungsrichter nur durch eine Bestätigung der Verwaltungsmaßnahmen zur Verwirklichung der sozialistischen Staatsordnung beitragen. Hätte das Gericht demgegenüber die Unrechtmäßigkeit einer Verwaltungsmaßnahme festgestellt, wäre damit die Staatsmacht und die von ihr vertretene Ordnung in Frage gestellt worden. Ein Risiko, welches durch die Abschaffung der Verwaltungsgerichtsbarkeit beseitigt wurde.

2. Thüringen

In der letzten Sitzung des Landtages am 25. Juli 1952 wurde auch in Thüringen das Gesetz über die weitere Demokratisierung des Aufbaus und der Arbeitsweise der staatlichen Organe des Landes Thüringen einstimmig angenommen und in Kraft gesetzt.[760] Aufgrund dessen wurde das Land Thüringen in 3 Bezirke, 32 Land- und 4 Stadtkreise gegliedert.[761]

In seiner „Schlussabrechnung" am Ende der Sitzung verkündete Landtagspräsident August Frölich, dass im Zuge der Verwaltungsreform auch die Verwaltungsgerichtsbarkeit aufhöre zu existieren und die anachronistische Institution „Landesverwaltungsgericht" aufgelöst würde.[762]

> „[…] das ganze Verfahren in der Verwaltungsgerichtsbarkeit außerordentlich umständlich, zeitraubend und kompliziert ist. Die fortschreitende Entwicklung hat die fortlaufende Stärkung unserer antifaschistisch-demokratischen Ordnung und das wachsende Staatsbewusstsein unserer Menschen gebildet, so daß unsere Werktätigen mit Recht verlangen, selber bei der Lösung der staatlichen Aufgaben mitwirken zu können. Zu diesen Aufgaben gehört auch die Entscheidung über Beschwerden unserer Bürger gegen Maßnahmen der Verwaltung. […] Auf die langsam und kompliziert und isoliert von der Bevölkerung arbeitende Verwaltungsgerichtsbarkeit kann daher ohne Schaden für unsere Entwicklung verzichtet werden, ja sie ist sogar überflüssig geworden und bedeutet für die volksnahe Verwaltung, die uns allen vor Augen schwebt, und die mit der Verwaltungsreform erreicht werden soll, nur einen Hemmschuh. Ich bin überzeugt davon, daß die ständige Kommission bei den Bezirkstagen infolge ihrer demokratischen Zusammensetzung geeignet sind, alle Fra-

760 Thüringer Landtag, 18. Sitzung vom 25. Juli 1952, Akten und Verhandlungen des Thüringer Landtages, 1946 - 1952, Bd. III, S. 473 - 503 (477 ff.).

761 Thüringer Landtag, 18. Sitzung, ebenda, S. 483.

762 Thüringer Landtag, 18. Sitzung, ebenda, S. 498, 502.

gen und Problem, mit denen sich das Landesverwaltungsgericht herumgeschlagen hat, schnell, volksnah und fortschrittlich zu lösen.“[763]

Von der Beseitigung des Verwaltungsgerichts wurde zwar schon einige Zeit vor dessen eigentlicher Auflösung in den Ministerien gemunkelt. Die Mitglieder des Gerichts waren dennoch zunächst nicht öffentlich unterrichtet worden.[764]

Verwiesen sei diesbezüglich auf eine Aussage von Dr. Erich Reuß[765], Senats- und Vizepräsident des Landesverwaltungsgerichts Thüringen in Jena vom 1. Juli 1949[766] bis zum 12. August 1952. Auf die Frage, ob der Beschluss des Ministerrates der DDR vom 30. oder 31. Juli 1952, in welchem angeordnet wurde, dass Prozesse, in denen das Land Thüringen verklagt sei, nach Berlin abzugeben wären, sich auch auf das Landesverwaltungsgericht bezöge[767], erhielt Reuß folgende Auskunft:

> „[…] das Landesverwaltungsgericht würde überhaupt aufgehoben, allerdings wolle man ihm eine Auslauffrist gewähren […].“[768]

Ende August / Anfang September 1952 erschien der Sekretär des Rates des Bezirkes in Jena, um den Präsidenten des Landesverwaltungsgerichts, Dr. Wilhelm Freiherr von Stoltzenberg, mitzuteilen, „das Landesverwaltungsgericht sei aufgelöst, aber es sei ihm eine Abwicklungsfrist von einigen Monaten für die noch unerledigten Restfälle zugebilligt“.[769] Daraufhin erwiderte von Stolzenberg:

> „[…] er sehe sich außerstande, die Abwicklung der noch unerledigten Fälle in dieser Zeit durchzuführen und es wäre daher schon am besten man schlösse das Gericht sofort.“[770]

Einige Tage später wurde das Thüringer Landesverwaltungsgericht aufgelöst.[771]

---

763 Thüringer Landtag, 18. Sitzung, ebenda, S. 502.

764 Bundesministerium für gesamtdeutsche Fragen, Erich Reuss, Dokument 81, Unrecht als System, Teil II, S. 69.

765 * 2. Dezember 1895.

766 Ernennungsurkunde von Dr. Erich Reuß zum Senatspräsidenten des LVG, ThHStAW, OVG Jena, B II Nr. 1.

767 Bundesministerium für gesamtdeutsche Fragen, Erich Reuss, Dokument 81, Unrecht als System, Teil II, S. 69.

768 Bundesministerium für gesamtdeutsche Fragen, Erich Reuss, ebenda, S. 70.

769 Bundesministerium für gesamtdeutsche Fragen, Erich Reuss, ebenda.

770 Bundesministerium für gesamtdeutsche Fragen, Erich Reuss, ebenda.

771 Bundesministerium für gesamtdeutsche Fragen, Erich Reuss, ebenda.

3. Zwischenfazit

Warum die Kontrolle durch Verwaltungsgerichte 1952 vollständig abgeschafft und nicht durch ein zentralisiertes Verwaltungsgerichtssystem mit politisch gewogenen Richtern ersetzt wurde, gibt zu Fragen und Vermutungen Anlass. Sicher scheint zu sein, dass dabei – abgesehen von der generellen Abneigung der SED gegenüber einer Verwaltungsgerichtsbarkeit – das Scheitern des Versuchs, das Landesverwaltungsgericht Thüringens durch Einschränkungen in der Zuständigkeit und durch die Auswahl der Richterschaft zu einem zusätzlichen Instrument der Verwirklichung der SED-Interessen zu machen, eine Rolle spielte. Es bewies den Machthabern, dass in einer Verwaltungsgerichtsbarkeit immer allein durch die darin agierenden Personen ein Korrektiv besteht. Dafür war in dem von der SED verfolgten zentralistischen Staatssystem aber kein Platz. Von da an war die Verneinung jeglicher gerichtlicher Kontrolle von Verwaltungshandlungen, die als Staatshandlungen verstanden wurden[772], der konsequentere und sicherere Weg.

772 Verwiesen sei hier auf die Staatstheorie der DDR.

VI. Verwaltungsrechtsschutz in der Folgezeit

Nach der Verwaltungsreform 1952 gab es in der DDR keine Verwaltungsgerichte, obwohl weder Art. 138 der DDR-Verfassung, noch die erwähnten Vorschriften der Länderverfassungen noch die ergangenen Verwaltungsgerichtsgesetze geändert oder aufgehoben wurden. Auch das Kontrollratsgesetz Nr. 36, welches die Existenz und die Tätigkeit von Verwaltungsgerichten bestimmte, verlor erst im September 1955 seine Geltung.[773] Der Befehl Nr. 173 der Sowjetischen Militäradministration in Deutschland aus dem Jahr 1947 wurde im August 1954 durch einen Beschluss der Sowjetregierung aufgehoben.[774] Die sowjetische Kontrollkommission hätte daher verlangen müssen, dass die Verwaltungsgerichtsbarkeit weiter bestehen bleibt oder wieder eingerichtet wird.

In der aufgrund des Gesetzes vom 23. Juli 1952 über die weitere Demokratisierung des Aufbaus und der Arbeitsweise der staatlichen Organe in den Ländern der DDR ergangenen „Verordnung über die Neugliederung der Gerichte" vom 28. August 1952[775] war eine Regelung zur Verwaltungsgerichtsbarkeit nicht mehr zu finden.

Darüber hinaus wurde durch die im Gesetz vom 23. Juli 1952 normierte Auflösung der Länder auch die Überprüfung des Verwaltungshandelns durch die Landtage ausgeschaltet. Die einzige Verwaltungskontrolle konnte durch die ordentlichen Gerichte oder die Verwaltung selbst erfolgen.

1. Verwaltungsrechtsschutz durch die ordentlichen Gerichte

Unter Berufung auf § 13 Gerichtsverfassungsgesetz sind bereits vor 1952 zahlreiche gerichtliche Entscheidungen ergangen, in denen die Zulässigkeit des ordentlichen Rechtswegs für verwaltungsrechtliche Streitigkeiten verneint wur-

773 Beschluss der Regierung der UdSSR über die Auflösung der Hohen Kommission der UdSSR in Deutschland, Neues Deutschland (B) v. 21. September 1955, Günter Albrecht, Dokumente zur Staatsordnung der Deutschen Demokratischen Republik, Bd. 1, S. 194 f..

774 Beschluss der Regierung der UdSSR über die Aufhebung von Befehlen der Sowjetischen Militäradministration und der Sowjetischen Kontrollkommission in Deutschland, Neues Deutschland (B) v. 7. August 1954, Günter Albrecht, Dokumente zur Staatsordnung der Deutschen Demokratischen Republik, Bd. 1, S. 156.

775 GBl. DDR, 1952, S. 791 f..

de.[776] In einer Urteilsanmerkung nahm Steiniger[777] diese Auffassung auf, trat aber dafür ein, dass das Gericht sich auf die Unzulässigkeit des Rechtswegs dann nicht berufen dürfe, wenn es sich darum handele, den Klägern „in Wahrung der erzieherischen Aufgabe unserer demokratischen Gerichtsbarkeit die rechtliche und moralische Unbegründetheit ihres Anspruchs sachlich zu erklären".[778] Warum dies nicht von den Verwaltungsgerichten wahrgenommen werden konnte, wird allerdings nicht deutlich.

In der Folgezeit erklärten die ordentlichen Gerichte, an der Spitze das Oberste Gericht, in mehreren Urteilen den Rechtsweg in Verwaltungssachen für unzulässig.[779] Die ordentlichen Gerichte beriefen sich auf § 13 des Gerichtsverfassungsgesetzes von 1877, wonach sie für Entscheidungen über Maßnahmen der Verwaltung unzuständig waren[780], es sei denn es bestand eine ausdrückliche gesetzliche Zuweisung[781]. Dabei wurde der Begriff des Verwaltungsaktes sehr weit ausgedehnt.

> „Bei der Prüfung, ob ein Verwaltungsakt vorliege, könne als Maßstab nicht die ‚bürgerlich-kapitalistische' Definition vom Verwaltungsakt herangezogen werden, vielmehr müsse geprüft werden, inwieweit die Verwaltung ‚in verfügend-vollziehender Tätigkeit zur Durchführung ihrer wirtschaftlich-organisatorischen Aufgaben, gegebenenfalls mit Hilfe staatlichen Zwanges', die Bürger habe verpflichten wollen und verpflichtet hatte. Liege das vor, so sei der Rechtsweg unzulässig."[782]

---

776 Erwin Jacobi, Zur Scheidung von privatem und öffentlichem Recht in der Deutschen Demokratischen Republik, in: Rechts- und Staatswissenschaftliche Fakultät der Universität Göttingen, Rechtsprobleme in Staat und Kirche, S. 145 - 162 (149 f.).

777 Peter Alfons Steiniger (1904 - 1980): SED-Mitglied; 1946 Professor für Öffentliches Recht und Rechtsphilosophie an der Humboldt Universität Berlin; 1947 Mitbegründer und Präsident der Deutschen Verwaltungsakademie; 1949 als Mitglied des Verfassungsausschusses des Deutschen Volksrates an der Ausarbeitung der Verfassung beteiligt; 1950 - 1970 Professor für Völkerrecht, Direktor des gleichnamigen Instituts, Prodekan der Juristischen Fakultät an der Humboldt Universität Berlin; Helmut Müller-Enbergs / Jan Wielgohs / Dieter Hoffmann / Andreas Herbst, Wer war wer in der DDR?, Bd. 2, S. 974.

778 Urteilsanmerkung von Prof. Steiniger, NJ, 4. Jgg., 1950, S. 507 - 509 (508).

779 Werner Schulz, Die Rechtsprechung des Obersten Gerichts der Sowjetzone zur Zulässigkeit des Rechtsweges bei Verwaltungsakten, JOR, Bd. V (1964), S. 83 - 98 (89 ff.).

780 Werner Schulz, ebenda, S. 90.

781 § 4 EGGVG gestattetet den Landesgesetzen den ordentlichen Gerichten „jede Art von Gerichtsbarkeit zu übertragen"; Martin Löwenthal, Zur Frage der Zulässigkeit des ordentlichen Rechtsweges, NJ, 6. Jgg., 1952, S. 70 f (70).

782 Werner Schulz, Die Rechtsprechung des Obersten Gerichts der Sowjetzone zur Zulässigkeit des Rechtsweges bei Verwaltungsakten, JOR, Bd. V (1964), S. 83 - 98 (91).

Ebenso sprach das Gerichtsverfassungsgesetz vom 2. Oktober 1952[783] lediglich von der Straf- und Zivilgerichtsbarkeit. Allerdings wäre es auch hier gemäß § 9 S. 2 Gerichtsverfassungsgesetz möglich gewesen, durch besondere Rechtsvorschriften den ordentlichen Gerichten die Entscheidung von verwaltungsrechtlichen Streitigkeiten zu übertragen. Diese Möglichkeit wurde aber nur sehr zurückhaltend wahrgenommen.[784]

In einem Urteil aus dem Jahre 1954 wiederholte das Oberste Gericht seinen Standpunkt der fehlenden Zuständigkeit zur Kontrolle jeglichen Verwaltungshandelns, welche früher vor den Verwaltungsgerichten durchgeführt wurde, da dies mit dem Prinzip der Gewalteneinheit unvereinbar wäre.

> „Die demokratische Verfassung unseres Staates erkennt nur eine einheitliche, vom Volke ausgehende Staatsgewalt an (Art. 3 Abs. 1 der Verfassung). Ihre verschiedenen Äußerungen können daher nicht in einem Verhältnis der Über- und Unterordnung zueinander stehen. Das gilt insbesondere für das Gebiet der Rechtsprechung durch die Gerichte unseres Staates im Verhältnis zur vollziehend-verfügenden Tätigkeit anderer Staatsorgane. In beiden Fällen handelt es sich um Äußerungen der Staatsgewalt, die zwar einen voneinander verschiedenen Charakter tragen, aber nicht in dem Sinne, daß der einen die Kontrolle über die andere zukommt, sondern die beiden, wie dies im Art. 63 der Verfassung klar zum Ausdruck kommt, gleichmäßig der Überwachung durch die Volkskammer unterliegen.“[785]

2. Der Verwaltungsrechtsschutz innerhalb der Verwaltung

Für die Bürger der DDR war es weiterhin besonders einschneidend, dass mit der Verwaltungsneugliederung auch die Rechtsbehelfe innerhalb der Verwaltung – Einspruch und Beschwerde – eingeschränkt worden sind. Gegen Entscheidungen von Verwaltungsbehörden konnte nur noch mit einer formlosen Eingabe[786] oder mit den förmlichen Rechtsmitteln, Einspruch und förmliche Beschwerde[787], vorgegangen werden. Letztere konnten lediglich Individualakte zum Gegenstand haben und nur von demjenigen geltend gemacht werden, der durch diesen Indi-

783 §§ 3, 40, 48, 54 des Gesetzes über die Verfassung der Gerichte der Deutschen Demokratischen Republik vom 2. Oktober 1952, GBl. DDR, 1952, S. 983 - 988.

784 Autorenkollektiv unter der Leitung von Kurt Wünsche, Grundlagen der Rechtspflege, S. 51 ff..

785 Urteil des Obersten Gerichts vom 9. Juli 1954 – 1 Zz 185/53, in: NJ, 8. Jgg., 1954, S. 573 f. (573).

786 Karl Bönninger / Hans-Ulrich Hochbaum / Eva Lekschas / Gerhard Schulze, Das Verwaltungsrecht der Deutschen Demokratischen Republik, S. 295 - 311.

787 Bönninger / Hochbaum / Lekschas / Schulze, ebenda, S. 311 - 317.

vidualakt betroffen war. Sie bedurften der Schriftform, waren fristgebunden und bei einem bestimmten Adressaten einzureichen.[788] Das Einlegen eines förmlichen Rechtsmittels war nur noch dann möglich, wenn es ausdrücklich durch Gesetz oder normativen Verwaltungsakt zugelassen wurde.[789] Das übergeordnete Verwaltungsorgan entschied endgültig über das Rechtsmittel, so dass ein weiteres Vorgehen nicht zulässig war.[790] Da jedoch alle Abteilungen der Verwaltung von den Anweisungen der SED abhingen, waren die Rechtsbehelfe nur dann erfolgreich, wenn dagegen keine politischen Einwände bestanden.[791]

Außerdem hatte der Bürger die Möglichkeit, eine Aufsichtsbeschwerde einzubringen oder sich mit Petitionen an die Volksvertretungen und an den Staatsrat zu wenden.[792]

---

788 Bönninger / Hochbaum / Lekschas / Schulze, ebenda, S. 312 - 314.

789 Bönninger / Hochbaum / Lekschas / Schulze, ebenda, S. 312.

790 Bönninger / Hochbaum / Lekschas / Schulze, ebenda, S. 315.

791 Bundesministerium für gesamtdeutsche Fragen, Helmut Schöne, Dokument 82, Unrecht als System, Teil II, S. 70.

792 Friedrich Heller, Aus 100 Jahren Verwaltungsgerichtsbarkeit, ROW, 7. Jgg., 1963, S. 210 - 212 (212).

VII. Verwaltungsrechtswissenschaft

Im Zuge der wissenschaftlichen Betrachtung jener Zeit, soll nun beleuchtet werden, wie die Vorgänge um den gerichtlichen Verwaltungsrechtsschutz in der rechtswissenschaftlichen Literatur reflektiert wurden. Dabei ist zum einen die Frage interessant, ob und inwieweit es klare Befürwortungen in der Fachliteratur gab, welche die SED möglicherweise bestärkten, ihren Weg konsequent weiter zu verfolgen. Andererseits sollen aus der Zeit nach 1952 die wenigen, aber nachhaltigen Forderungen nach Wiederbelebung der Verwaltungsgerichtsbarkeit dargestellt werden, die gewiss erheblichen Einfluss auf die vollständige Liquidierung des Verwaltungsrechts auf der Babelsberger Konferenz 1958 hatten.

1. Ansichten in der Literatur und Wissenschaft vor 1952, welche die SED in der Verfolgung ihrer Ziele stützten

In Wissenschaft und Politik gab es einige Personen, die sich für einen verwaltungsgerichtlichen Rechtsschutz einsetzten. Ebenso wurden Stimmen laut, welche für eine Einschränkung der Verwaltungsgerichtsbarkeit plädierten und somit den Zielen der SED das Wort redeten. In der Zeitschrift „Demokratischer Aufbau“ wurde wiederholt stärkste Beschneidung der Verwaltungsgerichtsbarkeit gefordert.[793]

Bereits im Jahre 1946 wies Götz Berger in der Zeitschrift „Demokratischer Aufbau“ darauf hin, dass die zukünftige Verwaltungsgerichtsbarkeit, „wenn sie nicht antidemokratisch und rückschrittlich wirken soll, Verwaltungsmaßnahmen nicht zu durchkreuzen, sondern zu verwirklichen“ hat[794].

> „Auf keinen Fall aber kann es in der heutigen Notzeit, in der Privatinteressen und Privat‚rechte´ den Bedürfnissen der Allgemeinheit in weitestem Sinne zu weichen haben, angehen, daß die Verwaltungsgerichte unumgänglich notwendige Verwaltungsmaßnahmen außer Kraft setzen […].
>
> […]
>
> […] Die Verwaltung kann […] nicht immer danach fragen, ob eine unter völlig anderen Verhältnissen geschaffene Gesetzgebung ihr ausdrücklich das Recht verleiht, erforderliche Eingriffe in die Privatsphäre vorzunehmen.

---

793 Götz Berger, Um die Verwaltungsgerichtsbarkeit, DA, 1. Jgg., 1946, S. 269 f.; Reinhold Schäfermeyer, Sinn und Zweck der Verwaltungsgerichtsbarkeit, DA, 2. Jgg., 1947, S. 257 f..

794 Götz Berger, ebenda, S. 269.

Für Eingriffe der Verwaltung in die Privatsphäre des einzelnen zur Behebung öffentlicher Notstände lässt sich bei einigermaßen gutem Willen eine Rechtsgrundlage auch in den bestehenden Gesetzen finden, [...]

[...]

Eine Behörde, die mit einem bestimmten Aufgabenkreis betraut worden ist, [...] hat mit der Zuweisung dieser Aufgabe auch das Recht erhalten, alle zur Erreichung des Zieles notwendigen Maßnahmen zu treffen. [...] wenn eine derartige Verwaltungsstelle innerhalb des ihr zugewiesenen Aufgabenkreises tätig wird, das Gericht nach weiteren gesetzlichen Grundlagen nicht zu prüfen hat.“[795]

1947 bezeichnete Schäfermeyer in demselben Organ die „Kontrolle durch das Volk selbst (beziehungsweise die Volksvertretungen)“ als die „höhere Form der Kontrolle“[796]. Zudem argumentierte er für die Notwendigkeit der Richterwahl und des Enumerationsprinzips sowie der Möglichkeit, Maßnahmen „von hochpolitischer Bedeutung“ zu Regierungsakten zu erklären.[797]

Im Jahre 1948 äußerte Karl Schultes die Auffassung, die Verwaltungsgerichtsbarkeit müsse „aus der Stellung eines Gegenpols zur Regierung und Verwaltung befreit werden“[798]. Dies sollte geschehen, indem die Verwaltungsgerichtsbarkeit „nicht nur mehr die Gesetzmäßigkeit der Verwaltung hinsichtlich der Verletzung subjektiver öffentlicher Rechte der einzelnen, also den privaten individuellen Rechtsschutz zu überprüfen hat, sondern in hohem Maße berufen wird, auch die positive Kontrolle hinsichtlich der Durchführung der Gesetze zu übernehmen und damit die Befriedigung des kollektiven Rechtsschutzbedürfnisses sichern zu helfen“[799]. Schultes forderte daher als Voraussetzung einer verwaltungsgerichtlichen Kontrolle, „daß die Verwaltungsgerichtsbarkeit ihre neue Funktion, die neue Gesellschaftsordnung zu schützen, erkannt hat“[800].

Herbert Kröger verurteilte 1949 in der „Neuen Justiz“ das Verfassungssystem der Bundesrepublik Deutschland, in dem die seit 1945 vorgenommenen Verwaltungsakte durch politisch unabhängige Richter aufgrund der Generalklausel nachgeprüft werden konnten, als „selbst die bescheidenen westdeutschen Demokratisierungsmaßnahmen revidierend“.[801]

795 Götz Berger, ebenda, S. 269 f..

796 Reinhold Schäfermeyer, Sinn und Zweck der Verwaltungsgerichtsbarkeit, DA, 2. Jgg., 1947, S. 257 f (257).

797 Reinhold Schäfermeyer, ebenda, S. 258.

798 Karl Schultes, Rechtsschutz und Rechtssicherheit in der realen Demokratie, in: Max Fechner, Beiträge zur Demokratisierung der Justiz, S. 81 - 94 (90).

799 Karl Schultes, ebenda.

800 Karl Schultes, ebenda, S. 92.

801 Herbert Kröger, Die Herrschaft der Justizbürokratie im Bonner Verfassungssystem, NJ, 3. Jgg., 1949, S. 203 - 206.

Während in den juristischen Fachzeitschriften mithin einige Personen aus der Politik dafür eintraten, die Verwaltungsgerichtsbarkeit im Interesse der sozialistischen Umwälzung einzuschränken, kann dies nicht für die Wissenschaftler jener Zeit gelten. Die Feststellung, dass keinerlei solcher Äußerungen von Seiten der Wissenschaft zu finden ist, wird auch durch eine Aussage Bernets unterstrichen. Dieser bemängelte 1987, dass die Verwaltungsrechtswissenschaft in den Jahren 1945 bis 1949 „eine qualitativ neue Grundlegung der sozialen Funktion von Verwaltung und Verwaltungsrecht nicht erschlossen" hat. „Die Verwaltungsrechtswissenschaft drohte in einer normativistischen Selbstbescheidung zu erstarren".[802] Daraus lässt sich schließen, dass in diesem Zeitraum Ansichten, die eine sozialistische Anwendung des Verwaltungsrechts forderten, von Wissenschaftlern nicht – zumindest nicht offen – geäußert wurden.

2. Reaktionen auf die Abschaffung der Verwaltungsgerichtsbarkeit in Literatur und Wissenschaft

Anders sah dies nach 1952 aus. Da waren es die Wissenschaftler, die sich für die Wiedereinführung des verwaltungsgerichtlichen Rechtsschutzes einsetzten.

a) Die Darstellung des Verwaltungsrechts in Lehrbüchern jener Zeit

Der Bestand an Lehrbüchern, die nach 1945 zum Gegenstand des Verwaltungsrechts in der sowjetischen Besatzungszone und in der DDR erschienen, ist überschaubar.

In der sowjetischen Besatzungszone, also zu einer Zeit als der Weg für die Wiedervereinigung Deutschlands noch nicht verschlossen war, dienten das Lehrbuch Werner Hollings „Verwaltung und Verwaltungsrecht" aus dem Jahre 1947 sowie das 1949 erschienene „Lehrbuch der Verwaltung" von Hans Peters[803] als Grundlage zur Aneignung des Verwaltungsrechts. Der Inhalt beider Werke entsprach weitestgehend der überkommenen, bürgerlichen Verwaltungsrechtslehre. So stand außer Frage, dass die Verwaltungsgerichtsbarkeit nach dem Prinzip der Gewaltenteilung vorwiegend das Interesse des einzelnen Bür-

802 Wolfgang Bernet, Zur Entwicklung der Verwaltungsrechtswissenschaft, StuR, 36. Jgg., 1987, S. 759 - 767 (761).

803 Hans Peters: 1946 ordentlicher Professor an der Linden-Universität (später: Humboldt-Universität), 1947 bis 1948 Dekan der Juristischen Fakultät, 1949 Wechsel an die Universität zu Köln, 1964 bis 1965 Rektor der Universität.

gers schützen sollte.[804] Da dies der gesellschaftlichen Umwälzung zumindest nicht förderlich war, wurde in der weiteren Entwicklung nicht auf diese Lehrwerke zurückgegriffen. Die Einschätzung, die das Buch von Holling in den Achtzigerjahren erfuhr, gilt im Hinblick auf den Nutzen für die politischen Ziele der SED für beide Abhandlungen gleichermaßen.

> „Das Verwaltungsrecht wird [...] als systematische Erfassung und Hermeneutik des existenten normativen Gehalts begriffen [...]. Das aber war für die Neuorientierung der antifaschistisch-demokratischen Verwaltung zu wenig, gleichwohl ihre Kader dringend wissenschaftlich gesichertes Handwerkzeug benötigten, aber solches, das ihren Blick für den sozialen Fortschritt schärfte und ihr Handeln hierbei unterstützte."[805]

Als „Leitfaden" zur Aneignung des Verwaltungsrechts für Studenten der Rechtswissenschaft und Mitarbeiter der Verwaltung sollten in der DDR zwei andere Lehrwerke dienen. Zunächst diente das von Studenikin, Wlassow, Jewtichijew verfasste und 1954 von Herbert Kröger in der deutschen Ausgabe veröffentlichte Buch „Sowjetisches Verwaltungsrecht, Allgemeiner Teil" als Grundlage für Lehre und Verwaltungspraxis. Im Jahr 1957 wurde vom Deutschen Institut für Rechtswissenschaft das offizielle Lehrbuch „Das Verwaltungsrecht der Deutschen Demokratischen Republik, Allgemeiner Teil" herausgegeben, welches von einem Autorenkollektiv, zu dem auch Hans-Ulrich Hochbaum zählte, unter der Leitung von Karl Bönninger[806] geschrieben wurde.

Im 1. Kapitel dieses Buches konstatierte Hochbaum, die Verwaltungsrechtswissenschaft in der DDR sei „bemüht, auch die fortschrittlichen Traditionen der überkommenen deutschen Verwaltungsrechtswissenschaft", „d.h. die Lehren der liberalen Begründer des bürgerlichen Verwaltungsrechts, insbesondere Otto Mayers", „für die Entwicklung einer den Interessen des Volkes dienenden Verwaltungsrechtswissenschaft nutzbar zu machen".[807] Dementsprechend versuchten die Verfasser in dem Buch nachzuweisen, dass Rechtsmaximen, wie die rechtlichen Anforderungen an Verwaltungsakte und deren Rechts-

---

804 Werner Holling, Verwaltung und Verwaltungsrecht, A 5 e, S. 6; Hans Peters, Lehrbuch der Verwaltung, S. 194 ff..

805 Wolfgang Bernet, Zur Entwicklung der Verwaltungsrechtswissenschaft, StuR, 36. Jgg., 1987, S. 759 - 767 (760).

806 Karl Bönninger (1925 - 2000): 1953 - 1957 Dozent und Professor für Verwaltungsrecht in Leipzig; 1957 Stellvertreter des Staatssekretärs für Hochschulwesen für den gesellschaftswissenschaftlichen Bereich.

807 Karl Bönninger / Hans-Ulrich Hochbaum / Eva Lekschas / Gerhard Schulze, Das Verwaltungsrecht der Deutschen Demokratischen Republik, S. 39 f..

wirksamkeit[808], subjektive Rechte der Bürger[809] und die Grundrechte[810], ihren Fortbestand in der sozialistischen Ordnung hatten. Allein in der Wahl der Rechtsbegriffe „Verwaltungsakt“ und „Anfechtung“ war ein Anhängen der Autoren an dem tradierten bürgerlichen Rechtsverständnis zu erkennen.

Andererseits zeigte sich der Versuch der Verfasser, die formalen Begriffe des deutschen Verwaltungsrechts zu übernehmen, inhaltlich aber der sozialistischen Ordnung anzupassen. So wurde die Verwaltung als „staatliches Organ“ bezeichnet, wodurch deren Hauptaufgabe, die sozialistische Umgestaltung der gesellschaftlichen Ordnung im Sinne der Politik der Partei der Arbeiterklasse[811], bereits dem Wortlaut zu entnehmen war. Diese Funktion wurde auch in der Herausstellung der „vollziehend-verfügenden Tätigkeit“ als der „Grundkategorie“[812] des Verwaltungshandelns[813] deutlich. Die „staatlichen Verwaltungsorgane“ sollten dabei nicht nur schöpferisch und organisierend, sondern auch erzieherisch auf die ideologisch-politische Entwicklung der Bürger und der Verwaltungstätigkeit einwirken[814]. Die Erziehungsfunktion, die im bürgerlichen Staat den Verwaltungsgerichten zugewiesen ist, war hier vornehmlich Aufgabe der „staatlichen Verwaltungsorgane“. Sie waren besser geeignet, zur „Beseitigung von Fehlerquellen, die zu Gesetzesverletzungen oder Schwierigkeiten in der Verwirklichung der Regierungspolitik [...] führten“[815], beizutragen.

Mehrfach wurde in dem Grundriss zum Verwaltungsrecht der DDR bekräftigt, dass ein Verwaltungsakt gegenüber dem Bürger nur aufgrund eines Gesetzes und im Einklang mit diesen erlassen werden dürfe.[816] Als „Gesetze“ galten allerdings auch Verordnungen, Anordnungen, Durchführungsbestimmungen und Beschlüsse.[817]

In all diesen Punkten lehnte das Verwaltungsrechtslehrbuch der DDR sich eng an die Abhandlung von Studenikin an.[818] Hingegen wies es in anderen Bereichen feine Unterschiede auf.

---

808 Bönninger / Hochbaum / Lekschas / Schulze, ebenda, S. 190 ff..

809 Bönninger / Hochbaum / Lekschas / Schulze, ebenda, S. 10, 21, 35.

810 Bönninger / Hochbaum / Lekschas / Schulze, ebenda, S. 25.

811 Bönninger / Hochbaum / Lekschas / Schulze, ebenda, S. 10, 11, 169.

812 Günter Püttner, Zur Entwicklung des Verwaltungsrechts in der DDR, in: Gottfried Zieger, Recht, Wirtschaft, Politik im geteilten Deutschland, S. 143 - 155 (150).

813 Karl Bönninger / Hans-Ulrich Hochbaum / Eva Lekschas / Gerhard Schulze, Das Verwaltungsrecht der Deutschen Demokratischen Republik, S. 11 ff..

814 Bönninger / Hochbaum / Lekschas / Schulze, ebenda, S. 9, 171, 245.

815 Bönninger / Hochbaum / Lekschas / Schulze, ebenda, S. 245.

816 Bönninger / Hochbaum / Lekschas / Schulze, ebenda, S. 9, 15, 78, 190, 193 f., 243 f..

817 Bönninger / Hochbaum / Lekschas / Schulze, ebenda, S. 27 ff., 243.

818 S. S. Studenikin / W. A. Wlassow / I. I. Jewtichijew, Sowjetisches Verwaltungsrecht: Herausstellung der „vollziehend-verfügenden Tätigkeit“ der staatlichen Verwaltungs-

So umfasste die „Anfechtung“ eines fehlerhaften Verwaltungsaktes[819] – die im bürgerlichen Rechtsstaat ein verwaltungsgerichtliches Vorgehen impliziert – in dem offiziellen Lehrbuch der DDR vorrangig neben den Rechtsschutzmitteln Vorschlag und Beschwerde das Rechtsinstitut der förmlichen Rechtsmittel – Einspruch, förmliche Beschwerde, Rekurs – gegen staatliche Maßnahmen.[820] Dies stand im Gegensatz zum sowjetischen Verwaltungsrechtslehrbuch, wo nur die formlose Beschwerde erwähnt wurde.[821] Als gerichtliches Rechtsschutzmittel wurde in beiden Lehrbüchern nur die ordentliche Gerichtsbarkeit nach dem Enumerationsprinzip thematisiert.[822] Dabei wies das DDR-Lehrbuch schlicht darauf hin, „daß die Gerichte der Deutschen Demokratischen Republik nur dann über Maßnahmen der staatlichen Verwaltung zu befinden haben, wenn dies durch Gesetz ausdrücklich bestimmt ist“.[823] Es wurde allerdings die Frage aufgeworfen, ob „im Zuge der weiteren Entfaltung der Demokratie bei Entscheidungen über Verwaltungsstreitigkeiten nicht in stärkerem Maße als bisher der Zivilrechtsweg für zuständig erklärt werden sollte“.[824] Demgegenüber zählte die Abhandlung Studenikins die enumerativ festgelegten Sachgruppen, bei denen die gerichtliche Nachprüfung möglich war, explizit auf: Berichtigung der Wählerlisten, Berichtigung der Personenstandsbücher, Wohnungszuweisungen, Beitreibung von Steuer- und Ablieferungsrückständen sowie Geldstrafen im Verwaltungsverfahren u.a..[825]

Ein verwaltungsgerichtlicher Rechtsschutz im westlichen Sinn fand in beiden Werken keine Erwähnung; vgl. insbesondere Kapitel VII § 4 „Die Rolle der Gerichte bei der Sicherung der sozialistischen Gesetzlichkeit in der staatlichen

---

organe als Mittel zu Vollendung des Sozialismus im Wege der „kulturellen Erziehungsarbeit zur ideologisch-politischen Entwicklung der Sowjetbürger“ (S. 13 ff.); Anerkennung subjektiver Rechte (S. 15, 16, 21); Anforderungen an Verwaltungsakte und Folgen der Nichterfüllung (S. 203 ff.); sozialistische Gesetzlichkeit (S. 16, 21, 29 ff., 97 f., 187, 241). Ebenso stimmen die beiden Lehrwerke in Aufbau und Bezeichnung der Untergliederungen annähernd überein.

819 Karl Bönninger / Hans-Ulrich Hochbaum / Eva Lekschas / Gerhard Schulze, Das Verwaltungsrecht der Deutschen Demokratischen Republik, S. 196 f..

820 Bönninger / Hochbaum / Lekschas / Schulze, ebenda, S. 295 ff..

821 S. S. Studenikin / W. A. Wlassow / I. I. Jewtichijew, Sowjetisches Verwaltungsrecht, S. 277 ff..

822 Karl Bönninger / Hans-Ulrich Hochbaum / Eva Lekschas / Gerhard Schulze, Das Verwaltungsrecht der Deutschen Demokratischen Republik, S. 317 ff.; S. S. Studenikin / W. A. Wlassow / I. I. Jewtichijew, Sowjetisches Verwaltungsrecht, S. 265 ff..

823 Bönninger / Hochbaum / Lekschas / Schulze, ebenda, S. 318.

824 Bönninger / Hochbaum / Lekschas / Schulze, ebenda, S. 319.

825 S. S. Studenikin / W. A. Wlassow / I. I. Jewtichijew, Sowjetisches Verwaltungsrecht, S. 266 f..

Verwaltung der Deutschen Demokratischen Republik" des DDR-Lehrbuchs, in welchem Artikel 138 der Verfassung nicht einmal genannt wurde. Dies hätte auch die Anerkennung des offiziell bestrittenen „antagonistischen Widerspruchs zwischen den Interessen der Allgemeinheit und des einzelnen" bedeutet.[826] Dass die Verfasser einen Interessenwiderspruch zwischen Staat und Bürger dennoch als dem Verfassungsrecht immanent ansahen, wird in der Wendung „subjektive Rechte der Bürger" ersichtlich.

Dass für eine umfassende Darstellung der relevanten Rechtsmittel gegen fehlerhafte Verwaltungsakte im sozialistischen Verwaltungsrecht keine Raum war, hob Hochbaum bereits in seinen Ausführungen zum Verwaltungsakt im Jahre 1952 hervor.

> „Während die bürgerlichen Verwaltungsrechtslehrer als ‚Rechtswahrer' der sogenannten ‚bürgerlichen Freiheitssphäre' das Schwergewicht ihrer Untersuchungen über den Verwaltungsakt auf die möglichen Fälle der Fehlerhaftigkeit des Verwaltungsaktes legten, ist es unsere Aufgabe, die rechtlichen Anforderungen an den Verwaltungsakt herauszustellen, die es ihm als fehlerfreiem Verwaltungsakt ermöglichen, seine umfassende Einwirkung auf Basis und Überbau voll zur Entfaltung kommen zu lassen."[827]

Schließlich wurde in beiden Lehrbüchern darauf hingewiesen, dass die lenkende und richtungweisende Rolle der Partei das politische Grundprinzip der Verwaltung und des Verwaltungsrechts sein muss. Dies sollte das Recht der Partei, die Organe der staatlichen Verwaltung zu kontrollieren und zu korrigieren, beinhalten.[828] Die sowjetische Abhandlung stellte diese Feststellung aber lediglich einleitend den anderen Grundprinzipien voran[829], was zur Kritik an dem Lehrbuch führte. Danach wurde auf diese Weise nicht gezeigt, „daß alle Prinzipen der [...] Verwaltung ihren Ausgang von dem der Leitung durch die Partei nehmen und in ihm wurzeln, daß sie unmittelbar und untrennbar mit dieser Leitung verbunden sind und durch sie bestimmt werden"[830]. Diese Beanstandung wurde in dem

---

826 Karl Bönninger / Hans-Ulrich Hochbaum / Eva Lekschas / Gerhard Schulze, Das Verwaltungsrecht der Deutschen Demokratischen Republik, S. 199 f; S. S. Studenikin / W. A. Wlassow / I. I. Jewtichijew, Sowjetisches Verwaltungsrecht, S. 34.

827 Hans-Ulrich Hochbaum, Die staatlichen Verwaltungsakte im Lichte der Lehre Stalins von Basis und Überbau, NJ, 6. Jgg., 1952, S. 108 - 111 (111).

828 Karl Bönninger / Hans-Ulrich Hochbaum / Eva Lekschas / Gerhard Schulze, Das Verwaltungsrecht der Deutschen Demokratischen Republik, S. 47; S. S. Studenikin / W. A. Wlassow / I. I. Jewtichijew, Sowjetisches Verwaltungsrecht, S. 19.

829 Studenikin / Wlassow / Jewtichijew, ebenda, S. 80.

830 Rezension Petrows, in: S. S. Studenikin / W. A. Wlassow / I. I. Jewtichijew, Sowjetisches Verwaltungsrecht, S. 284.

Lehrbuch der DDR berücksichtigt, worin „Die führende Rolle der Partei der Arbeiterklasse" als spezielles „Grundprinzip" für die staatliche Verwaltung allen anderen Prinzipien voranging.[831]

Insgesamt war in beiden Lehrbücher wohl eine schärfere Abkehr von dem „bürgerlichen" Verwaltungsrecht erwartete worden.[832] Obwohl es so dem mit der Herausgabe beider Lehrbücher in der DDR verfolgten Ziel, dazu beizutragen, in Westdeutschland dem Ruf eines Willkürregimes entgegenzuwirken, weitaus mehr diente; wurde andererseits dem Anspruch einen erzieherischen Einfluss auf Studenten und Verwaltungsangestellte auszuüben, nicht im erhofften Maße entsprochen. Über die diesbezügliche Eignung der sowjetischen Abhandlung urteilte Karl Bönninger 1955 in der Zeitschrift „Staat und Recht".

> „Indes wäre der pädagogisch-erzieherische Wert noch größer, wenn der Auseinandersetzung mit reaktionären Thesen und der Entlarvung konkreter Verwaltungsrechtsinstitute und –normen usw. der imperialistischen Staaten mehr Aufmerksamkeit gewidmet wäre."[833]

Warum Bönninger in dem zwei Jahre später erschienenen Lehrbuch der DDR das bürgerliche Verwaltungsrecht nicht gnadenloser verurteilte, sondern es bei ebenfalls beiläufigen Angriffen beließ[834], bleibt fraglich.

In beiden Lehrwerken wurde versucht, dem Verwaltungsrecht zwischen den ideologischen Voraussetzungen und politischen Zielsetzungen einen Platz zuzuweisen. Dabei ist der Bewertung, die „Das Verwaltungsrecht der DDR" noch im Jahre 1957 von Gustav Leissner erfahren hat, vollends zuzustimmen.

> „Im übrigen stellt das Werk ein lebendiges Zeugnis dafür dar, daß in der Zone von einer Wissenschaft auf dem Gebiet des Verwaltungsrechts im Sinne westlicher Begriffe nicht mehr gesprochen werden kann, und bestätigt einmal mehr, daß eine vom Staat dirigierte ‚Wissenschaft' in diesem Fach nur insoweit eine Daseinsmöglichkeit hat, als sie sich darauf beschränkt, die von der politischen Führung aufgestellten Grundsätze und Leitgedanken näher zu konkretisieren."[835]

---

831 Karl Bönninger / Hans-Ulrich Hochbaum / Eva Lekschas / Gerhard Schulze, Das Verwaltungsrecht der Deutschen Demokratischen Republik, S. 44 ff..

832 Rezension Petrows, in: S. S. Studenikin / W. A. Wlassow / I. I. Jewtichijew, Sowjetisches Verwaltungsrecht, S 285.

833 Karl Bönninger, Buchbesprechung zu „Sowjetisches Verwaltungsrecht", StuR, 4. Jgg., 1955, S. 160 - 165 (161, 162).

834 Karl Bönninger / Hans-Ulrich Hochbaum / Eva Lekschas / Gerhard Schulze, Das Verwaltungsrecht der Deutschen Demokratischen Republik, S. 14, 39, 43.

835 Gustav Leissner, Das Verwaltungsrecht der DDR, ROW, 1. Jgg., 1957, S. 216 f. (217).

Der Besondere Teil des sowjetischen Verwaltungsrechts in der Auflage von 1950 ist nicht mehr in der deutschen Fassung erschienen.[836] Ebenso erging es dem im Verwaltungsrechtsgrundriss der DDR angekündigten umfassenden Lehrbuch des Verwaltungsrechts der Deutschen Demokratischen Republik – Allgemeiner Teil (S. 6) und dem Grundriss des Verwaltungsrechts der Deutschen Demokratischen Republik – Besonderer Teil (S. 5, 35). Diese erschienen weder geschlossen in einem Lehrbuch noch in einer Reihe einzelner Lehrhefte[837]. Nachdem bereits zu der hier erörterten Abhandlung zahlreiche Autoren ihre Mitarbeit zurückgezogen hatten, war es wohl nahezu unmöglich – insbesondere nach 1958 – qualifizierte Verfasser zu finden. Darüber hinaus bestand nach der Verdammung des Verwaltungsrechts kein Bedürfnis mehr für derartige Lehrwerke.

b) Forderungen zur Regelung des Verwaltungsrechtsschutzes in der Literatur

Trotz der rigorosen Ablehnung der Verwaltungsgerichtsbarkeit in der DDR von staatlicher Seite wurden in der Literatur vereinzelt Stimmen laut, die deren Reorganisation forderten. Dabei sind besonders die Personen Bönninger und Hochbaum zu nennen, die gegenüber dem von ihnen mitverfassten Lehrbuch einen deutlicheren Standpunkt fanden.

Stefan Heym[838] schrieb 1956 in der Berliner Zeitung, dass es nicht viel nütze, „immer wieder zu proklamieren, daß unser Staat ein Staat der Arbeiter und Bauern ist – solange der Arbeiter und der Bauer und jeder Bürger nicht tagtäglich spüren, daß sie in diesem Staat ihre Rechte haben, an denen niemand rütteln kann“. Er mahnte die verfassungswidrige Nichtexistenz von Verwaltungsgerichten in der DDR an und plädierte für deren Wiedereinführung, um das Vertrauen der Bürger in ihren Staat zu stärken und die Arbeit der Verwaltungspraxis zu verbessern.

> „Dazu gehört [...] das Recht auf Schutz gegen Willkür von seiten amtlicher Stellen.
>
> Ich glaube, daß wir allzu lange allzu idealistisch gedacht haben. Wir haben uns vorgestellt, daß unsere Behörden, einfach deshalb, weil sie Behörden eines Arbeiter- und Bauernstaates sind, kein Unrecht mehr tun könnten. Ein Arbeiter, dachten wir,

836 Karl Bönninger, Buchbesprechung zu „Sowjetisches Verwaltungsrecht“, StuR, 4. Jgg., 1955, S. 160 - 165 (165).

837 Wolfgang Bernet, Zur Entwicklung der Verwaltungsrechtswissenschaft, StuR, 36. Jgg., 1987, S. 759 - 767 (763).

838 Stefan Heym (1913 - 2001): Schriftsteller.

ist doch ein anständiger Mensch – und wird er jetzt Amtsvorsitzender, so wird er auch weiterhin anständig handeln.

Aber er kann sich doch irren! – um so mehr, als er es sehr schwer hat als ehemaliger Arbeiter. Und ist es nicht oft genug vorgekommen, daß ein früher recht brauchbarer und anständiger Mensch sich zu seinen Ungunsten veränderte, sobald er sich vom Polster des Amtssessels getragen fühlte?

[...]

[...] Tausende [Beschwerden] werden unbefriedigend erledigt oder kommen überhaupt nicht zur Kenntnis der Menschen, die eingreifen und helfen könnten.

Ein Teufelskreis! Wie können wir ihn durchbrechen?

Merkwürdigerweise ist das Mittel zur Abhilfe seit Jahren bekannt. Man kann es gedruckt finden in Artikel 138 der Verfassung der Deutschen Demokratischen Republik.

[...]

[Verwaltungsgerichte] müßte es geben; es gibt sie aber nicht. [...]

[...]

Ich appelliere an die Fraktionen der Parteien unserer Volkskammer, schnellstens ein Gesetz einzubringen zu der längst fälligen Durchführung des Artikels 138 unserer Verfassung."[839]

Auch Hans-Ulrich Hochbaum forderte in demselben Jahr ein einheitliches, zweistufiges Rechtsmittelverfahren – Verwaltungsvorverfahren und Verwaltungsgerichtsverfahren – für alle Verwaltungsstreitigkeiten.[840] Nach Hochbaums Vorstellungen sollte die verwaltungsgerichtliche Kontrolle juristisch ausgebildeten Verwaltungsrichtern an besonderen Verwaltungsgerichten übertragen werden. Er schlug vor, Bezirksverwaltungsgerichte und ein oberstes Verwaltungsgericht zu errichten.[841] Gegenstand des Rechtsmittels sollten grundsätzlich alle individuellen Verwaltungsakte nach dem Prinzip der Generalklausel sein.[842]

Nicht nur in der beabsichtigten Ausgestaltung des Verfahrens, auch sprachlich-terminologisch, wird eine Anknüpfung Hochbaums an das überkommene Verwaltungsrechtssystem deutlich. Unverhohlen forderte er die „Verwaltungsgerichtsbarkeit", die endgültige Entscheidung durch ein „Verwaltungsgericht". Gegenstand des „verwaltungsgerichtlichen" Verfahrens sollte nicht die „vollziehend–verfügende Tätigkeit" als Verwaltungshandeln, sondern der „Verwaltungsakt" sein. Offen sprach Hochbaum von einer „Anfechtung" als Ablehnung des Verwaltungshandelns mit dem Ziel einer einforderbaren Entscheidung, ge-

---

839 Stefan Heym, Ein Vorschlag, Berliner Zeitung, 25. November 1956, Nachdruck in: Stefan Heym, Stalin verlässt den Raum, S 92 - 95 (93 ff.).

840 Hans-Ulrich Hochbaum, Zum allgemeinen Rechtsmittelverfahren in der Verwaltung, DA, 11. Jgg., 1956, S. 673 - 676.

841 Hans-Ulrich Hochbaum, ebenda, S. 676.

842 Hans-Ulrich Hochbaum, ebenda, S. 674.

genüber „Eingabe“, „Beschwerde“, „Vorschlag“, bei denen kein Anspruch auf eine Reaktion der Verwaltung bestand.

Hochbaum wies darauf hin, dass die angebliche Unvereinbarkeit des Prinzips der Gewalteneinheit – wie es in der DDR vertreten wurde – mit einer gerichtlichen Verwaltungskontrolle „bei näherer Betrachtung in sich zusammenfalle“. Nicht erst die gerichtliche Verwaltungskontrolle würde einen Gegensatz zwischen Bürger und Staat konstruieren, „sonst dürfte auch keine Zivilklage gegen den Staat zulässig sein!“. Er konnte „keine sachlichen Argumente gegen, wohl aber sehr viele Gründe für eine Verwaltungsgerichtsbarkeit“ finden. Sie würde „einen exakten Rechtsschutz des Bürgers gewährleisten“ und dessen Rechtsschutzgefühl stärken, „mithelfen vorhandene Mängel in der Arbeitsweise der Verwaltungsorgane und in der rechtlichen Regelung der Verwaltungstätigkeit aufzudecken“, zur „Durchsetzung der sozialistischen Gesetzlichkeit durch alle Verwaltungsorgane“ beitragen und den außenpolitischen Ruf der DDR berichtigen. Schließlich verwies Hochbaum auf die immer noch bestehende verfassungsrechtliche Garantie des Art. 138.[843]

Noch 1987 urteilte Wolfgang Bernet über diese „in den fünfziger Jahren schwierige Position“[844]. Er hielt eine Verwaltungsgerichtsbarkeit zum damaligen Zeitpunkt für unzweckmäßig, da den in der Verwaltung tätigen neuen Kadern die juristischen Kenntnisse fehlten und die Bürger ein Verfahren nach der Beschwerdeordnung von 1953 vorgezogen hätten.[845] Ferner brachte er zur Sprache, dass eine Verwaltungsrechtsprechung die Durchsetzung der politischen Ziele durch die Verwaltung hätte behindern können.

> „Er [Aufsatz Hochbaums] war zwar logisch und systematisch gut begründet, konnte aber nicht praxiswirksam werden. Die Tätigkeit der Partei der Arbeiterklasse und der Staatsorgane war in erster Linie darauf gerichtet, durch politische Aktionsfähigkeit der Verwaltung das Lebensnotwendige zu sichern.“[846]

In seiner 1954 an der Juristischen Fakultät der Deutschen Akademie für Staats- und Rechtswissenschaften vorgelegten Dissertation „Der Gegenstand des Verwaltungsrechts und der Verwaltungsrechtswissenschaft in der Deutschen Demokratischen Republik“ sprach Hochbaum den verwaltungsgerichtlichen Schutz nicht an, obwohl er bereits auf Seite 1 auf „die strikte Einhaltung der demokratischen Gesetzlichkeit“ drängte, „wobei jeder Versuch, die verfassungsmässigen

843 Hans-Ulrich Hochbaum, ebenda, S. 676.

844 Wolfgang Bernet, Zur Entwicklung der Verwaltungsrechtswissenschaft, StuR, 36. Jgg., 1987, S. 759 - 767 (763).

845 Wolfgang Bernet, ebenda.

846 Wolfgang Bernet, ebenda.

Rechte der Bürger durch willkürliche Amtshandlungen zu verletzen, streng zu ahnden ist". Dass Hochbaum dabei indes nicht die Verwaltungsgerichtsbarkeit im Blicke hatte, zeigt die widerspruchslose Anführung eines Zitats Hilde Benjamins zur Unterscheidung von vollziehend-verfügender und rechtsprechender Tätigkeit:

> „Die Rechtsprechung in der Deutschen Demokratischen Republik ist eine Form der staatlichen Leitung der Gesellschaft durch die demokratische Staatsmacht [...]."[847]

Eine unabhängige verwaltungsgerichtliche Kontrolle hätte dieser Unterordnung nicht nachkommen können.

Überdies bestritt Hochbaum in seiner Dissertation einen Gegensatz zwischen dem Staat und den Bürgern in der DDR[848], während er ihn in seinem Vorschlag im Jahr 1956 als gegeben voraussetzte. Infolgedessen lehnte Hochbaum die Einteilung zwischen öffentlichem und privatem Recht, als auf den Widerspruch zwischen gesellschaftlichen und individuellen Interessen aufbauend, ab.[849] Aus dieser Aussage könnten zwei Schlüsse gefolgert werden.

1. Wenn keine Unterscheidung zwischen öffentlichem und privatem Recht existierte, hätten nicht alle Rechtsstreitigkeiten nach Abschaffung der Verwaltungsgerichte 1952 vor den ordentlichen Gerichten behandelt werden müssen? Oder
2. Hätte nicht auch das Zivilrecht, worin private Interessen vertreten werden, abgeschafft werden müssen?

Zu diesen Thesen sind bei Hochbaum keinerlei Ausführungen zu finden.

Aufgrund der Verneinung eines Gegensatzes zwischen Staat und Volk erkannte Hochbaum ferner subjektive Rechte der Bürger auf ein bestimmtes Verhalten der Verwaltung nur an. soweit es sich um deren Mitwirkung handelte.[850]

Insgesamt lässt Hochbaums Dissertation die Klarheit und Entschiedenheit seines zwei Jahre später erschienenen Aufsatzes vermissen. Dies war vermutlich den Umständen der Zeit geschuldet, in der eine Promotion mit der Staatsauffassung widersprechenden Standpunkten undenkbar war. Trotz allem wurde auch in dieser Arbeit die rechtsstaatliche Denkweise Hochbaums sichtbar, als er für die sachliche Unabhängigkeit der Richter eintrat.[851]

---

847 Hans-Ulrich Hochbaum, Der Gegenstand des Verwaltungsrechts und der Verwaltungsrechtswissenschaft in der Deutschen Demokratischen Republik, S. 45.

848 Hans-Ulrich Hochbaum, ebenda, S. 22 ff..

849 Hans-Ulrich Hochbaum, ebenda, S. 23 f..

850 Hans-Ulrich Hochbaum, ebenda, S. 103.

851 Hans-Ulrich Hochbaum, ebenda, S. 46.

Hochbaum – seine Dissertation außer Betracht lassend – und Heym gehörten wohl zu den Vertretern der Staats- und Verwaltungsrechtswissenschaft, die nach Aussage Wolfgang Menzels im Jahr 1956 die Auffassung vertraten, „daß es der Festigung der Gesetzlichkeit, der Herbeiführung völliger Rechtsklarheit und einer geordneten Verwaltungstätigkeit sehr dienlich wäre [...] gegen alle Individualakte der staatlichen Verwaltung ein einheitliches Nachprüfungsverfahren einzuführen". Dieses sollte ein „kontradiktorisches Verfahren vor einem Kollegium sein, welches seiner juristischen Qualifikation nach in der Lage sein müsse, in jedem Fall über die streitige Rechtsfrage objektiv zu entscheiden".[852] Damit wurde ein Verfahren gefordert, dass der Verwaltungsgerichtsbarkeit des bürgerlichen Staates entsprach.

Im Gegensatz zu den Ausführungen Heyms und Hochbaums waren die Darlegungen Menzels sehr sachlich, ohne jeglichen Nachdruck. Sie waren eher eine Wiedergabe der vorhandenen Ansichten. Begriffe wir Anfechtungsklage und Verwaltungsgerichtsbarkeit wurden vermieden. Zu dem oben genannten Vorschlag einer Verwaltungsgerichtsbarkeit bezog Menzel keine konkrete Stellung. Aber allein daraus, dass er ihn zum Gegenstand einer Diskussion erhob, wird seine anerkennende Einstellung deutlich. Durch diesen Vorstoß wurde letztlich Hochbaum veranlasst, die Wiedereinführung des verwaltungsgerichtlichen Rechtsschutzes offen und unmissverständlich zu verlangen.[853]

Fernerhin bemerkten sowohl Menzel als auch Hochbaum am Rande, dass die Problematik der Verwaltungsgerichtsbarkeit „Gegenstand lebhafter ‚interner' Diskussionen im Kreise der Staats- und Verwaltungsrechtswissenschaft gewesen ist"[854]. Auch wenn dies aufgrund nur vereinzelter Nachweise in der Literatur schwer zu belegen ist, war die Verwaltungsgerichtsbarkeit auch nach 1952 noch ein zentraler Gegenstand in Wissenschaft und Praxis.

Bönninger forderte in seinem Beitrag in der im Jahr 1957 erschienenen „Festschrift für Erwin Jacobi" zur Sicherung der „Unverbrüchlichkeit der gesellschaftlichen Verhältnisse", „daß die Lösung von Konflikten aus diesen gesellschaftlichen Verhältnissen in einem besonderen Verfahren (z.B. in einem Prozeß), in einer besonderen Form (z.B. durch Urteil), von besonderen Organen (z.B. von Gerichten) entschieden wird, was wiederum in unverbrüchlichen Normen festgelegt sein muß".[855]

---

852 Wolfgang Menzel, Probleme der Neuregelung des Vorschlags- und Beschwerderechts, DA, 11. Jgg., 1956, S. 576 - 579 (577).

853 Hans-Ulrich Hochbaum, Zum allgemeinen Rechtsmittelverfahren in der Verwaltung, DA, 11. Jgg., 1956, S. 673 - 676 (673).

854 Hans-Ulrich Hochbaum, ebenda, S. 675.

855 Karl Bönninger, Rechtsnorm und Verwaltungsanweisung, in: Festschrift für Erwin Jacobi, S. 333 - 361 (350).

> „Wäre das nicht so, dann wäre es mit der Unverbrüchlichkeit der gesellschaftlichen Verhältnisse nicht weit her. Wenn das am Rechtsverhältnis beteiligte Subjekt sich nicht darauf verlassen kann, wenn ihm nicht unverbrüchlich garantiert wird, daß bei einer Verletzung seiner Rechte diese wiederhergestellt werden [...], dann gäbe es in der Unverbrüchlichkeit der gesellschaftlichen Verhältnisse praktisch eine Lücke. Das gleiche gilt für die Durchsetzbarkeit der Pflichten."[856]

Als unverbrüchlich verstand Bönninger diejenigen gesellschaftlichen Verhältnisse, die in Gestalt einer Rechtsnorm geregelt wurden, so dass die Verwaltung in jedem Einzelfall daran gebunden war.[857] Um die Unverbrüchlichkeit der gesellschaftlichen Verhältnisse zu gewährleisten, forderte Bönninger eine für jedermann zugängliche Veröffentlichung der Rechtsnormen.[858] Dies widersprach den politischen Interessen der SED, für deren Verwirklichung es erforderlich war, nicht jeden Normativakt amtlich zu veröffentlichen.

Bönninger sprach sich aber nicht nur klar für ein förmliches Rechtsmittelverfahren, wenn möglich in gerichtlicher Form aus, sondern setzte diesem einen Konflikt zwischen den Interessen der Staatsorgane und der Bürger in der sozialistischen Gesellschaft voraus. Dies widersprach den in der DDR vertretenen Prinzipien der Gewaltenkonzentration sowie der Interessenidentität und wurde daher als „Revisionismus" zurückgewiesen[859].

Bereits 1952 hatte sich Bönninger für eine Überprüfung von Verwaltungsakten auf ihre Rechtsmäßigkeit durch weisungsunabhängige Verwaltungsgerichte ausgesprochen, obwohl er die „Einheitlichkeit" von Rechtsprechung und Verwaltung, „die beide im Prinzip das gleiche sind, Verwirklichung des Staatszieles und Staatszweckes", nach außen hin anerkannte.[860]

Walter Assmann[861] und Gerhard Schreier[862] setzten sich noch 1958 für gerichtliche Entscheidungen in besonderen Fällen der Staatshaftung ein.

---

856 Karl Bönninger, ebenda, S. 350 f..

857 Karl Bönninger, ebenda, S. 339.

858 Karl Bönninger, ebenda, S. 349 f..

859 Günter Abelmann / Hans Berndt, Rechtsnorm und Verwaltungsanweisung?, StuR, 7. Jgg., 1958, S. 654 - 668 (662, 663, 666).

860 Karl Bönninger, Der Gegenstand des demokratischen Verwaltungsrechts in der Deutschen Demokratischen Republik, NJ, 6. Jgg., 1952, S. 388 - 393 (390 f.).

861 Walter Assmann, Zur Neuregelung der „Staatshaftung" in der Deutschen Demokratischen Republik, StuR, 7. Jgg., 1958, S. 265 - 278.

862 Gerhard Schreier, Gedanken zu einer gesetzlichen Regelung der Staatshaftung, NJ, 12. Jgg., 1958, S. 195 - 198.

„Warum sollten wir uns da nicht derjenigen Staatsorgane bedienen, die durch ihre langjährigen und großen Erfahrungen in der Beurteilung von Rechtsstreitigkeiten dazu geeignet sind, auch solche Fragen im Interesse beider Seiten richtig zu entscheiden."[863]

Auch wenn beide Verfasser dabei an eine Kontrolle von „Verwaltungsrecht" durch die ordentlichen Gerichte dachten, setzte der Amtshaftungsanspruch die gerichtliche Feststellung der Rechtswidrigkeit des zugrunde liegenden „Verwaltungsaktes" voraus. Darin umfasst war die grundsätzliche Bejahung der Fehlbarkeit der Staatsfunktionäre sowie der Schutzwürdigkeit subjektiver Rechte des Bürgers. Eine Denkweise, die auf der Babelsberger Konferenz als dem bürgerlichen Rechtsprinzip entstammend, verdammt werden sollte.

Konkrete Reaktionen von offizieller Seite auf die einzelnen Appelle sind nicht bekannt. Es ist jedoch davon auszugehen, dass sie bei der SED die Besorgnis um deren politische Allmacht schürten; zumal die Forderungen den Widerspruch in der bisherigen Argumentation der Partei aufzeigten. Diesen „revisionistischen Auffassungen" begegnete die SED schließlich radikal mit der staats- und rechtswissenschaftlichen Konferenz vom 2. und 3. April 1958 in Potsdam-Babelsberg, auf der das Verwaltungsrecht in seiner Gesamtheit verdammt wurde. Walter Ulbricht erhob in seinem Referat „Die Staatslehre des Marxismus-Leninismus und ihre Anwendung in Deutschland" gegen die Verwaltungsrechtswissenschaft den Vorwurf bürgerlichen Rechtsdenkens, des Formalismus und Dogmatismus und bezeichnete es als unrichtig, überhaupt von einem speziellen „Verwaltungsrecht der DDR" zu sprechen.[864] Viele Rechtswissenschaftler wurden zu Revisionisten abgestempelt. Allen voran Karl Bönninger wurde wegen seiner „bürgerlichen Auffassung" von der Unverbrüchlichkeit der Rechtsverhältnisse angeprangert.[865] Trotz aller Angriffe war Bönninger nicht bereit, diese Position zu relativieren.[866] Demgegenüber kamen Bönninger und Hochbaum einer öffentlichen Diffamierung ihres ein Jahr zuvor erschienen Lehrbuchs zum Verwaltungsrecht voraus. Ulbricht stellte dieses in seiner Rede unter der Losung „Die Trennung von Staats- und Verwaltungsrecht ist ein bür-

863 Walter Assmann, Zur Neuregelung der „Staatshaftung" in der Deutschen Demokratischen Republik, StuR, 7. Jgg., 1958, S. 265 - 278 (275).

864 Walter Ulbricht, Die Staatslehre des Marxismus-Leninismus und ihre Anwendung in Deutschland, in: Protokoll der Staats- und Rechtswissenschaftlichen Konferenz in Babelsberg am 2. und 3. April 1958, S. 9, 35; Martin Bullinger, Das Verwaltungsrecht in der DDR (SBZ), in: Albrecht-Ludwigs-Universität zu Freiburg, Die Lage des Rechts in Mitteldeutschland, S. 101 - 120 (102).

865 Walter Ulbricht, ebenda, S. 29.

866 Walter Ulbricht, ebenda, S. 67 ff..

gerliches Prinzip, das wir rasch aufgeben sollten" zur Diskussion.[867] Bönninger und Hochbaum selbst verurteilten den Grundriss aufgrund der unzureichenden Würdigung der Einheit von Staats- und Verwaltungsrecht, der Bedeutung der Volksvertretungen sowie des demokratischen Zentralismus.[868]

> „[...] denn darin sehe ich die Hauptmängel des ganzen Grundrisses, daß er nicht mit der politischen Praxis verbunden ist, nicht wirklich von dieser Position der Beherrschung der Politik, den Widersprüchen des Lebens, der ganzen Dynamik und dem politischen Kampf ausgeht, sondern eine formal beschreibende Darlegung gewisser Prinzipien, Rechtsinstitutionen usw. zum Inhalt hat."[869]

Nach der Babelsberger Konferenz erschienen für über zehn Jahre weder neue Lehrmaterialien noch waren in Zeitschriften Abhandlungen über die Folgen eines rechtswidrigen Verwaltungsaktes zu finden. Dies änderte sich erst Ende der Sechziger- / Anfang der Siebzigerjahre.[870] In der Verfassung des Jahres 1968 wurde letzten Endes auch Art. 138 aufgehoben, womit zumindest das Argument der verfassungswidrigen Nichtexistenz von Verwaltungsgerichten haltlos wurde.

---

867 Walter Ulbricht, ebenda, S. 35.

868 Walter Ulbricht, ebenda, S. 65, 67, 102 ff..

869 Walter Ulbricht, ebenda, S. 67.

870 Gerhard Lingelbach, Verwaltung ohne rechtliche Grenzen? - Konflikt um zwei Konferenzen zur Verwaltungsrechtswissenschaft an der Jenaer Universität, in: Uwe Hoßfeld / Tobias Kaiser / Heinz Mestrup, Hochschule im Sozialismus, Bd. 2, S. 1871 - 1910 (1880, 1893, 1905, Fn. 72).

VIII. Beweggründe für den Abbau des Verwaltungsrechts

Während der Terminus „Verwaltungsrecht“ noch bis 1958 verwendet werden konnte, wurde die Verwaltungsgerichtsbarkeit im Jahr 1952 unvermittelt liquidiert.

Warum geriet aber gerade der gerichtliche Verwaltungsrechtsschutz in das Visier der SED? Warum kam es zur Abschaffung und nicht zur Ersetzung der Richterschaft durch lenkbare Parteimitglieder? Dies hätte zumindest das Problem der unliebsamen Urteile gelöst. Auf diese Unklarheiten versuche ich im Folgenden eine Antwort zu finden.

1. Die ideologische Rechtfertigung

In den Jahren 1945 bis 1952 haben die deutschen Kommunisten das Staatssystem der sowjetischen Besatzungszone und späteren DDR immer mehr an dem sowjetischen Gesellschaftsmodell einschließlich des damit verbundenen Rechtssystems und der diesen zugrunde liegenden ideologischen Prinzipien ausgerichtet.[871]

Die Verwaltungsgerichtsbarkeit galt als Produkt der bürgerlichen Staatsordnung, deren Überwindung sich die Sozialisten auf die Fahne geschrieben hatten. Dies ist darauf zurückzuführen, dass eine gerichtliche Kontrolle staatlichen Handelns den sozialistischen Prinzipen der Gewalteneinheit und der darauf beruhenden Einheit von Beschlussfassung, Durchführung und Kontrolle widersprach. Darüber hinaus ging die offizielle marxistisch-leninistische Konzeption von einer Interessenübereinstimmung des einzelnen, der sozialistischen Gesellschaft und des nachrevolutionären Staates aus.

a) Das Identitätsdogma

Der Marxismus-Leninismus sowjetischer Prägung ging davon aus, dass in einer sozialistischen Ordnung eine Identität zwischen den gesellschaftlichen beziehungsweise staatlichen Interessen und den persönlichen Interessen des Bürgers bestehe. Individuelle Rechte sollten daher nur insoweit geschützt werden, wie sie mit den staatlichen Zwecken zu vereinbaren waren.

871 Otto-Wilhelm Jakobs, Verwaltungsrechtsschutz im Spannungsfeld zwischen Bürger und Staat, VBlBW, 11. Jgg., 1990, S. 241 - 248 (241).

In Artikel 2 IV der DDR-Verfassung von 1968 gewann das Dogma sogar Verfassungsrang. Dort heißt es:

> „Die Übereinstimmung der politischen, materiellen und kulturellen Interessen der Werktätigen und ihrer Kollektive mit den gesellschaftlichen Erfordernissen ist die wichtigste Triebkraft der sozialistischen Gesellschaft.“

Die Anwendung des Identitätsdogmas auf die Ausgestaltung des öffentlichrechtlichen Rechtsschutzes müsste zu dem Ergebnis führen, dass jeglicher Individualrechtsschutz verweigert wird. Es geht bei verwaltungsrechtlichen Streitigkeiten um einen Konflikt zwischen einem Staatsorgan und einem Bürger. In diesem Konflikt repräsentiert das Staatsorgan das gesamtgesellschaftliche Interesse, während der Bürger seine persönlichen, subjektiven Rechte wahrzunehmen bestrebt ist. Subjektive Rechte gegen den Staat wurden dem einzelnen in der sozialistischen Gesellschaft aber abgesprochen, da deren Geltendmachung als Auflehnung gegen die Staatsinteressen verstanden wurde. Dies war eine für die politischen Entscheidungsträger aller Ebenen willkommene Ansichtsweise, welche aber auch weitgehend von den Behörden selbst und – aus einer Skepsis Gerichten gegenüber – von einem Teil der Bürger begrüßt wurde. Der Verlust eines rechtsstaatlichen Verwaltungsrechtssystems war nicht im allgemeinen Bewusstsein, da über die Eingaben oftmals weit mehr erreicht werden konnte.

Überdies war eine gesonderte Institution zur Verteidigung subjektiver Rechte überflüssig, da der sozialistische Staat für sich in Anspruch nahm, die wirtschaftlichen und politischen Gesamtinteressen der Gesellschaft, in denen die Interessen der einzelnen Bürger aufgehen, zu vertreten. Ein Individualrechtsschutz war gegenüber der Staatsmacht überflüssig. Falls es dennoch zu einem Konflikt kam, hatten die gesellschaftlichen Interessen gegenüber den persönlichen den Vorrang.[872] Das Prinzip der Interessenidentität begründete folglich die grundsätzliche Ablehnung eines Rechtsschutzes durch Verwaltungsgerichte.

Indes gab es in der DDR einen gewissen, wenn auch äußerst mangelhaften Rechtsschutz durch die Verwaltung selbst. Dieser Rechtsschutz wurde auf der Grundlage des Identitätsdogmas umgedeutet. Seine Funktion sollte nicht der Schutz von Individualinteressen gegen Beeinträchtigungen durch die öffentliche Gewalt sein, sondern die Integration der persönlichen in die öffentlichen Interes-

---

872 1987 verstand Bernet das Verwaltungsrecht als erforderliches Mittel der Bürger, um „ihre Verhältnisse in Staat und Gesellschaft so zu ordnen, daß keine Spannungen, sondern soziale Interesseneinheit erzeugt wird“; Wolfgang Bernet, Zur Entwicklung der Verwaltungsrechtswissenschaft, StuR, 36. Jgg., 1987, S. 759 - 767 (766).

sen. Durch den Rechtsschutz sollte das gesellschaftliche Interesse an der Entwicklung und Festigung der sozialistischen Ordnung verwirklicht werden.[873]

In diesem Sinne wurden auch die in Art. 6 ff. der Verfassung von 1949 gewährten Grundrechte ausgelegt. Während in der bürgerlich-rechtsstaatlichen Verfassung die Grundrechte als Freiheits- beziehungsweise Abwehrrechte des einzelnen gegenüber dem Staat verstanden werden, und die Verwaltungsgerichte als Hüter der Grundrechte fungieren, sollten die Grundrechte nach der Interessenidentität „nicht mehr der Trennung des einzelnen von der Gesellschaft, d.h. der rechtlichen Sicherung einer staatsfreien Privatsphäre, sondern der bewußten Einfügung in die Gesellschaft und der aktiven Mitwirkung am gesellschaftlichen Prozeß“[874] dienen. Grundrechte wurden nicht mehr als Begrenzung der Staatsmacht gesehen, weil diese Funktion aufgrund der vermeintlichen Übereinstimmung der Interessen des einzelnen mit denen des Staates als gegenstandslos galt.

Sowohl im bürgerlich-rechtsstaatlichen wie auch im sozialistischen Verfassungssystem versprechen die Grundrechte aber „nicht Freiheit schlechthin, sondern Freiheit zu einem bestimmten sanktionierten Zweck“[875]. Dieser Zweck ist im demokratischen Staat im Funktionieren der Gesellschaft mit den Freiheiten des einzelnen zu sehen. Das bedeutet, dass der Bürger seine Rechte nur soweit verwirklichen kann und darf, wie es der Freiheits- und Schutzraum anderer erlaubt.

> „Die Grundrechte sind dem Staatsbürger nicht zur freien Verfügung eingeräumt, sondern in seiner Eigenschaft als Glied der Gemeinschaft und damit auch im öffentlichen Interesse.“[876]

---

873 Karl Bönninger / Hans-Ulrich Hochbaum / Eva Lekschas / Gerhard Schulze, Das Verwaltungsrecht der Deutschen Demokratischen Republik, S. 295, 300: Der Abgeordnete soll in seiner Sprechstunde den Bürger veranlassen, „von der Beschwerdeführung im individuellen Interesse zur Beschwerdeführung und Vorschlagstätigkeit im gesellschaftlichen Interesse überzugehen.“; Martin Bullinger, Das Verwaltungsrecht in der DDR (SBZ), in: Albrecht-Ludwigs-Universität zu Freiburg, Die Lage des Rechts in Mitteldeutschland, S. 101 - 120 (118); Georg Brunner, Das System des öffentlichrechtlichen Rechtsschutzes in der DDR, in: Richard Lange / Boris Meissner / Klemens Pleyer, Probleme des DDR-Rechts, S. 81 - 106 (101).

874 Ernst-Wolfgang Böckenförde, Die Rechtsauffassung im kommunistischen Staat, S. 44; Art. 19 Abs. 1 S. 1, Abs. 3 S. 1 Verfassung der DDR vom 9. April 1968, GBl. DDR, 1968, Teil I, S. 199 - 222.

875 Joachim Hoeck, Verwaltung, Verwaltungsrecht und Verwaltungsrechtsschutz in der Deutschen Demokratischen Republik, S. 148.

876 BVerwGE 14, 21, 25.

Demgegenüber sollte in der DDR das Ziel der Realisierung des Sozialismus durch die Grundfreiheiten der Bürger erreicht werden.

Walter Ulbricht sah folglich die Möglichkeit des Bürgers an der Verwirklichung der sozialistischen Ordnung teilzuhaben und dementsprechend den einzelnen durch den Staat in Anspruch zu nehmen als das oberste Grundrecht an. „Die Mitwirkung an der bewußten Gestaltung des gesamten wirtschaftlichen, kulturellen und vor allem politisch-staatlichen Lebens" sollte „das entscheidende, grundlegende Recht der Bürger unserer Republik" sein.[877]

Dies wurde 1968 in Artikel 21 – unter dem Titel „Grundrechte und Grundpflichten der Bürger" – auch verfassungsrechtlich normiert.

> „(1) Jeder Bürger der Deutschen Demokratischen Republik hat das Recht, das politische, wirtschaftliche, soziale und kulturelle Leben der sozialistischen Gemeinschaft und des sozialistischen Staates umfassend mitzugestalten. Es gilt der Grundsatz »Arbeite mit, plane mit, regiere mit!«
>
> (2) Das Recht auf Mitbestimmung und Mitgestaltung ist dadurch gewährleistet, daß die Bürger alle Machtorgane demokratisch wählen, an ihrer Tätigkeit und an der Planung, Leitung und Gestaltung des gesellschaftlichen Lebens mitwirken; Rechenschaft von den Volksvertretungen, ihren Abgeordneten, den Leitern staatlicher und wirtschaftlicher Organe über ihre Tätigkeit fordern können; mit der Autorität ihrer gesellschaftlichen Organisationen ihrem Wollen und ihren Forderungen Ausdruck geben; sich mit ihren Anliegen und Vorschlägen an die gesellschaftlichen, staatlichen und wirtschaftlichen Organe und Einrichtungen wenden können; in Volksabstimmungen ihren Willen bekunden.
>
> (3) Die Verwirklichung dieses Rechts der Mitbestimmung und Mitgestaltung ist zugleich eine hohe moralische Verpflichtung für jeden Bürger. Die Ausübung gesellschaftlicher oder staatlicher Funktionen findet die Anerkennung und Unterstützung der Gesellschaft und des Staates."

Im Vergleich der beiden Verfassungssysteme verändert sich folglich der Bezugspunkt, von dem aus sich der Inhalt der Gewährleistung von Grundrechten bestimmt. Ist dies in der bürgerlich-rechtsstaatlichen Verfassung die Freiheit, so war es in der DDR die Ermöglichung der politischen Idee. Die Grundfreiheiten wurden als Mittel zur Verwirklichung und Festigung dieses Ziels gesehen; sie wurden damit funktionalisiert.

---

877 Zitat von Walter Ulbricht aus der Programmatischen Erklärung des Vorsitzenden des Staatsrates der Deutschen Demokratischen Republik vor der Volkskammer am 4. Oktober 1960; in: Willi Büchner-Uhder / Eberhard Poppe, Die weitere Entfaltung der Grundrechte der Bürger im Kampf um die Sicherung des Friedens durch die Stärkung der ökonomischen Grundlagen der DDR, StuR, 11. Jgg., 1962, S. 1045 - 1063 (1050).

„Die erstrebte oder vorausgesetzte Wirkung und Folge des Freiheitsgebrauchs wird zum Angelpunkt für den Inhalt der Freiheit. Inhalt und Tragweite der Freiheit bestimmen sich nach der Funktion, der sie dient.“[878]

Karl Schultes sprach in diesem Zusammenhang von einem „sozialen Freiheitsbegriff“ in der DDR gegenüber der „liberalistischen, absoluten Freiheit des einzelnen gegenüber dem Staat“.[879]

Das Identitätsdogma wieder aufgreifend bestritt Eberhard Poppe die Notwendigkeit bürgerlicher Freiheitsrechte. Die sozialistische Gesellschaft bedürfe „nicht der verlogenen bürgerlichen Fiktion von einer staatsfreien Sphäre, die durch die Bürgerrechte gesichert sein soll. Der Staat ist das Machtinstrument der Werktätigen selbst; sie brauchen nicht vor der Macht geschützt zu werden, die sie sich revolutionär geschaffen haben und die sie nach ihrem Willen und in ihrem Interesse ausüben.“[880]

In der Rechtslehre war es vor allem Karl Polak, der die „Vergesellschaftung der Menschen selbst“, die „Aufhebung ihrer individuellen Interessen zu den gemeinsamen gesellschaftlichen Interessen“, die „Einheit des Einzelwillens mit dem Willen der Gesamtheit und damit seine Hebung zum bewussten gesellschaftlichen Willen“ propagierte.[881]

Durch diese Assimilierung der Individualinteressen verlor der Verwaltungsrechtsschutz seine oben genannte Aufgabe. Das Prinzip der Interessenidentität entzog damit der Verwaltungsgerichtsbarkeit den zu schützenden Gegenstand. Der Bürger konnte sich im Rahmen des verwaltungsgerichtlichen Verfahrens nicht mehr auf seine Grundrechte berufen.

878 Ernst-Wolfgang Böckenförde, Grundrechtstheorie und Grundrechtsinterpretation, NJW, 27. Jgg., 1974, S. 1529 - 1538 (1535).

879 Karl Schultes, Rechtsschutz und Rechtssicherheit in der realen Demokratie, in: Max Fechner, Beiträge zur Demokratisierung der Justiz, S. 81 - 94 (84); Karl Schultes, Rechtsstaat und Gerichtsbarkeit im Verfassungssystem der realen Demokratie, NJ, 2. Jgg., 1948, S. 1 - 10 (2).

880 Eberhard Poppe, Grundrechte und -pflichten der Bürger im Verfassungsentwurf und die Menschenrechtsdeklaration der UNO, NJ, 22. Jgg., 1968, S. 161 - 164 (162).

881 Karl Polak, Zur Dialektik in der Staatslehre, S. 62, 69. Die von Karl Bönninger (Zu theoretischen Problemen eines Verwaltungsverfahrens und seiner Bedeutung für die Gewährleistung der subjektiven Rechte der Bürger, StuR, 29. Jgg., 1980, 931 - 939 (932 f.)) an dem radikalen Identitätsdenken Polaks geübte Kritik wurde von Wolfgang Bernet (Wirksamkeit von Rechtsmittelverfahren in der staatlichen Leitung, StuR, 30. Jgg., 1981, 732 - 743 (736)) zurückgewiesen.

b) Die Prinzipien der Gewaltenkonzentration und der Volkssouveränität

Das sozialistische Prinzip der Volkssouveränität[882] besagt, dass alle Staatsgewalt vom Volk ausgehen müsse und ausschließlich durch die vom Volk gewählten Vertretungskörperschaften ausgeübt werden dürfe. Man verwarf die Gewaltenteilung demzufolge als eine untragbare Beschränkung der totalen Volkssouveränität. An deren Stelle sollte die Konzentration der politischen Gewalt in den Volksvertretungen treten, womit diese Gesetzgeber und oberste Kontrollorgane über Verwaltung und Rechtsprechung waren[883]. Dementsprechend erklärte Art. 50 der DDR-Verfassung von 1949[884] die Volkskammer zum höchsten Organ der Republik. In Art. 63 Abs. 1 Punkt 3 der Verfassung hieß es:

> „Zur Zuständigkeit der Volkskammer gehören [...] die Überwachung der gesamten Tätigkeit des Staates."

Dazu wird auch die Kontrolle der Tätigkeit der Gerichte zu zählen sein. Ferner oblag die Kontrolle von Gesetzen sowie die Feststellung der Verfassungswidrigkeit von Regierungs- und Verwaltungsmaßnahmen nach Art. 66 Abs. 3, 8 der Volkskammer. Die Verwaltungsgerichte durften mithin hoheitliche Maßnahmen nicht auf ihre Verfassungsmäßigkeit überprüfen.[885] Damit war der Staatsapparat

---

882 Art. 3 Abs. 1 Verfassung der Deutschen Demokratischen Republik vom 7. Oktober 1949, GBl. DDR, 1949, S. 5 - 16. Auch nach Art. 20 Abs. 2 S. 1 des Grundgesetzes geht alle Staatsgewalt vom Volke aus. Damit bekennt sich das GG also in ausdrücklicher Verfassungsbestimmung zum Prinzip der Volkssouveränität. Das GG stellt dann in Art. 20 Abs. 2 S. 2 scheinbar gleichberechtigt neben die unmittelbare Komponente der Demokratie („in Wahlen und Abstimmungen") die mittelbare Demokratie („durch besondere Organe der Gesetzgebung ..."). Es bestehen aber keine Zweifel darüber, dass in dem heutigen demokratischen Staat den Formen der mittelbaren Demokratie, d.h. der Ausübung der Staatsgewalt durch Staatsorgane, die sich aufgrund des Gewaltenteilungsprinzips untereinander kontrollieren, der Vorzug gegeben wird. Theodor Maunz / Günter Dürig, Grundgesetz, 53. Auflage, 2009, § 20, Rn. 33, 37, 38. Dies wurde in der DDR abgelehnt und eine umfassende Machtausübung der Vertretung des Volkes proklamiert.

883 Helmut Anders, Die Demokratisierung der Justiz, in: Akademie der Wissenschaften der DDR, Jahrbuch für Geschichte, Bd. 9 (1973), S. 385 - 438 (410).

884 Verfassung der Deutschen Demokratischen Republik vom 7. Oktober 1949, GBl. DDR, 1949, S. 5 - 16.

885 Art. 89 Abs. 1 Verfassung der Deutschen Demokratischen Republik vom 7. Oktober 1949. Die Thüringische Verfassung dehnte in Art. 43 Abs. 1 den Ausschluss des Prüfungsrechts auf Verordnungen, die mit Zustimmung eines Landtagsausschusses erlassen worden sind, sowie auf vom Landtag beschlossene Verwaltungsgrundsätze aus.

von rechtsstaatlicher Kontrolle weitestgehend frei. Obendrein fiel gemäß Art. 138 Abs. 1 der Verfassung unter Zugrundelegung des Prinzips der Volkssouveränität der Rechtsschutz des Bürgers gegenüber der Verwaltung in erster Linie den Parlamenten zu.

Daneben beinhaltete der Grundsatz der Gewalteneinheit auch die vorbehaltlose Durchführung der Beschlüsse der Volksvertretungen durch die Verwaltung und die Rechtsprechung. Folglich hatte sich auch die Verwaltungsgerichtsbarkeit den von der SED geführten Landtagen und Regierungen unterzuordnen. Der Schutz der neuen Ordnung und ihre auf Entwicklung und Erhalt des Sozialismus gerichteten Maßnahmen mussten die Grundlage aller Entscheidungen der Verwaltungsgerichte sein.

Wollte man den Gedanken der Gewaltenkonzentration weiterführen, so war die „Verwaltung selbst ein Spiegel des Volkes“[886] und stand somit unter dessen ständiger Kontrolle. Wenn aber die Verwaltung ein Bestandteil des von den Bürgern einheitlich geleiteten Staates ist, wäre es widersinnig gewesen, das Volk vor seinen eigenen Organen zu schützen. Was blieb dann aber als Aufgabenbereich einer Verwaltungsgerichtsbarkeit bestehen?

Bis zum Jahre 1952 verzichtete man auf eine vollständige Ablehnung der Verwaltungsgerichtsbarkeit. Die Beschränkung sowohl der sachlichen wie auch der persönlichen Unabhängigkeit der Rechtsprechung der Verwaltungsgerichte schritt indes voran. Diese wurde durch ein Aufsichtsrecht des Landtags über die Rechtsprechung der Verwaltungsgerichte sowie die Wahl- und Abberufungsmöglichkeit der Richter entgegen den Bestimmungen des Gerichtsverfassungsgesetzes sichtbar. Hiermit sollte die Unterordnung der Gerichte unter die Volksvertretungen als oberstes Organ gewährleistet werden.

aa) Die Begrenzung der richterlichen Unabhängigkeit durch den Grundsatz der Gewaltenkonzentration

Die „Grundsätze für die Umgestaltung der Rechtspflege“ waren den Verfassungen der deutschen Länder durch die Proklamation Nr. 3 des Alliierten Kontrollrates vom 20. Oktober 1945 vorgegeben, welche in Abschnitt VI Ziffer 1 normierte, dass der Richter in der Ausübung seiner richterlichen Tätigkeit frei von Weisungen der ausführenden Gewalt und nur dem Gesetz unterworfen sei.[887] Darüber hinaus wurde durch das Kontrollratsgesetz Nr. 4 vom 30. Oktober

886 Götz Berger, Unverantwortlichkeit der Richter, DA, 1. Jgg., 1946, S. 148 f. (149).

887 http://www.verfassungen.de/de/de45-49/kr-proklamation3.htm.

1945[888] das Gerichtsverfassungsgesetz wieder in Kraft gesetzt, durch welches die Unabhängigkeit der Richter gewährleistet und durch die lebenslängliche Anstellung, die Unabsetzbarkeit und die Unversetzbarkeit gesichert sein sollte. Mithin normierten die Verfassungen der Länder der sowjetischen Besatzungszone[889] ebenso wie Art. 127 der DDR-Verfassung aus dem Jahre 1949 das Erfordernis der richterlichen Unabhängigkeit positiv.

Die Bestimmung, dass die Richter in ihrer Rechtsprechung unabhängig und nur dem Gesetz unterworfen sind, erfuhr unterdessen in der sowjetischen Besatzungszone / DDR einen einschneidenden Bedeutungswandel. In einem Staatssystem, in dem gefordert wurde, dass alle Staatsgewalt auf das Volk rückführbar sein müsse, sollten auch nur vom Vertrauen des Volkes getragene Richter Recht sprechen dürfen. Hieraus entstand das Verlangen, dass die Rechtsprechung inhaltlich kontrolliert und die Richterschaft nach ihrer persönlichen Eignung gewählt werden müsse. Die Einschränkung der sachlichen und persönlichen Unabhängigkeit der Richter war damit vorgezeichnet.

(1) Die sachliche Unabhängigkeit der Rechtsprechung

Der Grundsatz der Trennung der Gewalten und die sachliche Unabhängigkeit der Rechtsprechung wurden von vornherein in drei Länderverfassungen der sowjetischen Besatzungszone durch ein allgemeines Kontrollrecht des Landtages über die Gesetzmäßigkeit der Rechtsprechung eingeschränkt.[890] Lediglich die Verfassungen von Thüringen und Sachsen-Anhalt nahmen die Rechtsprechung von der Vereinheitlichung der Staatsgewalt in der Hand des Landtages aus. Nach der Verfassung des Landes Sachsen-Anhalt (Art. 24 Abs. 3) erstreckte

---

888 Für Thüringen veröffentlicht in: Regierungsblatt für das Land Thüringen, Teil III: Gesetze und Befehle des Alliierten Kontrollrats und Befehle der Sowjet-Militär-Administration, 1946, S. 4 f..

889 Art. 40 der Verfassung für die Mark Brandenburg vom 6. Februar 1947, GVBl. Brandenburg I, 1947, S. 45 - 49; Art. 64 Abs. 1 der Verfassung des Landes Mecklenburg vom 16. Januar 1947, RegBl. Mecklenburg, 1947, S. 1 - 8; Art. 62 Abs. 1 S. 1 der Verfassung des Landes Sachsen vom 28. Februar 1947, GVBl. Sachsen, 1947, S. 103 - 108; Art. 64 Abs. 1 der Verfassung der Provinz Sachsen-Anhalt vom 10. Januar 1947, GBl. Sachsen-Anhalt, 1947, S. 9 - 15; Art. 47 Abs. 1 der Verfassung des Landes Thüringen vom 20. Dezember 1946, Regierungsblatt für das Land Thüringen, Teil I: Gesetzsammlung, 1947, S. 1 - 8.

890 Art. 9 Abs. 2 der Verfassung für die Mark Brandenburg vom 6. Februar 1947; Art. 22 Abs. 2 S. 3 der Verfassung des Landes Mecklenburg vom 16. Januar 1947. Art. 26 Abs. 1 S. 3 der Verfassung des Landes Sachsen vom 28. Februar 1947; Wolfgang Abendroth, Vergleich über die Justiz in den Länderverfassungen der amerikanischen und der sowjetischen Besatzungszone, NJ, 1. Jgg., 1947, S. 112 - 116 (113).

sich das Aufsichtsrecht des Landtages nur auf die Justizverwaltung. Das Land Thüringen verzichtete voll darauf, die Kontrolle des Landtages auf die Rechtsprechung auszudehnen (Art. 8 Abs. 4).

Demzufolge erklärte die SED den Thüringer Landtag bezüglich der Beschwerde einer Bürgerin, deren Klage das Oberverwaltungsgericht bereits zurückgewiesen hatte[891], für unzuständig.

> „Es hat keinen Zweck, daß sich Beschwerdeführer in einer Angelegenheit an uns wenden, in der eine richterliche Entscheidung ergangen ist. In all diesen Fällen bleibt es und muß es bleiben bei der richterlichen Entscheidung [...]. [...] Angelegenheiten, die durch richterliches Urteil entschieden sind, werden uns hier nicht weiter beschäftigen können."[892]

Eine Einstellung, die von der Partei der Arbeiterklasse wohl nur in Verfahren unterstützt wurde, welche zugunsten der Verwaltung ausgingen, wie die Entwicklung zum Reichsleistungsgesetz bewiesen hat.

In den Ländern mit bestehender Verwaltungsgerichtsbarkeit wurde der Vorrang der Volksvertretungen zudem durch Mitteilungspflichten gesichert. Diese folgten aus der Gesetzgebung zur Verwaltungsgerichtsbarkeit und verpflichteten die Verwaltungsgerichte unmittelbar oder mittelbar dem Landtag gegenüber. Die beim Verwaltungsgericht anhängig gewordenen Sachen konnte der Landtag an sich ziehen (Mecklenburg § 9, Sachsen § 9, Thüringen § 10), jede Sache ggf. durch Unanfechtbarkeitserklärung des angefochtenen Akts (Sachsen § 10, Thüringen § 10) oder durch Erklärung zum Regierungsakt jederzeit der Verwaltungsgerichtsbarkeit unzugänglich machen. Schließlich war auch Art. 138 der DDR-Verfassung von 1949 durch die Voranstellung der Volksvertretungen immanent, dass deren Rechtskontrolle die der Verwaltungsgerichtsbarkeit vorkontrollieren und nach dem Gutdünken der Volksvertretung ggf. ausschließen können sollte.[893]

Unabhängigkeit der Rechtsprechung bedeutete demzufolge, die „Unzulässigkeit von Eingriffen bei der Entscheidung des einzelnen konkreten Falles"[894].[895]

---

891 Urteil vom 17. März 1947 - A 35/46, in: Jahrbuch der Entscheidungen des Thüringischen Oberverwaltungsgerichts, Bd. 18 (1946/47), S. 73 - 78.

892 Thüringer Landtag, 21. Sitzung am 27. Juni 1947, Akten und Verhandlungen des Thüringer Landtages, 1946 - 1952, Bd. I.1, S. 461 - 494 (487).

893 Ernst Meyer, Die Entwicklung der Verwaltungsgerichtsbarkeit in der Ostzone, DVBl., 65. Jgg., 1950, S. 561 - 564 (563).

894 Helmut Anders, Die Demokratisierung der Justiz beim Aufbau der antifaschistisch-demokratischen Ordnung auf dem Gebiet der DDR (1945 bis 1949), S. 93; Helmut

Indes bestand – neben den gesetzlich festgeschriebenen Einschränkungen der Gewaltenteilung – die selbst durch Art. 47 Abs. 1 Thüringer Verfassung 1946[896] garantierte richterliche Unabhängigkeit zunehmend nur noch auf dem Papier. So versuchte das Justizministerium gegen die ausdrücklichen Bestimmungen der Geschäftsordnung und gegen den Widerstand des Oberverwaltungsgerichts, die Veröffentlichung von missliebigen Entscheidungen zu verhindern.[897] Die Deutsche Wirtschaftskommission wollte selbst das Recht des Oberverwaltungsgerichts, sich in seinen Entscheidungen auf Urteile anderer Gerichte – auch aus den westlichen Besatzungszonen – beziehen zu dürfen, Kernbestandteil sachlicher richterlicher Unabhängigkeit, unterbinden lassen.

Noch 1949 war demgegenüber von Herbert Kröger festgestellt worden, dass das „Prinzip der Volkssouveränität" keineswegs die sachlich unabhängige Tätigkeit von Gerichten und auch von Verwaltungsgerichten ausschließt, sondern vielmehr ihre Einordnung in ein demokratisches Gesamtsystem garantiert.

> „Das [Prinzip der Volkssouveränität] bedeutet aber, daß es in einer demokratischen Staatsordnung keine dem Volke oder seinen Vertretungskörperschaften nicht verantwortlichen Staatsorgane geben darf, und daß die Kontrolle aller Staatsorgane demokratisch, d.h. vom Volk direkt oder durch ihm verantwortliche besondere Organe ausgeübt werden muß. Das schließt selbstverständlich keineswegs die sachlich unabhängige Tätigkeit von Gerichten und auch von Verwaltungsgerichten aus, garantiert vielmehr ihre Einordnung in ein demokratisches Gesamtsystem und macht dadurch eine sachliche Unabhängigkeit in demokratischem Sinne in Wirklichkeit überhaupt erst möglich."[898]

(2) Die persönliche Unabhängigkeit der Richter

Zur Frage der persönlichen Unabhängigkeit, d.h. zur Unabsetzbarkeit und Unversetzbarkeit des Richters sowie seiner lebenslänglichen Anstellung nahmen die Länderverfassungen der sowjetischen Besatzungszone dagegen übereinstimmend keine ausdrückliche Stellung. Es wurden somit weder Art. 104 noch Art. 129 der Weimarer Reichsverfassung in die Verfassungen aufgenommen. Bereits darin könnte eine Ablehnung der unabsetzbaren Richterschaft gesehen

---

Anders, Die Demokratisierung der Justiz, in: Akademie der Wissenschaften der DDR, Jahrbuch für Geschichte, Bd. 9 (1973), S. 385 - 438 (411).

895 Dies wurde durch das Prinzip der Parteilichkeit der Rechtsprechung aufgehoben.

896 Verfassung des Landes Thüringen vom 20. Dezember 1946, Regierungsblatt für das Land Thüringen, Teil I: Gesetzsammlung, 1947, S. 1 - 8.

897 Vgl. Gutachten des OVG vom 17. März 1947, in: Jahrbuch der Entscheidungen des Thüringischen Oberverwaltungsgerichts, Bd. 18 (1946/47), S. 227 - 230.

898 Herbert Kröger, Die Herrschaft der Justizbürokratie im Bonner Verfassungssystem, NJ, 3. Jgg., 1949, S. 203 - 206 (206).

werden. Dagegen sahen entgegen der Auffassung der SED sowohl die CDU als auch die LDP die unabhängige, nur dem Gesetz unterworfene Rechtsprechung als selbstverständliche, unabdingbare Voraussetzung des demokratischen Rechtsstaates an.[899] Das wiederum bedinge, dass „der Richter in seiner Rechtsprechung freigehalten werden [muss] von politischen, wirtschaftlichen und sozialen Bindungen. Nur das Gesetz und sein Gewissen dürfen seine Richtschnur sein."[900] Dem kann nur eine Richterschaft gerecht werden, die weder durch Vorschriften der vorgesetzten Behörde bezüglich des Urteils noch von der Gefahr nachträglicher Beeinträchtigungen beherrscht ist.

In Thüringen wurde – dieser Auffassung entsprechend – am 5. Dezember 1945 das „Gesetz über die Anwendung des Gerichtsverfassungsgesetzes in dem Lande Thüringen"[901], in welchem ausdrücklich die alten Bestimmungen über die Befähigung zum Richteramt und die Unabsetzbarkeit der Richter aufrechterhalten wurden, erlassen. Die Verfassung des Landes Thüringen vom 20. Dezember 1946[902] verwies in Art. 47 Abs. 3 auf die Anwendung der Bestimmungen des Gerichtsverfassungsgesetzes zur Regelung der Stellung der Richter.[903] Die sach-

899 Dies unterstrichen der Justizminister und LDP-Abgeordnete Helmut Külz sowie Karl Magen, Vizepräsident des OLG Gera und Abgeordneter der CDU, im Namen ihrer Fraktionen in einer Debatte um „Entwicklung und Stand der Rechtspflege im Lande Thüringen" im Oktober / November 1947 im Thüringer Landtag; Thüringer Landtag, 27. Sitzung am 10. Oktober 1947, Akten und Verhandlungen des Thüringer Landtages, 1946 - 1952, Bd. I.2, S. 647 - 676 (651); Thüringer Landtag, 29. Sitzung am 6. November 1947, Akten und Verhandlungen des Thüringer Landtages, 1946 - 1952, Bd. I.2, S. 709 - 753 (714).

900 Thüringer Landtag, 29. Sitzung am 6. November 1947, Akten und Verhandlungen des Thüringer Landtages, 1946 - 1952, Bd. I.2, S. 709 - 753 (714).

901 Regierungsblatt für das Land Thüringen, Teil I: Gesetzsammlung, 1946, S. 1 - 4.

902 Regierungsblatt für das Land Thüringen, Teil I: Gesetzsammlung, 1947, S. 1 - 5.

903 Diese Bestimmung ist auf ausdrücklichen Wunsch der CDU bei Stimmenthaltung der SED in die Verfassung aufgenommen wurden. Die SED gab vor, deren Inhalt aufgrund des Kontrollratsgesetzes Nr. 4 als Selbstverständlichkeit anzusehen. Thüringer Landtag, Fünfte Sitzung am 20. Dezember 1946, Akten und Verhandlungen des Thüringer Landtages, 1946 - 1952, Bd. I.1, S. 1 - 32 (25 f.). Noch einen Tag zuvor äußerte der SED-Abgeordnete Heilmann: „Wir befinden uns heute in einem Zustand, wo wir selbstverständlich noch nicht voll und ganz alles ändern können in dem Sinne, wie wir es uns wünschen. Wir wissen, dass bestimmte Dinge vorläufig noch existieren, besonders auf dem Gebiet der Rechtsprechung, der Justiz, die zu ändern wir im Augenblick noch nicht die Kraft haben. Wir wissen, daß auf Grund der Kontrollratsbestimmungen das alte Gerichtsverfassungsgesetz wieder in Kraft gesetzt wurde, daß wir also in der Frage der Unabhängigkeit der Richter, in der Frage der Nichtabsetzbarkeit der Richter, in der Frage ihrer Anstellung auf Lebenszeit in die Verfassung keine Bestimmungen aufnehmen können, die schon eine andere Richtung, d.h. in unserem Sinne […] festle-

liche und persönliche Unabhängigkeit der Richter des Oberverwaltungsgerichts wurde dementsprechend auch durch § 28 Abs. 1 Landesverwaltungsordnung 1945 aufrechterhalten. Indessen wurde durch das 1948 in Kraft gesetzte Verwaltungsgerichtsgesetz statt der bisherigen Ernennung der Richter auf Lebenszeit deren Wahl und Abberufung eingeführt.

Die lebenslängliche Anstellung und die Unabsetzbarkeit der Richterschaft wurden als unvereinbar mit dem Prinzip der Volkssouveränität gesehen, da ein unabsetzbarer Richter sich nicht wie jedes andere Organ des Volkes für seine Amtshandlungen verantworten müsse.[904] 1947 charakterisierte Ulbricht die Unabsetzbarkeit der Richter als „ein Privileg, das durch nichts gerechtfertigt ist, das vielmehr der gefährlichen Tendenz dient, die Justiz [...] politisch vom Volk unabhängig zu machen, zu einer sicheren Macht gegen den Willen der Volksvertretung“[905]. Dies fand auch bei Juristen Zustimmung.

Karl Schultes[906] führte zur der persönlichen Stellung des Richters in einem von ihm verfassten Kommentar „Die Verfassung des Landes Thüringen“ aus:

> „Die endgültige Regelung dieser Frage ist der Reform des Deutschen Gerichtsverfassungsgesetzes vorbehalten, nach welchem die Richter auf Lebenszeit ernannt werden, ein Grundsatz, der der Forderung der Demokratisierung der Justiz widerspricht und der Entwicklung eines lebensfremden und volksfeindlichen Richterstandes Vorschub leistet.“[907]

Dieser Aussage stimmte auch Herbert Kröger zu, indem er die Stellung der Richter im Verfassungssystem der Bundesrepublik Deutschland anprangerte. Danach konnten lediglich Volljuristen, die nicht politisch tätig werden durften, die Privilegien der Unabsetzbarkeit und Unversetzbarkeit genießen.

---

gen können [...].“, Thüringer Landtag, Vierte Sitzung am 19. Dezember 1946, Akten und Verhandlungen des Thüringer Landtages, 1946 - 1952, Bd. I.1, S. 1 - 35 (10).

904 Verhandlungen des Rechts- und Verfassungsausschusses über den Antrag der SED „Entwurf einer Landesverfassung“ vom 10./11. Dezember 1946, ThHStAW, Thüringer Landtag, Film 25, Akte 248, Aufnahme 211.

905 Walter Ulbricht, Zur Geschichte der deutschen Arbeiterbewegung, Bd. 3, S. 182; Rudolf Herrmann / Rolf Schüsseler, Inhalt und Bedeutung der Unabhängigkeit des Richters in der DDR, NJ, 17. Jgg., 1963, S. 129 - 135 (134).

906 Bei den abschließenden Verfassungsberatungen im Landtag am 20. Dezember 1946 bewertete Karl Schultes den Hinweis auf das Gerichtsverfassungsgesetz noch als Selbstverständlichkeit, da das Kontrollratsgesetz Nr. 4 ohnehin die vorrangige Geltung des Gerichtsverfassungsgesetzes postuliere; Thüringer Landtag, Fünfte Sitzung am 20. Dezember 1946, Akten und Verhandlungen des Thüringer Landtages, 1946 - 1952, Bd. I.1, S. 1 - 32 (25).

907 Karl Schultes, Die Verfassung des Landes Thüringen, S. 16.

> „Darüber hinaus isoliert die soziale Privilegierung und scheinbare Lösung der Richter aus der Tagespolitik diese völlig von den unter den Folgen der alliierten Politik in Westdeutschland schwer leidenden und um ihre nationale und soziale Existenz kämpfenden Massen des Volkes. Diese Isolierung bringt die Richter aber gleichzeitig zwangsläufig in eine ihre innere Freiheit ausschließende wirtschaftliche und geistige Abhängigkeit von den wahren aus- und inländischen Machthabern des von diesen erstrebten westdeutschen Separatstaates [...]. Es mag mancher dieser Richter sich subjektiv ehrlich einbilden, nur dem Gesetz oder einer abstrakten Gerechtigkeit zu dienen; objektiv wird er sich angesichts seiner wirtschaftlichen und politischen Lösung von dem seinen nationalen Befreiungskampf gegen diese Machthaber kämpfenden Volk diesen Zwangsläufigkeiten nicht entziehen können. [...] Das bedeutet aber, daß die letzte Kontrolle aller öffentlichen Verwaltungstätigkeit [...] einer dem Volk und seinem Schicksal entfremdeten und letzten Endes nur dem über Westdeutschland herrschenden Besatzungsregime verpflichteten Richterkaste übertragen werden, die infolge ihrer privilegierten Stellung jeder persönlichen und politischen Verantwortung gegenüber dem Volk entzogen ist.“[908]

Karl Schultes und Herbert Kröger waren bestrebt, die Einstellung der bisher nur zeitweilig beschäftigten Richter in Planstellen auf Lebenszeit zu verhindern.

Diesen Bestrebungen widersprach indes ein Gutachten des Präsidenten des Oberverwaltungsgerichts[909], in welchem die nichtständige Beschäftigung von etwa 75 % aller thüringischen Richter als Verstoß gegen das Kontrollratsgesetz Nr. 4 gewertet wurde.

> „In Thüringen, wo zurzeit die überwiegende Zahl aller Richter nur zeitweilig angestellt und damit jederzeit absetzbar ist, kann man daher nicht von wirklich unabhängigen Gerichten sprechen.“[910]

Auf die Auseinandersetzungen bezüglich der Stellung des Richters zurückblickend, stellte Hilde Benjamin fest, dass es „von vornherein klar war, dass für den neuen demokratischen Richter nicht die alten Grundsätze des Gerichtsverfassungsgesetzes über die Unabhängigkeit, Unversetzbarkeit und Unverantwortlichkeit des Richters gelten konnten. Daß die Unabhängigkeit des Richters – das heißt, seine Unabhängigkeit in der Entscheidung – nicht seine Unabhängigkeit

---

908 Herbert Kröger, Die Herrschaft der Justizbürokratie im Bonner Verfassungssystem, NJ, 3. Jgg., 1949, S. 203 - 206 (205).

909 Gutachten des OVG-Präsidenten vom 2. Januar 1947, in: Jahrbuch der Entscheidungen des Thüringischen Oberverwaltungsgerichts, Bd. 18 (1946/47), S. 220 - 227 (222 f.).

910 Gutachten des OVG-Präsidenten, ebenda, S. 223.

vom Willen der Mehrheit der Werktätigen und seiner Unverantwortlichkeit vor dem Volke bedeutet [...].“[911]

Mit dem Ziel der vollständigen Unterwerfung der Justiz unter die Volksvertretung beschloss die thüringische Regierung im April 1947 auf Drängen der SED, dass die vor der Wahl des Landtags und vor dem Inkrafttreten der Verfassung planmäßig angestellten Richter der obersten Gerichte vom Landtag bestätigt werden mussten, da laut Art. 47 Abs. 2 der thüringischen Verfassung die Ernennung der Richter der obersten Gerichte der vorherigen Zustimmung des Landtages bedurfte. Justizminister Külz hat daraufhin von der rechtswissenschaftlichen Fakultät der Universität Jena und vom Oberlandesgerichtspräsidenten Gutachten über die Rechtsstellung der Richter und besonders darüber verlangt, ob für die schon planmäßig angestellten Richter nachträglich noch die Zustimmung des Landtags erforderlich sei. Drath lehnte für die rechts- und wirtschaftswissenschaftliche Fakultät der Universität Jena[912] eine nachträgliche Bestätigung ebenso wie alle anderen Möglichkeiten, die Bindung des Landtags an frühere Richterernennungen zu verneinen, ab.[913] Hingegen vertrat Oberlandesgerichtspräsident Arno Barth[914], der seinen unbequemen Vizepräsidenten Karl Magen gern losgeworden wäre, ebenso wie Karl Schultes[915] die Gegenposition. Diese Debatte wurde nicht zuletzt der Absetzung Loenings wegen geführt[916], der sich selber in einem von Külz angeforderten Gutachten gegen ein Nachprüfungsrecht des Landtags in obiger Frage aussprach[917].[918]

Die Einwände ignorierend legte Landtagspräsident Frölich im Sommer 1947 die Liste der Mitglieder der obersten Gerichte dem Landtag vor, „da nach Artikel 47 Abs. 2 der Verfassung deren Ernennung der vorherigen Zustimmung des

911 Hilde Benjamin, Zehn Jahre demokratische Justiz, StuR, 4. Jgg., 1955, S. 349 - 368 (357).

912 Martin Drath, Redaktionelle Notizen, AöR, 75. Jgg., 1949, S. 124 - 128 (127).

913 Gutachten Draths vom 31. Mai 1947, ThHStAW, Ministerium der Justiz, Akte 635.

914 Gutachten Barths vom 22. April 1947 zu der Frage, ob der Landtag und die Landesregierung berechtigt sind, Einweisungen von Richtern in Planstellen, die der frühere Landespräsident vorgenommen hat, personell zu überprüfen, ThHStAW, Ministerpräsident, Film 152, Akte 1865, Aufnahme 141 - 143.

915 Gutachten Schultes vom 5. Januar 1948, ThHStAW, OVG Jena, B IV Nr. 2.

916 Martin Drath, Redaktionelle Notizen, AöR, 75. Jgg., 1949, S. 124 - 128 (128).

917 Gutachten Loenings vom 30. Juni 1947 und 19. Januar 1948, ThHStAW, OVG Jena, B IV Nr. 2.

918 Eine ausführliche Darstellung der Auseinandersetzung um Art. 47 Abs. 2 Thüringer Verfassung ist bei Thomas Heil, Die Verwaltungsgerichtsbarkeit in Thüringen 1945 - 1952, S. 162 ff. zu finden.

Landtages bedarf".[919] Dennoch wurde deren Bestätigung durch den Landtag in der Sitzung am 25. Juli 1947 zurückgestellt.[920] Dies geschah vermutlich, weil die SED im Vorfeld äußerte, dass sie der Ernennung Loenings aufgrund der Rechtsprechung des Oberverwaltungsgerichts nicht zustimmen werde und einen alternativen Personalvorschlag forderte.[921] Um blockpolitische Auseinandersetzungen zu vermeiden, beschloss die Landesleitung der SED im Frühjahr 1948 gleichwohl, den bis dahin erfolgten Ernennungen aller obersten Richter die nachträgliche Zustimmung zu erteilen.[922]

Einem Antrag der LDP-Fraktion vom Juli 1948, die obersten Richter des Oberverwaltungsgerichts Loening, Sievers, Mess und Blomeyer zu bestätigen, wurde von der SED entgegengehalten, dass bei einem Beschluss, „wonach die Regierung gewillt ist, einen Obersten Richter zu ernennen, die Regierung die Vorlage machen" müsse.[923] Dies ist zwar nicht dem Wortlaut von Art. 47 Abs. 2 der Verfassung zu entnehmen, wo lediglich die Ernennung und die Zustimmung nicht aber das Initiativrecht geregelt waren. Dennoch zog die LDP daraufhin ihren Antrag zurück. Die Regierung fühlte sich aber nicht in der Lage, eine dem Antrag entsprechende Vorlage zu machen.[924] Diese blieb auch bis zur Zustimmung zu der Ernennung der Mitglieder des Landesverwaltungsgerichts am 30. Juni 1949[925] aus, so dass eine nachträgliche Bestätigung der Richterschaft des Oberverwaltungsgerichts nie Gegenstand der Beratungen im Landtag wurde. Die SED schloss aus dieser fehlenden Zustimmung, dass die Urteile der Richter des Oberverwaltungsgerichts „eigentlich gar nicht rechtskräftig" seien.[926]

Mit dem Erlass des bereits erwähnten Verwaltungsgerichtsgesetzes vom 7. Oktober 1948 wurden entgegen Art. 47 Abs. 3 Thüringer Verfassung 1946 die persönliche Unabhängigkeit, Unversetzbarkeit und Unabsetzbarkeit der Richter des Oberverwaltungsgerichts beseitigt (§ 3 Verwaltungsgerichtsgesetz). Dies war

---

919 Thüringer Landtag, Landtagsdrucksache Nr. 113, Akten und Verhandlungen des Thüringer Landtages, 1946 - 1952, Bd. II.1, S. 267 f..

920 Thüringer Landtag, 23. Sitzung am 25. Juli 1947, Akten und Verhandlungen des Thüringer Landtages, 1946 - 1952, Bd. I.2, S. 531 - 582 (548).

921 Thomas Heil, Die Verwaltungsgerichtsbarkeit in Thüringen 1945 - 1952, S. 165.

922 Thomas Heil, ebenda, S. 168.

923 Thüringer Landtag, 46. Sitzung am 23. Juli 1948, Akten und Verhandlungen des Thüringer Landtages, 1946 - 1952, Bd. I.3, S. 1255 - 1300 (1287).

924 Thüringer Landtag, 46. Sitzung, ebenda.

925 Thüringer Landtag, 59. Sitzung am 30. Juni 1949, Akten und Verhandlungen des Thüringer Landtages, 1946 - 1952, Bd. I.3, S. 1613 - 1631 (1624 f.).

926 Thüringer Landtag, 46. Sitzung am 23. Juli 1948, Akten und Verhandlungen des Thüringer Landtages, 1946 - 1952, Bd. I.3, S. 1255 - 1300 (1286).

die konsequente Folge aus der mit der Gewalteneinheit verfolgten Gehorsamkeit aller Organe gegenüber den Volksvertretungen.

Eberhard Schmidt bezeichnete es als „unehrliche Spiegelfechterei“, die persönliche Unabhängigkeit der Richter zu zerstören und die sachliche Unabhängigkeit der Rechtsprechung „in einer Verfassungsnormfassade [Art. 47 Abs. 1, 2] anzuerkennen“.[927] Allein die persönliche Unabhängigkeit der Richter ist in der Lage, die sachliche Unabhängigkeit wirklich garantieren zu können.[928]

Unter der ständigen Bedrohung, seine Anstellung und damit seine Existenzgrundlage zu verlieren, wird sich der Richter, auch wenn er nicht mit den politischen Interessen der Regierung übereinstimmt, schließlich doch durch die Parteiziele widerspruchslos lenken lassen.

(3) Die Interpretation der richterlichen Unabhängigkeit in der DDR

Ebenso wie der Grundrechtsgedanke dem Identitätsdogma angepasst wurde, wurde auch die Idee von der Unabhängigkeit der Richter im Sinne des Prinzips der Gewaltenkonzentration umgedeutet.[929] Die Unabhängigkeit der Richter gewährleistete demnach, dass alle Richter bei der Ausübung der richterlichen Tätigkeit „von niemandem daran gehindert werden können, den in den Gesetzen und anderen Normativakten ausgedrückten Willen des ganzen Volkes zu erfüllen und überall den gesamtgesellschaftlichen Erfordernissen des sozialistischen Ausbaus uneingeschränkte Geltung zu verschaffen“[930]. Der gewandelte Begriff der richterlichen Unabhängigkeit begründete als „neues Prinzip die Einheit von Unabhängigkeit und Parteilichkeit des Richters in der Rechtsprechung“[931]. Was dabei von der richterlichen Unabhängigkeit übrig blieb, muss wohl nicht weiter erörtert werden.

---

927 Eberhardt Schmidt, Politische Rechtsbeugung und Richteranklage, in: Zentraljustizamt für die Britische Zone, Justiz und Verfassung, S. 55 - 102 (67 f.).

928 Gutachten des OVG-Präsidenten vom 2. Januar 1947, in: Jahrbuch der Entscheidungen des Thüringischen Oberverwaltungsgerichts, Bd. 18 (1946/47), S. 220 - 227 (223).

929 Lars Immisch, Der sozialistische Richter in der DDR und seine Unabhängigkeit, S. 56 f., 129, 191, 233.

930 Rudolf Herrmann / Rolf Schüsseler, Inhalt und Bedeutung der Unabhängigkeit des Richters in der DDR, NJ, 17. Jgg., 1963, S. 129 - 135 (130).

931 Helmut Anders, Die Demokratisierung der Justiz beim Aufbau der antifaschistisch-demokratischen Ordnung auf dem Gebiet der DDR (1945 bis 1949), S. 93; Helmut Anders, Die Demokratisierung der Justiz, in: Akademie der Wissenschaften der DDR, Jahrbuch für Geschichte, Bd. 9 (1973), S. 385 - 438 (411).

bb) Das Prinzip der Gewalteneinheit als Argument gegen eine unbeschränkte Verwaltungsgerichtsbarkeit

Die verwaltungsgerichtliche Überprüfung von Verwaltungsakten war mit der Stellung der Volksvertretungen als höchstem Willensorgan des Volkes und Träger der einheitlichen Staatsgewalt unvereinbar. Die einheitliche Staatsgewalt schaffte sich mit dem Verwaltungsapparat und den Verwaltungsgerichten zwei nebeneinander stehende Organe, so dass die aus der Macht der Volksvertretung sich ergebenden Verwaltungsakte nicht durch ein benachbartes Organ kontrolliert werden können sollten.[932]

Obendrein hätte eine umfassende Verwaltungsgerichtsbarkeit ein Surrogat für die Staats- und Verfassungsgerichtsbarkeit sein können und damit die Rückkehr zum Prinzip der Gewaltenteilung bedeutet.[933] Darin wurde die Gefahr gesehen, wenn schon nicht mit Staats- beziehungsweise Verfassungsgerichten, dann ersatzweise mit Hilfe von Verwaltungsgerichten, eine justizielle Kontrolle der Staatsorgane und damit über die Landtage zu erlangen.[934]

Schon im Jahre 1947 sprach Reinhold Schäfermeyer – seit 1946 Mitarbeiter der Abteilung Justiz beim Zentralsekretariat der SED[935] – in Anbetracht der existierenden Kontrolle durch die Volksvertretungen den Verwaltungsgerichten die Funktion einer durch die Justiz ausgeübten Kontrolle der Verwaltung, wie sie bisher bestand, ab.[936] Er forderte vielmehr, „dass die Verwaltungsgerichte auch den Willen des höchsten Gesetzgebers und damit des Volkes durchführen. Dazu gehört [...], dass sie in der Gesetzesauslegung und –anwendung nicht einen solchen Kurs entwickeln können, der gegen die vom Parlament festgelegte Rechtsentwicklung tendiert“. Um dies zu erreichen, sprach sich Schäfermeyer für eine Richterwahl durch die Parlamente sowie die Einführung des Enumerationsprinzips aus[937].

---

932 Urteil des Obersten Gerichts vom 9. Juli 1954 – 1 Zz 185/53, in: NJ, 8. Jgg., 1954, S. 573 f (573).

933 Helmut Anders, Die Demokratisierung der Justiz, in: Akademie der Wissenschaften der DDR, Jahrbuch für Geschichte, Bd. 9 (1973), S. 385 - 438 (423); Sächsischer Landtag, 29. Sitzung am 30. Oktober 1947, Akten und Verhandlungen des Sächsischen Landtages, 1946 - 1952, Bd. I.1, S. 619 - 660 (654).

934 Helmut Anders, Die Demokratisierung der Justiz beim Aufbau der antifaschistisch-demokratischen Ordnung auf dem Gebiet der DDR (1945 bis 1949), S. 142.

935 Petra Weber, Justiz und Diktatur, S. 145.

936 Reinhold Schäfermeyer, Sinn und Zweck der Verwaltungsgerichtsbarkeit, DA, 2. Jgg., 1947, S. 257 f. (257).

937 Reinhold Schäfermeyer, ebenda, S. 258.

> „Die weitgehende Kontrolle der Verwaltung durch das Parlament schafft bereits eine umfassende Sicherung gegen Übergriffe der Verwaltung. Würde man durch die sogenannte Generalklausel die Zuständigkeit der Verwaltungsgerichte ins Unermessliche ausdehnen, so würde man das Verwaltungsgericht als zweite Kontrollinstanz neben dem Parlament konstituieren. Daraus aber kann sich nur ein unheilvolles Gegeneinander von Parlament und Gericht entwickeln, mit dem Erfolg daß das klare Grundprinzip unserer Demokratie, die allumfassende Kontrolle durch das Volk, in Frage gestellt wäre."[938]

Martin Drath war bemüht – da er die schwindende Bedeutung erkannte – der Verwaltungsgerichtsbarkeit eine neue Stellung zuzuweisen, die sich den rechtlichen und politischen Gegebenheiten jener Zeit, insbesondere dem Vorrang des Parlaments, anpasste. Er schlug vor, die Verwaltungsgerichtsbarkeit zu einem generellen Kontrollorgan über die Verwaltungstätigkeit auszubauen. Dabei sollte sie neben dem individuellen Rechtsschutz für den Bürger, nun auch die Funktion als Hilfsorgan des Landtags bei der Kontrolle der Einhaltung der von diesem beschlossenen Gesetze und Verwaltungsgrundsätze durch die Verwaltung wahrnehmen. Darüber hinaus sollte das Verwaltungsgericht verstärkt gutachterlich für die Landesregierung und für den Landtag tätig werden. Drath äußerte die mit seinem Vorschlag verbundene Hoffnung, dass „die Vorbehalte, die gegenüber der Verwaltungsgerichtsbarkeit an vielen Stellen bestehen, einer grundsätzlichen Anerkennung seiner Bedeutung nicht nur für die Wahrung der Rechte des Bürgers, sondern künftig auch für die Wahrung des von der Volksvertretung beschlossenen Rechts und für seine Weiterentwicklung weichen" würden. Dies würde „vielleicht dazu führen, dass auch die eigentlich rechtsprechende Funktion des Oberverwaltungsgerichts wieder durch eine Generalklausel ausgedehnt wird".[939]

Später äußerte Drath, dass er mit diesem Vorschlag „dem so umkämpftem OVG in dem Landtage einen Partner an die Seite stellen [wollte], der es vor allem gegen den Angriff schützen könne, daß es nur dem individuellen Schutz des ‚Bürgers' diene, was in der Ostzone einer Verurteilung zur Abschaffung praktisch gleichkommt".[940]

Die Lehre von der Gewaltenteilung wurde dennoch kompromisslos abgelehnt, die Idee der Verwaltungsgerichtsbarkeit als schlechthin indiskutabel zurückgewiesen. Dies ist von Walter Ulbricht in seiner Rede vom 12. Oktober 1968 unmissverständlich formuliert worden:

---

938 Reinhold Schäfermeyer, ebenda.

939 Martin Drath, Zur Kontrolle der Verwaltung durch das Parlament, ThHStAW, Thüringer Landtag, Akte 385, Blatt 166 - 172.

940 Martin Drath, Redaktionelle Notizen, AöR, 75. Jgg., 1949, S. 124 - 128 (126).

„Sozialistische Demokratie hat nichts gemein mit bürgerlicher ‚Gewaltenteilung' oder mit ‚Teilung und Kontrolle der Macht'. […] Aber diese sogenannte Gewaltenteilung bedeutet doch nichts anderes als die Einschränkung der Rechte des Parlaments […]. […]

[…] Dieses Geschwätz von der Teilung der Macht entstammt der verdeckten Konterrevolution und gehört zum Programm der Globalstrategie des Imperialismus.

[...] Dieser Staat kann nur auf der Grundlage der vollen Machtkonzentration in den Händen der gewählten Volksvertretungen und ihrer engen lebendigen Verbindung mit den Werktätigen und ihren Kollektiven aufgebaut sein. Auf der Grundlage dieser Volkssouveränität erfolgt die demokratische Leitung aller staatlichen Verwaltungsorgane und der Justiz. Das ist auch der Grund dafür, weshalb es in unserer Staatsordnung kein Platz für Verwaltungsgerichte gibt."[941]

Noch 1972 wertete Helmut Anders in seiner Dissertation „Die Demokratisierung der Justiz beim Aufbau der antifaschistisch-demokratischen Ordnung auf dem Gebiet der DDR (1945 – 1949)" die Rechtsprechung des Oberverwaltungsgerichts Jena als „Versuch, mit Hilfe der Konzeption vom Rechtsstaat die bei den Landtagen konzentrierte politische Macht aufzuspalten"[942].

„Dieses OVG, […] dessen Richter ‚unpolitisch' und ‚unabhängig' davon urteilten, ob der Landtag durch seine Gesetze neue Rechtsprinzipien erarbeitet hatte, bzw. Anordnungen der Verwaltungen im Einvernehmen mit dem Landtag ergangen waren, fällte eine Vielzahl Entscheidungen, die direkt gegen Maßnahmen der demokratischen Staatsmacht gerichtet waren, diese annullierten bzw. rückgängig machten".[943]

c) Der Grundsatz der Einheit von Beschlussfassung, Durchführung und Kontrolle

Dieser Grundsatz besagt, dass „nicht nur jegliches Staatshandeln auf den Beschluß einer volksgewählten Vertretungskörperschaft rückführbar sein müsse […], sondern daß darüber hinaus die entscheidende Stelle ihre Beschlüsse in eigener Machtvollkommenheit umsetzen sollte, ohne dabei einer externen Kontrolle unterworfen zu sein"[944]. Die Einheit von Beschlussfassung, Durchführung

941 Walter Ulbricht, Die Rolle des sozialistischen Staates bei der Gestaltung des entwickelten gesellschaftlichen Systems des Sozialismus, NJ, 22. Jgg., 1968, S. 641 - 650 (646).

942 Helmut Anders, Die Demokratisierung der Justiz beim Aufbau der antifaschistisch-demokratischen Ordnung auf dem Gebiet der DDR (1945 bis 1949), S. 141.

943 Helmut Anders, ebenda.

944 Joachim Hoeck, Verwaltung, Verwaltungsrecht und Verwaltungsrechtsschutz in der Deutschen Demokratischen Republik, S. 138 f..

und Kontrolle war damit eine weitere Folgerung aus dem Prinzip der Gewaltenkonzentration.[945] Hintergrund dieses Gedankens war, dass die Gesetze, Verordnungen und Beschlüsse nichts nützen, wenn sie nicht ihrem Sinn und Zweck entsprechend verwirklicht würden. Sinn und Zweck konnten aber nur die erlassenden Organe beziehungsweise die von diesen zur Ausführung eingesetzten und instruierten Stellen beurteilen. Deshalb bildeten Beschlussfassung und Kontrolle der Durchführung eine „untrennbare Einheit“[946], welcher durch die Anleitung und Kontrolle der unteren durch die oberen Verwaltungsorgane entsprochen wurde. In dem Grundsatz kam die Angst zum Ausdruck, dass die „sachlich unabhängigen“ Gerichte die Absicht der Vorschriften verkennen und damit die Realisierung der politischen Ziele hemmen.

Die Kontrolle sollte indes nicht nur der Aufdeckung von Gesetzesverletzungen dienen, sondern darüber hinausgehend „vor allem der Beseitigung von Fehlerquellen, die zu Gesetzesverletzungen oder Schwierigkeiten in der Verwirklichung der Regierungspolitik durch einzelne Staatsorgane führten“, und damit der Erziehung der Verwaltung.[947] Ein rügender Hinweis der übergeordneten Verwaltungsstelle war dabei weitaus effektiver als die Zurückverweisung durch das urteilende Gericht.

Dieses Prinzip diente der DDR mithin als „Argument für die Unvereinbarkeit einer Verwaltungsgerichtsbarkeit mit den marxistisch-leninistischen Grundlagen des Staates“[948]. Indes sahen andere sozialistischen Staaten, allen voran Polen und Ungarn, in dem Grundsatz kein Hindernis für die Errichtung einer gerichtlichen Verwaltungskontrolle.[949]

Unter Berufung auf die „Einheit von Beschlussfassung und Durchführung“ hat Ulbricht später die Auflösung des spezifischen Rechtszweiges „Verwaltungsrecht“ gefordert, da nach seiner Ansicht diesem die rechtssystematisch Einheit von Staats- und Verwaltungsrecht entsprechen müsse.[950]

---

945 Georg Brunner, Die Verwaltung in der SBZ und DDR, in: Kurt G. A. Jeserich / Hans Pohl / Georg-Christoph von Unruh, Deutsche Verwaltungsgeschichte, Bd. 5, S. 1218 - 1283 (1222).

946 Karl Bönninger / Hans-Ulrich Hochbaum / Eva Lekschas / Gerhard Schulze, Das Verwaltungsrecht der Deutschen Demokratischen Republik, S. 245.

947 Bönninger / Hochbaum / Lekschas / Schulze, ebenda; S. S. Studenikin / W. A. Wlassow / I. I. Jewtichijew, Sowjetisches Verwaltungsrecht, S. 242.

948 Joachim Hoeck, Verwaltung, Verwaltungsrecht und Verwaltungsrechtsschutz in der Deutschen Demokratischen Republik, S. 141.

949 Joachim Hoeck, ebenda.

950 Walter Ulbricht, Die Staatslehre des Marxismus-Leninismus und ihre Anwendung in Deutschland, in: Protokoll der Staats- und Rechtswissenschaftlichen Konferenz in Babelsberg am 2. und 3. April 1958, S. 35.

d) Das Prinzip der sozialistischen Gesetzlichkeit und das Prinzip der Parteilichkeit der Rechtsprechung

Das Prinzip der sozialistischen Gesetzlichkeit verlangte die strikte und genaue Einhaltung der Gesetze und der anderen Akte der Organe der Staatsgewalt durch alle untergeordneten Institutionen.[951] Dies beinhaltete, dass die Richter die Normen nicht nur formal, nach dem Wortlaut auszulegen, sondern das Recht im Sinne der von der Partei der Arbeiterklasse vorgegebenen gesellschaftlichen und politischen Zielstellung anzuwenden hatten.[952]

> „Die sozialistische Gesetzlichkeit wird dann von einem Gericht gewahrt, wenn die Gesetze unseres Staates politisch durchdacht und in Übereinstimmung mit den Zielen der Deutschen Demokratischen Republik angewandt werden. [...]
>
> Das Prinzip der sozialistischen Gesetzlichkeit stellt den Gerichten die Aufgabe, im Verfahren und in jeder Entscheidung einen Beitrag zur Festigung der Arbeiter-und-Bauern-Macht zu geben und der Bevölkerung bewusst zu machen, dass unsere Rechtsordnung mit den Interessen der Bürger übereinstimmt."[953]

Faktisch führte dies zur „Bindung der Rechtspflege an eine ideologiegerechte Rechtsanwendung, wobei über die Frage der Ideologiegerechtigkeit nicht der Richter [...], sondern die Partei entscheidet"[954].

Der Grundsatz der sozialistischen Gesetzlichkeit wird ergänzt[955] durch das Prinzip der Parteilichkeit der Rechtsprechung. Dies beinhaltet „die positive Einstellung des Richters und sonstigen Rechtsanwenders im Hinblick auf den Vollzug der sozialistischen Gesetzlichkeit, d.h. die Bereitschaft, das Recht im Sinne der Forderungen der Parteiziele und Parteiinteressen, die auch die Staatsziele

---

951 S. S. Studenikin / W. A. Wlassow / I. I. Jewtichijew, Sowjetisches Verwaltungsrecht, S. 97.

952 Hilde Benjamin, Die dialektische Einheit von Gesetzlichkeit und Parteilichkeit durchsetzen, NJ, 12. Jgg., 1958, S. 365 - 368 (368).

953 Walther Rosenthal, Die richterliche Gewalt in der SBZ (DDR), Journal der Internationalen Juristen-Kommission, Bd. 4, Nr. 1, 1962, S. 148.

954 Ernst-Wolfgang Böckenförde, Die Rechtsauffassung im kommunistischen Staat, S. 68 f..

955 Später lehnte man die „dialektische Einheit" von strikter Gesetzlichkeit und Parteilichkeit ab, da damit ein Gegensatz zwischen Gesetzessinn und Parteilichkeit geschaffen werde; das Gesetz habe nur einen, nämlich den parteilichen Sinn. Karl Polak, Über die weitere Entwicklung der sozialistischen Rechtspflege in der Deutschen Demokratischen Republik, StuR, 10. Jgg., 1961, S. 607 - 657 (609 f.); Martin Bullinger, Das Verwaltungsrecht in der DDR (SBZ), in: Albrecht-Ludwigs-Universität zu Freiburg, Die Lage des Rechts in Mitteldeutschland, S. 101 - 120 (114).

und Staatsinteressen sind, anzuwenden"[956] und auszulegen. Das Prinzip der Parteilichkeit ist folglich „die auf die Person und das subjektive Verhalten der Richter [...] bezogene Seite der sozialistischen Gesetzlichkeit"[957]. Der Richter „soll die ihm zugedachte Rolle, politischer Funktionär und nicht Kontrolleur der Staatsmacht zu sein bewußt bejahen und demgemäß seine Tätigkeit stets an der Linie der Partei, die gegenüber seinem subjektiven Bewußtsein als Hüterin ideologischer Wahrheit das Objektive vertritt, ausrichten. Parteilichkeit bedeutet [...] den Willen zur ideologiekonformen Rechtsanwendung."[958]

> „Das Gesetz parteilich anzuwenden heißt, es so anzuwenden, wie es der Auffassung der Mehrheit der Werktätigen und damit den Zielen der Politik der Partei der Arbeiterklasse und der Regierung entspricht. Das heißt aber zugleich, die dialektische Einheit von Gesetzlichkeit und Parteilichkeit zu erkennen und durchzusetzen." [959]

Damit wurde den Richtern die Verpflichtung auferlegt, in ihren Entscheidungen die von der SED gefassten Beschlüsse und Maßnahmen durchzusetzen.

Max Fechner stellte 1948 in seinem Aufsatz „Gedanken zur Demokratisierung der Justiz" das Prinzip der Parteilichkeit der Rechtsprechung über den Grundsatz der Gesetzlichkeit.[960]

> „Denn wichtiger noch als das demokratische Gesetz ist der demokratische Richter, der dem Gesetz Leben und Wirkung gibt."[961]

Er verlangte deshalb über das Prinzip der Parteilichkeit der Rechtsprechung hinausgehend, dass die Richter nicht „wie es früher der Fall war, [...] als angeblich unpolitische Beamte leben, sondern sie haben am politischen Leben des Volkes teilzunehmen und für Demokratie und Fortschritt Partei zu ergreifen"[962].

---

956 Ernst-Wolfgang Böckenförde, Die Rechtsauffassung im kommunistischen Staat, S. 69.

957 Ernst-Wolfgang Böckenförde, ebenda.

958 Ernst-Wolfgang Böckenförde, ebenda, S. 70.

959 Hilde Benjamin, Die dialektische Einheit von Gesetzlichkeit und Parteilichkeit durchsetzen, NJ, 12. Jgg., 1958, S. 365 - 368 (368).

960 Schon 1946 machte Karl Polak in der Zeitschrift Einheit die „rein ‚objektive', ‚unpolitische' Justiz" für die Hitler-Diktatur verantwortlich. Er forderte ein Abschütteln des Gesetzesformalismus und die Erkenntnis der politischen Funktion des Rechts. Karl Polak, Gewaltenteilung, Menschenrechte, Rechtsstaat, Einheit, 1. Jgg., 1946, S. 385 - 401 (401).

961 Max Fechner, Gedanken zur Demokratisierung der Justiz, Einheit, 3. Jgg., 1948, S. 223 - 229 (226); Max Fechner, Volk und Justiz, in: Max Fechner, Beiträge zur Demokratisierung der Justiz, S. 7 - 18 (13).

962 Max Fechner, ebenda; Max Fechner, ebenda, S. 14; Dieser Forderung schloss sich auch Karl Schultes an: „Das Ideal des unpolitischen, neutralen Richters ist kein demo-

Dementsprechend war nach § 11 Gerichtsverfassungsgesetz nur derjenige zum Richter geeignet, der „sich vorbehaltlos für die Ziele der Deutschen Demokratischen Republik einsetzt".[963] Bei ihrer Berufung ins Amt hatten die Richter folgende Verpflichtung abzuleisten:

> „Ich verpflichte mich als Richter der DDR meine Tätigkeit entsprechend den Grundsätzen der Verfassung auszuüben, stets für die unbedingte Einhaltung der sozialistischen Gesetzlichkeit einzutreten und mich jederzeit vorbehaltlos für den Sieg des Sozialismus in der DDR, für die ständige weitere Festigung des Arbeiter- und Bauernstaates, für die demokratische Wiedervereinigung Deutschlands und für den Frieden einzusetzen."[964]

Mit dieser Abhängigkeit von der SED war neben der persönlichen Unabhängigkeit auch die behauptete sachliche Unabhängigkeit der Rechtsprechung hinfällig.

Durch die Prinzipien der Gesetzlichkeit und der Parteilichkeit der Rechtsprechung wurde die Justiz zu einer „besonderen Form der Leitung der Massen"[965]. Dieser Zweck wurde nur erfüllt, wenn die Gerichte im Interesse des Staates, d.h. im Interesse der SED tätig wurden. Der Individualrechtsschutz durch Verwaltungsgerichte wurde dadurch zwar nicht generell ausgeschlossen. Er konnte aber nur dann gewährt werden, wenn das Rechtsbegehren des Bürgers mit den parteipolitischen Interessen übereinstimmte. Dies konnte indes durch die Organe der Staatsmacht eher sichergestellt werden, als durch die Verwaltungsgerichtsbarkeit. Der Rechtsschutz durch Verwaltungsgerichte wurde dadurch nicht nur überflüssig, sondern zur Gefahr einer Abweichung.

Das Prinzip der Parteilichkeit der Rechtsprechung steht jedoch mit dem Grundsatz der Gewalteneinheit in einem gewissen Widerspruch. Nach dem Prinzip der Parteilichkeit der Rechtsprechung sollten die Juristen sich von einer rein formalen Betrachtung lösen und die gesellschaftlichen Verhältnisse ihrer Rechtsprechung zugrunde legen; der Richter war nicht nur normativ gebunden, er sollte politisch denken und handeln. Daraus folgte, dass der Richter Lücken im Gesetz „‚als Gesetzgeber´ mit neuem demokratischen Geiste auszufüllen" hatte.[966]

---

kratisches Ideal.", Karl Schultes, Rechtsstaat und Gerichtsbarkeit im Verfassungssystem der reale Demokratie, NJ, 2. Jgg., 1948, S. 1 - 10 (8).

963 Gesetz über die Verfassung der Gerichte der Deutschen Demokratischen Republik vom 2. Oktober 1952, GBl. DDR, 1952, S. 983 - 988.

964 Ernst-Wolfgang Böckenförde, Die Rechtsauffassung im kommunistischen Staat, S. 71.

965 Ernst-Wolfgang Böckenförde, ebenda.

966 Karl Schultes, Rechtsstaat und Gerichtsbarkeit im Verfassungssystem der reale Demokratie, NJ, 2. Jgg., 1948, S. 1 - 10 (7).

Wenn aber der Richter im Wege der Rechtsprechung Gesetzeslücken schließen sollte, hätte er damit nicht die sich aus dem Prinzip der Volkssouveränität ergebende Vormachtstellung der Volksvertretung als Gesetzgeber offiziell in Frage gestellt? Hätten diese Lücken nicht von der Volksvertretung geschlossen werden müssen? Michael Stolleis formulierte dieses Problem noch nachdrücklicher:

> „Die Partei wollte beides, die strikte Befolgung ihrer gesetzlichen Befehle und zugleich die Abweichung vom geltenden Recht, wenn sich dieses als hinderlich erwies.“[967]

2. Die politischen Motive

a) Gefährdung der von der SED geführten gesellschaftlichen Entwicklung

aa) Vermeidung jeder Kontrolle und Revision staatlichen Handelns

In der DDR nahm die Partei der Arbeiterklasse, die SED, die führende Rolle im Staatsapparat für sich in Anspruch. Das wichtigste Instrument zur Durchführung ihrer Politik war der staatliche Verwaltungsapparat. Die Verwaltung diente somit nichts anderem, als der Verwirklichung der Ziele und Zwecke der SED.

Die Partei lenkte die Tätigkeit der Verwaltungsorgane, indem sie diesen in Form von Beschlüssen und Direktiven die politischen Richtlinien vorgab. Gleichzeitig bestand die Partei darauf, die umfassende Kontrolle über die Durchführung ihrer Vorgaben durch die Organe der staatlichen Verwaltung auszuüben.[968]

> „[…] die Schmälerung der Kontrolle über die Verwirklichung der politischen Linie in ihrer Arbeit durch die Partei sind unvereinbar mit dem auf den Prinzipien des Marxismus-Leninismus beruhenden Verhältnis zwischen Partei und Staatsapparat im sozialistischen Staat.“[969]

Eine unabhängige Verwaltungsrechtsprechung musste der SED folglich als Infragestellung der von ihr getroffenen staatlichen Entscheidungen und ihrer dahinter stehenden Politik des sozialistischen Aufbaus erscheinen. Sie evozierte die Angst, dass die von der Verwaltung getroffenen Maßnahmen, „die dem neuen demokratischen Aufbau und ausserdem noch einer bestimmten Reihe ande-

---

967 Michael Stolleis, Sozialistische Gesetzlichkeit, S. 148.

968 Karl Bönninger / Hans-Ulrich Hochbaum / Eva Lekschas / Gerhard Schulze, Das Verwaltungsrecht der Deutschen Demokratischen Republik, S. 45, 47.

969 Bönninger / Hochbaum / Lekschas / Schulze, ebenda, S. 47 f..

rer, aus den damaligen Zeitverhältnissen geborener Ziele dienten, einer kritischen rechtlichen Prüfung ihrer Zulässigkeit oder Ordnungsmässigkeit nicht stand halten“[970] und dadurch die Tätigkeit der Verwaltungsorgane hemmen konnte[971]. Es wurde versucht, dieser Angst durch Schaffung systemkonformer Verwaltungsgerichte entgegenzutreten. Gleichwohl hielten auch diese Institutionen in weiten Teilen an – mit dem Verwaltungsrecht aufgrund „der Natur der Sache“ verbundenen – Rechtspositivismus und Individualrechtsschutz fest und bezogen nur in wenigen Fällen für die Verwaltung Position.

Einer Staatsmacht, welche die Privatwirtschaft mit obrigkeitlichen Mitteln einschränken und den Bürger nach ihrem Belieben lenken wollte, konnte eine solche Verwaltungsgerichtsbarkeit nur hinderlich sein. So hat das Oberverwaltungsgericht in seinem Urteil vom 7. April 1948 einen Bescheid des Ministeriums für Versorgung aufgehoben, in welchem dieses die Erteilung einer Großhandelserlaubnis mit der Begründung versagte, dass „für den Fortbestand dieses Geschäftes an sich ein Bedürfnis angenommen werden könne, jedoch nur unter dem Gesichtspunkt, dass es von der Konsumgenossenschaft übernommen werde“. Das Oberverwaltungsgericht bejahte dagegen die generelle Bedürfnisfrage. Zum einen stelle sich die Tätigkeit der Konsumgenossenschaft nicht als Großhandel dar. Obendrein sollten bestehende private Geschäfte nicht lediglich zu dem Zweck verboten werden können, um dadurch dem Konsumverein eine bessere Entwicklungsmöglichkeit zu geben.[972]

Das Recht sollte den politischen Zielen untergeordnet und deren Durchsetzung dienen.

> „Auch die Distanz zwischen Staatsrecht und Verwaltungsrecht musste dem diktatorischen Anspruch der SED verdächtig erscheinen, weil sich so ein Wechselspiel zwischen höher- und niederrangigem Recht hätte ergeben können, aus dem Bedarf an Korrektur erwachsen wäre. […] Aber ebendies war nicht gewollt. Vielmehr sollte das Verwaltungsrecht ohne schützende ‚Differenz‘ dem Zugriff der Politik offenstehen.“[973]

Der sukzessive Ausschluss der verwaltungsgerichtlichen Überprüfung und Revision staatlichen Handelns war daher die konsequente Lösung. Neben der ausdrücklichen Verneinung des verwaltungsgerichtlichen Schutzes in einzelnen Gesetzen, war ein weiterer Weg Entscheidungen in das Ermessen der Behörde zu legen, um die Nachprüfung durch Verwaltungsgerichte zum Zwecke der Ver-

970 Vorbescheid vom 7. Februar 1951 - LVG 41/50, in: ThHStAW, OVG Jena, D Nr. 1 Bd. 7.

971 Urteil vom 31. Juli 1952 - LVG 2/52, in: ThHStAW, OVG Jena, D Nr. 1 Bd. 7.

972 Urteil vom 7. April 1948 - A 39/48, in: ThHStAW, OVG Jena, D Nr. 1 Bd. 6.

973 Michael Stolleis, Sozialistische Gesetzlichkeit, S. 147.

wirklichung politischer Interessen auszuschließen. Exemplarisch dafür war die politische Wohnraumbewirtschaftung. Das Gesetz Nr. 18 des Alliierten Kontrollrats vom 8. März 1946[974] sollte zu einer Verbesserung der durch den Krieg verursachten knappen Wohnraumsituation führen. Zwecks Vermehrung des vorhandenen Wohnraums durften deutsche Behörden nach Artikel VI dieses Gesetzes zweckentfremdete Wohnräume ihrem ursprünglichen Zweck wieder zuführen sowie einen Wohnungstausch anordnen, wenn dies eine bessere Verteilung des Wohnraumes bedeutete. Das Gesetz selbst enthielt keine die Verwaltungsgerichtsbarkeit betreffende Bestimmung. Insofern hätten die aufgrund des Gesetzes erlassenen Maßnahmen nach der Generalklausel einer verwaltungsgerichtlichen Überprüfung unterzogen werden können.

In der sowjetischen Besatzungszone wurde deshalb neben der Zweckmäßigkeit durch die vom Ministerium für Wirtschaft und Arbeit ausschließlich für den Dienstgebrauch zusammengestellten „Arbeitsrichtlinien für die Wohnraumbewirtschaftung“[975] die „gesellschaftliche Bewertung“ des Bewerbers zu einer weiteren Voraussetzung der „gerechten Verteilung des Wohnraumes“ gemacht. Die entsprechenden „Arbeitrichtlinien für die Wohnungsbehörden des Landes Sachsen-Anhalt – Nur für den Dienstgebrauch!“ konkretisierten dieses Kriterium. Dort hieß es unter Abschnitt „V. – Wohnraumzuteilung“:

> „Im Interesse der Erfüllung der Volkswirtschaftspläne wird es daher mitunter erforderlich sein, Personen, die am wirtschaftlichen Aufbau besonders beteiligt sind, vor solchen Personen zu berücksichtigen, die allein auf Grund der sozialen Verhältnisse bevorzugt berücksichtigt werden müssen. Grundsätzlich dürfen die Wohnungsbehörden bei Vergebung des anfallenden Wohnraumes nicht allein die sozialen Momente sehen und berücksichtigen, sondern davon ausgehen, daß alles getan werden muß, um die Produktion zu steigern und die Wirtschaftspläne zu erfüllen.“[976]

Damit war die Intention des Kontrollratsgesetzes Nr. 18, sich bei der Wohnraumverteilung allein von Zweckmäßigkeit leiten zu lassen, ins Gegenteil verkehrt worden. Bei der Erfassung und Zuteilung des Wohnraumes konnten die Wohnungsbehörden mithin nach freiem Ermessen entscheiden. Die Überprüfung von Ermessensentscheidungen war der Verwaltungsgerichtsbarkeit aber versagt.

---

974 Für Thüringen veröffentlicht in: Regierungsblatt für das Land Thüringen, Teil III: Gesetze und Befehle des Alliierten Kontrollrats und Befehle der Sowjet-Militär-Administration, 1946, S. 37 f..

975 Bundesministerium für gesamtdeutsche Fragen, Dokument Nr. 270, Unrecht als System, S. 210.

976 Bundesministerium für gesamtdeutsche Fragen, Dokument Nr. 271, Unrecht als System, S. 211.

Der frühere Vorsitzende des Kreiswohnungsausschusses in Liebenwerda, Eberhard Consilius, erklärte dazu im Mai 1952:

> „Nicht die Durchführung der erlassenen Gesetze oder die Erreichung einer angemessenen Verteilung des Wohnraumes war maßgeblich, sondern fast ausschließlich die politischen Ziele der kommunistischen Einheitspartei.“[977]

bb) Gefährdung der Verwirklichung des „demokratischen Zentralismus“

Ein weiterer Grund für die Abschaffung des gerichtlichen Verwaltungsrechtsschutzes ist darin zu sehen, dass eine unabhängige Verwaltungsgerichtsbarkeit auf Länderebene nicht mit dem Wesen des in der DDR angestrebten demokratischen Zentralismus zu vereinbaren war. Dieses kennzeichnete sich durch die Merkmale der Unterordnung und Rechenschaftspflicht des unteren Apparates gegenüber dem übergeordneten sowie der unbedingten Verbindlichkeit der Akte der übergeordneten Organe für die unteren.[978] Träger der Zentralgewalt sollten – in enger Verbindung miteinander – die Sowjetische Militäradministration, die Deutschen Zentralverwaltungen und „als pouvoir indirect die zentrale Leitung der SED“ sein.[979] Die Länder waren allerdings nicht widerstandslos bereit, sich dem Verordnungs- und Weisungsrecht der Zentralverwaltungen unter Aufgabe eigener Kompetenzen unterzuordnen. Sie stützten sich auf das Rechtsgutachten des Thüringischen Oberverwaltungsgerichts vom 13. August 1947[980], das durch dessen Urteil vom 25. September 1946[981] auch auf die subjektiv-öffentliche Rechtsstellung des Bürgers ausstrahlte. Darin vertrat das Oberverwaltungsgericht die Auffassung, dass die Deutsche Zentralverwaltung für Handel und Versorgung nicht zum Erlass rechtsverbindlicher Bestimmungen für die Länder und Provinzen zuständig sei. Da sich die thüringische Landesregierung daraufhin gegen die unmittelbare Anerkennung von Zentralverordnungen aussprach, wirkte das Oberverwaltungsgericht der mit der Zentralisierung verfolgten gesellschaftlichen Umgestaltung entgegen.

---

977 Bundesministerium für gesamtdeutsche Fragen, Eberhard Consilius, Dokument Nr. 272, Unrecht als System, S. 211.

978 S. S. Studenikin / W. A. Wlassow / I. I. Jewtichijew, Sowjetisches Verwaltungsrecht, S. 94.

979 Rechtsgutachten des Thüringischen Oberverwaltungsgerichts vom 13. August 1947 - X 3 Be 5/47, ThHStAW, OVG Jena, B X Nr. 3.

980 Rechtsgutachten des Thüringischen Oberverwaltungsgerichts, ebenda.

981 Urteil vom 25. September 1946 - A 6/46, in: Jahrbuch der Entscheidungen des Thüringischen Oberverwaltungsgerichts, Bd. 18 (1946/47), S. 13 - 20.

Ferner wies die Ideologie des demokratischen Zentralismus das beherrschende Kontrollrecht der Hierarchie des Staatsapparates zu. Ein Verwaltungsrechtsschutz, der an sich den Anspruch erhob wirksam subjektiv-öffentliche Rechte zu schützen, hätte diesem Kontrollrecht entgegengewirkt und folglich der Weiterführung der Revolution von oben entgegengestanden. Die Verwaltungsbehörden wollten sich selbst jede Entscheidung vorbehalten und fassten jedes korrigierende Urteil als unzulässige Kritik an ihrer Arbeit auf.[982]

cc) Wahrung der Beliebigkeit staatlichen Handelns

Den Bürgern die Möglichkeit zu nehmen, sich im gerichtlichen Rechtsschutzverfahren Gehör zu verschaffen, bedingte eine gewisse Beliebigkeit der gesetzlichen Vorschriften. Da die Staatsmacht sich an derartige Bestimmungen niemandem gegenüber gebunden fühlen musste, konnte sie davon ausgehen, dass nicht diesen Regeln, sondern allein ihren eigenen, je nach Fall zu treffenden Beschlüssen, die eigentliche Bedeutung zukam.[983]

Auch für die Akzeptanz des gesellschaftlichen und politischen Umbaus in der Bevölkerung war ein Staatssystem ohne effektiven und unabhängigen Schutz förderlicher als das bürgerliche Rechtsstaatssystem. Durch den Ausschluss der Möglichkeit, aus den existierenden Normativakten Rechte abzuleiten und diese vor unabhängigen Gerichten geltend zu machen, musste sich der einzelne Bürger mit der gegebenen Situation abfinden. Er hatte sich dem Apparat unterzuordnen, um so das Beste aus seiner Lage zu machen. Die Abschaffung des Verwaltungsrechts diente mithin als Mittel, um die Bürger an die Politik der SED zu binden.

Man könnte zwar dagegen einwenden, dass in der DDR Eingabe und Beschwerde als Rechtsmittel existierten. Aber auch diese wurden nur dann gewährt, wenn sie der Obrigkeit zuträglich waren beziehungsweise diese nicht in ihrer grundlegenden Arbeit kritisierten. Den Entscheidungen im Eingabe- oder Beschwerdeweg haftete stets eine gewisse Befangenheit und Subjektivität an. Im Gegensatz dazu erschien die Entscheidungsfindung bei den Verwaltungsgerichten auf einer sachlicheren Ebene stattzufinden. Mit der Gewissheit, dass bei der zugrunde liegenden Streitigkeit das Recht und nicht das Ansehen der vorbringenden Person oder die Bedeutung des Streitgegenstandes maßgeblich ist, wäre eventuell die Zahl der bei den Verwaltungsgerichten anhängigen Verfahren ge-

---

982 Schreiben des LVG-Präsidenten an den Vizepräsidenten des mecklenburgischen Verwaltungsgerichtshofs Lemcke vom 16. August 1951, ThHStAW, OVG Jena, D Nr. 5.

983 Henning Krüger, Zur vermeintlichen Fremdartigkeit des Verwaltungsrechts der Bundesrepublik, NJ, 44. Jgg., 1990, S. 531 - 533 (532).

stiegen. Der Gefahr dieses Effektes konnte man sich in dem obrigkeitlichen System der DDR natürlich nicht aussetzen.

Die Angst vor einem „Schneeballeffekt" war vermutlich auch der Grund, warum vor der vollständigen Aufhebung der Verwaltungsgerichtsbarkeit von staatlicher Seite zunächst versucht wurde, die Veröffentlichung der Entscheidungen des Oberverwaltungsgerichts zu unterbinden. Das Oberverwaltungsgericht trat dem mit einem Appell an das Rechtsstaatsdenken entgegen.

> „Allein wenn von irgendeiner Seite auch nur die Frage angeschnitten wird, ob eine Veröffentlichung der Entscheidungen des Oberverwaltungsgerichts nicht zu verhindern sei, so liegt schon darin ein rechtsstaatlichem Denken völlig entgegengesetzte [...] Denkweise, die in Wahrheit eben doch nicht will, daß sich auch die Verwaltung nach Recht und Gesetz richten soll."[984]

Dieser zeigte jedoch keine Wirkung. Nachdem mit dem Band 18 des „Jahrbuchs der Entscheidungen des Thüringischen Oberverwaltungsgerichts" die letzte offizielle Urteilssammlung erschien, wurden ab 1949 auch im Regierungsblatt Thüringens, Teil II, Amtsblatt keine richterlichen Entscheidungen zum Verwaltungsrecht mehr veröffentlicht. Bekanntmachungen der Land- und Amtsgerichte waren unterdessen weiterhin Gegenstand des Amtsblattes.

dd) Ökonomische Veranlassung

Die bisher angeführten Motive spiegeln sich in der Auffassung der Staatsmacht zur Sicherung der ökonomischen Leistungsfähigkeit wieder. Verständlich wird dies in dem Bild von Henning Krüger vom „Recht des Gutshofs". Der Gutsherr hatte in erster Linie ein Interesse daran, dass auf seinen Feldern gepflügt, gesät und geerntet wird. Diesem Ziel dienten die von ihm für sein Land erlassenen Rechtsnormen. Seinen Arbeitern eine eigene Rechtssphäre ihm gegenüber zuzubilligen, zu deren Verteidigung sie vor unabhängigen Richtern Rechtsschutz erbitten konnten, hätte diesen Zweck zumindest nicht gefördert. Der Gutsherr gewährte seinen Leuten vielleicht die Möglichkeit, Eingaben an seinen Verwalter zu richten. Dieser hätte die Eingaben aber nicht zur Wahrung privater Rechte, sondern im Interesse einer bestmöglichen Ökonomie beschieden.[985]

Die Erfüllung der Wirtschaftspläne zu organisieren und zu sichern, musste demzufolge alleinige Aufgabe des Verwaltungsapparates sein. Die „Unterstützung und Förderung des demokratischen Wirtschaftsaufbaues" als entscheiden-

984 Gutachten des OVG vom 17. März 1947, in: Jahrbuch der Entscheidungen des Thüringischen Oberverwaltungsgerichts, Bd. 18 (1946/47), S. 227 - 230 (229 f.).

985 Henning Krüger, Zur vermeintlichen Fremdartigkeit des Verwaltungsrechts der Bundesrepublik, NJ, 44. Jgg., 1990, S. 531 - 533 (532).

de Aufgabe der Rechtsprechung, wie es der SED-Abgeordnete im Thüringer Landtag Eyermann 1947 beschwor[986], konnte sich dabei nur als Parteinahme zugunsten der Verwaltung darstellen. Als erwarteter Zuspruch, dessen der obrigkeitliche Verwaltungsapparat der DDR nicht bedurfte. Tatsächlich war die Verwaltungsgerichtsbarkeit ein objektiver Kontrolleur. Ein Gegenpol, der in diesem Staats- und Wirtschaftssystem unerwünscht war. Dies galt insbesondere dann, wenn er in Verfahren Ansprüchen der Bürger stattgab, welche die Verwaltung aufgrund ökonomischer Mängel nicht gewähren konnte oder denen eine Inanspruchnahme für das Funktionieren der Verwaltung zugrunde lag.[987] Das Verwaltungsrecht zeigte dadurch die Schwächen sowohl in der Eingriffs- als auch in der Leistungsverwaltung auf. Dies hätte das innen- und außenpolitische Ansehen der sozialistischen Staatsideologie zusätzlich geschmälert.

ee) Zwischenfazit

Nachdem der Verwaltungsgerichtsbarkeit ihr Tätigwerden zum Schutz von Individualinteressen gegen staatliche Eingriffe abgesprochen wurde, hätten die Verwaltungsgerichte nur noch zur Realisierung der sozialistischen Staatsfunktionen beitragen können. Wie Heil aber schlüssig aufzeigte, waren die Verwaltungsgerichte dabei schlichtweg „überflüssig“. Die „repressiv-schützende“ unterfiel ebenso wie die „wirtschaftlich-organisatorische“ Funktion nicht primär dem Betätigungsfeld der verwaltungsgerichtlichen Organe. Diese hätten lediglich „erzieherisch-kulturell“ die Entwicklung und Festigung eines sozialistischen Staatsbewusstseins fördern können. Diese Aufgabe lag indes bei der Verwaltung in besseren, vor allem politisch zuverlässigeren Händen.[988] Für eine sozialistische Verwaltungsgerichtsbarkeit blieb infolgedessen keine Betätigungsmöglichkeit übrig. Der hohe Anteil an anhängigen Verfahren beim Landesverwaltungsgericht, die bereits vor der Hauptverhandlung ihr Erledigung fanden, und der damit verbundene Rückgang an Gerichtsverfahren, die durch einen Richterspruch ihren Abschluss fanden, belegen, dass es für die Anleitung von Bürgern und Verwaltung einer gerichtlichen Schiedsstelle nicht bedurfte.[989]

---

986 Thüringer Landtag, 28. Sitzung am 5. November 1947, Akten und Verhandlungen des Thüringer Landtages, 1946 - 1952, Bd. I.2, S. 677 - 707 (692).

987 Heidrun Pohl, Verwaltungsrechtsschutz, in: Klaus König, Verwaltungsstrukturen der DDR, S. 263 – 275 (263).

988 Thomas Heil, Die Verwaltungsgerichtsbarkeit in Thüringen 1945 - 1952, S. 254 f..

989 Thomas Heil, ebenda, S. 258 f..

b) Die Überwindung der Notsituation nach dem Zweiten Weltkrieg

Die Notsituation nach dem Zweiten Weltkrieg diente sowohl in personeller als auch in materieller Hinsicht als Rechtfertigung für den Ausschluss des Verwaltungsrechtsschutzes in verschiedenen Gesetzen[990].

Als Folge der Wiedereröffnung der Verwaltungsgerichtsbarkeit zu einer Zeit, da der personelle Aufbau der unteren Verwaltungsorgane noch nicht abgeschlossen war und daher die Verwaltung noch nicht ordnungsgemäß funktionieren konnte, sollte die Verweigerung des verwaltungsgerichtlichen Rechtsschutzes dem „Schutze derjenigen, welche ohne besondere Vorbildung in die Presche gesprungen sind, um die Verwaltung und Wirtschaft nach der faschistischen Katastrophe wieder in Gang zu setzen“, dienen. Damit wurde die Auffassung gestützt, „dass die Eröffnung der Verwaltungsgerichtsbarkeit zu früh erfolgt ist“.[991]

Die dennoch erfolgte Wiederaufnahme der Verwaltungsrechtsprechung sollte zum anderen materiell nicht dazu führen, Verwaltungsmaßnahmen anzuprangern, welche „im Drang und in der Not der Zeit getroffen werden mussten und dazu führten, faschistisches Unrecht wiedergutzumachen und Opfern des Faschismus, Bombengeschädigten, Neubürgern und Neusiedlern zu helfen“.[992]

> „Alle seit dem 8.5.1945 getroffenen Maßnahmen der Verwaltung, die dem neuen demokratischen Aufbau und ausserdem noch einer bestimmten Reihe anderer, aus den damaligen Zeitverhältnissen geborener Ziele dienten, sollten auch für den Fall, dass sie einer kritischen rechtlichen Prüfung ihrer Zulässigkeit oder Ordnungsmässigkeit nicht stand halten, [...] amnestiert werden, da die Nachkriegsbehörde in Auswirkung der aus politischen Gründen unerlässlichen Reinigung auch der Verwaltung naturgemäss nicht sogleich wieder in jeder Hinsicht die notwendige Fachkunde gewährleisten konnte.“[993]

Die Berufung auf die zügige Beseitigung der Notlage wurde unterdessen häufig als Argument gewählt, um einzelne Entscheidungen des Oberverwaltungsge-

---

990 Gesetz betreffend Maßnahmen gegen Nazismus und Militarismus vom 20. November 1946, Regierungsblatt für das Land Thüringen, Teil I: Gesetzsammlung, 1947, S. 11; Sächsischen Verordnung über die Geltendmachung von Ansprüchen aus Maßnahmen der öffentlichen Gewalt vom 14. März 1946, GVBl. Sachsen, 1946, S. 133.

991 Karl Schultes, Zum Neuaufbau der Verwaltungsgerichtsbarkeit in der SBZ, ThHStAW, Ministerium des Inneren, Akte 276, Blatt 51, 52.

992 Karl Schultes, ebenda, Blatt 52.

993 Vorbescheid vom 7. Februar 1951 - LVG 41/50, in: ThHStAW, OVG Jena, D Nr. 1 Bd. 7.

richts[994] als unzweckmäßig zu kritisieren.[995] Dies ließ den Eindruck aufkommen, dass mit einer solchen Kritik auch weitere gerichtliche Nachprüfungen von Verwaltungsmaßnahmen verhindert werden sollten.[996]

Aus heutiger Sicht ist die gesetzliche Einschränkung des Verwaltungsrechtsschutzes für die unmittelbare Nachkriegszeit im Ansatz nachvollziehbar. Es mussten damals unverzüglich Maßnahmen getroffen werden, um die Not der Bevölkerung zu mindern. Dabei konnten die Gesetze – soweit sie nach dem Zusammenbruch überhaupt noch Gültigkeit hatten – aufgrund mangelnder Zeit und fehlender Kenntnis der ausführenden Personen nicht immer eingehalten werden. Viele der in jener Zeit getroffenen Maßnahmen hätten mithin einer rechtlichen Nachprüfung nicht standgehalten, waren aber für die Versorgung der Bevölkerung und den Wiederaufbau zwingend erforderlich.

Der in diesem Zusammenhang dem Oberverwaltungsgericht häufig gemachte Vorwurf der Verkennung des existenziell Notwendigen erweckt indes Unverständnis. Wie bereits oben erwähnt, oblag es den Gesetzgebungsorganen die Voraussetzung für das Verwaltungshandeln der kriegsbedingten Notsituation anzupassen. Die Verwaltungsgerichte konnten sich bei ihrer Kontrolle nur daran orientieren. Jeglicher dahingehende Vorwurf war folglich unangebracht.

c) Deutschlandpolitische Hintergründe

Wie sehr die Ausprägung der rechtsstaatlichen Prinzipien und damit auch des Verwaltungsrechtsschutzes von der Einstellung der jeweiligen Regierungszeit abhängig war, zeigt sich in der Entwicklung der Verwaltungsgerichtsbarkeit in den 40er und 50er Jahren.

Bis 1947 schien die Gründung eines einheitlichen deutschen Staates Ziel aller vier Siegermächte zu sein. Aus diesem Grund war die Sowjetische Militäradministration bestrebt, ein den Westzonen vergleichbares Rechtsschutzsystem

---

994 Das OVG erklärte die Festsetzung von Zwangsgeld zur Wohnungsräumung für unzulässig, da die Behörden die zuständigen Amtsgerichte um die Bewirkung der Zwangsvollstreckung zu ersuchen hatten. Vorbescheid vom 3. Dezember 1947 - A 114/47, in: Regierungsblatt für das Land Thüringen, Teil II: Amtsblatt, 1948, S. 86 f..

995 Das Ministerium des Inneren führte gegen die Rechtsprechung des OVG (A 114/47) an, dass die schnelle Versorgung der Bevölkerung mit Wohnraum nur durch sofort anzuwendende Zwangsmaßnahmen erreicht werden könne. Dies sei im Wege der Zwangsvollstreckung aufgrund der Dauer des gerichtlichen Verfahrens unmöglich. Stellungnahme des Ministeriums des Inneren vom 23. Februar 1948, ThHStAW, OVG Jena, D Nr. 5.

996 Gutachten des OVG vom 11. März 1948 zu einigen Ausführungsbestimmungen zum Wohnungsgesetz, ThHStAW, OVG Jena, D Nr. 5.

zu errichten. Die Einführung des verwaltungsgerichtlichen Rechtsschutzes war dabei eine zwingende Voraussetzung.

Seit der Gründung der Bizone 1947 verschärfte sich das politische Klima indes immer mehr. Neben der Entstehung zweier deutscher Staatssysteme sollte dies auch Auswirkungen auf die Existenz der Verwaltungsgerichtsbarkeit haben.

Zum einen fühlte sich die sowjetische Besatzungsmacht nicht mehr an die Kontrollratsgesetze gebunden. So erklärte der sowjetischen Marschall Sokolowskij am 20. März 1948 vor dem Alliierten Kontrollrat, dass die drei westlichen Besatzungsmächte durch ihr Verhalten bestätigten, dass „der Kontrollrat als Organ der obersten Gewalt in Deutschland faktisch nicht mehr besteht". Dadurch sah er alle Beschlüsse, die der Alliierte Kontrollrat erlassen hat, als vernichtet an.[997] Folglich wurde auch die Verpflichtung der Besatzungsmächte zur Reorganisation des Verwaltungsrechtsschutzes durch das Kontrollratsgesetz Nr. 36 für die Machthaber in der sowjetischen Besatzungszone bedeutungslos.

Andererseits waren die Sowjetische Militäradministration in Deutschland und die SED nun bestrebt, sich deutlich von den westlichen Besatzungszonen abzugrenzen. Die durch Rechtsstaatsprinzipien gekennzeichnete Verwaltungsgerichtsbarkeit wurde als Produkt der bürgerlichen Staatsordnung verdammt.

Die Einführung der Generalklausel in Westdeutschland wurde als „eine gewollte antidemokratische Maßnahme"[998] deklariert. In der gerichtlichen Überprüfung von Maßnahmen auf Ermessensfehlgebrauch, der Feststellungs- und Leistungsklage sowie der richterlichen Unabhängigkeit wurde der „Hebel, durch den nach dem Willen der Bonner Gesetzgeber und ihrer Auftraggeber jedes scheinbare demokratische Zugeständnis aus den Angeln gehoben werden kann"[999], gesehen. Dadurch sollte „die Befugnis zur letzten Entscheidung bei der Ausübung staatlicher Hoheitsrechte statt von demokratischen Vertretungskörperschaften oder von diesen gewählten oder wenigstens kontrollierten Organen von den politisch völlig unverantwortlichen Verwaltungsgerichten in Anspruch genommen"[1000] worden sein. Schließlich wurde das System der Gewaltenteilung, das im Art. 20 des Grundgesetzes der Bundesrepublik Deutschland verankert ist, als das staatsrechtliche Mittel zur Sicherung der Marshall-Plan- und Atlantik-Pakt-Politik in Westdeutschland und als Aufhebung des in Abs. 2 des Art. 20 verkündeten Prinzips der Volkssouveränität angesehen.[1001]

997 Klaus-Jörg Ruhl, Neubeginn und Restauration, S. 393 f..

998 Herbert Kröger, Die Herrschaft der Justizbürokratie im Bonner Verfassungssystem, NJ, 3. Jgg., 1949, S. 203 - 206 (205).

999 Herbert Kröger, ebenda.

1000 Herbert Kröger, ebenda.

1001 Herbert Kröger, ebenda, S. 203.

Ein Entscheidung des Hessischen Verwaltungsgerichtshofes aus dem Jahr 1948, worin – eher beiläufig– die Wiederherstellung der deutschen Einheit, zumindest vorerst, ausgeschlossen wurde[1002], zeugte in diesem Zusammenhang von wenig Sensibilität der urteilenden Richter. Dass gerade ein Verwaltungsgericht den unabwendbaren Ausschluss der Sowjetunion aus dem Mächtepakt verkündete, könnte den letzten Anlass für die von der Sowjetischen Militäradministration Deutschlands und der SED konsequent verfolgten Dezimierung der Verwaltungsgerichtsbarkeit geboten haben.

Durch weitere außenpolitische Ereignisse, wie den Schuman-Plan 1950, wurde die Sowjetunion in ihrem Streben, ein eigenes deutsches sozialistisches Staatssystem zu errichten, bestärkt. Wie aber bereits dargelegt, hatte der überkommene verwaltungsgerichtliche Rechtsschutz darin keine Funktion.

Die Entwicklung in der sowjetischen Besatzungszone beziehungsweise in der DDR war mithin bereits vor 1952 auf die sozialistische Umgestaltung hin ausgerichtet. In diesem Jahr verkündete die SED den planmäßigen Aufbau des Sozialismus in der DDR und löste die Verwaltungsgerichte auf.

Die Entwicklung beider deutschen Staaten erscheint dabei in einem noch groteskeren Bild, wenn man sich vor Augen führt, dass ebenfalls 1952 und zwar am 23. September das Bundesverwaltungsgericht durch ein Gesetz errichtet worden ist. Damit wurde dem Grundgesetz entsprochen, welches einen obersten Gerichtshof für den Bereich der Verwaltungsgerichtsbarkeit vorsah. Die Entscheidung das Bundesverwaltungsgericht im Westteil Berlins zu errichten, war ein politisches Zeichen für die Einbindung dieses Gebiets in die Bundesrepublik Deutschland. Dies wurde von der DDR und der Sowjetunion als dem Status von „West-Berlin“ entgegenstehend aufgefasst.[1003]

d) Der Einfluss der Bevölkerung

Neben den politischen Motiven, die zur Einschränkung und schließlich zur Abschaffung der Verwaltungsgerichtsbarkeit führten, ist auch an einen gesellschaftlichen Faktor zu denken, auf dessen bedeutenden Einfluss Loening in seiner Rede zur Wiedereröffnung des Oberverwaltungsgerichts am 22. Juni 1946 hinwies:

> „Allerdings muss auch eine positive Einstellung des Volkes zum Recht vorhanden sein, denn es hängt in letzter Linie vom Volke selbst ab, ob es in Recht oder in

1002 Urteil vom 7. Januar 1948, in: DV, 2. Jgg., 1949, S. 18 - 20 (19).

1003 http://www.bundesverwaltungsgericht.de/enid/91604f1706046eaf61350705e949db86,0/Das_BVerwG/Errichtung_35.html.

Rechtlosigkeit lebt. Kein geringerer als Pestalozzi, der nicht nur Erzieher, sondern auch Staatsdenker war, bringt das in den Worten zum Ausdruck: `Die Frage, warum ein Geschlecht im Jammer der Rechtlosigkeit und im Elend innerer Zerrüttung dahingehe, schien mir jetzt sich also aufzulösen: der Mensch ist rechtlos und zerrüttet, weil er sich aus Wahrheit und Rechts nichts macht. Aber er findet Wahrheit, wenn er Wahrheit sucht. Er hat ein Recht, wenn er eines will.'“[1004]

Die Menschen in der sowjetischen Besatzungszone schienen sich mit der in den Ländern – Thüringen ausgenommen – nur beschränkt eingeführten Verwaltungsgerichtsbarkeit und deren späteren Eliminierung abzufinden. Thomas Heil führte diese Entwicklung auf den Niedergang des klassischen Inhalts des Rechtsstaatsgedankens im nationalsozialistischen Denken zurück. In der NS-Ideologie wurden subjektive Rechte des Bürgers gegen den Staat weitestgehend verneint. Nach dem Untergang des Deutschen Reiches 1945 war man bestrebt, den „Rechtsstaat“ aufgrund der negativen Erfahrungen in der Weimarer Republik zu erneuern. Es fehlte dabei in ganz Deutschland zunächst an klaren Konzepten, wohin der Weg gehen sollte.[1005] Infolgedessen unterlag das Verwaltungshandeln vielfach keinen klaren Begrenzungen; so stand z.T. nicht einmal fest, welche Gesetze als nationalsozialistisch aufgehoben wurden und welche weiter galten. Die Bürger beriefen sich allzu oft nicht auf ihre Rechte. Ihnen war entweder nicht bewusst, dass diese verletzt waren oder welche Rechtsschutzmöglichkeiten ihnen zustanden. Die Rechtsunsicherheit jener Zeit und die geringen Rechtskenntnisse in der Bevölkerung bedingten eine weite Verbreitung des „Rechtsnihilismus“. Dieser, dem Recht entgegengebrachte allgemeine Argwohn führte dazu, dass die Menschen nicht auf das Justizwesen vertrauten, sondern versuchten, über den Beschwerdeweg ihre Interessen durchzusetzen.

Die SED erkannte, „daß im deutschen Volk auf Grund seiner unglücklichen Entwicklung der Gedanke der Demokratie und der Gedanke des Willens zur Selbstbestimmung des Schicksals außerordentlich schwach entwickelt wur-

---

1004 Rede vom OVG-Präsidenten Dr. Hellmuth Loening zur Wiedereröffnung des OVG am 22. Juni 1946, ThHStAW, OVG Jena, B I Nr. 1. In der gleichen Form beschrieb Ricarda Huch auf der ersten Sitzung der beratenden Landesversammlung am 24. Juni 1946 die Bedeutung des Volkes in einer Demokratie: „Denn in wievielen Formen die Demokratie sich darstellen mag, eines ist ihr immer wesentlich, daß das Volk seine Geschichte [...] selbst bestimmt und sich dafür verantwortlich weiß. Demokratie ist Sache der Gesinnung. Sie mag formal noch so sorgsam ausgestaltet sein, sie wird sich nicht als Volksfreiheit, was sie sein will, auswirken, wenn nicht Rechtsgefühl, Pflichtgefühl und Verantwortungsgefühl im Volke lebendig sind [...].“; Niederschrift über die Sitzung der Beratenden Landesversammlung am 24. Juni 1946, Akten und Verhandlungen des Thüringer Landtages, 1946 - 1952, Bd. I.1, S. 43 - 56 (48).

1005 Thomas Heil, Die Verwaltungsgerichtsbarkeit in Thüringen 1945 - 1952, S. 118.

de“[1006]. Inwieweit sie diese Schwäche nutzte, um der Bevölkerung ein Verwaltungsrechtssystem aufzudrängen, das ihren politischen Machtanspruch nicht gefährdete und dadurch dem des Nationalsozialismus in nichts nachstand, bedarf einer näheren Untersuchung.[1007] Unterdessen erschien nicht nur für die SED ein gerichtsfreies Verwaltungsrechtssystem unkomplizierter.

Insbesondere nach 1949 verzichtete die Bevölkerung der sowjetischen Besatzungszone zunehmend auf den Schutz ihrer subjektiv-öffentlichen Rechte durch die Verwaltungsgerichte. So gelangte das Landesverwaltungsgericht Thüringens nie an die Rechtsprechungstätigkeit des Oberverwaltungsgerichts heran. Dafür kann aber weder das Enumerationsprinzip, das in Thüringen keine Geltung erlangte, noch der unerwartet verhalten ausgeübte Entscheidungsanspruch des Landtages verantwortlich gemacht werden.[1008] Ein Grund für die sinkende Zahl der anhängigen Verfahren ist wohl vielmehr in der außergerichtlichen Erledigung von Konflikten zu sehen. Es war für den Bürger oftmals leichter, mit dem Mittel der Eingabe zum gewünschten Ziel zu kommen, als auf dem Weg des lang andauernden und kostenintensiven Gerichtsverfahrens. Daneben war die Entscheidung der Behörde, bei entsprechender Einflussnahme durch Bürger und übergeordnete Dienststelle, wohl absehbarer, als die eines eigenständigen Gerichts.

1006 Niederschrift über die Sitzung der Beratenden Landesversammlung am 24. Juni 1946, Akten und Verhandlungen des Thüringer Landtages, 1946 - 1952, Bd. I.1, S. 43 - 56 (50).

1007 Vergleichbare Untersuchungen liegen von Inga Markovits zur DDR-Justiz im Allgemeinen vor: Inga Markovits, Gerechtigkeit in Lüritz; Inga Markovits, Die Abwicklung. In diesen wird u.a. deutlich, dass die Einflussnahme der SED auf die Rechtsprechung auch im Interesse einzelner Bürger lag; Inga Markovits, Gerechtigkeit in Lüritz, S. 182.

1008 Korrespondenz zwischen Bloch und Reuß, ThHStAW, OVG Jena, B III Nr. 19.

IX. Zusammenfassung

In den ersten Jahren nach dem Zusammenbruch des Nationalsozialismus schien die Verwirklichung eines an Rechtsstaatsprinzipien orientierten Verwaltungsrechtsschutzes durchaus möglich. Durch das Gesetz Nr. 36 des Alliierten Kontrollrates vom 10. Oktober 1946 wurde normativ festgehalten, dass in den einzelnen Zonen und in Berlin Verwaltungsgerichte zur Entscheidung von Verwaltungssachen wieder zu errichten seien. Sowohl die Sowjetische Militäradministration als auch die SED waren bereit, im Interesse der Einheit Deutschlands eine Verwaltungsgerichtsbarkeit zuzulassen.

Beispielhaft dafür war die Entwicklung in Thüringen. Dort wurde bereits 1946 mit dem Anpassungsgesetz zur Landesverwaltungsordnung des Jahres 1926 und der Wiedereröffnung des Oberverwaltungsgerichts in Jena die Grundlage für einen wirksamen Verwaltungsrechtsschutz geschaffen. Durch die schnelle Wiederaufnahme einer rechtsstaatlichen Prinzipien gerecht werdenden Rechtsprechung wirkte das Oberverwaltungsgericht bei der Überwindung des nationalsozialistischen Rechtsverständnisses mit. Als eines der ersten Verwaltungsgerichte nach dem Zusammenbruch des Nationalsozialismus diente es als Maßstab und Vorbild für die Rechtsprechung und Verwaltung anderer Länder. Die im Lande Thüringen entwickelten Rechtsgrundsätze fanden mithin in ganz Deutschland Beachtung. Dadurch trug die thüringische Verwaltungsgerichtsbarkeit zur Fortentwicklung des deutschen Verwaltungsrechts bei.

Dennoch gab es auch in Thüringen Regelungen, die dem Musterbeispiel bürgerlicher Rechtsstaatlichkeit entgegenwirkten. So enthielt die thüringische Verfassung des Jahres 1946 in Art. 47 Abs. 2 im Gegensatz zu den anderen Ländern der sowjetischen Besatzungszone eine Einschränkung der persönlichen Unabhängigkeit der Richterschaft bereits vor Erlass der Verwaltungsgerichtsgesetze.

Die Richter des Thüringischen Oberverwaltungsgerichts, welche sich ungeachtet politischer Reformbestrebungen und des wachsenden Unmuts in der Politik nur dem Rechtsstaat verpflichtet fühlten, bestärkten indes die aufkeimenden Bemühungen der Machthaber zur Einschränkung der Verwaltungsgerichtsbarkeit und der richterlichen Unabhängigkeit. Mit dem Gesetz über die Verwaltungsgerichtsbarkeit vom 7. Oktober 1948 erfuhr der gerichtliche Verwaltungsrechtsschutz in Thüringen schließlich eine wesentliche Restriktion. Das Oberverwaltungsgericht wurde auf diesem Wege durch das Landesverwaltungsgericht ersetzt und damit auch die bisherige Sonderstellung Thüringens im Verwaltungsgerichtswesen beendet.

Das Landesverwaltungsgericht sollte zwar zur Verwirklichung des antifaschistisch-demokratischen Umbaus beitragen, letztendlich sah aber auch dieses sich vorrangig dem Individualrechtsschutz verpflichtet und setzte mit seiner Rechtsprechung die Tradition des Oberverwaltungsgerichts zunächst fort. Maßgebend war dafür der erste Präsident des Landesverwaltungsgerichts in Thüringen, Friedrich Bloch. Dieser bekundete offiziell die Unterstützung des antifaschistisch-demokratischen Wandels. Aufgrund seiner innerlichen Verbundenheit zu Rechtsstaat und Verwaltungsgerichtsbarkeit blieb er indes den überholten Rechtsvorstellungen verhaftet. Durch diese Zerrissenheit Blochs zwischen Rechtsstaatstreue und politischer Anpassung wurde die Umfunktionierung des Landesverwaltungsgerichts im Sinne der Politik der SED unmöglich. Die Wahl der Person Bloch zum Präsidenten des Landesverwaltungsgerichts erweckt daher den Eindruck, dass das Landesverwaltungsgericht nie als Instrument der Realisierung der SED-Interessen dienen, sondern nur als weiterer Beweis für die Unvereinbarkeit von Sozialismus und Verwaltungsgerichtsbarkeit herhalten sollte.

Von den anderen Ländern der sowjetischen Besatzungszone wurden lediglich in Mecklenburg und Brandenburg Verwaltungsgerichte tätig, obwohl die Verfassungen und Verwaltungsgerichtsgesetze aller Länder einen verwaltungsgerichtlichen Rechtsschutz vorsahen.

In Art. 138 der Gründungsverfassung der DDR vom 7. Oktober 1949 wurde die Existenz der in Thüringen, Brandenburg und Mecklenburg restituierten Verwaltungsgerichte noch einmal ausdrücklich bestätigt. Der Weg zu deren Beseitigung war jedoch zu diesem Zeitpunkt bereits vorgezeichnet.

Nach einer zunehmenden Einschränkung des Verwaltungsrechtsschutzes, beispielsweise durch Eröffnung des Verwaltungsrechtsweges nach dem Enumerationsprinzip und die Abschaffung der richterlichen Unabhängigkeit, mussten im Juli 1952 im Rahmen der Verwaltungsreform die drei Verwaltungsgerichte der DDR ihre Tätigkeit ersatzlos einstellen.

Die ordentlichen Gerichte erklärten in der Folgezeit mehrfach den Rechtsweg in Verwaltungssachen für unzulässig. Damit existierte nahezu bis zum Ende der DDR kein gerichtlicher Verwaltungsrechtsschutz. Dies widersprach indes Art. 138 der DDR-Verfassung von 1949, der eine Verwaltungsgerichtsbarkeit ausdrücklich vorsah. Diese Bestimmung wurde trotz der Entwicklung zunächst nicht abgeändert, sondern bestand bis zum Inkrafttreten der Verfassung vom 6. April 1968 als Verfassungsnorm fort.

Das Verwaltungsrecht als Wissenschaftsdisziplin blieb noch einige Jahre bestehen, bevor es auf der sogenannten Babelsberger Konferenz vom 2. und 3. April 1958 verdammt wurde. 1957 erschien ein offizielles Lehrbuch „Das Verwaltungsrecht der Deutschen Demokratischen Republik, Allgemeiner Teil". Darin wurde versucht, dem Verwaltungsrecht mit seinem überkommenen Rechtsverständnis in dem neuen Staatsdenken einen Platz zuzuweisen. Dennoch wurden das Buch und dessen Herausgeber auf der Babelsberger Konferenz massiv kritisiert.

Die sukzessive Abschaffung der Verwaltungsgerichtsbarkeit war Teil des von der SED angestrebten politischen Umwälzungsprozesses nach sowjetischem Vorbild. Aufgrund des nunmehr vertretenen Identitätsdogmas wurde ein Interessenwiderspruch zwischen dem Staat und dem einzelnen Bürger verneint. Damit wurde der sozialistischen Gesellschaft das Bedürfnis nach einer staatsfreien Sphäre, die durch Bürgerrechte gesichert sein soll, abgesprochen. Eine Kontrolle staatlichen Handelns durch unabhängige Verwaltungsgerichte widersprach darüber hinaus dem Prinzip der Gewaltenkonzentration, wonach der Staat als Machtinstrument der Werktätigen galt, vor dem sie nicht geschützt werden mussten. Die Volksvertretungen waren Gesetzgeber und oberstes Kontrollorgan. Schließlich wurde durch das Prinzip der Parteilichkeit der Rechtsprechung eine unabhängige Verwaltungsgerichtsbarkeit obsolet. Die Forderung, Recht im Sinne der Parteiziele und Parteiinteressen anzuwenden, konnte durch die Organe der Staatsmacht zuverlässiger erfüllt werden.

Auffällig diesbezüglich ist, dass die nach 1945 in der sowjetischen Besatzungszone geltend gemachten ideologischen Beweggründe gegen eine liberale und unabhängige Verwaltungsgerichtsbarkeit mit dem Führerprinzip, dem alleinigen Entscheidungsanspruch Adolf Hitlers, und dem Grundsatz des Vorrangs des Gemeinschaftsgedankens vergleichbar waren. Sie führten bereits im Nationalsozialismus zu einer zunehmenden Verfälschung des gerichtlichen Verwaltungsrechtsschutzes.

Der allen ideologischen und politischen Beweggründen vorausgehende Antrieb für die Abschaffung des Schutzes subjektiver Rechte durch unabhängige Verwaltungsgerichte war indes die Angst der SED, den Staat der DDR nicht nach ihren Vorstellungen ungehindert gestalten und lenken zu können. Ein Ausspruch Hellmuth Loenings, der lediglich auf das Thüringer Verwaltungsgerichtsgesetz vom 7. Oktober 1948 bezogen war, sollte daher die gesamte von der SED beeinflusste Entwicklung des gerichtlichen Verwaltungsrechtsschutzes kennzeichnen:

> „In solchem zielbewussten Bestreben, Rechtsfragen des öffentlichen Rechts der letztinstanzlichen Kontrolle durch persönlich unabhängige, echte Verwaltungsge-

richte zu entziehen, zeigt sich nicht nur die Gleichgültigkeit in rechtlichen Dingen, sondern [...] ,die Feindschaft der Macht gegenüber dem Recht'."[1009]

Obwohl auch nach 1952 in der Literatur vereinzelt Stimmen laut wurden, die für die Wiedereinführung einer Verwaltungsgerichtsbarkeit im Sinne des bürgerlichen Rechtsstaates eintraten, blieb bis zum Ende der DDR nur der Rechtsschutz durch die Verwaltung – nicht vor der Verwaltung. Der Grund lag darin, dass das Wesen des Rechtsschutzes in der sowjetischen Besatzungszone / DDR durch dessen gesellschaftliche Funktion definiert wurde. Danach galt:

1. Der Rechtsschutz war ein Bestandteil des gesellschaftlichen und politischen Umwälzungsprozesses, der sich nach den Vorgaben der SED vollziehen sollte.
2. Subjektiver Rechtsschutz gegen staatliches Handeln wurde nur gewährt, soweit dadurch nicht die Interessen und Ziele der Partei der Arbeiterklasse in Frage gestellt wurden. Der Rechtsschutz umfasste daher nur die Wahrnehmung des Rechts an Mitwirkung bei der Gestaltung und Festigung der sozialistischen Gesellschaft.
3. Daraus wurde gefolgert, dass der Rechtsschutz unter keinen Umständen einen Rechtsschutz des einzelnen gegenüber dem sozialistischen Staat und der sozialistischen Gesellschaft darstellen konnte, sondern den Bürger an seine gesellschaftlichen Aufgaben heranführen musste[1010]. Aus diesem Grunde konnte die Geltendmachung einer Rechtsverletzung auch nicht in das Belieben des einzelnen gestellt werden.[1011]

Eine unabhängige Verwaltungsgerichtsbarkeit hätte diesem Verständnis entgegengewirkt und galt damit schlichtweg als systemfeindlich.

Während die Verwaltungsgerichtsbarkeit bereits im Jahre 1952 beseitigt wurde, kam es erst sechs Jahre später zur vollständigen Liquidierung des Verwaltungsrechts. Auf der staats- und rechtswissenschaftlichen Konferenz in Potsdam-Babelsberg am 2. und 3. April 1958 richteten sich die Angriffe in besonders scharfer Weise gegen das Verwaltungsrecht mit der Behauptung, die Verwaltungsrechtswissenschaft sei eine bürgerliche Wissenschaftsdisziplin. Die sozialistische Rechtswissenschaft sollte von allen bürgerlichen – vor allem der Tren-

---

1009 Hellmuth Loening, Kampf um den Rechtsstaat in Thüringen, AöR, 75. Jgg., 1949, S. 56 - 102 (60 f.).

1010 Günter Baranowski, Der Schutz der Rechte der Bürger und die Formung der sozialistischen Persönlichkeit, Jena, 1965, S. 119 - 121.

1011 Günter Baranowski, ebenda, S. 113 f..

nung von Staats- und Verwaltungsrecht[1012] –, revisionistischen und dogmatischen Kräften gereinigt und auf den Kurs des administrativ-bürokratischen Systems gebracht werden.[1013]

In der Folge der Babelsberger Konferenz wurden die Begriffe „Verwaltungsrecht“, „Verwaltungsakt“ usw. aus dem Sprachgebrauch der Staats- und Rechtswissenschaft der DDR eliminiert. Die Regelungen des Allgemeinen Verwaltungsrechts fielen ersatzlos weg, während das Besondere Verwaltungsrecht formal dem Staatsrecht eingegliedert wurde.[1014]

Erste Anzeichen einer Neubewertung des Verwaltungsrechts durch die Regierenden zeigten sich im Jahre 1966. Der Vorsitzende des Ministerrates Willi Stoph forderte mit dem Hinweis auf in der staatlichen Arbeit spürbar werdende rechtliche Defizite dazu auf, dem Verwaltungsrecht einen „neuen Inhalt“ zu geben. Aber erst mit dem Machtantritt Erich Honeckers 1971 konnten die politisch-ideologischen Vorbehalte gegen ein Verwaltungsrecht überwunden und mit dessen Ausarbeitung als einem besonderen Rechtszweig begonnen werden[1015]. Im Jahre 1979 wurde von der Akademie für Staats- und Rechtswissenschaft der DDR ein Lehrbuch zum Verwaltungsrecht[1016] herausgegeben.[1017]

Eine gerichtliche Nachprüfbarkeit von Verwaltungsentscheidungen blieb unterdessen weiterhin unmöglich. An die Stelle der Geltendmachung subjektiver öffentlicher Rechte gegenüber der Verwaltung durch Rechtsmittel und Klage wurde die Eingabe – per Staatserlass vom 27. Februar 1961 institutionalisiert[1018] – an den vormundschaftlichen Staat als Bitte um die Berücksichtigung der per-

---

1012 Malgorzata Liwinska, Die juristische Ausbildung in der DDR, S. 96.

1013 Karl Bönninger, Die Babelsberger Konferenz und das Schicksal der Verwaltungsrechtswissenschaft, in: Jörn Eckert, Die Babelsberger Konferenz vom 2./3. April 1958, S. 203 - 208 (205).

1014 Bundesministerium für innerdeutsche Beziehungen, DDR Handbuch, Bd. 2: M - Z, S. 1436.

1015 1972 wurde ein Lehrmaterial „Verwaltungsrecht der DDR“ herausgegeben, 1977 die Rechtsdisziplin an den Universitäten wieder eingeführt.

1016 Akademie für Staats- und Rechtswissenschaft der DDR, Verwaltungsrecht.

1017 Gerhard Lingelbach, Verwaltung ohne rechtliche Grenzen? - Konflikt um zwei Konferenzen zur Verwaltungsrechtswissenschaft an der Jenaer Universität, in: Uwe Hoßfeld / Tobias Kaiser / Heinz Mestrup, Hochschule im Sozialismus, Bd. 2, S. 1871 - 1910 (1892 f.).

1018 Erlaß des Staatsrates der Deutschen Demokratischen Republik über die Eingaben der Bürger und die Bearbeitung durch die Staatsorgane vom 27. Februar 1961, GBl. DDR, 1961, Teil I, S. 7 - 9.

sönlichen Interessen gesetzt.[1019] Die Eingaben wurden zu einem beliebten, oft in Anspruch genommenen Mittel. Von ihrem thematischen Bereich reichten sie von der Reklamation einzelner Haushaltsgegenstände bis zum Ausreiseantrag.

Durch das Eingabewesen wurde für die Bürger das Fehlen einer Verwaltungsgerichtsbarkeit nicht unmittelbar spürbar. Vielmehr war es für den Bürger oftmals leichter, mit dem Mittel der Eingabe zum gewünschten Ziel zu kommen, als auf dem Weg des lang andauernden und kostenintensiven Gerichtsverfahrens. Daneben war die Entscheidung der Behörde, je nach entsprechender Einflussnahme durch Bürger und übergeordnete Dienststellen, berechenbarer, als die eines eigenständigen, sich nur Recht und Gesetz verbunden fühlenden Gerichts.

Erst 1989 trat das „Gesetz über die Zuständigkeit und das Verfahren der Gerichte zur Nachprüfung von Verwaltungsentscheidungen“ vom 14. Dezember 1988[1020] in Kraft. § 9 dieses Gesetzes gewährte den Bürgern das Recht, vom Gericht feststellen zu lassen, ob „die Verwaltungsentscheidung gegen Gesetze und andere Rechtsvorschriften verstößt“ und ob „das Verfahren, in dem die Verwaltungsentscheidung ergangen ist, nach den dafür geltenden Rechtsvorschriften durchgeführt wurde“.

Rückblickend kann festgestellt werden, dass für die Entwicklung des Staates „DDR“, insbesondere aber des Rechtsbewusstseins seiner Bürger eine Äußerung aus dem Jahr 1948 bezeichnend werden sollte:

> „Jeder gewaltsame Eingriff in das Recht und besonders in das Verwaltungsrecht bei seinem mangelnden normativen Charakter führt zu Erschütterungen des gesamten gesellschaftlichen Lebens, die kaum wieder restlos zu beseitigen sind. Eine Revolution des Rechts ist, auf die Dauer gesehen, bisher noch stets mißglückt.“[1021]

1019 Karl Bönninger, Die Babelsberger Konferenz und das Schicksal der Verwaltungsrechtswissenschaft, in: Jörn Eckert, Die Babelsberger Konferenz vom 2./3. April 1958, S. 203 - 208 (206).

1020 GBl. DDR, 1988, S. 327 f..

1021 ThHStAW, Thüringer Landtag, Akte 385, Blatt 165.

Literaturverzeichnis

Monographien und Aufsätze

Abelmann, Günter / Berndt, Hans: Rechtsnorm und Verwaltungsanweisung?, in: Staat und Recht (StuR), 7. Jahrgang, 1958, S. 654 – 668, Staatsverlag der Deutschen Demokratischen Republik, Berlin

Abendroth, Wolfgang: Vergleich über die Justiz in den Länderverfassungen der amerikanischen und der sowjetischen Besatzungszone, in: Neue Justiz (NJ), 1. Jahrgang, 1947, S. 112 – 116, Deutscher Zentralverlag, Berlin

Abendroth, Wolfgang: Zur Stellung des Richters in der Landesverfassung Thüringens, in: Neue Justiz (NJ), 1. Jahrgang, 1947, S. 187, Deutscher Zentralverlag, Berlin

Akademie für Staats- und Rechtswissenschaft der DDR, Potsdam-Babelsberg (Hrsg.), Autorenkollektiv unter der Leitung von Walter Assmann, Verwaltungsrecht, Staatsverlag der Deutschen Demokratischen Republik, Berlin, 1979

Albrecht, Günter: Dokumente zur Staatsordnung der Deutschen Demokratischen Republik, Band 1 und 2, Deutscher Zentralverlag, Berlin, 1959

Amos, Heike: Justizverwaltung in der SBZ / DDR – Personalpolitik 1945 bis Anfang der 50er Jahre, Böhlau Verlag, Köln, 1996

Anders, Helmut: Die Demokratisierung der Justiz beim Aufbau der antifaschistisch-demokratischen Ordnung auf dem Gebiet der DDR (1945 bis 1949), Dissertation B, Leipzig, 1972

Anders, Helmut: Die Demokratisierung der Justiz beim Aufbau der antifaschistisch-demokratischen Ordnung 1945 bis 1949, in: Akademie der Wissenschaften der DDR, Jahrbuch für Geschichte, Band 9, 1973, S. 385 – 438, Akademie-Verlag, Berlin

Assmann, Walter: Zur Neuregelung der „Staatshaftung“ in der Deutschen Demokratischen Republik, in: Staat und Recht (StuR), 7. Jahrgang, 1958, S. 265 – 278, Staatsverlag der Deutschen Demokratischen Republik, Berlin

Autorenkollektiv unter der Leitung von Hilde Benjamin: Zur Geschichte der Rechtspflege der DDR 1945 – 1949, Staatsverlag der Deutschen Demokratischen Republik, Berlin, 1976

Autorenkollektiv unter der Leitung von Ingetraut Melzer: Staats- und Rechtsgeschichte der DDR, Grundriß, Staatsverlag der Deutschen Demokratischen Republik, Berlin, 1983

Autorenkollektiv unter der Leitung von Kurt Wünsche: Grundlagen der Rechtspflege, 2. Auflage, Staatsverlag der Deutschen Demokratischen Republik, Berlin, 1986

Baranowski, Günter: Der Schutz der Rechte der Bürger und die Formung der sozialistischen Persönlichkeit, Dissertation B, Jena, 1965

Baring, Martin: Verwaltungsrechtsschutz, in: Recht in Ost und West (ROW), 2. Jahrgang, 1958, S. 45 – 47, Berlin-Verlag, Berlin

Benjamin, Hilde: Die dialektische Einheit von Gesetzlichkeit und Parteilichkeit durchsetzen, in: Neue Justiz (NJ), 12. Jahrgang, 1958, S. 365 – 368, Deutscher Zentralverlag, Berlin

Benjamin, Hilde: Zehn Jahre demokratische Justiz, in: Staat und Recht (StuR), 4. Jahrgang, 1955, S. 349 – 368, Staatsverlag der Deutschen Demokratische Republik, Berlin

Berger, Götz: Um die Verwaltungsgerichtsbarkeit, in: Demokratischer Aufbau (DA), 1. Jahrgang, 1946, S. 269 f., Deutscher Zentralverlag, Berlin

Berger, Götz: Unverantwortlichkeit der Richter, in: Demokratischer Aufbau (DA), 1. Jahrgang, 1946, S. 148 f., Deutscher Zentralverlag, Berlin

Bernet, Wolfgang: Das Problem der Gerichtsbarkeit über Verwaltungssachen in der Entwicklung der DDR, in: Die öffentliche Verwaltung (DÖV), 43. Jahrgang, 1990, S. 409 – 417, Kohlhammer, Stuttgart

Bernet, Wolfgang: Entwicklung und Funktion der deutschen bourgeoisen Verwaltungsgerichtsbarkeit, in: Staat und Recht (StuR), 32. Jahrgang, 1983, S. 824 – 832, Staatsverlag der Deutschen Demokratischen Republik, Berlin

Bernet, Wolfgang: Gerichtliche Nachprüfbarkeit von Verwaltungsakten für die DDR?, in: Riege, Gerhard / Schaarschmidt, Rolf / Dshorbenadse, S. M. / Bolck, Franz (Hrsg.), Bürger im sozialistischen Recht, Gemeinschaftsarbeit der Sektion Staats- und Rechtswissenschaft der Friedrich-Schiller-Universität Jena und der Juristischen Fakultät der Staatlichen Universität Tbilissi, Friedrich-Schiller-Universität, Jena, 1983, S. 48 – 62

Bernet, Wolfgang: Wirksamkeit von Rechtsmittelverfahren in der staatlichen Leitung, in: Staat und Recht (StuR), 30. Jahrgang, 1981, S. 732 – 743, Staatsverlag der Deutschen Demokratischen Republik, Berlin

Bernet, Wolfgang: Zur Entwicklung der Verwaltungsrechtswissenschaft, in: Staat und Recht (StuR), 36. Jahrgang, 1987, S. 759 – 767, Staatsverlag der Deutschen Demokratischen Republik, Berlin

Bernet, Wolfgang: Zur Geschichte und Rechtsprechung des Thüringischen OVG Jena, in: Mohnhaupt, Heinz (Hrsg.), Rechtsgeschichte in den beiden deutschen Staaten, Klostermann, Frankfurt am Main, 1990, S. 516 – 535

Böckenförde, Ernst-Wolfgang: Die Rechtsauffassung im kommunistischen Staat, Kösel-Verlag, München, 1967

Böckenförde, Ernst-Wolfgang: Grundrechtstheorie und Grundrechtsinterpretation, in: Neue Juristische Wochenschrift (NJW), 27. Jahrgang, 1974, S. 1529 – 1538, Beck Verlag, München

Bönninger, Karl: Buchbesprechung zu „Sowjetisches Verwaltungsrecht“, in: Staat und Recht (StuR), 4. Jahrgang, 1955, S. 160 – 165, Staatsverlag der Deutschen Demokratische Republik, Berlin

Bönninger, Karl: Der Gegenstand des demokratischen Verwaltungsrechts in der Deutschen Demokratischen Republik, in: Neue Justiz (NJ), 6. Jahrgang, 1952, S. 388 – 393, Deutscher Zentralverlag, Berlin

Bönninger, Karl: Die Babelsberger Konferenz und das Schicksal der Verwaltungsrechtswissenschaft, in: Eckert, Jörn (Hrsg.), Die Babelsberger Konferenz vom 2./3. April 1958, Nomos Verlagsgesellschaft, Baden - Baden, 1993, S. 203 – 208

Bönninger, Karl: Rechtsnorm und Verwaltungsanweisung, in: Festschrift für Erwin Jacobi, Deutscher Zentralverlag, Berlin, 1957, S. 333 – 361

Bönninger, Karl: Zu theoretischen Problemen eines Verwaltungsverfahrens und seiner Bedeutung für die Gewährleistung der subjektiven Rechte der Bürger, in: Staat und Recht (StuR), 29. Jahrgang, 1980, S. 931 – 939, Staatsverlag der Deutschen Demokratischen Republik, Berlin

Bönninger, Karl / Hochbaum, Hans-Ulrich / Lekschas, Eva / Schulze, Gerhard: Das Verwaltungsrecht der Deutschen Demokratischen Republik, Allgemeiner Teil, Deutscher Zentralverlag, Berlin, 1957

Braas, Gerhard: Die Entstehung der Länderverfassungen in der Sowjetischen Besatzungszone Deutschlands 1946/47, Verlag Wissenschaft und Politik, Köln, 1987

Brunner, Georg: Das System des öffentlich-rechtlichen Rechtsschutzes in der DDR, in: Lange, Richard / Meissner, Boris / Pleyer, Klemens (Hrsg.), Probleme des DDR-Rechts, Verlag Wissenschaft und Politik, Köln, 1973, S. 81 – 106

Brunner, Georg: Die Verwaltung in der SBZ und DDR, in: Jeserich, Kurt G. A. / Pohl, Hans / Unruh, Georg-Christoph von (Hrsg.), Deutsche Verwaltungsgeschichte, Band 5, Die Bundesrepublik Deutschland, Deutsche Verlags-Anstalt, Stuttgart, 1987, S. 1218 – 1283

Brunner, Georg: Einführung in das Recht der DDR, Beck Verlag, München, 1975

Büchner-Uhder, Willi / Poppe, Eberhard: Die weitere Entfaltung der Grundrechte der Bürger im Kampf um die Sicherung des Friedens durch die Stärkung der ökonomischen Grundlagen der DDR, in: Staat und Recht (StuR), 11. Jahrgang, 1962, S. 1045 – 1063, Staatsverlag der Deutschen Demokratischen Republik, Berlin

Bullinger, Martin: Das Verwaltungsrecht in der DDR (SBZ), in: Albrecht-Ludwigs-Universität zu Freiburg (Hrsg.), Die Lage des Rechts in Mitteldeutschland - Ringvorlesung der Rechts- und Staatswissenschaftlichen Fakultät der Albert-Ludwigs-Universität Freiburg/Br., Sommersemester 1964, Müller Verlag, Karlsruhe, 1965, S. 101 – 120

Bundesministerium für gesamtdeutsche Fragen (Hrsg.): Unrecht als System – Dokumente über planmäßige Rechtsverletzungen in der Sowjetzone Deutschlands 1952 – 1962, Bonn

Bundesministerium für innerdeutsche Beziehungen (Hrsg.): DDR Handbuch, Band 2: M – Z, 3. Auflage, Verlag Wissenschaft und Politik, Köln, 1985

Dassel, Ulrich von: Die neue Verwaltungsgerichtsbarkeit, in: Neue Justiz (NJ), 2. Jahrgang, 1948, S. 27 – 31, Deutscher Zentralverlag, Berlin

Drath, Martin: Redaktionelle Notizen, in: Archiv des öffentlichen Rechts (AöR), 75. Jahrgang, 1949, S. 124 – 128, J.C.B. Mohr (Paul Siebeck), Tübingen

Etzel, Matthias, Die Aufhebung von nationalsozialistischen Gesetzen durch den Alliierten Kontrollrat (1945 – 1948), J.C.B. Mohr (Paul Siebeck), Tübingen, 1992

Fechner, Max (Hrsg.), Beiträge zur Demokratisierung der Justiz, Dietz Verlag, Berlin, 1948

Fechner, Max: Gedanken zur Demokratisierung der Justiz, in: Einheit, 3. Jahrgang, 1948, S. 223 – 229, Verlag Einheit, Berlin

Fechner, Max: Volk und Justiz, in: Fechner, Max (Hrsg.), Beiträge zur Demokratisierung der Justiz, Dietz Verlag, Berlin, 1948, S. 7 – 18

Friesenhahn, Ernst: Justiz und Verwaltungsrechtsschutz, in: Zentraljustizamt für die Britische Zone (Hrsg.), Justiz und Verfassung – Beiträge und Vorschläge zur Stellung der Rechtspflege im Staat aus Anlass der westdeutschen Verfassungsberatungen, Rechts- und Staatswissenschaftlicher Verlag, Hamburg, 1948, S. 103 – 131

Gesamtdeutsches Institut - Bundesanstalt für gesamtdeutsche Aufgaben (Hrsg.): Bestimmungen der DDR zu Eigentumsfragen und Enteignungen, 2. Auflage, Bonn, 1984

Grewe, Wilhelm: Redaktionelle Notizen, in: Archiv des öffentlichen Rechts (AöR), 74. Jahrgang, 1948, S. 519, J.C.B. Mohr (Paul Siebeck), Tübingen

Havemann, Robert: Beziehungen zur CSSR, in: Deutschland Archiv, 1. Jahrgang, 1968, S. 328 – 330, Bertelsmann, Bielefeld (ursprünglich erschienen in der Prager Illustrierten „Svet v Obrazech")

Heil, Thomas: Die Verwaltungsgerichtsbarkeit in Thüringen 1945 – 1952, Ein Kampf um den Rechtsstaat, J.C.B. Mohr (Paul Siebeck), Tübingen, 1996

Heller, Friedrich: Aus 100 Jahren Verwaltungsgerichtsbarkeit, in: Recht in Ost und West (ROW), 7. Jahrgang, 1963, S. 210 – 212, Berlin-Verlag, Berlin

Herrmann, Rudolf / Schüsseler, Rolf: Inhalt und Bedeutung der Unabhängigkeit des Richters in der DDR, in: Neue Justiz (NJ), 17. Jahrgang, 1963, S. 129 – 135, Staatsverlag der Deutschen Demokratischen Republik, Berlin

Heym, Stefan: Stalin verlässt den Raum, Reclam, Leipzig, 1990

Hochbaum, Hans-Ulrich: Der Gegenstand des Verwaltungsrechts und der Verwaltungsrechtswissenschaft in der Deutschen Demokratischen Republik, Dissertation, Deutsche Akademie für Staats- und Rechtswissenschaften „Walter Ulbricht" in Potsdam-Babelsberg, 1954

Hochbaum, Hans-Ulrich: Die staatlichen Verwaltungsakte im Lichte der Lehre Stalins von Basis und Überbau, in: Neue Justiz (NJ), 6. Jahrgang, 1952, S. 108 – 111, Deutscher Zentralverlag, Berlin

Hochbaum, Hans-Ulrich: Staats- und verwaltungsrechtliche Gesetze der Deutschen Demokratischen Republik, Deutscher Zentralverlag, Berlin, 1958

Hochbaum, Hans-Ulrich: Zum allgemeinen Rechtsmittelverfahren in der Verwaltung, in: Demokratischer Aufbau (DA), 11. Jahrgang, 1956, S. 673 – 676, Deutscher Zentralverlag, Berlin

Hoeck, Joachim: Verwaltung, Verwaltungsrecht und Verwaltungsrechtsschutz in der Deutschen Demokratischen Republik, Duncker & Humblot, Berlin, 2003

Holling, Werner: Verwaltung und Verwaltungsrecht, Deutscher Zentralverlag, Berlin, 1947

Huber, Peter M.: 80 Jahre Thüringer Oberverwaltungsgericht, in: Archiv des öffentlichen Rechts (AöR), 118. Jahrgang, 1993, S. 45 – 65, J.C.B. Mohr (Paul Siebeck), Tübingen

Immisch, Lars: Der sozialistische Richter in der DDR und seine Unabhängigkeit, Verlag Peter Lang, Franfurt am Main, 1997

Ipsen, Hans Peter: Entscheidungssammlungen des Thüringischen OVG und des Bayerischen VGH, in: Archiv des öffentlichen Rechts (AöR), 74. Jahrgang, 1948, S. 499 – 507, J.C.B. Mohr (Paul Siebeck), Tübingen

Jacobi, Erwin: Zur Scheidung von privatem und öffentlichem Recht in der Deutschen Demokratischen Republik, in: Rechts- und Staatswissenschaftliche Fakultät der Universität Göttingen (Hrsg.), Rechtsprobleme in Staat und Kirche, Festschrift für Rudolf Smend, Verlag Otto Schwartz & Co., Göttingen, 1952, S. 145 – 162

Jahrbuch der Entscheidungen des Thüringischen Oberverwaltungsgerichts. Amtliche Veröffentlichung des Gerichtshofs, 18. Band, 1946/47, Verlag Bernhard Vopelius, Jena

Jakobs, Otto-Wilhelm: Verwaltungsrechtsschutz im Spannungsfeld zwischen Bürger und Staat, in: Verwaltungsblätter für Baden-Würtemberg (VBlBW), 11. Jahrgang, 1990, S. 241 – 248, Boorberg Verlag, Tübingen

Janke, Gerd: Die Verwaltungsgerichtsbarkeit in der SBZ und in der DDR, in: Neue Justiz (NJ), 46. Jahrgang, 1992, S. 425 – 431, Nomos Verlagsgesellschaft, Berlin

John, Jürgen: Die thüringischen Landesverfassungen 1920/21 und 1946, in: Schmitt, Karl (Hrsg.), Die Verfassung des Freistaats Thüringen, Böhlau Verlag, Weimar, 1995, S. 132 – 185

Kolesnitschenko, Iwan Sosonowitsch: Im gemeinsamen Kampf für das neue antifaschistisch-demokratische Deutschland entwickelte und festigte sich unsere unverbrüchliche Freundschaft, hrsg. von der Sozialistischen Einheitspartei Deutschlands, Bezirksleitung Erfurt, 1985

Kröger, Herbert: Die Herrschaft der Justizbürokratie im Bonner Verfassungssystem, in: Neue Justiz (NJ), 3. Jahrgang, 1949, S. 203 – 206, Deutscher Zentralverlag, Berlin

Kröger, Herbert: Zur Frage der Zulässigkeit des ordentlichen Zivilrechtswegs, in: Neue Justiz (NJ), 6. Jahrgang, 1952, S. 255 – 260, Deutscher Zentralverlag, Berlin

Kröger, Herbert: Zur Systematisierung des Verwaltungsrechts in der antifaschistisch-demokratischen Ordnung, in: Neue Justiz (NJ), 5. Jahrgang, 1951, S. 347 – 350, Deutscher Zentralverlag, Berlin

Krüger, Hartmut: Die Rechtsnatur des sogenannten Siedlungseigentums der Neubauern der kommunistischen Bodenreform in der ehemaligen Sowjetischen Besatzungszone/DDR, in: Deutsch-deutsche Rechts-Zeitschrift (DtZ), 2. Jahrgang, 1991, S. 385 – 393, C.H. Beck`sche Verlagsbuchhandlung, München

Krüger, Henning: Zur vermeintlichen Fremdartigkeit des Verwaltungsrechts der Bundesrepublik, in: Neue Justiz (NJ), 44. Jahrgang, 1990, S. 531 – 533, Staatsverlag der Deutschen Demokratischen Republik, Berlin

Külz, Helmut: Zur Stellung des Richters in der Landesverfassung Thüringens, in: Neue Justiz (NJ), 1. Jahrgang, 1947, S. 187, Deutscher Zentralverlag, Berlin

Lasch, Sebastian: Bürgerliche Wissenschaft und demokratische Politik. Martin Drath und Wolfgang Abendroth an der Universität Jena, in: Hoßfeld, Uwe / Kaiser, Tobias / Mestrup, Heinz (Hrsg.), Hochschule im Sozialismus, Band 2, Böhlau Verlag, Köln, 2007, S. 1993 – 2018

Leissner, Gustav: Das Verwaltungsrecht der DDR, in: Recht in Ost und West (ROW), 1. Jahrgang, 1957, S. 216 f., Berlin-Verlag, Berlin

Lingelbach, Gerhard: Verwaltung ohne rechtliche Grenzen? – Konflikte um zwei Konferenzen zur Verwaltungsrechtswissenschaft an der Jenaer Universität, in: Hoßfeld, Uwe / Kaiser, Tobias / Mestrup, Heinz (Hrsg.), Hochschule im Sozialismus, Band 2, Böhlau Verlag, Köln, 2007, S. 1871 – 1910

Liwinska, Malgorzata: Die juristische Ausbildung in der DDR: im Spannungsfeld von Parteilichkeit und Sachlichkeit, Verlag für Wissenschaft und Forschung, Berlin, 1997

Loening, Hellmuth: Ansprache zur Wiedereröffnung des Thüringischen Oberverwaltungsgerichts in Jena, in: Archiv des öffentlichen Rechts (AöR), 74. Jahrgang, 1948, S. 45 – 51, J.C.B. Mohr (Paul Siebeck), Tübingen

Loening, Hellmuth: Kampf um den Rechtsstaat in Thüringen, in: Archiv des öffentlichen Rechts (AöR), 75. Jahrgang, 1949, S. 56 – 102, J.C.B. Mohr (Paul Siebeck), Tübingen

Loening, Hellmuth: Landesverwaltungsordnung und Nebenbestimmungen - Organisationsgesetz zur Neuordnung der Verwaltung im Lande Thüringen, Landesverlag Thüringen, Weimar, 1946

Loening, Hellmuth: 36 Jahre Thüringisches Oberverwaltungsgericht (1912 - 1948), in: Baring, Martin (Hrsg.), Aus 100 Jahren Verwaltungsgerichtsbarkeit, Heymann, Köln, 1963, S. 153 – 169

Löwenthal, Martin: Zur Frage der Zulässigkeit des ordentlichen Rechtsweges, in: Neue Justiz (NJ), 6. Jahrgang, 1952, S. 70 f., Deutscher Zentralverlag, Berlin

Löwisch, Günther: Günther Löwisch, Jurist in Thüringen, Sozialpolitiker in Württemberg – Erinnerungen an sieben Jahrzehnte, Verlag C.H. Beck, München, 1998

Marek, Dieter: Bezirke statt Länder, Die DDR-Verwaltungsreform 1952, in: Landeszentrale für politische Bildung (Hrsg.), Thüringen Blätter zur Landeskunde, Erfurt, 2002

Markovits, Inga: Die Abwicklung, Ein Tagebuch zum Ende der DDR-Justiz, Verlag C.H. Beck, München, 1993

Markovits, Inga: Gerechtigkeit in Lüritz, Eine ostdeutsche Rechtsgeschichte, Verlag C.H. Beck, München, 2006

Maunz, Theodor / Dürig, Günter: Grundgesetz, Kommentar, 53. Auflage, Verlag C.H. Beck, München, 2009

Menzel, Wolfgang: Probleme der Neuregelung des Vorschlags- und Beschwerderechts, in: Demokratischer Aufbau (DA), 11. Jahrgang, 1956, S. 576 – 579, Deutscher Zentralverlag, Berlin

Metzner, Richard: Gaststättengesetz, Kommentar, 6. Auflage, Verlag C.H. Beck, München, 2002

Meyer, Ernst: Die Entwicklung der Verwaltungsgerichtsbarkeit in der Ostzone, in: Deutsches Verwaltungsblatt (DVBl.), 65. Jahrgang, 1950, S. 561 – 564, Heymann, Köln

Ministerium für Auswärtige Angelegenheiten der DDR / Ministerium für Auswärtige Angelegenheiten der UdSSR: Um ein antifaschistisch-demokratisches Deutschland, Dokumente aus den Jahren 1945 – 1949, Staatsverlag der DDR, Berlin, 1968

Müller-Enbergs, Helmut / Wielgohs, Jan / Hoffmann, Dieter / Herbst, Andreas (Hrsg.): Wer war wer in der DDR?, Ch. Links Verlag, Berlin, 2006

Pasternack, Peer: Hochschule in der DDR als Gegenstand von Forschung und Erinnerung, in: Hoßfeld, Uwe / Kaiser, Tobias / Mestrup, Heinz (Hrsg.), Hochschule im Sozialismus, Band 2, Böhlau Verlag, Köln, 2007, S. 2255 – 2267

Peters, Hans: Jahrbuch der Entscheidungen des Thüringischen Oberverwaltungsgerichts, 18. Band, 1946/47 (Besprechung), in: Neue Justiz (NJ), 2. Jahrgang, 1948, S. 119, Deutscher Zentralverlag, Berlin

Peters, Hans: Lehrbuch der Verwaltung, Springer Verlag, Berlin, 1949

Pohl, Heidrun: Verwaltungsrechtsschutz, in: König, Klaus (Hrsg.), Verwaltungsstrukturen der DDR, Nomos Verlagsgesellschaft, Baden-Baden, 1991, S. 263 – 275

Polak, Karl: Bericht über die theoretische Konferenz über Fragen der Staats- und Rechtswissenschaft in Leipzig am 15. und 16. Dezember 1951, in: Neue Justiz (NJ), 6. Jahrgang, 1952, S. 7 – 13, Deutscher Zentralverlag, Berlin

Polak, Karl: Gewaltenteilung, Menschenrechte, Rechtsstaat – Begriffsformalismus und Demokratie – Zur Kritik der Weimarer Verfassung, in: Einheit, 1. Jahrgang, 1946, S. 385 – 401, Dietz Verlag, Berlin

Polak, Karl: Rechtsstaat und Demokratie, in: Fechner, Max (Hrsg.), Beiträge zur Demokratisierung der Justiz, Dietz Verlag, Berlin, 1948, S. 59 – 80

Polak, Karl: Über die weitere Entwicklung der sozialistischen Rechtspflege in der Deutschen Demokratischen Republik, in: Staat und Recht (StuR), 10. Jahrgang, 1961, S. 607 – 657, Staatsverlag der Deutschen Demokratischen Republik, Berlin

Polak, Karl: Zur Dialektik in der Staatslehre, 3. Auflage, Akademie-Verlag, Berlin, 1963

Poppe, Eberhard: Grundrechte und -pflichten der Bürger im Verfassungsentwurf und die Menschenrechtsdeklaration der UNO, in: Neue Justiz (NJ), 22. Jahrgang, 1968, S. 161 – 164, Staatsverlag der Deutschen Demokratischen Republik, Berlin

Püttner, Günter: Zur Entwicklung des Verwaltungsrechts in der DDR, in: Zieger, Gottfried (Hrsg.), Recht, Wirtschaft, Politik im geteilten Deutschland - Festschrift für Siegfried Mampel, Heymann, Köln, 1983, S. 143 – 155

Rosenthal, Walther: Die richterliche Gewalt in der SBZ (DDR), in: Journal der Internationalen Juristen-Kommission, Band 4, Nr. 1, Genf, 1962, S. 148

Ruhl, Klaus-Jörg: Neubeginn und Restauration, Dokumente zur Vorgeschichte der Bundesrepublik Deutschland 1945 – 1949, 3. Auflage, Deutscher Taschenbuch Verlag, München, 1989

Schäfermeyer, Reinhold: Grundsätze zur Rechtserneuerung, in: Fechner, Max (Hrsg.), Beiträge zur Demokratisierung der Justiz, Dietz Verlag, Berlin, 1948, S. 311 – 324

Schäfermeyer, Reinhold: Sinn und Zweck der Verwaltungsgerichtsbarkeit, in: Demokratischer Aufbau (DA), 2. Jahrgang, 1947, S. 257 f., Deutscher Zentralverlag, Berlin

Scheerbarth, Walter: Das Schicksal der Verwaltungsgerichtsbarkeit unter dem Nationalsozialismus, in: Die öffentliche Verwaltung (DÖV), 16. Jahrgang, 1963, S. 729 – 732, Kohlhammer, Stuttgart

Schmidt, Eberhardt: Politische Rechtsbeugung und Richteranklage, in: Zentraljustizamt für die Britische Zone (Hrsg.), Justiz und Verfassung – Beiträge und Vorschläge zur Stellung der Rechtspflege im Staat aus Anlass der westdeutschen Verfassungsberatungen, Rechts- und Staatswissenschaftlicher Verlag, Hamburg, 1948, S. 55 – 102

Schneider, Hans: Die neue Verwaltungsgerichtsbarkeit in ihrer verfassungsrechtlichen Bedeutung, in: Deutsche Verwaltung (DV), 2. Jahrgang, 1949, S. 142 – 145, Rechts- und Staatswissenschaftlicher Verlag, Hamburg

Schneider, Hans: Die Verwaltungsgerichtsbarkeit in Berlin, in: Archiv des öffentlichen Rechts (AöR), 74. Jahrgang, 1948, S. 239 – 253, J.C.B. Mohr (Paul Siebeck), Tübingen

Schöneburg, Karl-Heinz: Geschichte des Staates und des Rechts der DDR, Dokumente 1945 – 1949, Staatsverlag der Deutschen Demokratischen Republik, Berlin, 1984

Schöneburg, Volkmar: Gesetzlichkeit und Parteilichkeit – Herrschende Rechtsauffassung und Herrschaftssicherung in der DDR, in: Utopie kreativ, 1997, S. 148 – 157, NDZ / Neue Zeitungsverwaltung, Berlin

Schreier, Gerhard: Gedanken zu einer gesetzlichen Regelung der Staatshaftung, in: Neue Justiz (NJ), 12. Jahrgang, 1958, S. 195 – 198, Deutscher Zentralverlag, Berlin

Schultes, Karl: Der Aufbau der Länderverfassungen in der sowjetischen Besatzungszone, Dietz Verlag, Berlin, 1948

Schultes, Karl: Die Verfassung des Landes Thüringen, Thüringer Verlagsanstalt, Weimar, 1947

Schultes, Karl: Rechtsschutz und Rechtssicherheit in der realen Demokratie, in: Fechner, Max (Hrsg.), Beiträge zur Demokratisierung der Justiz, Dietz Verlag, Berlin, 1948, S. 81 – 94

Schultes, Karl: Rechtsstaat und Gerichtsbarkeit im Verfassungssystem der realen Demokratie, in: Neue Justiz (NJ), 2. Jahrgang, 1948, S. 1 – 10, Deutscher Zentralverlag, Berlin

Schulz, Werner: Die Rechtsprechung des Obersten Gerichts der Sowjetzone zur Zulässigkeit des Rechtsweges bei Verwaltungsakten, in: Jahrbuch für Ostrecht (JOR), Band V, 1964, S. 83 – 98, Beck Verlag, München

Stolleis, Michael: Sozialistische Gesetzlichkeit, Staats- und Verwaltungsrechtswissenschaft in der DDR, Verlag C.H. Beck, München, 2009

Studenikin, S. S. / Wlassow, W. A. / Jewtichijew, I. I.: Sowjetisches Verwaltungsrecht, Allgemeiner Teil, Deutsche Übersetzung: Engelbert, Heinz, Deutsches Institut für Rechtswissenschaft (Hrsg.), verantwortlicher Redakteur: Kröger, Herbert, Deutscher Zentralverlag, Berlin, 1954

Ulbricht, Walter: Die Rolle des sozialistischen Staates bei der Gestaltung des entwickelten gesellschaftlichen Systems des Sozialismus, in: Neue Justiz (NJ), 22. Jahrgang, 1968, S. 641 – 650, Staatsverlag der Deutschen Demokratischen Republik, Berlin

Ulbricht, Walter: Die Staatslehre des Marxismus-Leninismus und ihre Anwendung in Deutschland, in: Protokoll der Staats- und Rechtswissenschaftlichen Konferenz in Babelsberg am 2. und 3. April 1958, Deutscher Zentralverlag, Berlin, 1958

Ulbricht, Walter: Für eine demokratische Justiz, in: Zur Geschichte der deutschen Arbeiterbewegung, Band 3: 1946 – 1950, Dietz Verlag, Berlin, 1953, S. 106 – 109

Ulbricht, Walter: Zur Geschichte der deutschen Arbeiterbewegung, Band 3: 1946 – 1950, Dietz Verlag, Berlin, 1953

Ule, Carl Hermann: Gesetzlichkeit in der Verwaltung durch Verwaltungsverfahren und gerichtliche Kontrolle in der DDR, in: Deutsches Verwaltungsblatt (DVBl.), 100. Jahrgang, 1985, S. 1029 – 1041, Heymann, Köln

Unruh, Georg-Christoph von: Verwaltungsgerichtsbarkeit, in: Jeserich, Kurt G. A. / Pohl, Hans / Unruh, Georg-Christoph von (Hrsg.), Deutsche Verwaltungsgeschichte, Band 5, Die Bundesrepublik Deutschland, Deutsche Verlags-Anstalt, Stuttgart, 1987, S. 1178 – 1196

Weber, Hermann: Die DDR 1945 – 1990, 3. Auflage, Oldenbourg Verlag, München, 2000

Weber, Petra: Justiz und Diktatur - Justizverwaltung und politische Strafjustiz in Thüringen 1945 - 1961, Oldenbourg Verlag, München, 2000

Wegener, Wilhelm: Die neuen deutschen Verfassungen, West-Verlag, Essen, 1947

Landtagsdrucksachen, Gesetz- und Verordnungsblätter

Akten und Verhandlungen des Landtags der Mark Brandenburg, 1946 – 1952, Band I: Sitzungsprotokolle, 1. Wahlperiode, Reprinted: Keip Verlag, Frankfurt am Main, 1992

Akten und Verhandlungen des Landtags der Provinz Sachsen-Anhalt, 1946 – 1952, Band I.1: Sitzungsprotokolle, 1. Wahlperiode, Band II: Landtagsdrucksachen, 1. Wahlperiode, Reprinted: Keip Verlag, Frankfurt am Main, 1992

Akten und Verhandlungen des Landtags von Mecklenburg Vorpommern, 1946 – 1952, Band I.1: Sitzungsprotokolle, 1. Wahlperiode, Reprinted: Keip Verlag, Frankfurt am Main, 1992

Akten und Verhandlungen des Sächsischen Landtages, 1946 – 1952, Band I.1: Sitzungsprotokolle, 1. Wahlperiode, Reprinted: Keip Verlag, Frankfurt am Main, 1991

Akten und Verhandlungen des Thüringer Landtages, 1946 – 1952, Band I.1, I.2, I.3: Sitzungsprotokolle, 1. Wahlperiode, Band II.1, II.2: Landtagsdrucksachen, 1. Wahlperiode, Band III: Sitzungsprotokolle, Landtagsdrucksachen, 2. Wahlperiode, Reprinted: Keip Verlag, Frankfurt am Main, 1992

Gesetzblatt der Deutschen Demokratischen Republik (GBl. DDR), Jahrgänge: 1949, 1952, hrsg. von der Regierungskanzlei der Deutschen Demokratischen Republik, Deutscher Zentralverlag, Berlin; 1961, Teil I, hrsg. vom Büro des Präsidiums des Ministerrates der Deutschen Demokratischen Republik, Deutscher Zentralverlag, Berlin; 1968, Teil I, hrsg. vom Büro des Ministerrates, Staatsverlag der Deutschen Demokratischen Republik; 1988, Teil I, hrsg. vom Sekretariat des Ministerrates, Staatsverlag der Deutschen Demokratischen Republik

Gesetzblatt des Landes Sachsen-Anhalt Teil I und II (GBl. Sachsen-Anhalt), Jahrgänge: 1946, hrsg. vom Präsidenten der Provinz Sachsen; 1947, 1950, 1952, hrsg. von der Landesregierung Sachsen-Anhalt; Halle (Saale)

Gesetzsammlung für Thüringen, Jahrgänge: 1926; 1930, hrsg. vom Thüringischen Staatsministerium; Panses Verlag, Weimar

Gesetz- und Verordnungsblatt des Landes Brandenburg Teil I und II (GVBl. Brandenburg), Jahrgänge: 1947, 1952, hrsg. von der Landesregierung Brandenburg, Minister des Inneren, Potsdam

Gesetz- und Verordnungsblatt Land Sachsen (GVBl. Sachsen), Jahrgänge: 1946, hrsg. von der Landesverwaltung Sachsen, Inneres und Volksbildung; 1947, 1949, 1952, hrsg. von der Landesregierung Sachsen, Büro des Ministerpräsidenten, Dresden

Regierungsblatt für das Land Thüringen, Teil I: Gesetzsammlung, Jahrgänge: 1945, hrsg. vom Präsidenten des Landes Thüringen, Panses Verlag, Weimar; 1946 – 1948, hrsg. vom Ministerium für Justiz; 1949, hrsg. vom Ministerium des Inneren; 1950, hrsg. vom Ministerium der Justiz; 1951, 1952, hrsg. vom Büro des Ministerpräsidenten; Landesverlag Thüringen, Weimar

Regierungsblatt für das Land Thüringen, Teil II: Amtsblatt, Jahrgänge: 1946, hrsg. von der Präsidialkanzlei des Präsidenten des Landes Thüringen, Panses Verlag, Weimar; 1947, 1948, hrsg. vom Ministerium für Justiz; 1949, hrsg. vom Ministerium des Inneren; Landesverlag Thüringen, Weimar

Regierungsblatt für das Land Thüringen, Teil III: Gesetze und Befehle des Alliierten Kontrollrats und Befehle der Sowjet-Militär-Administration Thüringen, Jahrgang: 1946, hrsg. vom Ministerium der Justiz, Landesverlag Thüringen, Weimar

Regierungsblatt für Mecklenburg (RegBl. Mecklenburg), Jahrgänge: 1947, 1951, hrsg. von der Landesregierung Mecklenburg, Ministerpräsidium, Schwerin

Reichsgesetzblatt Teil I (RGBl. I), Jahrgänge: 1911, 1919, 1939, 1941, hrsg. vom Reichsministerium des Innern, Reichsverlagsamt, Berlin

Verordnungsblatt der Stadt Berlin (VBl. Berlin), Jahrgang: 1945, hrsg. vom Magistrat der Stadt Berlin, Berlin

Zentralverordnungsblatt, Jahrgang: 1948, hrsg. von der Deutschen Justizverwaltung der sowjetischen Besatzungszone in Deutschland, Deutscher Zentralverlag, Berlin

Archivmaterialien des Thüringischen Hauptstaatsarchivs Weimar (ThHStAW)

Bestand des Thüringer Landtags
Film Nr. 9; Akte Nr. 119, 120
Film Nr. 11; Akte Nr. 131/132
Film Nr. 17; Akte Nr. 189
Film Nr. 25; Akte Nr. 248
Film Nr. 46; Akte Nr. 385
Film Nr. 53; Akte Nr. 484
Akte Nr. 385

Bestand Land Thüringen, Ministerium des Inneren (Ministerium des Inneren)
Akte Nr. 212, 234, 276, 764

Bestand Land Thüringen, Ministerium der Justiz (Ministerium der Justiz)
Akte Nr. 67, 90, 331, 389, 513, 635

Bestand Land Thüringen, Ministerpräsident – Büro des Ministerpräsidenten
Film Nr. 36; Akte Nr. 460
Film Nr. 61; Akte Nr. 658, 659
Film Nr. 96; Akte Nr. 1077
Film Nr. 151; Akte Nr. 1863, 1864
Film Nr. 152; Akte Nr. 1865

Bestand des Thüringischen Oberverwaltungsgerichts Jena (OVG Jena)
B I Nr. 1, 1a, 2, 5, 6, 7, 8, 10
B II Nr. 1
B III Nr. 1, 3, 4, 18, 19, 21
B IV Nr. 2, 16
B IX Nr. 4
B X Nr. 1, 3, 4, 8, 9, 11, 12, 13, 15, 16
B XI Nr. 2; 3; 5; 6 Bd. 3, 4, 6
D Nr. 1 Bd. 5, 6, 7, 8; 2; 5

Personalakte Justiz, 829, B 16
Personalakte der Landräte und Bürgermeister, 13
Personalakte Ministerium des Inneren, 234

Sonstige Quellen

Dokumente der Sozialistischen Einheitspartei Deutschlands, Beschlüsse und Erklärungen des Zentralsekretariats und des Parteivorstandes, hrsg. vom Parteivorstand der Sozialistischen Einheitspartei Deutschlands, Dietz Verlag, Berlin, 1948

Hinweise auf Entscheidungssammlungen, Deutsche Rechts-Zeitschrift, 3. Jahrgang, 1948, S. 325, J.C.B. Mohr (Paul Siebeck), Tübingen

Neue Justiz (NJ), 45. Jahrgang, 1991, S. 419 – 421, Nomos Verlagsgesellschaft, Berlin

Protokoll der Verhandlungen der II. Parteikonferenz der Sozialistischen Einheitspartei Deutschlands, 9. bis 12. Juli 1952 in der Werner-Seelenbinder-Halle zu Berlin, Dietz Verlag, Berlin, 1952

Urteil des Obersten Gerichts vom 9. Juli 1954 – 1 Zz 185/53, Neue Justiz (NJ), 8. Jahrgang, 1954, S. 573 f., Deutscher Zentralverlag, Berlin

Urteil vom 7. Januar 1948, Deutsche Verwaltung (DV), 2. Jahrgang, 1949, S. 18 – 20, Rechts- und Staatswissenschaftlicher Verlag, Hamburg

Urteilsanmerkung von Prof. Dr. Steiniger, Neue Justiz (NJ), 4. Jahrgang, 1950, S. 507 – 509, Deutscher Zentralverlag, Berlin

http://www.bundesverwaltungsgericht.de/enid/91604f1706046eaf61350705e949db86,0/Das_BVerwG/Errichtung_35.html;
Stand: 19. Juli 2010

http://www.chronikderwende.de/_/lexikon/biografien/biographie_jsp/key=berger_g%25f6tz.html;
Stand: 19. Juli 2010

http://www.hlz-jena.de/loening.html;
Stand: 19. Juli 2010

http://www.verfassungen.de/de/de45-49/kr-proklamation3.htm;
Stand: 19. Juli 2010

RECHTSHISTORISCHE REIHE

Die nachfolgende Liste führt die Titel der "Rechtshistorischen Reihe" ab Band 300 auf.
Eine vollständige Übersicht aller bisher in der Reihe erschienenen Bücher
finden Sie auf www.peterlang.de.

Band 300 Jan Kohlmann: Der Marsch zu den Gräbern von Karl und Rosa. Geschichte eines Gedenktages. 2004.

Band 301 Christian Rainer Schlicht: Die kumulative Schuldübernahme in der Rechtsprechung des Reichsgerichts und in der zeitgenössischen Literatur. 2004.

Band 302 Hans Peter Glöckner: Positive Vertragsverletzung. Die Geburt eines Rechtsinstituts. 2006.

Band 303 João Manuel Azevedo Alexandrino Fernandes: Die Theorie der Interpretation des Gesetzes bei Francisco Suárez. 2005.

Band 304 René Funk: Die Wahlprüfung der volksgewählten Abgeordneten der Volksvertretungen im Frühkonstitutionalismus. Eine Untersuchung der Wahlprüfung in den Kammern der Abgeordneten des Großherzogtums Baden, des Königreichs Württemberg und des Großherzogtums Hessen. 2005.

Band 305 Carolin O'Sullivan. Die Ahndung von Rechtsbrüchen der Seeleute im mittelalterlichen hamburgischen und hansischen Seerecht (1301-1482). 2005.

Band 306 Martin Jürgens: Staat und Reich bei Ernst Rudolf Huber. Sein Leben und Werk bis 1945 aus rechtsgeschichtlicher Sicht. 2005.

Band 307 Florian G. Dürselen: Franz Beyerle (1885-1977). Leben, Ära und Werk eines Rechtshistorikers. 2005.

Band 308 Kai Bandilla: Urheberrecht im Kaiserreich. Der Weg zum Gesetz betreffend das Urheberrecht an Werken der Literatur und Tonkunst vom 19. Juni 1901. 2005.

Band 309 Stefan Mieth: Die Entwicklung des Denkmalrechts in Preußen 1701-1947. 2005.

Band 310 Catharina Lodemann: Die Geschichte des französischen *acte de gouvernement*. 2005.

Band 311 Christina Wicke: Kodifikationsbestrebungen und Wissenschaft in Hessen-Darmstadt im vorkonstitutionellen Zeitalter. Zu der Beteiligung der Gießener Rechtsprofessoren an den Gesetzgebungsarbeiten in Hessen-Darmstadt in der Zeit zwischen 1769 und 1820. 2005.

Band 312 Christiane Chlosta: Nur dem Gesetz unterworfen? Eine rechtsgeschichtliche Untersuchung zu Idee und Wirklichkeit richterlicher Gesetzestreue unter besonderer Berücksichtigung der Aufwertungsrechtsprechung und des richterlichen Prüfungsrechts. 2005.

Band 313 Kathrin Dirr: Hoheitsrechtliche Streitigkeiten zwischen den Kölner Erzbischöfen und der Stadt Köln auf Grundlage reichskammergerichtlicher Verfahren des 16. und 17. Jahrhunderts. 2005.

Band 314 Michael Racky: Die Diskussion über Gewaltenteilung und Gewaltentrennung im Vormärz. 2005.

Band 315 Petra Thiemrodt: Die Entstehung des Staatshaftungsgesetzes der DDR. Eine Untersuchung auf der Grundlage von Materialien der DDR-Gesetzgebungsorgane mit zeitgeschichtlichen Bezügen. 2005.

Band 316 Julius F. Reiter: Entstehung und staatsrechtliche Theorie der italienischen *Carta del Lavoro*. 2005.

Band 317 André Book: Die Justizreform in der Frühzeit der Bundesrepublik. Die Beratungen der Kommission zur Vorbereitung einer Reform der Zivilgerichtsbarkeit in den Jahren 1955 bis 1961. 2005.

Band 318 Frank Zentz: Das amerikanische Strafverfahren als Element der Besatzungspolitik in Deutschland. Erziehung zur Demokratie durch den *Court of Appeals* 1948-1955. 2005.

Band 319 Friederike Quaisser: Mietrecht im 19. Jahrhundert. Ein Vergleich der mietrechtlichen Konzeptionen im Allgemeinen Landrecht für die Preußischen Staaten von 1794 und dem gemeinen Recht. 2005.

Band 320 Stefan Burghard: Professor Dr. Wilhelm Kahl – Leben zwischen Wissenschaft und Politik. 2005.

Band 321 Günter Baranowski: Die *Russkaja Pravda* – ein mittelalterliches Rechtsdenkmal. 2005.

Band 322 Christina Schneider: Die SS und das „Recht". Eine Untersuchung anhand ausgewählter Beispiele. 2005.

Band 323 Werner Schubert (Hrsg.): Zivilprozessreform in der Weimarer Zeit. Quellen zur Emminger-Zivilprozessverordnung vom 13.2.1924 und zu den Arbeiten der Zivilprozesskommission des Reichsjustizministeriums (1922-1930). Eingeleitet und herausgegeben von Werner Schubert. 2005.

Band 324 Felix Gaul: Der Jurist Rudolf Isay (1886-1956). Ein verantwortungsbewusster Vermittler im Spannungsfeld zwischen dynamischer Rechtsschöpfung, ökonomischem Wandel und technischem Fortschritt. 2005.

Band 325 Konstanze Braun: Dr. Otto Georg Thierack (1889-1946). 2005.

Band 326 Eckart Klein / Stefan Chr. Saar / Carola Schulze (Hrsg.): Zwischen Rechtsstaat und Diktatur. Deutsche Juristen im 20. Jahrhundert. 2006.

Band 327 Stefan Botor: Das *Berliner Sühneverfahren* – Die letzte Phase der Entnazifizierung. 2006.

Band 328 Andreas Köhler: Die Sorgerechtsregelungen bei Ehescheidung seit 1945. Scheidungsstrafe und verordnete Gemeinsamkeit. 2006

Band 329 Lars Düwel: Die Nichtigkeit und Anfechtbarkeit der Ehe in der Rechtsprechung des Reichsgerichts zwischen 1900 und 1945. 2006.

Band 330 Katalin Polgar: Das Oberappellationsgericht der vier freien Städte Deutschlands (1820-1879) und seine Richterpersönlichkeiten. 2007.

Band 331 Julia Schweitzer: Schiffer und Schiffsmann in den Rôles d'Oléron und im Llibre del Consolat de Mar. Ein Vergleich zweier mittelalterlicher Seerechtsquellen. 2007.

Band 332 Diana-Catharina Kurtz: Das Institut der Adoption im preußischen Allgemeinen Landrecht und im französischen Code civil zwischen Rezeption römisch-rechtlicher Prinzipien und verändertem Familienverständnis. 2006.

Band 333 Dino Joakim Duderstadt: Spiel, Wette und Differenzgeschäft (§§ 762-764 BGB) in der Rechtsprechung des Reichsgerichts und in der zeitgenössischen Literatur. 2007.

Band 334 Ronald Hoffmann: Die Domänenfrage in Thüringen. Über die vermögensrechtlichen Auseinandersetzungen mit den ehemaligen Landesherren in Thüringen nach dem Ersten Weltkrieg. 2006.

Band 335 Joachim Windmüller: *Ohne Zwang kann der Humanismus nicht existieren...* – „Asoziale" in der DDR. 2006.

Band 336 Sven Christian Gläser: Die Mediatisierung der Grafschaft Wertheim. Der juristische Kampf eines kleinen Reichsstandes gegen den Verlust der Landesherrschaft und seine Folgen. 2006.

Band 337 Benjamin Schleyer: Friedrich Wilhelm Bornemann (1798-1864). Eine Juristenkarriere im Preußen des 19. Jahrhunderts. 2006.

Band 338 Die Reform des Ehescheidungsrechts von 1976. Quellen zum Ersten Gesetz vom 14.6.1976 zur Reform des Ehe- und Familienrechts (Parlamentarische Ausschussprotokolle – Anglikanische Denkschrift von 1966 zur Scheidungsrechtsreform – Schlussabstimmung 1969 in der Eherechtskommission des Bundesministeriums der Justiz). Eingeleitet und herausgegeben von Werner Schubert. 2006.

Band 339 Andreas Feld: Das Bayerische Gesetz zum Schutz des Eigentums an Erzeugnissen der Literatur und Kunst gegen Nachdruck vom 15.04.1840. Vorgeschichte und Zustandekommen. 2007.

Band 340 Bernd Wörner: Adelbert Düringers Einfluß als Richter am Reichsgericht in Leipzig auf dem Gebiet des Personengesellschaftsrechts. 2007.

Band 341 Jan Jelle Kähler: Französisches Zivilrecht und französische Justizverfassung in den Hansestädten Hamburg, Lübeck und Bremen (1806-1815). 2007.

Band 342 Jörn Eckert / Pia Letto-Vanamo / Kjell Modéer (Hrsg.): Juristen im Ostseeraum. Dritter Rechtshistorikertag im Ostseeraum 20.-22. Mai 2004. 2007.

Band 343 Ferdinand von Weyhe: A.E. Wassermann. Eine rechtshistorische Fallstudie zur „Arisierung" zweier Privatbanken. 2007.

Band 344 Martin Klaus Römermann: Kündigungen und Kündigungsschutz im Franquismus. 2007.

Band 345 Thomas Hoffmann: Der Landrechtsentwurf David Hilchens von 1599. Ein livländisches Rechtszeugnis polnischer Herrschaft. 2007.

Band 346 Ingo Ullmann: Die rechtliche Behandlung holsteinischer Leibeigener um die Mitte des 18. Jahrhunderts. Dargestellt unter besonderer Berücksichtigung der Schmoeler Leibeigenschaftsprozesse von 1738 bis 1743 sowie von 1767 bis 1777. 2007.

Band 347 Petra Fischer-Langosch: Die Entstehungsgeschichte des Familiengesetzbuches der DDR von 1965. 2007.

Band 348 Lasse O. Johannsen: Die rechtliche Behandlung ausreisewilliger Staatsbürger in der DDR. 2007.

Band 349 Ralf Schlottau: Deutsche Kolonialrechtspflege. Strafrecht und Strafmacht in den deutschen Schutzgebieten 1884 bis 1914. 2007.

Band 350 Hartwig Brandt / Ewald Grothe (Hrsg.): Rheinbündischer Konstitutionalismus. 2007.

Band 351 Nora Lutze: Der Verwandtenunterhalt nach den §§ 1601 bis 1603 und §§ 1610 bis 1612 BGB in der Rechtsprechung des Reichsgerichts. Unter Berücksichtigung der Entstehung des BGB. 2007.

Band 352 Frank Thiäner: Das Verhältnis von Aufsichtsrat und Abschlussprüfern in der rechtshistorischen Entwicklung bis 1937. 2007.

Band 353 Britta Heymann: Ernst Melsheimer (1897-1960). Eine juristische Karriere in verschiedenen staatlichen Systemen. Mitarbeiter im Preußischen Justizministerium in der Weimarer Republik, im Justizministerium Preußens und des Reiches sowie Richter am Kammergericht in der NS-Zeit und Erster Generalstaatsanwalt der Deutschen Demokratischen Republik. 2007.

Band 354 Susanne Adlberger: Wilhelm Kisch – Leben und Wirken (1874-1952). Von der Kaiser-Wilhelms-Universität Straßburg bis zur nationalsozialistischen Akademie für Deutsches Recht. 2007.

Band 355 Moritz Waibel: Josef Berchtold (1833-1894). Ein Leben gegen den Ultramontanismus. 2007.

Band 356 Aline Levin: Erinnerung? Verantwortung? Zukunft? Die Beweggründe für die gemeinsame Entschädigung durch den deutschen Staat und die deutsche Industrie für historisches Unrecht. 2007.

Band 380 Andrea Elisabeth Sebald: Der Kriminalbiologe Franz Exner (1881-1947). Gratwanderung eines Wissenschaftlers durch die Zeit des Nationalsozialismus. 2008.

Band 381 Angela Kriebisch: Die Spruchkörper Juristenfakultät und Schöppenstuhl zu Jena. Strukturen, Tätigkeit, Bedeutung und eine Analyse ausgewählter Spruchakten. 2008.

Band 382 Nana Ozawa: Louis Adolphe Bridel – Ein Schweizer Professor an der juristischen Fakultät der Tokyo Imperial University. Die geschichtliche Bedeutung der Yatoi zur späten Meijizeit. 2010.

Band 383 Christian Weißhuhn: Alfred Hueck 1889-1975. Sein Leben, sein Wirken, seine Zeit. 2009.

Band 384 Andreas Hunkel: Eduard Dietz (1866-1940) – Richter, Rechtsanwalt und Verfassungsschöpfer. 2009.

Band 385 Meike Guskow: Entstehung und Geschichte der Europäischen Charta der Regional- oder Minderheitensprachen. 2009.

Band 386 Markus J. Jahnel: Das Bodenrecht in „Neudeutschland über See“. Erwerb, Vergabe und Nutzung von Land in der Kolonie Deutsch-Südwestafrika 1884-1915. 2009.

Band 387 Matthias Günter Steiner: Die Klöster und ihr Wirken – eine der Wurzeln des Stiftungswesens? 2009.

Band 388 Cornelia Staats: Die Entstehung des Bundes-Immissionsschutzgesetzes vom 15. März 1974. 2009.

Band 389 Cai Niklaas E. Harders: Das Bundesjagdgesetz von 1952 sowie die Novellen von 1961 und 1976. Vorgeschichte, Entstehung des Gesetzes sowie Problemfelder. 2009.

Band 390 Matthias Pohlkamp: Die Entstehung des modernen Wucherrechts und die Wucherrechtsprechung des Reichsgerichts zwischen 1880 und 1933. 2009.

Band 391 Sebastian Baur: *Vor vier Höllenrichtern*... Die Lizentiats- und Doktorpromotionen an der Juristischen Fakultät der Universität Heidelberg. 2009.

Band 392 Christoph Salmen-Everinghoff: Zur *cautio damni infecti*: Die Rückkehr eines römischrechtlichen Rechtsinstituts in das moderne Zivilrecht. 2009.

Band 393 Till Meno Sellschopp: Der Weg zum Revokationsrecht der Ehegatten nach § 1368 BGB. Zugleich ein Beitrag zur Geschichte des ehelichen Güterrechts. 2009.

Band 394 Marc Biermann: Das Staatseigentum an öffentlichen Sachen im Gemeingebrauch in der ersten Hälfte des 19. Jahrhunderts. Die Theorie des reinen Hoheitsrechts an den öffentlichen Sachen von Rudolph von Jhering und Friedrich Ludwig Keller im Zusammenhang mit dem Baseler Schanzenstreit von 1859/62. 2009.

Band 395 Markus Tüxen: Kollegialprinzip oder Einzelrichter. Die Entwicklung des zivilrechtlichen Spruchkörpers bei den Landgerichten sowie den Oberlandesgerichten seit 1879 unter besonderer Berücksichtigung der Reformen von 1974 und 1976. 2009.

Band 396 Adam Polkowski: Die polnische Zivilprozessordnung von 1930/33. Unter Berücksichtigung des deutschen, österreichischen, russischen und französischen Rechts. 2009.

Band 397 Barbara Riedi: Die Porten der Unteren Strasse, ihr Ladungsrecht und der Strassenunterhalt. Rechtshistorische Betrachtungen zur Verkehrs- und Wirtschaftsgeschichte Graubündens. 2009.

Band 398 Stefanie Jessica Loroch: Zeitungsrubrik: Gerichtssaal. Strafprozessberichterstattung in Münster im 19. Jahrhundert (1848-1890). 2009.

Band 399 Dirk Henning Hofer: Karl Konrad Werner Wedemeyer (1870-1934). Ein Juristen- und Gelehrtenleben in drei Reichen. Eine Biographie. 2010.

Band 400 Thomas Simon (Hrsg.): Hundert Jahre allgemeines und gleiches Wahlrecht in Österreich. Modernes Wahlrecht unter den Bedingungen eines Vielvölkerstaates. 2010.

Band 401 Dörte Mentz: Die Beweislastumkehr in der Rechtsprechung des Reichsgerichts. 2010.

Band 402 Werner Schubert (Hrsg.): Oberster Gerichtshof für die Britische Zone (1948-1950). Nachschlagewerk Strafsachen – Nachschlagewerk Zivilsachen. Präjudizienbuch der Zivilsenate. Eingeleitet und herausgegeben von Werner Schubert. 2010.

Band 403 Yong Lei: Auf der Suche nach dem modernen Staat. Die Einflüsse der allgemeinen Staatslehre Johann Caspar Bluntschlis auf das Staatsdenken Liang Qichaos. 2010.

Band 404 Andreas Schwenk: Die Formbestimmung des § 313 BGB a. F. (§ 311 b Abs. 1 BGB n. F.) bei Verträgen über Grundstücke in der Rechtsprechung des Reichsgerichts. 2010

Band 405 René Schorsch: Eberhard Georg Otto Freiherr von Künßberg (1881-1941). Vom Wirken eines Rechtshistorikers. 2010.

Band 406 Ulrike Köbler: Werden, Wandel und Wesen des deutschen Privatrechtswortschatzes. 2010.

Band 407 Björn Florian Faulenbach: Rolle und Bedeutung der Lehre in der Rechtsprechung der Internationalen Gerichtshöfe im zwanzigsten Jahrhundert. 2010.

Band 408 Guangyu Fu: Das Causaproblem im deutschen Bereicherungsrecht. Eine rechtshistorische Untersuchung. 2010.

Band 409 Andreas Kimmelmann: Die Folter im Beweisverfahren der Leges Visigothorum. Chindasvinths Gesetzgebung im Spiegel der westgotischen Rechtsentwicklung. 2010.

Band 410 Jacqueline Schmaltz: Die Entwicklung der Industrie- und Handelskammern. Zwischen Pflicht und Kür. 2010.

Band 411 Hermann Nehlsen: Bayerische Rechtsgeschichte vom frühen Mittelalter bis zum 20. Jahrhundert. 2011.

Band 412 Kathrin Spoerr: Recht und Revolution. Deutsche Ökonomen und ihr Einfluss auf das Recht der Weimarer Republik – eine Zeitschriftenschau 1917-1920. 2011.

Band 413 Moritz von Köckritz: Die deutschen Oberlandesgerichtspräsidenten im Nationalsozialismus (1933-1945). 2011.

Band 414 Annika Lillemor Lara Rabaa: Die Ehe als Rechtsinstitut im Badischen Landrecht von 1810. Unter besonderer Berücksichtigung der gesellschaftlichen Entwicklungen im 19. Jahrhundert. 2011.

Band 415 Christian Hattenhauer / Klaus-Peter Schroeder (Hrsg.): 200 Jahre Badisches Landrecht von 1809/1810. Jubiläumssymposium des Instituts für geschichtliche Rechtswissenschaft der Ruprechts-Karls-Universität Heidelberg und der Heidelberger Rechtshistorischen Gesellschaft vom 23. bis 26. September 2009. 2011.

Band 416 Tobias Alexander Krammerbauer: Die Ministerverantwortlichkeit und die Vorformen sonstiger Verfassungsgerichtsbarkeit in Württemberg zwischen 1815 und 1918. 2011.

Band 417 Werner Schubert (Hrsg.): Quellen zur GmbH-Reform von 1958 bis zum GmbH-Änderungsgesetz von 1980. Eingeleitet und herausgegeben von Werner Schubert. 2011.

Band 418 Gisela Emling: Johannes Heckel. Leben und Wirken (1889-1963). 2011.

Band 419 Jochen Kirschbaum: Die Etablierung der Historischen Rechtsschule an der Ludoviciana (1814-1824). 2011.

Band 420 Sören Koch: Unaufgeforderte Hilfeleistung in Notsituationen. Eine rechtshistorische und rechtsvergleichende Studie zu den zivilrechtlichen Aspekten der Nothilfe mit besonderer Berücksichtigung des Rechts der Geschäftsführung ohne Auftrag. 2011.

Band 421 Friedrich Carl von Savigny: Die Prinzipienfragen in Beziehung auf eine neue Strafprozeß-Ordnung. Ausgearbeitet im Justizministerium für die Gesetzrevision. Eingeleitet und herausgeben von Werner Schubert. 2011.

Band 422 Stephan Faulwetter: Von der Zunft zur Handelskammer. Zur Entwicklung des Gewerberechts in thüringischen Staaten. 2011.

Band 423 Moritz Eisenhardt: Sanierung statt Liquidation. Die Geschichte des Vergleichs zur Abwendung des Konkurses unter besonderer Berücksichtigung der Vergleichsordnung von 1927 und 1935. 2011.

Band 424 Gerd Kleinheyer: Beiträge zur Strafrechtsgeschichte. Herausgeben von Franz Dorn, Mathias Schmoeckel und Jan Schröder. 2011.

Band 425 Ralf Maertens: Das Landgericht Altona (1879-1937) und die Anfänge des Landgerichts Itzehoe (1937-1945). Unter besonderer Berücksichtigung ihrer Tätigkeitsberichte und rechtspolitischen Stellungnahmen. 2011.

Band 426 Mark Friedrich: Ferdinand von Martitz (1839-1921). Rechtshistoriker, Staatsrechtler und Völkerrechtler zwischen dem Ende des Deutschen Bundes und dem Beginn der Weimarer Republik. 2012.

Band 427 Sebastian Krusche: Die Bundesrechtsanwaltsordnung vom 1. August 1959. Vorgeschichte und Entstehung. 2012.

Band 428 Marju Luts-Sootak / Sanita Osipova / Frank L. Schäfer (Hrsg./eds.): Einheit und Vielfalt in der Rechtsgeschichte im Ostseeraum. Unity and Plurality in the Legal History of the Baltic Sea Area. Sechster Rechtshistorikertag im Ostseeraum, 3.-5. Juni 2010 in Tartu (Estland) / Riga (Lettland). 6th Conference in Legal History in the Baltic Sea Area, 3rd-5rd June 2010 Tartu (Estonia) / Riga (Latvia). 2012.

Band 429 Margret R. I. Bootz: Die Hamburger Rechtsprechung zum Arbeitsrecht im Nationalsozialismus bis zum Beginn des 2. Weltkriegs. 2012.

Band 430 Heiko Zech: Die soziale Frage im Konkursrecht 1879-1900. 2012.

Band 431 Jan C. Lorenzen: Das Bundesnaturschutzgesetz vom 20. Dezember 1976. Die Entwicklung des Naturschutzrechtes in Deutschland von den Anfängen bis zur Neukodifikation des Bundesnaturschutzgesetzes von 1976. 2012.

Band 432 Ulrike Ingrid Bernhardt: Geschichte des Weinrechts im Deutschen Kaiserreich (1871-1918). Mit einem Überblick zur Vorgeschichte und Weiterentwicklung bis zur Gegenwart. 2012.

Band 433 Elisabeth Otto: Das Verwaltungsrecht in der SBZ / DDR bis zur Verwaltungsneugliederung im Jahr 1952. 2012.

www.peterlang.de